Moschee-Konflikte

Christoph Hohage

Moschee-Konflikte

Wie überzeugungsbasierte
Koalitionen lokale
Integrationspolitik bestimmen

 Springer VS

Christoph Hohage
Dortmund, Deutschland

Zugl.: Dissertation an der Fakultät Erziehungswissenschaft und Soziologie der TU
Dortmund

ISBN 978-3-658-03623-2   ISBN 978-3-658-03624-9 (eBook)
DOI 10.1007/978-3-658-03624-9

Die Deutsche Nationalbibliothek verzeichnet diese Publikation in der Deutschen Natio-
nalbibliografie; detaillierte bibliografische Daten sind im Internet über http://dnb.d-nb.de
abrufbar.

Springer VS
© Springer Fachmedien Wiesbaden 2013

Gedruckt auf säurefreiem und chlorfrei gebleichtem Papier

Springer VS ist eine Marke von Springer DE. Springer DE ist Teil der Fachverlagsgruppe
Springer Science+Business Media.
www.springer-vs.de

Danksagung

Zahlreiche Menschen haben zur Entstehung dieses Buch beigetragen. Insbesondere gilt dies für Axel Groenemeyer, der mir die Freiheit gab, meinen Forschungsinteressen zu folgen, Claudia Streblow, die als zweite Gutachterin das Projekt aufmerksam begleitet hat, sowie für den emeritierten Markus Kreis, der geduldig meine Rohtexte kritisch-konstruktiv kommentiert hat.

Für die Zugänge zu meinem Untersuchungsfeld waren Niels Back und die 2012 zu früh verstorbene Marlies Haarmann unersetzlich. Ohne ihre Bereitschaft über viele Stunden (bei dem denkbar besten Instant-Cappuccino, liebe Marlies) Auskunft zu geben und Kontakte anzubahnen, wäre diese Studie nicht durchführbar gewesen. Gleiches gilt für den Hörder Moscheeverein, dessen Offenheit mir wichtige Einblicke in die konfliktreichen Aushandlungsprozesse gegeben hat.

Dass dieses Projekt einen Moschee-Konflikt in Dortmund untersucht, ist sowohl auf meinen eigenen Lebensmittelpunkt im Ruhrgebiet, insbesondere aber auf meine frühere Tätigkeit als Koordinator einer EQUAL-Entwicklungspartnerschaft zurückzuführen. Diese Zeit war der Nährboden für die Entwicklung der Fragen, die im Zentrum meiner Studie stehen.

Die Art und Weise, wie ich mich dem Untersuchungsfeld annähere, ist jedoch heute weiter entfernt liegenden Begegnungen geschuldet: Seminaren bei Karin Knorr-Cetina und Alex Preda an der Bielefelder Fakultät für Soziologie, die mich Wittgenstein und den Konstruktivismus entdecken ließen.

Gerne möchte ich auch hervorheben, dass die Publikation meiner Studie durch einen im Sommer 2013 in kürzester Frist gewährten Druckkostenzuschuss der Vereinigten Kirchenkreise Dortmund unterstützt wurde.

Last, but not least, gilt mein größter Dank Anja, die immer wieder dazu beigetragen hat, meine noch ‚wilden‘ Gedankenfäden in eine sinnvolle Perspektive zu übersetzen sowie unserer gemeinsamen Tochter Mila, die für mich Himmel und Erde miteinander verbindet.

Inhaltsverzeichnis

Abbildungs- und Tabellenverzeichnis

Abkürzungsverzeichnis

ACF	Advocacy Coalition Framework
BauGB	Baugesetzbuch
BNatSchG	Bundesnaturschutzgesetz
Bürgerinitiative	Bürgerinitiative gegen den Moschee- und Siedlungsbau in Dortmund-Hörde
DITIB	Diyanet Isleri Türk Islam Birgili/Türkisch-Islamische Union der Anstalt für Religionen e.V.
FBI	Freie Bürger Initiative
GO NRW	Gemeindeordnung für das Land Nordrhein-Westfalen
GT	Grounded Theory Methodology
Kontaktgruppe	Dortmunder Kontaktgruppe der Kirchen mit Moscheevereinen
Offensive D	Partei Rechtsstaatlicher Offensive
Runder Tisch	Runder Tisch Grimmelsiepen
TIKV Hörde	Türkisch Islamischer Kulturverein Hörde e.V.

Einführung

Im ersten „Nationalen Integrationsplan", der im Juli 2007 von der Bundesregierung vorgelegt wurde, heißt es zur herausgehobenen Bedeutung der Städte für die Integration von Zuwanderern[1] und Menschen mit Migrationshintergrund prägnant: „In den Kommunen zeigt sich, ob Integration gelingt oder misslingt." (Bundesregierung 2007, S. 24) Selbstbewusst verweist auch der Deutsche Städtetag auf die spezifische Rolle der Stadt für eine gelingende Integration: „Stadtgesellschaften kennzeichnet soziale Offenheit und Einsatzbereitschaft – Städte sind keine Grenzen, Städte sind Orte der Integration."[2] Ob oder zumindest inwieweit die „Integrationsmaschine" Stadt funktioniert, ist zugleich umstritten, nicht zuletzt, wenn es um die wachsende ethnisch-religiöse Heterogenität der städtischen Bevölkerung geht (Stienen 2006; vgl. auch Heitmeyer 1999). So konstatiert Robert D. Putnam als Ergebnis einer breit angelegten empirischen Studie die Schattenseiten ethnischer Heterogenität im städtischen Raum:

> Inhabitants of [ethnic] diverse communities tend to withdraw from collective life, to distrust their neighbors, regardless of the colour of their skin, to withdraw even from close friends, to expect the worst from their community and its leaders. (Putnam 2007, S. 150)

Migrationsspezifische Konfliktpotenziale im städtischen Raum bezeichneten bereits 1992 Francois Dubet und Didier Lapeyronnie in ihren Analysen zu den vorrangig von Zuwanderern und ihren Nachkommen bewohnten Quartieren am Rande der französischen Großstädte. Drastisch heißt es in „Les Quartiers d'Exil" (1992; dt. „Im Aus der Vorstädte", 1994) hierzu:

> Manche Viertel gelten als rechtsfreie Räume, in denen die Polizei, sollte sie sich dahin verirren, mit Steinen empfangen wird. (...) Aus Haß und Kriminalität entsteht eine explosive Mischung, die sich in unmotiviert heftigen Gewaltausbrüchen entlädt. (...) Ein Gefühl allgemeiner Unsicherheit breitet sich aus. (Dubet & Lapeyronnie 1994, S. 6)

---

[1] Wegen der besseren Lesbarkeit des Textes wird auf die Parallelnennung der weiblichen Form verzichtet. Gemeint sind jeweils beide Geschlechter.

[2] Das Zitat ist einer Rede des geschäftsführenden Präsidialmitglieds des Deutschen Städtetages, Stephan Articus, entnommen, welche während der 34. Hauptversammlung des Deutschen Städtetages in München gehalten wurde (Articus 2008, S. 36).

Für Dubet und Lapeyronnie ist es die soziale Ausgrenzung in Frankreich, welche die Wut der ausgegrenzten Migranten mobilisiert, das Kernthema der neuen sozialen Frage. Die Proteste der Ausgegrenzten richten sich demnach gegen fehlende Anerkennung, gegen mangelnde Teilhabe an Bildungschancen, „gegen ihre Randexistenz im Aus der Vorstädte" (Dubet & Lapeyronnie 1994, S. 24). In Deutschland hat es keine vergleichbaren, von Migrantenjugendlichen angeführten Unruhen in den Städten gegeben. Unabhängig davon hat die soziale und räumliche Ausgrenzung der Migranten auch in der Bundesrepublik ein bedrohliches Ausmaß erreicht (vgl. Bade 2002, S. 335; Keller & Schultheis 2008, S. 248).

Diese ambivalenten Befunde korrespondieren mit der Beobachtung, dass das Thema der Integration zunächst über Jahrzehnte auf allen Ebenen der Politik in Deutschland in erster Linie randständig behandelt wurde und erst seit wenigen Jahren von politischen Entscheidungsträgern auf landes- und bundespolitischer Ebene als zentrales Politikfeld betrachtet wird.[3] Eine Entwicklung, die nicht nur in dem eingangs zitierten Nationalen Integrationsplan eine Entsprechung findet, sondern auch in einer Stärkung entsprechender Institutionen. Sowohl die bundesweit erstmalige Einrichtung eines Integrationsministeriums auf Landesebene (NRW im Jahr 2005) sowie die im gleichen Jahr erfolgte umfängliche Neuausrichtung und Stärkung des Bundesamtes für die Anerkennung ausländischer Flüchtlinge (BAFl), mit der sich auch die Umbenennung zum Bundesamt für Migration und Flüchtlinge (BAMF) verband, geben hierfür Beispiele.

Für die politische Bearbeitung der Integrationsfrage auf lokaler Ebene gilt insbesondere, dass sie bis in die jüngste Vergangenheit mit einer ausgeprägten Ungleichzeitigkeit verbunden war. So entwickelten in den 1970er und 1980er Jahren einige westdeutsche Großstädte wie etwa Hamburg (1976), Köln (1978), Essen (1984 bzw. 1987/88) sowie Frankfurt am Main (seit 1989) integrative Handlungskonzepte (vgl. Filsinger 1998). Die große Mehrheit der Kommunen in Deutschland schrieb jedoch dem Politikfeld der Integration keine Priorität zu. Mehr noch als für das rechtlich-politische oder das sozio-ökonomische Feld, gilt dies für die Gestaltung der Integration auf dem Feld kulturell-religiöser Heterogenität.

---

[3] Die politischen Konzepte zur Bearbeitung zuwanderungsspezifischer Fragen der ehemaligen DDR werden in der vorliegenden Untersuchung nicht betrachtet. Diese Entscheidung begründet sich durch die räumliche Konzentration der Arbeitsmigration auf Westdeutschland. Zur Verdeutlichung der Differenzen zwischen Ost- und Westdeutschland: 1989 lebten in der DDR lediglich 191.000 Ausländer, dies entspricht 1,2% der damaligen ostdeutschen Bevölkerung. Zudem sind nahezu 50% der Migranten „Vertragsarbeiter", die innerhalb des „strengen Rotationssystems" der DDR zur Rückkehr in ihre Herkunftsländer verpflichtet waren (Bade & Oltmer 2004, S. 93). Geißler zufolge lebten die meisten Ausländer in der DDR „in einer ausgeprägten Randständigkeit (…) der Begriff ‚Gastarbeiter' würde ihre Situation über Gebühr beschönigen." (Geißler 2006, S. 250) In Westdeutschland lebten im Vergleich hierzu 1989 bereits 4,9 Mill. Ausländer, was zu diesem Zeitpunkt einem Anteil von 7.7% an der westdeutschen Bevölkerung entsprach (vgl. Geißler 2006, S. 232).

Die ausschlaggebende Bedingung für die Entwicklung der herausgestellten Unterschiede, ist die über Jahrzehnte nicht gegebene politische Anerkennung der faktischen Einwanderung auf der Bundesebene (vgl. Krummacher & Waltz 1996, S. 85). Erst mit der 1998 gewählten Rot-Grünen Koalition in Berlin beginnt in dieser Hinsicht ein politischer Wandel, der auf die Anerkennung der deutschen Einwanderungssituation abzielt (vgl. Bommes 2007, S. 97). Für die davorliegenden Jahrzehnte beschreibt die Migrationsforschung das Gesamtbild der bundespolitischen Integrationspolitik als „System umgangener Entscheidungen", das unter dem Label der „Ausländerpolitik" firmierte:

> Statt konzeptgeleiteter aktiver Integrationspolitik gab es (…) jahrzehntelang vorwiegend ‚Ausländerpolitik'. Sie wurde in den 1980er Jahren begleitet von jenen illusionären Komponenten einer ‚sozialen Integration auf Zeit' bei ‚Förderung der Rückkehrfähigkeit' durch bewusste Aufrechterhaltung der ‚Heimatorientierung', deren mentale Folgen heute allseits beklagt werden. (Bade 2007, S. 46)

Dementsprechend kann die Ende der 1990er Jahre einsetzende Aufarbeitung der sozialen Herausforderungen und Folgen der Einwanderung ebenfalls im Anschluss an Bade als „nachholende Integrationspolitik" auf den Begriff gebracht werden (Bade 2007, S. 45). Was Städte auf lokaler Ebene in diesem Setting idealerweise leisten könnten, welche Rolle die lokale Politik für die Integration der Einwanderungsbevölkerung spielen kann, erfasst Michael Bommes normativ mit dem Konzept der Kommune als Moderator lokaler Integration: „Kommunen fällt in diesem Prozess die Rolle von Moderatoren in dem Sinne zu, dass sie primär Prozesse der sozialen Integration (…) vermitteln und fördern können." (Bommes 2007, S. 117)

Als relevante Inhalte dieser Moderatorenrolle der Kommunen skizziert Bommes ein vielfältiges Spektrum von Aktivitäten. Dieses erstreckt sich von „lokalspezifisch zugeschnittenen Arbeits- und Wirtschaftsförderungspolitiken" über ein „kommunales Bildungs- und Ausbildungsmanagement" bis hin zur „interkulturellen Öffnung der Verwaltungen" (Bommes 2007, S. 117). Weitere kommunalpolitische Kernthemen sind diesem Konzept zur Folge eine „adressatenspezifische Wohn- und Stadtteilpolitik" und „Familienförderung" sowie der „engagierende wie engagierte Einbezug von Migranten in ihre Anstrengungen der Erhöhung des lokalen Integrationspotenzials" (Bommes 2007, S. 117).

Das über den Begriff der Moderation aufgezeigte Ideal lokaler Politik stand und steht bis heute jedoch in einem starken Spannungsverhältnis zur Wirklichkeit lokaler Integrationsgestaltung. Zwar entstand im Zuge der bundespolitischen Versäumnisse, wie bereits in Analysen (und Semantik) der frühen 1980er Jahre benannt, „eine Kommunalisierung der Ausländerproblematik", diese Entwicklung führte jedoch zu einer äußerst disparaten und insbesondere vom politischen Willen lokaler Akteure und Akteurskonstellationen abhängigen und defizitorientierten Landschaft politischer Problembearbeitung (Filsinger et al. 1982, S. 145).

Angesichts der beschriebenen Disparitäten, Defizite und Herausforderungen untersucht die vorliegende Studie fallanalytisch am Beispiel der Stadt Dortmund die einleitend umrissene Schlüsselstellung der lokalen Politik für die Integration von Migranten. Sie fragt allgemein formuliert nach den lokalen, auf den Komplex von Einwanderung und Integration abzielenden Prozessen des Policy-Makings. Der Fokus der Studie wird angesichts der Komplexität lokaler Integrationspolitik, welche als Querschnittsthema alle Bereiche des Politischen berührt, auf ein wesentliches und äußerst kontrovers diskutiertes Feld lokaler Integrationspolitik ausgerichtet: die Bearbeitung kulturell-religiöser Differenz. Hierin folgt die Studie einem Policy-Modell von Alexander (2007), welches die lokale Integrationspolitik nach vier Dimensionen unterscheidet: (1) rechtlich-politisch, (2) sozio-ökonomisch, (3) kulturell-religiös, und (4) sozialräumlich (vgl. Alexander 2007, S. 49ff).

Konkretisiert wird dieser Fokus durch die Untersuchung eines langjährigen, von Konflikten und Krisen begleiteten, Moscheebau-Projektes in Dortmund, welches seit 2002 die lokale Politik der Stadt beschäftigt. Nach jahrelangen Verhandlungen über das Profil des Projektes und langwieriger Umsetzung einer Bebauungsplanänderung, befindet sich die umstrittene Nachbarschafts-Moschee seit der offiziellen Grundsteinlegung im Oktober 2012 in der Bauphase – mit ihrer Fertigstellung wird für das Jahr 2014 gerechnet.

Der Untersuchungszeitraum dieser Studie erstreckt sich in Orientierung an dem Verlauf des Moscheebau-Projektes im Wesentlichen auf die Jahre 2002-2012. Um die Genese der lokalen Integrationspolitik analysieren zu können, greifen allerdings sowohl die Interviews (mit den Zeitzeugen) sowie die Auseinandersetzung mit den sozio-strukturellen Entwicklungslinien teilweise bis in die 1970er und 1980er Jahre zurück. Einschränkend ist mit Blick auf die Fallstudie anzumerken, dass der Zeitraum von 2010-2012 weniger dicht erfasst ist, insofern ein Teil der Interviews bereits 2009, zahlreiche weitere Gespräche im Verlauf des Jahres 2011 geführt wurden.[4]

Eine detaillierte, chronologische Aufarbeitung der Ereignisse erfolgt im empirischen Teil der Studie (Kapitel 4.7). Im Zuge der Fallstudie zu diesem Moscheebau-Projekt wird analysiert, wie sich lokales Policy-Making organisiert. Insbesondere wird thematisiert, wie Netzwerke von Schlüsselakteuren und die Rahmenbedingungen, unter denen diese Netzwerke agieren, entscheidenden Einfluss auf die Gestaltung des Policy-Makings nehmen.

Die Untersuchung stellt somit einen Bereich der lokalen Integrationspolitik, ein Policy-Feld, in den Mittelpunkt der Untersuchung, welches „hierzulande wie auch in anderen Einwanderungsländern der EU relativ neu" ist und (trotz einer zunehmenden Zahl an Publikationen in den vergangenen zehn Jahren) als unzureichend er-

---

[4] Einen Überblick über die geführten Interviews mit Datumsangabe enthält Anhang A (S. 257).

forscht gelten kann (Hüttermann 2006a, S. 9). Die Begründung für diese Leerstelle im deutschen Fachdiskurs liegt für Jonker darin, dass sowohl die Politik als auch die Wissenschaft die religiöse Dimension der Arbeitsmigration lange nicht oder nicht angemessen wahrgenommen haben (vgl. Jonker 2005, S. 1079) Erst Mitte der 1990er Jahre hat die wissenschaftliche Erforschung lokaler Integrationsstrategien weltweit und speziell im europäischen Raum ein zunehmendes Interesse erfahren (OECD Proceedings 1998, S. 17-32 u. 194). So liegen heute aus den vergangenen zwei Jahrzehnten insbesondere zu einigen europäischen und nordamerikanischen Metropolstädten wie z.b. Amsterdam, Paris, Rom (Alexander 2007), Berlin (Gesemann 2001; Becker et al.; Vertovec 1996), Los Angeles (Fix et al. 2008), aber auch zu vielen mittelgroßen Städten wie z.b. Bologna und Bremen (Lamura 1998), Frankfurt/M. (Lehrer & Friedmann 1997), Lyon (Grillo 1985), Birmingham und Bradford (Rex & Samad 1996), Bern (Stienen 2006), Studien vor, welche diverse Aspekte der Entwicklung und Ausgestaltung lokaler Integrationspolitiken untersuchen.[5] In Deutschland sind zuletzt zwei Handbücher zum Thema erschienen (siehe Gesemann & Roth 2009; Mund & Theobald 2009). Diese Dynamik im Forschungsgebiet bedeutet jedoch mitnichten, dass die relevanten Themen bereits umfassend analytisch bearbeitet sind. Mit Blick auf Deutschland konstatiert Bommes (2007) in diesem Zusammenhang[6]:

> Es gibt nicht viel systematisches Wissen darüber, wie sich dieses erfahrungsgestützte Handlungswissen lokal unterschiedlich herausgebildet hat, wie es organisatorisch ausgestaltet ist, wie seine Leistungsfähigkeit beschaffen ist, worin seine Chancen und Grenzen liegen. (Bommes 2007, S. 104)

Der Erkenntnisgewinn der Mehrheit der oben genannten Studien zur lokalen Integrationspolitik wird zudem davon begrenzt, dass sie einen engen Politik-Begriff verwenden, der allein die kommunalpolitischen Mandatsträger, Institutionen sowie die kommunalen Verwaltungen berücksichtigt. Diese Engführung der Perspektive ist aus analytischen Gründen wenig fruchtbar für das Untersuchungsfeld, da die Schlüsselakteure der Integrationspolitik nicht allein in diesem eng gesteckten Rahmen zu finden sind. Ein bedeutsamer Aspekt ist in dieser Hinsicht, dass in Deutsch-

---

[5] Einen wesentlichen Beitrag zur Ermöglichung dieser Studien leisten Förderprogramme der Europäischen Union wie auch weltweit operierende und multipel geförderte Netzwerke. Beispielhaft für letztere sei hier auf das größte aktive Netzwerk dieser Art, das Metropolis-Netzwerk, verwiesen, an welchem gegenwärtig 21 Staaten und führende internationale Organisationen, darunter die UNESCO, die Europäische Kommission, EUROCITIES und führende Forschungsinstitutionen wie das Internationale Centre for Migration Policy Development (ICMPD) oder die International Organization for Migration (IOM) beteiligt sind.

[6] Diese Diagnose steht in der ‚Tradition' vergleichbarer Beobachtungen Filsingers, der seit den frühen 1990er Jahren wiederholt auf „ein deutliches Forschungsdefizit" im Bereich der Analyse kommunaler Integrationspolitiken hingewiesen hat (Filsinger 2000, S. 69, siehe auch Filsinger 1992).

land beispielsweise die christlichen Kirchen in herausragender Weise Einfluss auf das Feld kulturell-religiöser Policies nehmen (vgl. Fetzer & Soper 2005).

Für die Art und Weise, wie in dieser Studie die genannten Forschungsfragen bearbeitet werden, sind die Wahl einer konstruktivistischen Forschungsperspektive und eine dadurch mitbestimmte Adaption der Grounded Theory Methodology (GT) prägend. Dieser Rekurs auf den Konstruktivismus zielt in erster Linie darauf ab, zwei Freiheiten für den Forschungsprozess zu reklamieren. Erstens die Freiheit, das „Theoretisieren als ein Gespräch verschiedener Theorierahmen zu denken, [als] ein Gespräch, das gezielt offengehalten wird und das dem modernen Leben in seinen Unstimmigkeiten, Paradoxien und Vielfältigkeiten folgt." (Knorr-Cetina 2008, S. 37) Zweitens die Freiheit, den Beobachter bewusst in den Prozess der Theoriebildung und als Ressource in den Forschungsprozess einzubeziehen (Knorr-Cetina 2008, S. 37f). Die forschungspraktische Umsetzung dieser Freiheiten, der Multiperspektivität einerseits und der aktiven Einbeziehung des Beobachters in den Forschungsprozess andererseits, ergibt sich aus der Anwendung und Modifikation der methodologischen Essentials der GT, wie sie von Strauss (1991) bzw. Strauss und Corbin (1996) entwickelt wurden. Für die Modifikationen, soweit sie nicht unmittelbar aus den Forschungsanforderungen dieser Studie begründet werden, sind insbesondere die Arbeiten von Kelle (1994/2005), Charmaz (1990/2000/2006) sowie das Konzept des theoretischen „Matchings" von Goldkuhl und Cronholm (2010) richtungsweisend.

Begonnen wird das „Gespräch verschiedener Theorierahmen" in dieser Arbeit insbesondere ausgehend vom Advocacy-Coalition Framework (ACF), ein Policy-Forschungsansatz, welcher die Prozesse des Policy-Makings insbesondere durch die Analyse des Einflusses überzeugungsbasierter Koalitionen („advocacy coalitions"), erklärt (Sabatier & Jenkins-Smith 1988).[7] Auf der Ebene der Theoriebildung verbindet sich hiermit das Ziel, zu diskutieren, inwieweit dieser international stark rezipierte Forschungsansatz (konstruktivistisch transformiert) für die Analyse von lokalen Prozessen des Policy-Makings in Einwanderungsgesellschaften geeignet ist.

Mit der Lokalisierung des Moschee-Konfliktes in Dortmund steht die bevölkerungsreichste Stadt des Ruhrgebiets bzw. des größten deutschen Ballungsraums (mit insgesamt 5,3 Mill. Einwohnern) im Blickpunkt der Studie. Wie keine andere Region Deutschlands ist das Ruhrgebiet bereits seit Beginn der Industrialisierung von Zuwanderung beeinflusst. Ausdruck findet dies in der ursprünglichen und bis heute

---

[7] Auf eine Übersetzung des Begriffs Advocacy wird in dieser Arbeit verzichtet. Stattdessen wird in der Regel die Formulierung Advocacy-Koalition verwendet bzw. von überzeugungsbasierten Koalitionen gesprochen. Im deutschsprachigen Publikationen finden sich alternativ Formulierungen wie bspw. Advokaten- oder Verfechter-Koalition, die jedoch sprachlich nicht sehr tragfähig erscheinen, insofern bspw. eine überzeugungsbasierte Koalition rechtsextremer Akteure in der Folge als Advokaten-Koalition zu bezeichnen wäre (siehe bspw. Münch 2010: 93; Sotirov 2009, S. 48).

wirksamen Prägung der Städte durch die Montanindustrie sowie in der Zusammensetzung der Bevölkerung, die sich durch einen hohen Anteil von Menschen mit
Migrationshintergrund[8] und eine starke muslimische Minderheit auszeichnet. So lag
der gesamtstädtische Bevölkerungsanteil mit Migrationshintergrund im Jahr 2011 in
Dortmund bei ca. 29,0%; in absoluten Zahlen ausgedrückt sind dies rund 170.000
der insgesamt 578.000 Tausend Einwohner der Stadt.[9] Der Anteil der Muslime wird
vom statistischen Amt der Stadt Dortmund nicht als eigenständige Kategorie erhoben und kann daher nur sehr vorsichtig auf bis zu acht Prozent der städtischen
Einwohner bzw. rund 46.000 Personen geschätzt werden (vgl. Stadt Dortmund
2012, S. 5).[10]

Typisch für das Ruhrgebiet ist zudem die Verteilung dieser Bevölkerungsanteile
über das Dortmunder Stadtgebiet, welche insgesamt durch ein Muster großräumiger
Polarisierung bestimmt wird (vgl. Zimmer-Hegmann et al. 2006). Erkennbar ist
dieses Muster an der Konzentration der Stadtteile mit hoher ethnischer Verdichtung
bzw. verfestigter ethnischer und sozialer Segregation in den nördlichen Bezirken der
Stadt Dortmund. Den Maximalwert erreicht in dieser Hinsicht der Bezirk Innenstadt-Nord mit rund 64% (vgl. Stadt Dortmund 2012, S. 5). Die Nordstadt gilt
heute insofern als das zentrale Zuwandererquartier der Stadt Dortmund. Unterbro-
chen wird das beschriebene Muster allerdings durch die Zusammensetzung des
südöstlich gelegenen, durch die Stahlindustrie historisch geprägten Stadtbezirks
Hörde.[11]

Dieser Stadtbezirk weist mit bis zu 35,7% gleichfalls einen überdurchschnittlich
hohen Anteil an Einwohnern mit Migrationshintergrund auf (vgl. Stadt Dortmund

---

[8] Die Verwendung des Begriffs Menschen mit Migrationshintergrund folgt der Definition des statistischen Bundesamtes, das auf diese Weise folgende Gruppen bezeichnet: zugewanderte, eingebürgerte und
in Deutschland geborene Ausländer, Spätaussiedler sowie Kinder mit mindestens einem Elternteil, das
eins der genannten Merkmale in zweiter oder dritter Generation erfüllt (vgl. Rühl 2009, S. 14ff).
[9] Zur Zusammensetzung dieser Gruppe stellt der Jahresbericht Bevölkerung der Stadt Dortmund (2012)
weiter fest, dass diese sich „aus rd. 95.500 Deutschen mit Migrationshintergrund und rd. 74.300 Ausländern [zusammensetzt]. Die stärkste Gruppe der Migranten in Dortmund sind rd. 40.500 Einwohner
türkischer Herkunft, das sind rd. 24 % aller Migranten gefolgt von Polen mit rd. 22 %." (vgl. Stadt
Dortmund 2012, S. 5). Im Vergleich zu anderen Ruhrgebietsstädten zeigt sich ferner, dass Dortmunds
relativer Anteil der Menschen mit Migrationshintergrund einen Spitzenwert im Ruhrgebiet erreicht. Dies
verdeutlicht ein Blick auf ausgewählte Kommunen und Kreise der Region. Die Zuwanderungsstatistik
Nordrhein-Westfalen 2011 weist (aufgrund einer leicht unterschiedlichen Berechnungsweise) für Dortmund einen Migrationsstatus von 28,4% aus. Zum Vergleich: Essen (22,3%), Bochum (25,3%), Duisburg
(28,9%), Kreis Unna (22,5%) (vgl. Ministerium für Arbeit 2012, S. 87f).
[10] Die Konstruktionsweise dieses Schätzwertes wird in Kapitel 4.3 erläutert.
[11] Die Sonderstellung dieses Stadtteils erklärt sich aus dem Umstand, dass Hörde mehr als 600 Jahre lang
über Stadtrechte verfügte und erst 1928 im Zuge der kommunalen Gebietsreform zu Dortmund einge-
meindet wurde. Bereits im 19. Jahrhundert hatte Hörde sich zu einem bedeutenden Standort der Montanindustrie entwickelt und war somit bis in die jüngere Vergangenheit ein Anziehungspunkt für zahlreiche Arbeitsmigranten (vgl. Högl & Schilp 1990; Luntowski et al. 1994, S. 413f).

2012, S. 35). Das umstrittene Dortmunder Moscheebau-Projekt liegt in diesem Stadtbezirk, sodass Dortmund-Hörde eine besondere Rolle in dieser Studie spielt. Die verbindenden Strukturmerkmale, die sich für Dortmund in Bezug auf das Ruhrgebiet herausstellen lassen, liefern keine Grundlage dafür, Dortmund und den Moschee-Konflikt im Stadtbezirk Hörde repräsentativ für die Städte des Ruhrgebiets oder vergleichbare Regionen in Europa zu setzen, in denen gleichfalls Moschee-Konflikte ausgetragen werden. Pointiert und nicht ohne Spott wies bereits Clifford Geertz die Vorstellung zurück, dass die Relevanz einer Fallstudie darin zu finden sei, dass die gewählte Lokalität, der jeweilige Fall als „the world in a teacup" interpretiert werden könne (Geertz 1973, S. 23). Das Ziel dieser Studie liegt insofern nicht in der mikroanalytisch fundierten Darstellung eines Konfliktes. Vielmehr geht es darum, auf Basis des untersuchten Moschee-Konfliktes, bestehende Frameworks und Theorien kritisch zu reflektieren oder zu erweitern, neue Kategorien zu entdecken oder anders formuliert, neue Verbindungen zu schaffen zwischen (irritierenden) Phänomenen einerseits und Modellen, Frameworks oder Theorien andererseits (vgl. Reichertz 2003, S. 43; Kelle 2005, S. a26-a31).

Im Anschluss an diese Einführung wird zunächst im ersten Teil der Studie der Forschungsstand (Kap. 1) dargestellt und der spezifische Fokus dieser Untersuchung begründet. Die methodologische Perspektive wird im 2. Kapitel der Studie dargestellt – sie ist eng an die GT angelehnt, einige der tradierten Aspekte ihrer Perspektive werden jedoch modifiziert oder weiterentwickelt. Hierauf aufbauend führt das 3. Kapitel in die maßgeblichen Theoriebausteine des ACF ein, und skizziert auf diese Weise die analytischen Ausgangspunkte der Fallstudie zum Moschee-Konflikt in Dortmund. Der nachfolgende Teil II der Studie stellt den Verlauf des Dortmunder Moschee-Konfliktes in den Mittelpunkt und bringt zunächst im 4. Kapitel wesentliche Aspekte des Bedingungskontextes zur Darstellung, innerhalb dessen der Moschee-Konflikt situiert ist. Das hierauf aufbauende 5. Kapitel setzt sich mit der Relevanz des ACF für eine Analyse der maßgeblichen Aushandlungs- und Entscheidungsprozesse auseinander. Abschließend werden im 6. Kapitel die Ergebnisse der Studie diskutiert.

Alternativ zur Systematik der Kapitelabfolge bietet es sich an, zunächst die chronologische Skizze des Konfliktes um die geplante Moschee in Dortmund-Hörde zu lesen (Kap. 4.7) und erst anschließend mit der Lektüre von Teil I zu beginnen. Beide Wege, der systematisch angelegte Pfad, den die Kapitelstruktur vorgibt oder ein Zugriff, der das Interesse für den speziellen Fall in den Vordergrund rückt, sind gleichwertig und geeignet zum Gegenstand dieser Arbeit hinzuführen.

Teil I: Analytisch-methodologischer Rahmen

1. Stand der Forschung: Moschee-Konflikte

> *„The problems associated with mosque building are so pervasive throughout Germany that a handbook was produced, meant as a guide through the legal and social quagmire that describes the endeavors."*
>
> Ruth Mandel in „Cosmopolitan Anxieties" (2008, S. 263)

1.1 Einleitung

Die Planung und der Bau von Moscheen beschäftigen in Deutschland die Öffentlichkeit und die Politik – insbesondere ist die lokale Politik herausgefordert, da die Genehmigung oder Ablehnung eines Moscheebau-Projektes von kommunalen Politikern und Verwaltungen zu entscheiden ist (vgl. Rath et al. 2001; Leggewie 2002; Maussen 2005; Allievi 2009). Die Existenz eines deutschsprachigen Handbuchs mit ausdrücklicher Nähe zum Genre der Ratgeberliteratur, auf welches die US-Anthropologin Ruth Mandel in dem oben vorangestellten Zitat hinweist, kann vor diesem Hintergrund als Indikator eines problematischen gesellschaftlichen Zustands betrachtet werden.[12]

Allerdings sind Konflikte um Moscheen kein Alleinstellungsmerkmal der Bundesrepublik. Lottermoser konstatiert diesbezüglich pointiert: „In Europa haben es Moscheen ausgesprochen schwer, von der jeweiligen Mehrheitsbevölkerung auch nur ansatzweise als Teil ihrer städtischen Umwelt akzeptiert, geschweige denn als kulturelle Innovation betrachtet zu werden." (Lauterbach & Lottermoser 2009, S. 9)

Die Entwicklung von Moscheebau-Projekten zu einem vielfach heftig umstrittenen Feld politischer Auseinandersetzung ist in Deutschland an das seit Ende der 1980er Jahre stark zunehmende Interesse muslimischer Migranten gebunden, für religiöse und sozio-kulturelle Zwecke repräsentative Moscheen zu errichten. Dieser von Muslimen ausgehende Impuls hat nicht nur in Deutschland, sondern in vergleichbarer Weise in nahezu allen Ländern Europas dazu beigetragen, dass ihre Gebetsorte aus einem Schattendasein in meist umfunktionierten Räumen in das öffentliche Bewusstsein, aber auch in den Fokus der Politik und der Wissenschaft

---

[12] Mit hoher Wahrscheinlichkeit bezieht sich Ruth Mandel auf die im Jahr 2002 von der Herbert-Quandt Stiftung herausgegebene Publikation „Der Weg zur Moschee – eine Handreichung für die Praxis" (Leggewie et al. 2002).

gerückt sind (vgl. Schmitt 2003, S. 13). Die Entstehung dieses Impulses auf muslimischer Seite kann insbesondere auf die zunehmende Wahrnehmung des Einwanderungslandes als dauerhafter Lebensmittelpunkt zurückgeführt werden: „Mosque construction always transmits the message that the new community is ‚here to stay'." (Saint-Blancat & Di Schmidt Friedberg 2005, S. 1101)

Der Zeitpunkt für diesen Wandel erscheint auf das engste verwoben mit langfristigen historischen und sozialen Entwicklungen. Während die ersten repräsentativen Moscheen in Europa bereits im Mittelalter in Spanien und Sizilien, aber auch in Griechenland und den Balkanländern, also in den Grenzzonen christlicher und islamischer Einflusssphären entstanden, datieren die ersten repräsentativen Moscheen in Deutschland auf das frühe 20. Jahrhundert zurück.

Ausschlaggebend hierfür ist historisch betrachtet die konfliktreiche territoriale Polarisierung zwischen dem islamischen Herrschaftsgebiet bzw. später dem Osmanischen Reich und den christlich-europäischen Staaten, die sich bis heute in den europäischen Alteritätsdiskursen widerspiegeln (vgl. Höfert 2010, S. 22ff; Watt 2010, S. 99ff). Ohne diesen Aspekt zu vertiefen, ist festzuhalten, dass es bis in die 1960er Jahre nur eine marginale Präsenz muslimischer Migranten in Deutschland gegeben hat. Alternative Verbreitungswege des Islams, etwa qua missionarischer Aktivitäten, hatten für die Verbreitung des Islams in Deutschland gleichfalls bis in das 20. Jahrhundert keine nennenswerte Bedeutung (vgl. Bade 2002; Wiedl 2008).

Symptomatisch für die Grundlinien des Verhältnisses weiter Teile der deutschen Politik zum Islam mag erscheinen, dass diese erste Moschee mit sakraler Nutzung im Jahr 1915 (Abbildung 1, S. 27) nicht durch eine muslimische Gemeinde errichtet wurde (vgl. Gussone 2010).[13] Vielmehr war die Moschee ein wichtiger Baustein im Rahmen einer politisch-militärischen Strategie des Kaiserreichs, an deren Entwicklung maßgeblich das damalige Auswärtige Amt beteiligt war. Ziel dieser Strategie war es, gefangene Soldaten muslimischen Glaubens für die Ziele des Kaiserreichs indoktrinieren zu können. Entsprechend befand sich ihr Standort (ca. 50 km südlich von Berlin) auf dem Gelände eines zentralen Gefangenenlagers für Soldaten muslimischen Glaubens aus den Entente-Streitkräften.[14] Mit der Moschee sollte Respekt vor dem Glauben der Soldaten inszeniert werden, um in der Folge Anreize für den Übertritt in die Armee des Kaiserreiches zu schaffen (vgl. Koller 2001, S. 127; Beinhauer-Köhler et al. 2009, S. 20ff).

---

[13] Abbildung 1 zeigt eine Fotografie der ersten repräsentativen Moschee mit sakraler Zweckbestimmung in Deutschland von Wilhelm Puder aus dem Jahr 1916 (Landesarchiv Baden-Württemberg, Abt. Staatsarchiv Sigmaringen N 1/78 T 1 Nr. 791).

[14] Die Moschee war nur ein Baustein in einer weitergefassten Strategie, zu der bspw. auch die Beachtung des Ramadan sowie die eigens publizierte Lagerzeitung El Dschihad gehörte. Das als „Halbmondlager" in die Geschichte eingegangene Lager durchliefen ca. 30.000 muslimische Gefangene, allerdings ohne dass die Strategie größeren Erfolg zeigte (vgl. Beinhauer-Köhler et al. 2009, S. 20ff).

Abbildung 1: Moschee in Wünsdorf-Zossen im Jahr 1916

Der Beginn eines selbstverantworteten islamischen Gemeindelebens inklusive einer repräsentativen Moschee datiert in Deutschland noch einmal gut 10 Jahre später, auf die Jahre 1924 bzw. 1928, in denen die älteste bis heute erhaltene Moschee in Berlin erbaut und von der Lahore-Ahmadiyya-Bewegung eingeweiht wurde (vgl. Beinhauer-Köhler et al. 2009, S. 20ff).

Für die Betrachtung der Neuesten Zeit ist zudem bedeutsam, dass Deutschland bis zum Ende des 2. Weltkriegs zusammen mit Großbritannien, Irland und Italien zur Spitzengruppe der Auswanderungsländer gehörte. Diese Situation änderte sich grundlegend erst im Verlauf der 2. Hälfte des 20. Jahrhunderts. Maßgeblich verantwortlich waren hierfür die folgenden fünf Faktoren: (1) Die Ansiedlung der Flüchtlinge und Vertriebenen im Gefolge des Endes des 2. Weltkrieges; (2) das Wirtschaftswunder der Nachkriegszeit und die damit verbundene Anwerbung ausländischer Arbeitskräfte, (3) welche in Wechselwirkung mit den nicht-intendierten Folgen des Anwerbestopps von 1973 bis zur Mitte der 1970er Jahre eine Einwanderungssituation in (West-)Deutschland herstellten, (4) die Zuwanderung von Fluchtmigranten nach Deutschland, insbesondere in den 1980er und 1990er Jahren; (5) schließlich der Fall des Eisernen Vorhangs, welcher zu einer massiven Zuwanderung aus Osteuropa nach Deutschland führte (vgl. Bade & Oltmer 2004; Birsl 2004).

Die Radikalität dieses Wandels verdeutlicht ein vergleichender Blick auf die demografischen Verhältnisse in den USA als klassisches Einwanderungsland und der Bundesrepublik. Betrachtet man für das Jahr 2010 nicht die absoluten Anteile der Migranten an der Gesamtbevölkerung (USA: 42,8 Mill. vs. Deutschland: 10,8 Mill.), sondern die jeweiligen relativen Anteile der Migranten an der Gesamtbevölkerung, so zeigt sich, dass die beiden Länder nahezu identische prozentuale Relationen ausweisen. Internationale Migranten repräsentieren nach Angaben der Vereinten Nationen in Deutschland 13,1% der Bevölkerung, während in den USA dieser Anteil bei 13,5% liegt (vgl. Münz 2001, S. 5; United Nations 2009).

Im Ergebnis der oben beschriebenen Prozesskette kommt Deutschland im internationalen Vergleich der Einwanderungsländer seit den 1980er Jahren eine Spitzenposition zu, eine Tatsache, die jedoch bis in die Gegenwart in dieser Eindeutigkeit öffentlich nur wenig wahrgenommen wird (vgl. Geißler & Meyer 2011, S. 58). Jenseits aller Konfliktlagen ist erkennbar, dass erst im Zuge der beschriebenen Entwicklungen, speziell der Anwerbung ausländischer Arbeitskräfte aus islamisch geprägten Ländern in Wechselwirkung mit den nicht-intendierten Folgen des Anwerbestopps[15], eine Gelegenheitsstruktur bzw. ein spezifisches „gate of migration" (Oswald 2007, S. 79) für die Einwanderung von Muslimen eröffnet wurde. Hervorzuheben sind diesbezüglich die Verträge zur Anwerbung von Arbeitnehmerinnen und Arbeitnehmer aus der Türkei (1961), Marokko (1963), Tunesien (1965) sowie mit der Sozialistischen Föderativen Republik Jugoslawien im Jahr 1968.

Wie das in sich vielschichtige Interesse muslimischer Migranten an der Errichtung repräsentativer Moscheen in Europa und speziell in Deutschland aufgenommen wurde, welchen Wechselwirkungen hierbei eine Rolle zukommt, spiegelt sich facettenreich in den Forschungsperspektiven und -ergebnissen wider, die auf das Verstehen der Prozesse und Strukturen in der Vergangenheit angewandt bzw. produziert wurden (vgl. Bade & Oltmer 2004, S. 71ff).

Aktuell bietet die Forschung zu Moschee-Konflikten ein großes Konvolut von kaum zu überblickenden Einzelpublikationen an, überwiegend in Form kurzer Fachartikel in Sammelbänden oder Fachzeitschriften. Diese Artikel vermitteln ein Mosaik detaillierter Informationen zu den Verläufen derartiger Auseinandersetzungen und verweisen auf produktive analytische Perspektiven, ohne aber komplexe

---

[15] Der Anwerbestopp vom 23. November 1973 wurde zu einer wichtigen Wegmarke in der Migrationsgeschichte der Bundesrepublik – nicht zuletzt mit weitreichenden Auswirkungen auf das Ruhrgebiet. Der Anwerbestopp beendete die seit dem ersten Anwerbevertrag mit Italien (1955) betriebene Steuerung der Ausländerbeschäftigung und zielte, so der Wortlaut der Pressemitteilung der Bundesregierung vom 27. November 1973, auf eine „Eindämmung der Ausländerbeschäftigung" (Bulletin des Presse- und Informationsamtes der Bundesregierung 1973). Die Abkehr vom Prinzip der Rotation führte zur Beendigung der „Gastarbeiterperiode" und bedeutete zugleich - gegenläufig zur Absicht des Anwerbestopps - den Auftakt einer Phase der „Konsolidierung" der Zuwanderung (vgl. Treibel 1999, S. 54ff). Das politische Ziel des Anwerbestopps, die Anzahl der in Deutschland beschäftigten Arbeitsmigranten zu senken, wurde vordergründig erreicht: Waren zum Zeitpunkt des Anwerbestopps 2,6 Millionen Arbeitsmigranten nichtdeutscher Staatsbürgerschaft in Deutschland beschäftigt, so sank diese Zahl bis zum Jahr 1984 auf 1,6 Millionen. Dieser ,Erfolg' (gemessen an den Kategorien der politischen Akteure) wurde jedoch von den nicht-intendierten Folgen des Anwerbestopps überlagert, sodass der Anwerbestopp heute als wichtiger Katalysator für die Schaffung einer Einwanderungssituation in der Bundesrepublik gilt (vgl. Bade & Oltmer 2004).

analytische Modelle oder Frameworks zu formulieren (vgl. Bielefeldt & Heitmeyer 2000, S. 251; Brunn 2006, S. 29). Die produktive Seite solcher Texte liegt in der Chance ein Bild typischer Dynamiken in den Konflikten um Moscheebauten zu gewinnen und somit die Varianten, die sich in den zahlreichen dokumentierten Auseinandersetzungen zeigen, zu überblicken.

Erst in den vergangenen ca. zehn Jahren ist ein kleines Set komplex angelegter Studien vorgelegt worden, welche umfangreiche empirische Studien nutzen, um die Bildung theoretischer Perspektiven voranzutreiben. Hierzu zählen insbesondere die Arbeiten von Schmitt („Moscheen in Deutschland. Konflikte um ihre Errichtung und Nutzung", 2003), Hüttermann („Das Minarett. Zur politischen Kultur des Konfliktes um islamische Symbole", 2006) und Maussen („Constructing Mosques. The Governance of Islam in France and the Netherlands", 2009). Nicht in dieses Set gehörend, aber dennoch von nicht zu übersehender Bedeutung für die Forschung über Moschee-Konflikte sind darüber hinaus die Arbeiten von Buijs und Rath (2002), Maussen (2005, 2007), Cesari (2005a; 2005b) und insbesondere Allievi (2009). Letztere ist eine Art Metaanalyse, insofern sie den Wissensstand über das Untersuchungsfeld mit einer auf Europa konzentrierten, vergleichenden Perspektive aufbereitet, die jedoch analytisch nicht über elementare Aspekte einer Akteurs- und Prozessorientierung hinausgeht, was den Wert der Studie gegenüber den oben genannten deutlich zurückstellt. Die zuvor genannten Publikationen bieten systematische Zugriffe auf die bestehenden Forschungsperspektiven zum Konnex von Islam bzw. Muslimen in den westeuropäischen Einwanderungsgesellschaften sowie speziell zu den öffentlichen Debatten über die Etablierung von Moscheen in diesen Ländern. Der hier dargestellte Forschungsstand verdankt diesen Arbeiten wichtige Einsichten.

Noch im Jahr 2000 konnten Bielefeldt und Heitmeyer zu Recht konstatieren, dass es „zu den Auseinandersetzungen um den Bau repräsentativer Moscheen und den Ruf des Muezzin bislang wenig wissenschaftliche Literatur" gibt (Bielefeldt & Heitmeyer 2000, S. 251). Eine plausible Begründung für diese Leerstelle im deutschen Fachdiskurs liegt nach Jonker, wie in der Einführung bereits erwähnt, darin, dass sowohl die Politik als auch die Wissenschaft die religiöse Dimension der Arbeitsmigration nicht angemessen wahrgenommen haben (Jonker 2005, S. 1079).

Wie oben dargestellt, hat sich die Situation heute deutlich gewandelt und ein immer dichteres Feld an Publikationen entsteht. Eine Dynamik, die Tezcan zugespitzt als sozialwissenschaftliche „Goldgräberstimmung (...) in Bezug auf den Islam in Deutschland" charakterisiert (Tezcan 2003, S. 237). Antrieb für diese Entwicklung waren in jüngster Zeit international wahrgenommene Moschee-Konflikte, wie etwa der jahrelange Streit über die Kölner Zentralmoschee oder die Etablierung eines Minarettverbots in der Schweiz bzw. in Teilen Österreichs (siehe z.B. Häusler 2008; Tanner 2009 und Hafez 2010).

Zu betonen ist in diesem Zusammenhang, dass das europäische, westliche Bild des Islams durch die Wissenschaft selbstverständlich nicht allein dokumentiert, sondern intensiv beeinflusst wird (vgl. als Klassiker hierzu Said 2009; mit Bezug auf den wissenschaftlichen Diskurs der 1980er und 1990er Jahre Maussen 2005). Plakativ verdichtet zeigt dies die intensive Debatte über Samuel Huntingtons „Clash of Civilizations" (Metzinger 2000; Meincke 2011). Huntingtons Kernthese, bereits 1993 in einem Zeitschriftenaufsatz veröffentlicht sowie später in Buchform auf mehr als 500 Seiten verteidigt, lautet in der Essenz:

> The great divisions among humankind and the dominating source of conflict will be cultural. Nation states will remain the most powerful actors in world affairs, but the principal conflicts of global politics will occur between nations and groups of different civilizations. The clash of civilizations will dominate global politics. (Huntington 1993, S. 22)

Das im Zusammenhang mit dieser These entwickelte Bild des Islams zeigt diesen undifferenziert als gewaltaffinen und integrationsunwilligen Herausforderer des Westens und dessen kultureller Identität (vgl. Huntington 1996, S. 304; Butterwegge 1999). Dieser Blick Huntingtons auf den Islam spricht sich in zahlreichen Passagen überdeutlich aus. Zur Illustration hier abschließend das folgende Zitat:

> Das tiefere Problem für den Westen ist nicht der islamische Fundamentalismus. Das tiefere Problem ist der Islam, eine andere Kultur, deren Menschen von der Überlegenheit ihrer Kultur überzeugt und von der Unterlegenheit ihrer Macht besessen sind. (Huntington 1998, S. 350)

Exemplarisch zeigt u.a. Schwank auf, dass die Kulturkonflikt-These nicht tragfähig ist, insofern „Konflikte innerhalb einer Kultur (…) fast genauso häufig wie Konflikte zwischen Kulturen" sind, und die meisten „zwischenkulturellen Konflikte" friedlich verlaufen (Schwank 2005, S. 52). Maßgebliche Publikationen aus dem Kontext der jüngeren, auf Muslime fokussierten Integrationsforschung weisen zudem eindrücklich die Pauschalität der Kritik an muslimischen Migranten und ihrer Integrationsunwilligkeit bzw. -fähigkeit zurück (vgl. für einen Überblick aktueller Studien Foroutan 2011). Unabhängig von dieser Dekonstruktion sind Huntingtons Ideen weltweit intensiv rezipiert worden (mehr als 30 Übersetzungen seines Buches liegen vor) (vgl. Schwank 2005, S. 31ff). Zugleich ist evident, dass Huntingtons These ein häufiger Referenzpunkt auch in den Auseinandersetzungen um Moscheebau-Projekte ist – sowohl auf der Seite ihrer Gegner als auch unter den Unterstützern (vgl. Leggewie et al. 2002, S. 6). Ein gutes Beispiel für die Selbstverständlichkeit und Banalität der Bezugnahme auf Huntington gibt etwa der Verlag C.H. Beck, der den Titel „Moscheen in Deutschland. Religiöse Heimat und gesellschaftliche Herausforderung" (vermutlich mit Zustimmung der Autoren Beinhauer-Köhler und Leggewie) unter anderem wie folgt bewirbt: „Worum geht es den Beteiligten wirklich? Was sollte bei Moscheebauten beachtet werden, um einen Kampf der Kulturen in unseren Städten zu vermeiden?" (Beinhauer-Köhler et al. 2009, S. 2)

Die starke Rezeption und Verbreitung dieser im wissenschaftlichen Diskurs produzierten Deutungsmuster korrespondieren mit einer vergleichsweise neuen, weltpolitischen Bedeutung des Islams. Bereits mit der Revolution im Iran und intensiviert noch durch den Aufstieg der Taliban in Afghanistan oder das Auftauchen islamischer Terrorbewegungen wie Al-Qaida sowie schließlich durch den 11. September 2001 ist der Islam, wie Hüttermann pointiert formuliert:

> Zu dem bewegenden, öffentlichen Thema schlechthin avanciert (…) In der Wahrnehmung vieler Akteure ist der Islam (…) von einer kalkulierbaren Größe (des Orientalismus, des Kolonialismus und des Imperialismus) beinahe schlagartig zu einem weltpolitischem ,Subjekt' avanciert, das seine eigenen Kalkulationen anstellt und sich dem Westen entgegenstellt. (Hüttermann 2006a)[16]

Die Dynamik des wissenschaftlichen Diskurses über Moschee-Konflikte ist, wie sein Gegenstand, nur zu verstehen, wenn sie in diesem Gesamtzusammenhang betrachtet wird (vgl. Schubert & Meyer 2011, S. 26).

In den nachfolgenden Unterkapiteln wird der Stand der Forschung zu Moschee-Konflikten zur Darstellung gebracht, indem zunächst der Begriff der Moschee sowie seine Verwendung im Fachdiskurs und in dieser Arbeit thematisiert und ausdifferenziert wird. Anschließend werden einige der zentralen Forschungsergebnisse zum Untersuchungsgegenstand vorgestellt, welche eine Vorstellung von der Verbreitung und Trends in den Auseinandersetzungen um (geplante) Moscheebauten vermitteln können. Im Anschluss hieran erfolgt eine dezidierte Auseinandersetzung mit den zentralen theoretischen Perspektiven hinsichtlich der Moschee-Konflikte, welche kontinuierlich illustrierende Fallbeispiele, Muster und Dynamiken heranzieht.

1.2 Zum Begriff der Moschee

Eine Voraussetzung für alle weiterführenden Betrachtungen zur lokalen Politik im Zusammenhang von Moschee-Konflikten ist eine Bestimmung dessen, was eine Moschee ist. Die Notwendigkeit hierzu ergibt sich aus dem breiten Spektrum der Formen und Funktionen muslimischer Gebetsorte, die als Moschee bezeichnet werden können. Während deutsche Nicht-Muslime alltagsweltlich als ,echte' Moschee große, repräsentative Bauten (mit Kuppel und Minarett) wahrnehmen (vgl. Leggewie et al. 2002, S. 22; Schmitt 2003, S. 42ff), ergibt sich aus der islamischen Tradition, dass prinzipiell jeder Ort, der zur Gebetszeit zum Gebet verwendet wird, eine Moschee darstellt (vgl. Pedersen 1991, S. 645).

---

[16] Vgl. auch Maussen (2005, S. 15).

Neben dieser in den Hadithen[17] festgehaltenen Bestimmung, welche die Moschee primär als spirituellen Ort zeigt, dessen weltliche Gestalt beliebig ist, gibt es zugleich unübersehbar tradierte Formen der architektonischen Gestaltung von Moscheen, welche wiederum mit spezifischen Funktionen verbunden sind. Hierzu zählen in der Regel das Minarett und Kuppeln sowie eine Reihe weiterer baulicher Elemente, aber auch Differenzierungen in der Nutzung, welche exemplarisch in der Unterscheidung zwischen Freitagsmoschee, also dem Ort des gemeinschaftlichen Pflichtgebets (letztere ist in islamischen Ländern üblicherweise ein großes, zentral gelegenes Gebäude), und Moscheen zur alltäglichen Ausübung der Religion sichtbar werden (vgl. Schmitt 2003, S. 42ff). Diese und zahlreiche andere Aspekte der religiösen Lebenswelt waren Bestandteil des ,Gepäcks', welches von muslimisch-gläubigen Arbeitsmigranten mit nach Europa gebracht wurde, und übt bis in die Gegenwart Einfluss darauf aus, wie sich Moscheen in Europa darstellen.

Komplexer wird die Frage, was eigentlich eine Moschee ist, wenn man über die Wahrnehmung hinausgeht, dass den Muslimen in Europa „der ,Islam der Heimat' als Modell diente, um Religiosität in einem neuen Setting zu praktizieren", und berücksichtigt, dass Moscheen in Europa andere oder komplexere Funktionen übernehmen als in den Herkunftsländern (Maussen 2005, S. 7).

In der Forschung ist dieses Phänomen (seit den 1980er Jahren) unter diversen Labels thematisiert worden. Eindringlich spricht Buijs (1998) beispielsweise von der „moskee-in-migratie"[18], Schmitt (2003, S. 31) von der Moschee als „kulturelles Zentrum" und als „Brückenort", womit die Dialog- bzw. Begegnungsfunktion innerhalb der Migranten-Community sowie zwischen muslimischen Migranten und Alteingesessenen bezeichnet werden soll. So ersetzen Moscheen in Europa häufig soziale und kulturelle Einrichtungen oder Angebote, die in den islamischen Herkunftsländern unabhängig von Moscheen existieren.

Die Ausrichtung von rituellen Veranstaltungen wie Hochzeiten oder Beerdigungen, die in den Herkunftsländern so wenig zur Funktion einer Moschee gehören würden wie die oft anzutreffenden Kaffeehäuser, sind diesbezüglich markante Beispiele. Zudem gehören häufig migrationsspezifische Bildungsangebote in das Spektrum der erweiterten Funktionen - besonders evident ist dies mit Blick auf Sprachkurse, also Angebote, die unmittelbar mit der Migration bzw. den veränderten Rahmenbedingungen in den Einwanderungsländern an die Moscheen gekoppelt wurden. Schließlich dienen Moscheen in Europa ethnischen Communities oder Migrantenorganisationen häufig auch als wichtige (sozialräumliche) Ressource zur

---

[17] Bei den Hadithen handelt es sich um überlieferte Berichte aus dem Leben des Religionsgründers Mohammed (vgl. Lohlker 2008, S. 22ff).
[18] Was aus dem Niederländischen ins Deutsche als „Moschee in der Migration" übersetzt werden kann.

Vernetzung und Koordinierung von Interessen (vgl. Maussen 2005, S. 7f; Ceylan 2006; Allievi 2009, S. 19 u. 35).[19]

In den Publikationen zu Moschee-Konflikten werden häufig nur zwei Moschee-Typen voneinander differenziert. Gesprochen wird in deutschsprachigen Publikationen hierbei zum einen von „Hinterhof-Moscheen" bzw. „Laden- und Hinterhof-Moscheen" (Schmitt 2003) oder, was auf das Gleiche zielt, aber berücksichtigt, dass Muslime die vorherigen Bezeichnungen zum Teil als herabwürdigend wahrnehmen, von „Moscheen in umfunktionierten Räumen" (Beinhauer-Köhler 2010, S. 3). Zum anderen ist die Rede von repräsentativen Moscheen, die auf die eine oder andere Weise eindeutig als solche erkennbar sind, meist durch Bauelemente mit Symbolkraft, wie Kuppeln oder insbesondere Minarette. Allievi hingegen differenziert drei Typen von Moscheen, welchen gemeinsam ist, dass sie allen gläubigen Muslimen zum gemeinsamen, regelmäßigen Gebet offenstehen, die sich aber trotz aller Gemeinsamkeiten, deutlich nach Funktionen unterscheiden lassen (Allievi 2009, S. 17). Nachfolgend wird diese Typologie eingeführt:

(1) Islamisches Zentrum; multifunktionale Gebäudekomplexe von signifikanter Größe, welche neben der Funktion des Gebetsortes sowohl soziale wie auch kulturelle Aufgaben wahrnehmen, etwa im Rahmen von Koran-Schulen, durch Kursangebote im Bereich der Erwachsenenbildung bzw. spezielle Angebote für Frauen und Konvertiten, durch Konferenzen sowie der Ausrichtung kultureller Veranstaltungen und Festivitäten. Islamische Zentren sind von erstrangiger Bedeutung für die institutionelle und symbolische Repräsentation des Islams in einer Region und üben in diesem Zusammenhang eine zentralisierende Funktion aus (etwa in dem Sinn, dass sie als legitime Vertretungsorgane der Muslime in einer Stadt oder einer Region agieren bzw. auch wahrgenommen werden). Architektonisch sind sie nicht selten in umfunktionierten Gebäuden angesiedelt. Sie können aber auch intentional bzw. in der Formensprache islamischer Sakralarchitektur, d.h. den klassischen baulichen Symbolen, ausgestattet sein, wie in Deutschland beispielsweise in Mannheim, Duisburg-Marxloh oder Köln-Ehrenfeld. Für diese städtebaulich repräsentativen Islamischen Zentren kann zur weiteren Abgrenzung der Begriff Zentralmoschee zutreffend angewendet werden (vgl. Tiesler 2006, S. 91; Allievi 2009, S. 17f).

(2) Intentional erbaute Nachbarschafts-Moschee; Allievi platziert in diese Kategorie jene Gebäude, die in der Regel, aber nicht zwingend traditionelle Bauelemente aufweisen, wie eben Kuppel oder ein bzw. mehrere Minarette. Der Unterschied zu den islamischen Zentren liegt darin, dass die Reichweite ihrer Aktivitäten lokal beschränkter ist, selbst wenn sie neben der Funktion als Gebetsort ein umfangrei-

---

[19] Illustrierend kann für die ökonomische Funktion einer Moschee auf das Angebot von Halal-Produkten hingewiesen werden, welches oft so selbstverständlich für den Kontext einer Moschee ist, wie Telefon-bzw. Internetdienstleistungen oder zum Beispiel ein ethno-religiöses Buchgeschäft, um nur eine Auswahl zu benennen (vgl. Beck 2002, S. 59).

cheres Set an Aufgaben wahrnehmen. Notgedrungen markiert Allievi die Ränder dieser Kategorie nicht eindeutig in Bezug auf bauliche Merkmale, vielmehr verweist er lediglich darauf, dass es sich bei diesen Moscheen um die „real masgids" handelt, was auf die lokale, routinisierte Funktion von Moscheen verweist, die traditionell für die alltägliche Ausübung der religiösen Praxis genutzt werden. Insofern ist die intentional erbaute Moschee eher vergleichbar mit dem, was im französischsprachigen Diskurs als „mosquées de proximité" (Allievi 2010, S. 25) bezeichnet wird, was annäherungsweise als Nachbarschafts-Moschee übersetzt werden kann.

(3) Islamischer Gebetsraum; mit dieser Bezeichnung umfasst die Typologie alle Moscheen in umfunktionierten Räumen, seien es Wohngebäude (in Hinterhöfen oder auch nicht), Ladengeschäfte oder umgewidmete Industriebauten. In einigen Fällen reicht das Provisorium soweit, dass diese Orte lediglich zeitlich beschränkt, etwa im Zuge einer Mehrzwecknutzung, als Gebeträume genutzt werden. Diese Moscheen können allein der Gebetspraxis bzw. Religionsausübung dienen, nicht selten zeigen aber auch diese Moscheen ein breiteres Gebrauchsspektrum, wie bspw. Koran-Schulen oder generell Angebote im Bildungsbereich. Weiterführend macht Allievi u.a. darauf aufmerksam, dass dieser Moschee-Typ stärker als die anderen beiden Typen de facto so gut wie ausschließlich von Mitgliedern einer Ethnie oder von Minoritätengruppen innerhalb des Islams (bspw. Arbeitsmigranten mit marokkanischem Migrationshintergrund, Schiiten oder Ahmadiyya) genutzt werden (vgl. Allievi 2009, S. 18f).

Diese Differenzierung – Islamisches Zentrum, intentional erbaute Nachbarschafts-Moschee und Islamischer Gebetsraum - ist insofern hilfreich, als die öffentlichen Diskussionen über Moscheen und Moscheebau-Projekte zum Teil in Bezug auf die hier aufgezeigten Unterschiede der drei Moschee-Typen variieren (vgl. Schmitt 2003, S. 354). Dabei soll die eingeführte Typologie, die sich vor allem auf architektonisch-städtebauliche Aspekte sowie auf die Wahrnehmung repräsentativer Funktionen bezieht, nicht verdecken, dass, wie eingangs in diesem Kapitel ausgeführt, nahezu alle Moscheen in Deutschland vielfältige Funktionen ausüben. Die hier in Anlehnung an Allievi dargestellte Typologie ist für diese Arbeit sinnvoll, insofern es sich bei der geplanten Moschee in Dortmund-Hörde um eine Nachbarschafts-Moschee handelt, was daran festgemacht werden kann, dass durch den verantwortlichen Hörder Moscheeverein keine über den Stadtteil Hörde hinausgehende Zentralisierung islamischer Repräsentation für das Stadtgebiet oder etwa die Region angestrebt wird, wie sowohl die Konzeption des Projektes durch den verantwortlichen Moscheeverein als auch die Gespräche mit den interviewten Unterstützern des Moscheebaus in Dortmund verdeutlichen.[20]

---

[20] Siehe zur Verdeutlichung in dieser Studie insbesondere das Kapitel 4.4 zur Entstehung der Moscheebaupläne sowie das Kapitel 4.5 zur Konzeption der Hörder Moschee.

Die Fallstudie nutzt daher explizit den Begriff der Nachbarschafts-Moschee als Kategorie zur nähren Bestimmung des umstrittenen Moscheebau-Projektes. In Zusammenhängen, bei denen primär der Aspekt des repräsentativen Charakters interessiert, werden Islamische Zentren und Nachbarschafts-Moscheen zusammenfassend als repräsentative Moscheen bezeichnet.

Im europäischen Vergleich sind es die intentional erbauten Nachbarschafts-Moscheen, welche besonders häufig im Zentrum der Auseinandersetzung stehen, während sowohl die islamischen Gebetsräume als auch die Islamischen Zentren seltener Widerstand erfahren. Zur Interpretation dieser ungleichen Verteilung kann mit Hüttermann argumentiert werden, dass die Gründer und Betreiber von Gebetsräumen in der Regel keine Anerkennung durch die Stadtgesellschaft, keine Sichtbarkeit eingefordert haben bzw. als „periphere Fremde" keine Bedrohung des „Machtdifferentials" der Stadtgesellschaft darstellten, weshalb der Existenz der Gebetsräume kaum Aufmerksamkeit entgegengebracht wurde (Hüttermann 2006a, S. 100). Mit Blick auf die Konflikte um Islamische Zentren zeigt Maussen für die Niederlande auf, dass die Stärkung einer Zentralisierung des Islams lange Zeit die politische Agenda bestimmt hat und Islamische Zentren daher durch die Politik in besonderer Weise gefördert bzw. politisch als Aushängeschild für urbane Weltoffenheit positiv gesehen wurden (vgl. Maussen 2009, S. 245ff, siehe auch Rath et al. 2001). Auf Deutschland lässt sich Maussens Analyse vermutlich nur begrenzt übertragen, da die politische Aufmerksamkeit für den Islam und politische Steuerungskonzepte in dieser Hinsicht erst seit wenigen Jahren realisiert werden (vgl. Schubert & Meyer 2011, S. 12). Für diese Skepsis spricht beispielsweise der unter bundesweiter Beachtung ausgetragene Konflikt über die Pläne und die spätere Realisierung der Kölner Zentralmoschee, deren Bau durch den DITIB-Dachverband in Deutschland verantwortet wird.

Erkennbar ist allerdings mit Blick auf die ‚deutschen Zustände' auch, dass unabhängig vom Typ der jeweils geplanten Moschee, also unabhängig von der Sichtbarkeit des Gebäudes (d.h. losgelöst vom Volumen des Baukörpers, der Lage oder äußeren Gestaltung des Gebäudes, aber auch unabhängig von der Reichweite seiner Funktionen), Konflikte weitestgehend ausbleiben können, wenn die politischen Entscheidungsträger zu den expliziten Unterstützern eines Moscheebau-Projektes gehören. Beispiele hierfür geben die Städte Duisburg-Marxloh, die zum Zeitpunkt ihrer Realisierung größte Moschee Deutschlands, sowie Lauingen und Schwerte, wo Projekte (nahezu) ohne Widerstände realisiert wurden (vgl. Schmitt 2003, S. 13; Hüttermann 2006). Während jedoch das Ausbleiben von Konflikten die Ausnahme darzustellen scheint, üben mit großer Regelmäßigkeit islamophobe Haltungen und Praktiken Einfluss auf Moschee-Konflikte aus.

Deutlich illustrieren dies die von Allievi (2009) zusammengetragenen Beispiele für enthemmte, gewalttätige Moschee-Schändungen (und damit auch strafrechtlich relevante Handlungen) durch Gegner von Moscheebau-Projekten. Beispielsweise verwenden Gegner von Moscheebau-Projekten – oft organisiert in Gruppierungen oder Parteien, die als nationalistisch bzw. rechtsextrem gelten – von Schweden bis Italien Exkremente oder Körperteile von Schweinen, um Muslime zu demütigen und zu bedrohen: In Österreich wurden Schweineköpfe aufgespießt; in Norditalien (Lodi) wurde Schweineurin verspritzt sowie Körperteile auf Baugrundstücken verteilt; mit Bezug auf die Niederlanden gibt es dokumentierte Fälle, bei denen Körperteile und Innereien von Schweinen im Umfeld von Moscheen verteilt wurden; in Malmö (Schweden) wurde ein Schwein in einen Gebetsraum getrieben, andernorts wurde Schweineblut gegen ein Moscheegebäude geworfen (vgl. Allievi 2009, S. 39f).

Eine Kurzrecherche im Internet führt unmittelbar zu weiteren, vergleichbaren Fällen aus der jüngeren Vergangenheit. So berichtet die *Aargauer Zeitung* im November 2011 unter der Schlagzeile „Haben tote Schweine Moschee-Bauland entweiht?" über einen Vorfall, bei dem Unbekannte ein Schwein, vier Schweineköpfe sowie 120 Liter Schweineblut auf dem Baugrundstück einer geplanten Moschee in Grenchen (Schweiz) vergraben bzw. verteilt haben (Menge & Meier 2011). Eine andere Fundstelle aus der *Süddeutschen Zeitung* verweist auf einen Fall, bei dem in Elsenfeld (Bayern) eine „Moschee mit Tieraugen [und Blut] beworfen" wurde (Süddeutsche Zeitung v. 24.10.2009).

Moschee-Schändungen sind allerdings nur ein Aspekt der Gewalt gegen Moscheen. Brandanschläge, Bombendrohungen und –anschläge, Schusswaffengebrauch und Steinwürfe ergänzen das Bild (vgl. Piper 2011). Allerdings ist ein Gesamtbild der islamfeindlichen Gewalt gegen Moscheen in Deutschland aufgrund einer lückenhaften Datenlage nur schwer zu gewinnen. Das Berliner Informationszentrum für Transatlantische Sicherheit (BITS) verweist in diesem Zusammenhang darauf, dass sowohl das Bundeskriminalamt als auch der Verfassungsschutz entsprechende Daten völlig unzureichend erfassten. Eigenrecherchen des BITS skizzieren ein dramatisches Bild der Gewalt gegen Moscheen. Für die vergangenen 40 Jahre dokumentiert das Zentrum allein 47 Moschee-Schändungen und 58 Brandanschläge. Die Mehrzahl dieser Taten erfolgte nach dem 11. September 2001, während für die 1970er und 1980er Jahre kaum (dokumentierte) Vorfälle bekannt sind (vgl. Piper 2011).

Auch im Kontext des Dortmunder Moschee-Konfliktes spielen islamophobe Haltungen und Verhaltensweisen eine bedeutsame Rolle, sodass nachfolgend zunächst der Islamophobie-Begriff präzisiert wird. Hierauf aufbauend bringt Kapitel 1.3 ebenfalls zur Darstellung, wie verbreitet islamophobe Einstellungen in Deutschland sind, und in welchen typischen Formen Islamophobie Einfluss auf Moschee-Konflikte nimmt.

1.3 Zur Relevanz islamfeindlicher Haltungen und Praktiken

Unabhängig vom Moscheebau-Kontext dient das Islamophobie-Konzept der Bezeichnung und Untersuchung „stigmatisierender Zuschreibungen, die gegenüber Menschen aufgrund ihrer Herkunft bzw. Gruppenzugehörigkeit stattfinden", insofern sie „infolge ihres Namens oder ihres Familienhintergrunds mit dem Islam in negativer Weise in Verbindung gebracht werden." (Bielefeldt 2007, S. 22)

Der Begriff wurde in den 1980er Jahren zunächst von britischen Wissenschaftlern eingeführt, um „zwischen generell fremdenfeindlichen Einstellungen und der wachsenden Feindseligkeit gegenüber Muslimen" differenzieren zu können, und ist heute ein in der europäischen Forschung (und darüber hinaus) etabliertes Konzept (Leibold 2010, S. 149). Das Konzept zielt also nicht auf „generelle Ängste vor dem Islam (wie dies das Wort fälschlich suggeriert), sondern negativstereotype Haltungen gegenüber dem Islam und seinen tatsächlichen oder mutmaßlichen Angehörigen" (Bielefeldt 2007, S. 22). Sichtbarer Ausdruck von Islamophobie sind bspw. individuelle verbale Angriffe oder Diskriminierungen, die zum Ausschluss von Segmenten des Arbeits- oder Wohnungsmarktes führen, also Exklusion oder Segregation zur Folge haben. Andere Aspekte betreffen Gewaltdelikte und nicht zuletzt Formen der Sachbeschädigung, wie sie in Moschee-Konflikten immer wieder eine Rolle spielen. Bielefeldt hebt weiter hervor, dass durch die „entindividualisierende und depersonalisierende Sichtweise" der Islamophobie eine große Ähnlichkeit zu „rassistischen Stereotypen" besteht, insofern in beiden Zusammenhängen „Menschen auf mehr oder weniger austauschbare Exemplare ihrer biologisch oder kulturell definierten ‚Herkunftsgruppe' reduziert werden" (Bielefeldt 2007, S. 22).[21]

Unübersehbar gehört islamophob-rassistische Gewalt zur deutschen Gesellschaft, dies ist im Angesicht der im Herbst 2011 aufgedeckten Mordserie gegen Migranten durch ein Terror-Netzwerk evident. Die Opfer der terroristischen Gruppe „Nationalsozialistischer Untergrund" (NSU) sind allerdings nur die Spitze eines viel weiter in die Gesellschaft hineinreichenden Problems. Drastisch belegen dies die Daten der Amadeu Antonio Stiftung, die für den Zeitraum von 1990 bis 2011 182 Todesopfer rechtsextremer, rassistischer Gewalt zählt (vgl. Kahane 2011). Ebenfalls ist offensichtlich, dass es mit der NPD in Deutschland gegenwärtig eine bundesweit organisierte Partei gibt, die als „legale Basis des Illegalen", als „Trainingsraum für handgreiflichen Rassismus" agiert (Prantel 2011). Daneben existieren, worauf im weiteren Verlauf noch näher eingegangen wird, regional aufgestellte rechtextreme Kleinparteien wie beispielsweise Pro-NRW (vgl. Häusler 2008).

---

[21] Für eine weiterführende Auseinandersetzung mit dem Islamophobie-Konzept, gerade auch mit Blick auf bestehende Kritik an dessen politischer Instrumentalisierung, sei auf den bereits ausführlich zitierten Artikel von Bielefeldt (2007) verwiesen.

Zur Haltung der Bundesbürger gegenüber dem Islam sowie islamischer Symbole in der Bevölkerung liegen eine Reihe von Studien und Umfragen vor. Aussagekräftig erscheint in diesem Zusammenhang insbesondere, dass laut einer Emnid-Studie mehr als ein Drittel (38%) der Bürger dafür ist, den Bau von Minaretten zu verbieten; insbesondere Menschen über 65 sind mehrheitlich dieser Ansicht (vgl. Die Welt v. 04.12.2009). Andere Umfragen zeigen, dass die Einwanderung von Muslimen insgesamt von den Bundesbürgern mehrheitlich negativ beurteilt wird. Beispielsweise gaben 2010 immerhin 55% der Bundesbürger im Rahmen einer Befragung durch das Allensbach-Institut an, dass sie muslimische Migranten für eine soziale und ökonomische Belastung Deutschlands halten (vgl. Luca 2010). Deutlich wird diese mehrheitlich negative Einstellung gegenüber dem Islam nicht zuletzt an der breiten Zustimmung, die Thilo Sarrazin für seine islamophoben und rassistischen Thesen erhalten hat (vgl. Foroutan 2011; zum Aspekt der Eugenik in Sarrazins Thesen siehe Haller & Niggeschmidt 2012), die im Kern den muslimischen Migranten Integrationsunfähigkeit unterstellen. Die Ergebnisse des ZDF-Politbarometers vom 10.09.2010 zeigen dies mit Nachdruck:

> Die Thesen von Thilo Sarrazin zum Thema Ausländer und Integration prägten in den letzten Wochen die öffentliche Diskussion. 56 Prozent der Befragten sind der Meinung, dass Thilo Sarrazin mit seiner Kritik Recht habe, 28 Prozent verneinen das (weiß nicht 16 Prozent). Diese Einschätzung wird in fast allen Parteianhängergruppen mehrheitlich geteilt, lediglich bei den Anhängern der Grünen halten sich Zustimmung und Ablehnung die Waage. (Mannheimer Forschungsgruppe Wahlen 2010)

In Deutschland liefert zur Frage der Islamophobie vor allem die Langzeitstudie „Gruppenbezogene Menschenfeindlichkeit" des Forscherteams um Wilhelm Heitmeyer Trend-Daten: Seit Beginn der Erhebungen 2003 stimmen mit hoher Kontinuität rund 25% der Bundesbürger der Aussage zu: „Muslimen sollte die Zuwanderung nach Deutschland untersagt werden." Ebenso stimmen der folgenden Aussage durchgängig mehr als 30% der Bevölkerung zu: „Durch die vielen Muslime hier fühle ich mich manchmal wie ein Fremder im eigenen Land." Hervorzuheben ist an dieser Stelle, dass die Zustimmung zu dieser Aussage seit Beginn der Erhebung dieses Merkmals wächst, von 31% im Jahr 2003 auf 39% im Jahr 2010 (vgl. Leibold 2010; Institut für interdisziplinäre Konflikt- und Gewaltforschung 2011).

In der Bewertung dieser Ergebnisse in Bezug auf ihre Relevanz für Moschee-Konflikte ist „Bescheidenheit" geboten, insbesondere „ist vielfach belegt, dass die Ergebnisse von Einstellungsmessungen keine direkten Rückschlüsse auf das tatsächliche (diskriminierende) Verhalten zulassen" (Peucker 2010, S. 160f). Die Vielzahl der dokumentierten Fallgeschichten zu konkreten Konflikten zeigt ein differenziertes und widersprüchliches Bild des Einflusses islamophober Vorurteile und Akteure auf den Verlauf von Moscheebau-Projekten. Exemplarisch lässt sich dies dort hervorragend zeigen, wo der Einfluss islamophober Vorurteile auf den Konflikt offen kommuniziert wird, etwa wenn rechtsextreme oder rechtspopulistische Parteien agieren oder Anwohner, Nachbarn, lokale Politiker, etc. sich entsprechend eindeutig äußern. Die nachfolgende Aufzählung differenziert drei Präsenzformen islamophober Akteure: (1) Rechtspopulisten als Etablierte, verdeckte Islamophobie, und (3) Rechtsextreme als Drohmittel der Etablierten.

Mit Blick auf die Situation in Europa sind zahlreiche Fälle dokumentiert, die das aktive Einwirken etablierter rechtspopulistischer Akteure belegen. Überregionale Wahrnehmung erhielt etwa der von der Lega Nord organisierte Marsch auf Lodi (eine Kleinstadt nahe Mailand), der sich gegen ein Moscheebau-Projekt wandte, welches Unterstützung durch den örtlichen Bürgermeister erhielt. Die britische Wochenzeitung *New Statesman* berichtete hierzu:

> Brandishing torches and placards reading ‚No to Islam' and ‚The shadows of a minaret will not fall upon our church towers', more than 1,500 demonstrators took to the streets of Lodi, a medium-sized town located in the heart of one of Europe's wealthiest and most industrialised regions. (…) There was not a skinhead in sight. (Semler 2001)

Der Protestmarsch der rechtspopulistischen Partei stoppte für eine Weile das Projekt, später wurde es außerhalb der Stadt realisiert (Saint-Blancat & Di Schmidt Friedberg 2005).

Ein weiteres plakatives Beispiel für die Aktivitäten etablierter Rechtspopulisten gibt die Politik des einflussreichen, und wie der Verbleib der Büste des Politikers im Rathaus von Brüssel-Schaerbeek zeigt, bis heute geachteten Brüsseler Bezirksbürgermeisters Roger Nols. Dessen Politik lieferte von den frühen 1970er bis in die 1990er Jahre ein extremes Beispiel dafür, wie aus dem Zentrum kommunaler Politik islamophobe Haltungen in politische Prozesse übersetzbar sind – in Nols Fall sogar bis zu einem Punkt, an dem Gesetze gebrochen wurden (vgl. Wagner 1983).[22] Manço (2005) zeigt mit Blick auf den einflussreichen Kommunalpolitiker und ‚ewigen' Bürgermeister von Schaerbeek, wie Nols legale Planungsinstrumente für eine islamophobe Politik nutzte. So wurden u.a. systematisch Gebäudesanierungen behindert, um später die dort angesiedelten Moscheen wegen baulicher Mängel schließen zu können (vgl. Manço & Kanmaz 2005, S. 1116).

Die größte internationale Wahrnehmung einer rechtspopulistischen Initiative gegen den Bau von Moscheen hat in der jüngeren Vergangenheit das Schweizer Referendum über ein Verbot zur Errichtung von Minaretten erhalten. In der Abstimmung, die von der rechtspopulistischen Schweizer Volkspartei (SVP) und der christlich-fundamentalistisch orientierten Eidgenössisch-Demokratischen Union (EDU) angestoßen worden war, wurde das vorgeschlagene Verbot mit mehr als

---

[22] Schaerbeek war vor der Eingemeindung der Brüsseler Industrievorstädte die fünftgrößte selbständige belgische Verwaltungseinheit nach Brüssel, Antwerpen, Gent und Lüttich (vgl. Wagner 1983).

57% Ja-Stimmen angenommen (vgl. Süddeutsche Zeitung v. 29.11.2009). Um nur ein Beispiel aus der internationalen Presse zu geben, sei auf den Artikel in der *New York Times* vom 29. November 2009 verwiesen:

> In a vote that displayed a widespread anxiety about Islam and undermined the country's reputation for religious tolerance, the Swiss on Sunday overwhelmingly imposed a national ban on the construction of minarets, the prayer towers of mosques, in a referendum drawn up by the far right and opposed by the government. (Erlanger 2009)

Ausgangspunkt für das Referendum in der Schweiz waren zunächst (2005/2006) lokale Konflikte um Baugesuche für Minarette in drei Gemeinden sowie (2007) das Projekt eines Islamischen Zentrums in Bern, das mit einem anvisierten Kostenvolumen von 60 bis 80 Millionen Franken und einem Konzept, welches ein Museum wie auch ein Vier-Sterne-Hotel integriert, schweizweit die Debatte über den Islam intensiviert hat (vgl. Müller & Tanner 2009). Als Ergebnis des Referendums lautet der (neue) dritte Absatz des Artikels 72 der Schweizer Verfassung „Der Bau von Minaretten ist verboten", sodass die Schweizer Verfassung gegenwärtig einen Artikel enthält, der von der UNO als „klar diskriminierend" bewertet wird (Neue Züricher Zeitung v. 01.12.2009). Ob das Verbot Bestand haben wird, ist derzeit offen. Vom Europäischen Gerichtshof für Menschenrechte (EGMR) wurden Klagen in Folge des Referendums nicht zugelassen bzw. an die Schweizer Gerichte zurückverwiesen. Zur Begründung heißt es, dass die Kläger „nicht als unmittelbare Opfer einer Verletzung der Europäischen Menschenrechtskonvention (EMRK) betrachtet werden. Auch eine indirekte oder potenzielle Opferstellung sei zu verneinen." (Neue Züricher Zeitung v. 08.07.2011) Eine abschließende Bewertung des Minarettverbots durch Schweizer Gerichte steht insofern noch aus. Politisch ist das Verbot ebenfalls sehr umstritten und eine Koalition von Gegnern des Minarettverbots setzt sich für seine Zurücknahme ein. Exemplarisch sei in dieser Hinsicht auf die Bieler Erklärung des einflussreichen Club Helvétique verwiesen (Club Helvétique 2009).

In Deutschland existieren keine mit der Lega Nord oder der Schweizer Volkspartei (SVP) vergleichbaren, rechtspopulistischen Parteien, die auf Bundesebene Einfluss entfalten können. Lokal bzw. landespolitisch ist die Präsenz rechtsextremer oder rechtspopulistischer Parteien oder Bürgerinitiativen jedoch deutlich wahrnehmbar, wenn es um Moscheebau-Projekte geht. Beispielhaft ist hier Pro-NRW anzuführen, eine extrem rechte Kleinpartei, die u.a. in Köln (ihrem Entstehungsort), ansatzweise auch in Dortmund, wiederholt auf Moscheebau-Projekte Einfluss genommen hat (vgl. Kahane 2011).

Die Stärke dieser vom Verfassungsschutz seit 2011 als verfassungsfeindlich eingestuften Partei liegt darin, Themen geschickt in die politische Mitte zu tragen. So konstatieren Killguss, Peters und Häusler (2008) in Bezug auf die DITIB Zentral-Moschee in Köln-Ehrenfeld, dass es Pro-NRW gelingt, „das politische Klima in der

Stadt mit ihren rechtspopulistischen Kampagnen nachhaltig zu beeinflussen und atmosphärisch zu vergiften." (Killguss et al. 2008, S. 67) Dies gilt insbesondere für die öffentliche Debatte, bei der Pro-NRW einen maßgeblichen Anteil an der Verschiebung des Diskurses nach „Rechtsaußen" hatte (Killguss et al. 2008, S. 67). Dieser Einfluss wird greifbar anhand der – aus dem Blickwinkel der islamfeindlichen Partei – erfolgreichen Unterschriftenkampagne, bei der Pro-NRW mehr als 15.000 Unterschriften gegen den Bau der Moschee sammeln konnte (vgl. Killguss et al. 2008, S. 68). Zu einer ähnlichen Bewertung kommt Butterwegge, der zu Pro-NRW in Köln bzw. dem lokalen Zweig der Partei, Pro-KÖLN, ausführt: „Politisch brisant war der Vorgang, weil die mit fünf Abgeordneten im Kommunalparlament vertretene rechtspopulistische ‚Bürgerbewegung Pro Köln' den Widerstand nach Kräften stimulierte und koordinierte." (Butterwegge 2008) Erfolgreich waren die Anstrengungen von Pro-NRW bzw. Pro-KÖLN, die Moschee in Ehrenfeld zu verhindern, letztlich nicht; auf der Köln-Ehrenfelder Bezirksebene und im Kölner Rat wurde das Bauprojekt im Herbst 2008 befürwortet und politisch beschlossen.

Ein Instrument zur Durchsetzung islamophober Überzeugungen ist auch in Deutschland das Baurecht bzw. die komplexen Anforderungen einer Bebauungsplanänderung. Letztere ist vielfach eine Voraussetzung für die Genehmigung eines Bauantrags zur Errichtung einer Moschee. Exemplarisch ist in dieser Hinsicht der gut dokumentierte Moschee-Konflikt in der Gemeinde Schlüchtern (vgl. Brunn 2006; Hohmann 2007; Zemke 2007). Die örtliche SPD und CDU verhindern seit 2004 im Konsens durch eine strategische Bebauungsplanänderung einen Moscheebau. Einige der Schlüsselakteure kommunizieren diese Motive offen, was bereits die Presseberichterstattung zum Schlüchterner Moschee-Konflikt belegt. So heißt es in der *Frankfurter Allgemeinen Zeitung* vom 07. September 2004 über das Vorgehen der politischen Mandatsträger: „Die Stadt will das Gebäude (…) nach Angaben von Bürgermeister Falko Fritzsch (SPD) mit einer Änderung des Bebauungsplanes verhindern." (Frankfurter Allgemeine Zeitung v. 07.09.2004) Zum Motiv der grundsätzlichen Ablehnung aus dem Lager der Schlüchterner CDU äußert der CDU-Stadtverordnete Rolf Moritz noch im Jahr 2008, dass die CDU „den Bau einer Moschee auf dem Stadtgebiet als Ausdruck des politischen Aspekts des Islams jedoch kategorisch ab[lehnt]." (Müller 2008)

Das Beispiel Schlüchtern zeigt die Wirkmächtigkeit der strategischen Ausnutzung des Planungsrechts. Typologisch verweist der Verlauf des Konfliktes darauf, dass es nicht immer rechtspopulistische Parteien braucht, um islamophobe Politik in die Mitte einer Stadtgesellschaft zu tragen – manchmal wird in Deutschland eine solche Politik genau dort bereitwillig verfolgt.

Die Relevanz (2) verdeckter Islamophobie wird durch zahlreiche Fallbeispiele belegt, bei denen islamophobe Haltungen eine Rolle spielen, ohne dass diese explizit benannt werden. Typischerweise werden stellvertretend für die grundsätzliche Zurückweisung des Islams, für die es rechtlich keine Legitimation gibt, Konfliktlinien produziert, die, weil auf mehr oder weniger bedeutende Planungsaspekte bezogen, vielversprechende Anknüpfungspunkte für eine Protestdurchsetzung bieten. Zentraler Bezugspunkt (gegebenenfalls auch strategisches Instrument) ist auch hier der Bebauungsplan, welcher Fragen zur generellen Nutzung, aber auch Detailaspekte, wie die Frage nach den gebotenen Stellplätzen für die Fahrzeuge der Besucher, regelt. Allerdings wird dieses Instrument selten so eindeutig und offen strategisch genutzt wie in der Gemeinde Schlüchtern (siehe oben). Das Feld der verdeckten Islamophobie ist im Vergleich daher schwieriger zu betrachten – beispielhaft hat es Beck (2002) mit Fokus auf ein Moscheebau-Projekt in Tilburg untersucht. Die Studie verfolgt insbesondere die Frage, inwiefern eine verdeckte islamophobe Haltung dazu beigetragen hat, dass der Verhandlungs- und Entscheidungsprozess über die Lokalität der geplanten Moschee in Tilburg von massiven Konflikten begleitet wurde. Eine zentrale Rolle spielte in diesem Setting der Protest einer Nachbarschaftsvereinigung, die, wie Beck überzeugend über eine Rekonstruktion des über Jahre andauernden Konfliktes (1994-2001) herausarbeitet, von islamophoben Perspektiven geleitet wurde. Das Verhaltensmuster, das Beck im Kern identifiziert, beruht auf einer utilitaristischen Argumentationsspirale, bei welcher der Motor der Argumentation die Produktion von Widerspruch zur Verteidigung der fundamentalen Ablehnung des Islams ist. Das einzelne Argument bzw. der markierte Problempunkt ist demgegenüber austauschbar, kann fallengelassen werden oder gegenüber dem Gewicht rationaler Argumente immunisiert aufrechterhalten werden. Entsprechend heißt es im Fazit Becks:

> The representatives of the (...) Tilburg Bokhamer district could not reconcile themselves with opinions and decisions that did not coincide with their own view. (...) Prejudices gradually emerged in the course of the years as it became clear that the decision concerning the building plans of the Wandelboslaan mosque threatened to be in favour of the Turkish community in Tilburg. (...) Muslim Turks were not considered as belonging to the Tilburg culture. It was thought to be obvious, from their wish to build a mosque in this area, that they did not want to integrate. (Beck 2002, S. 64)

Das (3) Rechtsextreme als Drohmittel der Etablierten zeigt Hüttermann (2006) in seiner Analyse eines Konfliktes um den Bau eines Minaretts in der Stadt Halle in Westfalen. Exemplarisch zeigt die Studie, wie die etablierten Vertreter der Stadtgesellschaft ihre eigene Verhandlungsposition stärken, indem sie damit drohen, den Konflikt durch Rechtsextreme eskalieren zu lassen: „Wenn die Muslime nicht auf ihre Interessen eingingen, kämen andere, die unversöhnliche, extremistische und ausländerfeindliche Interessen verfolgten." (Hüttermann 2006a, S. 34)

Im Gewand der „fürsorglichen Drohung" wurde diese zunächst von Anwohnerseite geäußerte Position im Zuge einer Versammlung der Interessensvertreter aller Seiten durch den Bürgermeister legitimiert und strategisch verstärkt. Im Zitat aus dem Forschungstagebuch Hüttermanns heißt es hierzu: „Ihr habt jetzt die Forderung von den Mitgliedern, von den Nachbarn gehört. Wenn ihr auf die Forderung eingeht, dann habt ihr eine Gruppe von Fürsprechern, die nicht gegen euch sind." (Hüttermann 2006a, S. 36) Tatsächlich trägt das Vorgehen der Alteingesessenen in diesem Konflikt dazu bei, dass Muslime sich defensiver verhalten als es ihre formale Rechtsposition ihnen ermöglichen würde. Im Endergebnis baut der Moscheeverein ein deutlich verkürztes Minarett (Hüttermann 2006a).

Im Fazit verdeutlichen diese Beispiele die Wirksamkeit islamophober Haltungen auf Moschee-Konflikte und sie verweisen auf die große Bandbreite möglicher Varianten ihrer Einflussnahme auf den politischen Prozess. Allievi konstatiert mit Blick auf Europa für die Relevanz islamophober Haltungen generell: „Conflict is more intense and more frequent where political entrepreneurs of Islamophobia are present" (Allievi 2009, S. 90). Darüber hinausgehend deutet der Stand der Forschung aber auch auf die Grenzen des Einflusses derartiger Haltungen, denn im Ergebnis kann sich die lokale Politik in Deutschland vielfach gegen islamophobe Moscheegegner durchsetzen. Dies zeigt insbesondere der Kölner Moschee-Konflikt, spiegelt sich jedoch gleichfalls im Verlauf des in dieser Studie im Mittelpunkt stehenden Moschee-Konfliktes in Dortmund. In Köln ist es eine kampagnenfähige, rechtsextreme Kleinpartei, die massiven Druck auf die lokale Politik ausüben kann und hierbei islamophobe Positionen bezieht. In Dortmund sind es, wie die Fallstudie im weiteren Verlauf zeigen wird, vor allem die NPD-nahen Kameradschaften, welche ansatzweise eine vergleichbare Rolle spielen. Im Ergebnis setzen sich aber in beiden Städten letztlich die Unterstützer der Moscheebau-Projekte mit Hilfe der gewählten politischen Mandatsträger auf kommunalpolitischer Ebene durch.

1.4 Moscheen und Moschee-Konflikte in Deutschland

Im Anschluss an die Auseinandersetzung mit der Relevanz der Islamophobie im Kontext von Moschee-Konflikten und vor dem Hintergrund der zuvor entwickelten ersten Betrachtung des Untersuchungsfeldes, bringt Kapitel 1.4 ausgewählte strukturelle Aspekte zur Darstellung, die die Verbreitung repräsentativer Moscheen sowie das Auftreten von Auseinandersetzungen über Moscheen in Deutschland und Europa betreffen. Grundlegende Informationen zur Anzahl und Verteilung von Moscheen in Deutschland bietet beispielsweise die Kartierung „städtebaulich repräsentativer Moscheen", welche das Leibniz-Institut für Länderkunde online zur Verfügung stellt. Der interaktive „Nationalatlas aktuell" (Schmitt 2011) verzeichnet mehr als 120 intentional errichtete Nachbarschafts-Moscheen bzw. Islamische Zentren. In erster Linie stehen diese Moscheen in den industriellen Ballungsräumen an Rhein und Ruhr sowie im Rhein-Main-Gebiet und in der Rhein-Neckar-Region. Zu finden sind die Moscheen, abgesehen von Islamischen Zentren, die zum Teil in den Ortskernen angesiedelt sind, in der großen Mehrheit in den industriell geprägten

Vororten bzw. am Stadtrand, wo Immobilien vergleichsweise günstig zu erwerben sind und das Konfliktpotenzial geringer erscheint oder in ethnisch geprägten Nachbarschaften (vgl. Allievi 2009, S. 21; Galembert 2005; Saint-Blancat & Di Schmidt Friedberg 2005).[23]

Neben den Moscheen, welche der Nationalatlas bereits erfasst, befindet sich eine erhebliche Anzahl von repräsentativen Moscheen in der Planung. Kreutz und Sarlan (2010) sprechen in diesem Zusammenhang von 200 Projekten.[24] Für die dritte Moschee-Kategorie, die Anzahl islamischer Gebeträume in umfunktionierten Räumlichkeiten, gehen verschiedene Schätzungen von ca. 2.500 Räumlichkeiten bzw. Gebäuden aus. Hieraus resultiert eine Gesamtzahl von rund 2.600 Moscheen in Deutschland (vgl. Allievi 2009, S. 23; Leggewie 2009, S. 117; Öcal 2010, S. 191). Setzt man diese Gesamtzahl ins Verhältnis zur muslimischen Bevölkerung Deutschlands, insgesamt wird von 3,8 bis 4,3 Millionen Menschen ausgegangen, ergibt sich in Bezug auf das Verhältnis von Plätzen für die islamische Gebetspraxis und Moscheen eine Ratio von einer Moschee pro ca. 1.557 Muslimen.[25]

Was bedeuten diese Zahlen? Erstens, rein quantitativ und entsprechend losgelöst von den Deutungsmustern der Akteure, könnte man schließen, dass in Deutschland kein Defizit in der Versorgung mit Raumangeboten für das islamische Gebet besteht. Dies ergibt sich sowohl mit Blick auf muslimische Länder außerhalb Europas, insofern sich dort, folgt man erneut Allievis Ausführungen, der Zugang zu Räumen für religiöse Praktiken in annäherungsweise vergleichbaren Dimensionen darstellt als auch im Vergleich zu den Relationen zwischen Sakralbauten und Angehörigen des christlichen Glaubens in Europa (vgl. Allievi 2009, S. 24).

Zweitens liegt das in Deutschland verfügbare Angebot an Räumen für die islamische Gebetspraxis nahe beim europäischen Durchschnitt von 1.528 Muslimen pro Moschee. Drittens, zeigt ein weiterer Vergleich, dass Deutschland in absoluten Zahlen, also mit mehr als 2.600 Gebäuden bzw. Räumen, die größte Anzahl an Moscheen in Europa aufweist (gefolgt von Frankreich mit 2.100 Moscheen).[26]

---

[23] Allievi bezieht diese Aussage auf alle europäischen Staaten, mit Ausnahme von Bosnien, das aufgrund seines historisch über Jahrhunderte gewachsenen muslimischen Bevölkerungsanteils eine Sonderstellung einnimmt.

[24] Ebenso Allievi (Allievi 2009, S. 23), der jedoch lediglich von 66 repräsentativen Moscheen ausgeht; ob diese Diskrepanz über die Fertigstellung von Gebäuden erklärt werden kann oder über Unterschiede in der Definition der Kategorien oder auf verschiedenartige Recherchemöglichkeiten zurückzuführen ist, kann an dieser Stelle leider nicht geklärt werden.

[25] Die Ratio von 1.557 Muslimen pro Moschee basiert auf der Konstruktion eines Mittelwertes aus den Angaben der Studie „Muslimisches Leben in Deutschland", welche von 3.8 bis 4.3 Millionen Muslimen in Deutschland ausgeht und als Mittelwert die Zahl 4.050.000 festlegt (vgl. Haug et al. 2009).

[26] Die Dynamik der Etablierung neuer Moscheen wird deutlich, wenn man berücksichtig, dass sich die Zahl der Moscheen in Deutschland seit 1981 mehr als verdreifacht hat: von ca. 700 in 1981 zu den oben angeführten mehr als 2.600 (vgl. Fetzer & Soper 2005, S. 117).

Differenziert man diese Gesamtzahl und betrachtet Moscheen in islamischen Gebetsräumen einerseits und repräsentativen Moscheen andererseits, wird deutlich, dass Deutschland innerhalb Europas zu den Staaten mit den meisten intentional erbauten Nachbarschafts-Moscheen und Islamischen Zentren gehört - sieht man einmal von Bosnien und Griechenland ab, also Ländern, die, wenn auch in sehr unterschiedlichen Ausmaßen, eine historisch verankerte Präsenz des Islams auszeichnet (vgl. Allievi 2009, S. 27).

Es erscheint bemerkenswert, dass in dieser vergleichenden Perspektive das Angebot von Orten der Gebetspraxis in Deutschland prinzipiell ‚dichter' angelegt ist als beispielsweise in den Niederlanden (2.315 Muslime pro Moschee), welche ganz anders als in der BRD über viele Jahre eine aktive, multikulturelle Politik der Anerkennung der Muslime verfolgt hat. Man kann dies zumindest spekulativ und vorläufig als Hinweis auf einen signifikanten Grad der Unabhängigkeit von Moschee-Gründungsinitiativen gegenüber gesamtstaatlichen Politiken deuten. In die gleiche Richtung weist die auffallende Vergleichbarkeit des deutschen Moschee/Muslime-Verhältnisses mit der Situation in Frankreich (mit einer Ratio 1.517 Muslimen pro Moschee). Während Frankreich durch sein republikanisches Staatsbürgerschaftsrecht muslimischen Migranten stets in hohem Maße politische Teilhabechancen geboten hat und bietet, waren in Deutschland vergleichbare Rechte über Jahrzehnte de facto kaum zugänglich – ein Zustand, der erst mit der Reform des Staatsangehörigkeitsgesetzes im Jahr 2000 deutlich verbessert wurde (vgl. Fetzer & Soper 2005; Bommes 2006, S. 9ff).

Eine unmittelbare Verbindung zwischen der Garantie formaler politischer Teilhaberechte einerseits und der Möglichkeit, Moscheen, ob städtebaulich repräsentativ oder nicht, zu etablieren, erscheint vor diesem Hintergrund unwahrscheinlich. Zumal Erhebungen darauf verweisen, dass die Migranten aus muslimischen Ländern in Frankreich sich stark mit dem Islam identifizieren und in der Folge der Bedarf an Plätzen für das Gebet nicht geringer sein dürfte als in Deutschland (vgl. Gallup 2009, S. 19f).

Zur Frage wie viele der Moscheen in Deutschland Gegenstand von Konflikten wurden, gibt es keine eindeutigen empirischen Daten. Durch Gaudernack (2011) existiert eine Analyse aller „im Zusammenhang mit Moscheebauvorhaben bislang ergangenen und veröffentlichten gerichtlichen Entscheidungen", inklusive einiger nicht veröffentlichter Entscheidungen zum Stand Mai 2010. Rund 30 Fälle werden von der Autorin dokumentiert (und juristisch analysiert), die quer zu den diversen Einwohnergrößenklassen lokalisiert werden können, von Millionenstädten wie Hamburg, München oder Berlin bis zu Kleinstädten wie Bobingen (Bayern) oder Schlüchtern (Hessen) und Ortsgemeinden wie Schweighofen in Rheinland-Pfalz.

Es handelt sich hierbei allerdings lediglich um die Spitze des Eisbergs, wie Gaudernack mit Verweis auf die Dominanz einer außergerichtlichen „Konfliktkultur" im Kontext von strittigen Moscheebauvorhaben betont (Gaudernack 2011, S. 235).

Eine Einschätzung, die sich mit Beobachtungen bzw. Interpretationen zu zahlreichen Moschee-Konflikten deckt, die den Verzicht der Muslime auf die juristische Durchsetzung ihrer Interessen (trotz aussichtsreicher Rechtslage) als ein typisches Muster erscheinen lässt (vgl. Kapphan 2004, S. 247; Gaudernack 2011). Ein Beispiel hierzu gibt die Fallstudie Hüttermanns zu einem Minarett-Konflikt in Halle in Westfalen (Hüttermann 2006a, S. 113). Zwar nehmen die involvierten Muslime im Verlauf der Auseinandersetzung auf die Rechtslage Bezug, argumentieren in diesem Aspekt aber sehr defensiv. Bilanzierend heißt es:

> Offenbar liegt es den Muslimen fern, sich selbst anzumaßen, gleichberechtigte Mitglieder einer Rechtsgemeinschaft zu sein. Als Gäste, als Hinzugekommene, gestatten sie es sich selbst (noch) nicht, gewissermaßen als Nutznießer einer etablierten Hausordnung aufzutreten, die sie selbst nicht gemacht haben. Sie geben sich in der unmittelbaren Konfliktinteraktion vielmehr als bescheidene Gäste, die nicht stören (…) wollen – alles andere erscheint illegitim. (Hüttermann 2006a, S. 113f)

In der Folge bleiben Konflikte häufig unterhalb der Schwelle juristischer Konfrontationen, sodass auch aus diesem Grund genaue Angaben zur Verbreitung von Moschee-Konflikten in Deutschland und Europa kaum möglich sind. Die Ergebnisse Gaudernacks fundieren den Eindruck, dass dort wo Muslime Moscheen errichten möchten, häufig auch öffentliche Konflikte auftreten.

Bilanzierend zeigen die bisherigen Ausführungen deutlich, dass der zentrale Anlass für die Konflikte um Moscheebauten die Frage der zunehmenden Sichtbarkeit des Islams und der Muslime in Europa ist. Mit den Worten Gerdien Jonkers auf den Punkt gebracht: „The systematically neglected matter of visible religious worship for Muslims has finally become a public issue. Ever since, conflict is in the air." (Jonker 2005, S. 1069)

Wie diese Konflikte in der Forschung weitergehend diskutiert werden, speziell wie die Frage der Motive bzw. Überzeugungen der Konfliktparteien in diesem Kontext konzeptionell erfasst werden, und welche Ergebnisse die entsprechenden Studien zeigen, ist Gegenstand des anschließenden Kapitels 1.5.

1.5 Moschee-Konflikt: Analytische Perspektiven und Ansätze

Leicht feststellbar ist, dass die vorliegenden Studien nicht einer bestimmten Fachdisziplin entstammen, sondern über einen heterogenen Diskurs miteinander verbunden sind. Die Autoren, welche in die vorliegende Aufbereitung des Forschungsstands aufgenommen wurden, forschen bspw. aus den Kontexten der Politikwissenschaft (Rath et al. 2001; Cesari 2005a; Fetzer & Soper 2005; Leggewie 2009; Maussen 2009), Soziologie (Hüttermann 2006a; Allievi 2009; Bukow 2009), politischen Geografie (Schmitt 2003), Religionswissenschaft (Beck 2002; Jonker 2005), und der Erziehungswissenschaft (Bender-Szymanski 2005). Dennoch lassen sich in Anlehnung an Systematisierungen von Maussen (2005) und Cesari (2005a) zwei wesentliche Ausrichtungen der relevanten Studien erkennen. Diese werden im Folgenden zunächst grob skizziert und anschließend in den Unterkapiteln 1.5.1 und 1.5.2 detailliert eingeführt.

Die erste thematisiert Moscheen und Moschee-Konflikte im Kontext einer positiv gesetzten, normativ zu befürwortenden Institutionalisierung des Islams in Europa. Letztere wird als ein wechselseitiger Prozess zwischen Muslimen und Einwanderungsgesellschaft aufgefasst, dessen Ziel die Etablierung einer Infrastruktur für muslimische Gemeinschaften ist (vgl. Maussen 2005, S. 19).

Alternativ zum Begriff der Institutionalisierung wird in der Literatur von einer „accommodation of Muslim religious practices in Western Europe" gesprochen, was annäherungsweise als „Aufnahme bzw. Integration der religiösen Praxis von Muslimen in Westeuropa" übersetzt werden kann (vgl. Fetzer & Soper 2005). Die zweite Forschungsströmung, an die auch die vorliegende Studie primär anknüpft, deutet die Prozesse, die sich in den Auseinandersetzungen um Moscheen darstellen, gleichfalls als gesellschaftliche Aushandlungsprozesse. Der feine, aber bedeutsame Unterschied zur Institutionalisierungs-Perspektive liegt hierbei in der größeren empirischen Offenheit für die Heterogenität der Akteure, was ihre Motive und Praktiken betrifft. Gefragt wird nicht primär, ob und wie der Islam und die Muslime sozial und räumlich einen Ort zur Ausübung ihrer Religion finden, vielmehr geht es weit offener um gesellschaftliche Aushandlungsprozesse zur Präsenz des Islams und der Muslime in Europa.

Konflikte über Moscheen werden in dieser Lesart als emblematische Ereignisse verstanden, an denen vergleichsweise abstrakt soziale Prozesse konkret und verdichtet ausgehandelt werden. Für Cesari bedeutet eine solche Alternative, dass sie den Wechselwirkungsaspekt in den Vordergrund stellt, also nicht allein danach fragt, wie „European culture impacts on the acclimatisation of Muslim immigrants but also how Muslim immigrants affect and change their new environment" (Cesari 2005a: 1017).

Maussen spricht von dieser Strömung unter dem Label „Negotiations on Cultural Diversity" (Maussen 2005, S. 25). Maussens Label wird in dieser Studie aufgegriffen, um Studien zu bezeichnen, welche die Interpretation der Moschee-Konflikte auf den Aspekt der Aushandlung kulturell-religiöser Differenzlinien im Kontext emblematischer Konflikte um den Islam bzw. die Muslime ausrichten. Ein potenzieller Kritikpunkt liegt in diesem Zusammenhang in der Möglichkeit, dass durch die Einengung des Fokus auf „Cultural Diversity", Verschiebungen in der Machtbalance im Zuge von Einwanderung, etwa in den Beziehungen zwischen Etablierten und Außenseitern, mithin Verschiebungen im politischen und sozialen Machtdifferential einer Gesellschaft, verdeckt werden. In der Literatur, die dieser Perspektive zugeordnet werden kann, werden diese Aspekte jedoch explizit bearbeitet, bspw. über die Deutung von Moschee-Konflikten als Etablierten-Außenseiter Konflikt (vgl. Schmitt 2003, S. 348; Hüttermann 2006a, S. 178ff).

Adäquat erscheint die hier vorgeschlagene und sehr weit gefasste Zuordnung der existierenden Studien gerade vor dem Hintergrund der Interdisziplinarität der Scientific Community, die sich mit Moschee-Konflikten befasst. Was die Studien in den beiden herausgestellten Forschungsströmungen untereinander verbindet, kann mit Ludwig Wittgenstein argumentiert als eine Verwandtschaft durch Familienähnlichkeit verstanden werden (Wittgenstein 1971). Ein wesentliches Kriterium der Ähnlichkeit liegt erstens in der Konzeption der Motive muslimischer Akteure als mehr oder minder homogen. Ein zweiter Aspekt ist die jeweilige Gewichtung der Institutionalisierung des Islams, etwa im Sinne der Etablierung eines Ortes zur Ausübung der Religion, gegenüber einer Perspektive, welche Moschee-Konflikte primär als emblematische Konflikte über kulturell-religiöse Diversität in den europäischen Einwanderungsgesellschaften interpretiert.

Die folgenden Unterkapitel 1.5.1 und 1.5.2 führen dezidiert in diese beiden grundlegenden Zugänge zum Forschungsgegenstand ein. Ergänzend vertieft ein Exkurs diese Diskussion und thematisiert die Konfliktlinien und konfrontativen sozialen Praktiken innerhalb des Feldes muslimischer Akteure. Ziel dieses Exkurses ist es, die Komplexität und Heterogenität der Motive und Praktiken muslimischer Akteure anhand von konkreten Fallbeispielen aufzuzeigen. Zugleich wird damit kritisch hervorgehoben, welche konzeptionellen Schwächen viele Studien zur Institutionalisierung des Islams in der Aussagekraft ihrer Ergebnisse beschränken.

1.5.1 Institutionalisierung des Islams in Europa

Die Auseinandersetzung mit der Institutionalisierung des Islams in Europa ist ein erstrangiger Interpretationsrahmen für die Untersuchung von Moschee-Konflikten. Mit der Institutionalisierung des Islams werden allgemein gesprochen Prozesse bezeichnet, durch welche, wenn auch in kleinen Schritten, eine Etablierung des Islams - „von der Gebetsmatte zum Minarett" - in die westlichen Gesellschaften ermöglicht wird (Landman 1992 zit. nach Maussen 2005, S. 23).

Die hier gemeinte Institutionalisierung zeigt sich etwa in Form einer Professionalisierung der verbandlichen Organisation der Muslime, aber auch in Gestalt einer (wenn auch langsam) zunehmenden Anerkennung der religiösen Orientierung der eingewanderten muslimischen Arbeitsmigranten. In der deutschen Politik verdichtete sich in der jüngeren Vergangenheit diese Anerkennung plakativ in dem Satz:

„Der Islam ist ein Teil Deutschlands"[27], wie ihn Wolfgang Schäuble 2006 zur Eröffnung der Deutschen Islamkonferenz erstmalig in einer Regierungserklärung aussprach. Öffentlichkeitswirksam wurde diese Aussage zum 20. Jahrestag der Deutschen Einheit (2010) vom damaligen Bundespräsident Christian Wulff erneut und unter höchster medialer Aufmerksamkeit zum Ausdruck gebracht. „Eine Revolution im deutschen Selbstbild" kommentiert Leggewie 2008 das Statement Schäubles, welche „im Bauch der Gesellschaft (…) noch lange nicht verdaut" ist (Leggewie 2008, S. 28).

Als ein weiterer zentraler Aspekt dieses Institutionalisierungs-Prozesses kann das gegen Ende der 1980er Jahre in Deutschland einsetzende und seither zunehmende Interesse von Muslimen an der Errichtung von Islamischen Zentren und intentional erbauten Nachbarschafts-Moscheen gedeutet werden (vgl. Schmitt 2003, S. 55f; Maussen 2005, S. 19ff).

Die Theorien oder Frameworks, aus denen heraus zur Institutionalisierung des Islams geforscht wird, sind dabei sehr heterogen. Einige Studien aus dieser Strömung sind theoretisch am „Ressource Mobilisation Ansatz" orientiert, diese werden allerdings aufgrund ihrer primären Orientierung an den Binnenprozessen muslimischer Organisationen nicht weiter berücksichtigt (Maussen 2005, S. 20, siehe hierzu auch Fetzer & Soper 2005, S. 7ff).

Eine größere Gruppe von Studien arbeitet mit Bausteinen der Political Opportunity Structure Theorie (POS-Theorie). Letztere untersucht die Relevanz politischer Rahmenbedingungen („the dimensions of the political environment") für das Handeln kollektiver Akteure (Tarrow 1994, S. 85). Richtungsweisend ist die Annahme, dass politische Rahmenbedingungen strukturierend auf die Handlungsbereitschaft kollektiver Akteure einwirken, indem sie die Wahrnehmung von Erfolgs- oder Misserfolgschancen beeinflussen. Dies bedeutet im Kern, dass diese Untersuchungen formelle institutionelle Strukturen (des Staates), informelle Verfahren und dominante Strategien in der Auseinandersetzung mit „Herausforderern" gesellschaftlicher bzw. politischer Ordnung sowie schließlich die Machtkonfiguration zwischen den Akteuren in einem Konflikt-Setting thematisieren (vgl. Kriesi, S. 9). Studien, welche dieser Perspektive zugerechnet werden können, verbindet insofern ein Fokus für die Interessen und das Agieren muslimischer Akteure sowie die Analyse rechtlicher und politischer Rahmenbedingungen.

Beispielhaft gilt dies für die Arbeiten von Rath und Penninx et al. (2001) und Frégosi (2001), die für die Niederlande (Rotterdam und Utrecht) und Frankreich (Mulhouse und Strasbourg) die Wechselwirkungsbeziehungen zwischen muslimischen Interessen an der Etablierung von Moscheen und kommunalen Policies un-

---

[27] Das Zitat Schäubles lautet im erweiterten Kontext: „Der Islam ist Teil Deutschlands und Teil Europas, er ist Teil unserer Gegenwart und er ist Teil unserer Zukunft. Muslime sind in Deutschland willkommen. Sie sollen ihre Talente entfalten und sie sollen unser Land mit weiter voranbringen." (Schäuble 2006)

tersucht haben. Als ein zentrales Ergebnis wird von beiden Studien herausgestellt, dass nicht nationale Politiken, sondern lokale Auffassungen von Integration, Säkularität und den Funktionen von Moscheen sowie das jeweilige Rollenverständnis der Kommune in Bezug auf diese Aspekte die Realisierungschancen von Moscheebau-Projekten beeinflussen.

Wurden in Mulhouse beispielsweise Nachbarschafts-Moscheen als förderlich für Integrationsprozesse betrachtet und unterstützt, orientierte sich die Stadt Strasbourg an der Idee einer Zentralmoschee und priorisierte ein derartiges Projekt gegenüber Plänen für Nachbarschafts-Moscheen. In Utrecht hingegen definierte die Kommune Moscheen primär als Orte der Religionsausübung und interpretierte die eigene Rolle gegenüber Moscheen vor dem Hintergrund einer Trennung von Kirche und säkularem Staat entsprechend zurückhaltend. Ganz anders die Stadt Rotterdam, die Moscheen auch als Orte der sozialen Integration auffasste und vor diesem Hintergrund u.a. einen institutionellen Rahmen für den Dialog zwischen Vertretern der Moscheen und der Kommune einrichtete (vgl. Rath et al. 2001; vgl. Frégosi 2001 zit. nach Maussen 2005: 22).

Die obigen Studien zeigen die Bedeutung politischer Gelegenheitsstrukturen auf lokaler Ebene bzw. verweisen auf die Wirksamkeit der spezifischen Rezeption und Modifikation rechtlich-politischer Rahmensetzung auf gesamtstaatlicher Ebene. Die Optionen der Muslime zur Realisierung ihrer Interessen an der Etablierung von Moscheen erscheinen aus dieser Sichtweise primär davon abhängig, wie die jeweiligen Kommunalpolitiker den ihnen gegebenen, rechtlichen Gestaltungsraum interpretieren.

Fetzer und Soper (2005) haben zusätzlich (als Erweiterung der POS-Theorie) herausgearbeitet, wie speziell die (historisch gewachsenen) Beziehungen zwischen Kirche und Staat die politischen Gelegenheitsstrukturen für die Etablierung von Moscheen prägen. Aus ihrer Großbritannien, Frankreich und Deutschland vergleichenden Untersuchung heraus argumentieren Fetzer und Soper, dass gerade die großen kirchlichen Institutionen in Deutschland eine maßgeblich Rolle für die Anerkennung und gesellschaftliche Integration des Islams spielen: „The existence of this church-state institution channels their activism and perhaps will lead to their ultimate success in obtaining official recognition and public acceptance." (Fetzer & Soper 2005, S. 126f) Diese Bedeutung erklären die Autoren nicht nur über die Gelegenheitsstrukturen für Muslime in Deutschland im Sinne von rechtlichen Rahmenbedingungen, sondern ausdrücklich auch mit Bezug auf die Überzeugungen und Einschätzungen („ideological assumptions") der politischen Eliten und der Öffentlichkeit zur Frage, was als politisch nützlich und praktikabel gesehen wird, wenn es um die Ausgestaltung des muslimischen Anspruchs auf eine freie Religionsausübung geht (Fetzer & Soper 2005, S. 20). Dass der deutsche Staat durch das Grundgesetz darauf ausgerichtet ist, dass politische Institutionen die Ausübung religiöser Praxis unterstützen sollen, wird in dieser Lesart zu einem zentralen Aspekt für das Verständnis von Auseinandersetzungen um die Etablierung von Moscheen (Fetzer & Soper 2005, S. 126).

Die thematische Grundlinie der Studien mit Orientierung an den Political Opportunity Structure Theorien findet sich in zahlreichen Arbeiten wieder, ohne dass diese Studien programmatisch diesem Ansatz (oder einem anderen) explizit verpflichtet sind (vgl. Fetzer & Soper 2005, S. 8; Kortmann 2011, S. 33). Dies deutet zum einen auf das teilweise niedrige theoretische Niveau der Auseinandersetzung, zum anderen verwundert es nicht, insofern die Bausteine der POS-Theorien zentrale Themen der Gesellschaftswissenschaften integrieren: einflusssuchende, randständige Akteure sowie Machtbeziehungen und Strategien des Staates und der Eliten gegenüber randständigen Akteuren.

Ein Defizit zahlreicher Studien aus diesem Forschungsstrom liegt, wie schon hervorgehoben, in einer simplifizierenden (Re-)Konstruktion der Akteure, ihrer Motive und der Interdependenzbeziehungen zwischen den Akteuren und ihrem institutionellen Kontext. Nicht wenige Studien kreisen im Kern um den Begriff der Islamophobie und rekonstruieren die Konflikte um die Etablierung des Islams bzw. dessen fortschreitender Institutionalisierung primär als eine Konfrontation von den nach Anerkennung ihrer Religion strebenden Muslimen einerseits und islamophoben Akteuren andererseits.

Muslime erscheinen in der Folge vor allem als homogene Akteursgruppe, welche legitimer Weise ihr Grundrecht auf Religionsfreiheit bzw. Anerkennung ihres Anspruchs auf repräsentative Räumlichkeiten oder Gebäude zur Ausübung religiöser Praktiken geltend macht. Moscheebau-Gegner werden demgegenüber als vorurteilsbehaftete, von islamophoben und (damit einhergehend) rassistischen und nationalistischen Einstellungen angetriebene Akteure wahrgenommen und dargestellt, die sich gegen ‚die' Muslime wenden. Maussen, der dies bereits 2005 kritisch reflektiert hat, verweist in diesem Zusammenhang auf ein ganzes Bündel von Studien: Shadid und Van Konigsveld (1992), Poole (2002), Geisser (2003), Dunn (2001), Beck (2002), Werbner (2005). Diese Auflistung lässt sich leicht aktualisieren und erweitern: Bozay (2008), Bukow (2009), Öcal (2010).

Eine der komplexeren Überlegungen in dieser Hinsicht bietet beispielsweise Bukow (2009), dessen Artikel die Auseinandersetzung um die Kölner Zentral-Moschee des DITIB-Dachverbands als Bezugspunkt wählt (Bukow 2009). Seine Betrachtung knüpft an Foucaults poststrukturalistisches Konzept nationalstaatlicher Gouvernementalismen an und verweist auf deren historische Bedeutung für die Beschneidung der Macht der Kirche bzw. der Religion durch den Staat. Im Kern argumentiert Bukow, dass die grundsätzliche Durchsetzung der Säkularisierung, die das Machtdifferential Staat-Kirche radikal zugunsten des Staates verschoben hat, bis heute Friktionen in der Ordnung der Gesellschaft aufwirft. Letztere basieren darauf, dass (1) der Staat den Nationalismus als neues Trägerelement für Identifikationsbedürfnisse (sozusagen als Kompensation für die ausfallenden Angebote der Kirchen) erfolgreich etabliert hat und dass (2) die „politische Öffentlichkeit" dazu tendiert, diese im 18. und 19. Jahrhundert geschaffenen, „nationalen Erzählungen in sozial-rassistischer Ausrichtung (...) als Waffen" einzusetzen (Bukow 2009, S. 219).

Im Ergebnis treten in der Perspektive Bukows die Gegner als verspätete Zei-chenträger eines Diskurses auf, dessen rassistische und islamophobe Position als Spätfolge eines historischen Prozesses zu deuten ist, als eine tumbe Reproduktion eines mit gouvernementalem Kalkül in Gang gesetzten Wandels im Dispositiv der Macht. Zwar verleiht der Rekurs auf Foucault der Analyse des Konflikt-Settings Tiefenschärfe - als Motor für die Gegnerschaft tauchen hinter den Moschee-Gegnern transformative gesellschaftliche Dynamiken auf, d.h. Verweise auf eine Neukalibrierung der Machtbalance von Religion und Staat. Allerdings sind auch in dieser Perspektive die Muslime vor allem Opfer, deren legitime Interessen von Politik und Verwaltung nicht anerkannt worden sind und auch in der Gegenwart oft nur gegen große Widerstände durchgesetzt werden können. In diesem Sinne treten Muslime allein als missachtete Subjekte in Erscheinung, wie das nachfolgende Zitat exemplarisch zeigt: „Nachdem sich die islamischen Gemeinden gut 40 Jahre mit Hinterhofmoscheen begnügt haben, wollen sie endlich eine normale Situation" (Bukow 2009, S. 204).

Dass der Übernahme der Verantwortung für den Bau einer Kölner Zentralmo-schee durch den DITIB Dachverband ein langjähriges Ringen zwischen muslimi-schen Interessensvertretern vorausgegangen war, an dem sich die Heterogenität der muslimischen Akteure und ihrer Interessenslagen leicht verdeutlichen ließe, gewich-tet der Artikel Bukows allerdings nicht weiter (siehe hierzu Frangenberg 2002). Die Grundposition, die sich in diesem Zitat ausdrückt, verbindet zahlreiche Autoren in ihren Darstellungen. Öcals Sammelbandbeitrag „Eine Art Islamophobie: von Mo-scheen und Konflikten" gibt hierfür ein gutes, wenn auch weit weniger theoriegela-denes Beispiel, wenn vor dem Hintergrund einer deskriptiv gehaltenen Skizze zwei-er Moschee-Konflikte (Köln-Ehrenfeld und Berlin-Heinersdorf) im Fazit ausge-führt wird:

> Je sichtbarer der Islam in die öffentliche Meinung tritt, desto heftiger und diffuser werden die Ängste und Reaktionen der Mehrheitsgesellschaft, ein klassisches Anzeichen der Islamophobie. (...) Europa und in unserem Falle Deutschland muss sich die Frage beantworten: Will Eu-ropa/ Deutschland für die Muslime eine Heimat, ein Zuhause sein oder werden die Muslime als vorübergehende Gäste betrachtet? Denn die Bekämpfung der Islamophobie und die damit einhergehenden Lösungsbemühungen der Konflikte um den Moscheebau oder die Kopftuchfrage hängen unmittelbar mit der Beantwortung dieser Frage zusammen. (Öcal 2010, S. 205)

Maussen kommentiert pointiert die Einseitigkeit dieser Interpretationen, welche den Protest gegen die Interessen muslimischer Akteure auf islamophobe Haltungen reduziert und die Heterogenität der Motive ignoriert, wenn er feststellt:

> This representation is an unacceptable simplification of the demands of Muslim communities *and* of the protest and concerns of host society actors. (…) The wish to establish a mosque cannot be seen as a univocal demand. (…) The concerns that are expressed (…) need not be merely a result of racism. (Maussen 2005, S. 28)

Dass Maussen mit dieser Kritik einen wichtigen Punkt erfasst, zeigen Moscheebau-Projekte, die an Konflikten zwischen muslimischen Akteuren gescheitert sind. Hierzu zählt als markantes Beispiel aus Deutschland das Ende des Moscheebau-Projektes in München-Sendling im Frühjahr 2010, welches nach mehr als sieben Jahren Verhandlungs- und Planungsprozess (mehr als 500.000 Euro wurden durch den Verein in diesem Zusammenhang im Zuge von Rechtsstreitigkeiten und Planungsarbeiten investiert) eingestellt wurde (vgl. Lauterbach & Lottermoser 2009).

Folgt man der Fallanalyse Lottermosers zum Verlauf dieses Projektes, so zeigt sich folgendes, hier nur grobkörnig skizziertes Akteurs-Setting: (1) eine deutliche Unterstützung des Projektes durch die kommunale Politik, insbesondere in Gestalt des prominenten Münchener Oberbürgermeisters Ude; (2) eine Koalition von Anwohnern die über die Ebene der Landespolitik und den Rechtsweg starken Widerstand organisiert (vgl. auch Landler 2006); (3) ein liberaler, DITIB-organisierter Moscheeverein; (4) der in Köln angesiedelte DITIB-Dachverband, welcher die Ausrichtung des Mitgliedvereins ablehnt und die Zusammenarbeit zunächst unterschwellig, später offen boykottiert (vgl. Lauterbach & Lottermoser 2009).

Im Ergebnis führt nicht der Konflikt mit den Anwohnern bzw. die juristische Auseinandersetzung zum Scheitern des Projektes, vielmehr ist es der Konflikt zwischen lokalem Verein und Verband, der dazu führt, dass im Februar 2010 das Projekt finanziell scheitert und beendet wird. Zentral ist hierfür, dass der Dachverband seine Zustimmung zum Verkauf der Altimmobilie, trotz der Vermittlungsversuche durch den Oberbürgermeister, verweigert. Die Berichterstattung der *Münchener Abendzeitung* (*AZ*) dokumentiert die Bilanz des damaligen Moscheevereinsvorsitzende Dereli zum Scheitern des Bauvorhabens: „Ditib steht nicht mehr hinter dem Projekt" zitiert die *AZ* Derelis O-Ton und lässt die Emotionen und Einschätzungen des Vorsitzenden weiter zur Sprache kommen, wenn es in dem Artikel heißt „Man fühle sich ‚verkauft und verraten'. Zumal der DITIB-Entschluss angeblich schon lange feststand." (Lenders & Bock 2010)

Dass der Fall des gescheiterten Sendlinger Moscheebau-Projektes kein willkürlich ausgewählter Einzelfall ist, zeigen ähnlich gelagerte Beispiele zur Konfliktdynamik innerhalb der Gruppe der Muslime, welche Allievi (2009) im Zuge der Diskussion typischer inter- und intramuslimischer Konfliktlinien herausarbeitet. Der folgende Exkurs thematisiert diese Konfliktlinien, um ein komplexeres Bild der muslimischen Akteure zu skizzieren.

Exkurs: Konfliktlinien und -praktiken muslimischer Akteure

Vier typische Konfliktlinien, die in der Vergangenheit auf Moschee-Konflikte nachweislich Einfluss genommen haben, verdeutlichen die interne Heterogenität islamischer Akteure. An erster Stelle sind dies inter-organisationale Konfliktlinien, insbesondere zwischen größeren und kleineren Organisationen, bei denen um Einflussoptionen gerungen wird; exemplarisch verweist Allievi u.a. auf die Situation in Frankreich und Spanien. Die Situation in Frankreich wird demzufolge massiv durch die stark zentralisierende, aber umstrittene Funktion der Pariser Moschee geprägt, aus der zahlreiche Konflikte mit den anderen existierenden Verbänden und einflussreichen muslimischen Akteuren hervorgehen. In Spanien bestehen vergleichbare Konflikte unter den Verbänden, die den Acuerdo, das spanisch-muslimische Kooperationsabkommen von 1992, unterzeichnet haben (vgl. Allievi 2009, S. 54). In Deutschland ist die konfliktreiche Situation zwischen muslimischen bzw. durch Migranten aus der Türkei dominierten Organisationen gleichfalls evident. Eine wichtige Wurzel für diese Konflikte ist die Opposition zum Laizismus türkischer Prägung, wie sie von DITIB vertreten wird, nicht aber durch den Islamrat für die Bundesrepublik Deutschland (IRD) oder den Verband der Islamischen Kulturzentren (VIKZ). Weiter aufgeladen wird das Spannungsgefüge durch die Differenzen der genannten Dachverbände gegenüber den in der Türkei über Jahrhunderte hinweg diskriminierten Aleviten, die sich in Deutschland über einen eigenen Verband, die Alevitische Gemeinde Deutschland e.V. (AABF) organisieren. Exemplarisch für die Konflikte zwischen muslimischen Organisationen kann auf die Differenzen innerhalb des Koordinationsrates der Muslime (KRM) verwiesen werden, mit dem sich DITIB, IRD, VIKZ und der Zentralrat der Muslime in Deutschland (ZMD) im März 2007 ein gemeinsames Vertretungsorgan in Deutschland geschaffen haben. Dieser ist bis heute ohne eigene Satzung geblieben, zudem bestehen Spannungen über die Frage der Reichweite der Kooperation: Zeichen für die anhaltenden Differenzen zwischen den beteiligten Organisationen (vgl. Rosenow & Kortmann 2010; Kortmann 2011; Rosenow & Kortmann 2011).

Generationenkonflikte, die beispielsweise mit unterschiedlichen Erwartungen an die Funktionen oder auch das Erscheinungsbild einer Moschee verbunden sein können, repräsentieren die zweite Konfliktlinie. Maussen (2009) verweist auf die Relevanz derartiger Konflikte innerhalb der muslimischen Organisationen am Beispiel der Kocatepe Moschee in Rotterdam. Während die jüngeren Mitglieder der Moscheegemeinde, die zeitweilig den Vorstand des Vereins dominierten, sich für den Dialog mit lokalen Organisationen und der Nachbarschaft stark machten, um Konflikte zu vermeiden bzw. die Einbindung in das Quartier zu verbessern, beharrte die ältere Generation auf einer Position, deren primäres Ziel eine starke religiöse Infrastruktur war (vgl. Maussen 2009, S. 214f). Wie einflussreich Generationenkonflikte sind, ist schwer zu gewichten. Mit Blick auf Rotterdam konstatiert Maussen beispielsweise an gleicher Stelle, dass die Konzeption eigenständiger Positionen durch Vertreter der jüngeren Generation in den frühen 1990er Jahren eine Ausnahme darstellte. Allievi betont jedoch, dass derartige Konflikte zunehmen und verweist exemplarisch auf Differenzen hinsichtlich funktionaler und architektonischer Gestaltungswünsche. So hat in Marseille, wie Allievi berichtet, u.a. ein Konflikt zwischen Imam-Organisationen der jüngeren und älteren Generation die Realisierung einer Zentralmoschee lange behindert (Allievi 2009, S. 57). Bis heute ist dieser Moscheebau umstritten bzw. nicht fertiggestellt. Zwar erfolgte 2010 die Grundsteinlegung, aber seither blockieren juristische Streitigkeiten den Fortschritt des Projektes (vgl. Focus Online v. 19.06.2012).

Konfrontative Vorgehensweisen muslimischer Akteure bilden eine dritte Konfliktlinie und ein prominentes Beispiel hierzu bietet erneut die Entstehungsgeschichte der Kölner DITIB Zentral-Moschee. Nachdem der Konflikt, der die Stadtgesellschaft Kölns über Jahre beschäftigt hatte, befriedet schien, rückte der Bau der Moschee negativ in die Schlagzeilen der Medien, als der Verband dem renommierten Architekten der Moschee, Paul Böhm, auf provokante, Irritationen hervorrufende Weise kündigte (vgl. Burger 2011; Beucker 2011b). Dabei überging der Verband den Moscheebeirat (ein Gremium, an dem hochrangige Vertreter der Stadt beteiligt sind) und legte zudem ein Gutachten vor, welches zum Teil wenig überzeugende Vorwürfe gegen den Architekten enthielt. Der negative Eindruck, den die DITIB dabei in der Öffentlichkeit und in der lokalen Politik hinterließ, wurde zudem durch eine Pressekonferenz verstärkt, die aufgrund des Kommunikationsstils eine spätere Entschuldigung des Verbandes nach sich zog (vgl. Express v. 30.10.2011). Die *tageszeitung (taz)* berichtete zu dieser Pressekonferenz mit der Schlagzeile: „Die Politik reagiert irritiert auf den neuen, schroffen Kurs des wichtigsten Islamdachverbands" und unterstreicht die Wirkung des DITIB-Verhaltens mit der Feststellung: „Jetzt ist das Projekt kurz vor der Fertigstellung gefährdet. Denn DITIB ist auf Konfrontationskurs gegangen" (Beucker 2011a). Einflussreiche Unterstützer des Baus, wie der frühere CDU-Oberbürgermeister Fritz Schramma, setzen sich in dieser Situation als Konfliktmittler ein und können einen Rechtsstreit verhindern bzw. einen langjährigen Baustillstand vermeiden (vgl. Die Welt v. 14.11.2011; Beucker 2012).

Weitere Beispiele für konfrontative Vorgehensweisen berichtet Jonker im Zusammenhang eines Artikels über den langjährigen Konflikt über die Mevlana Moschee in Berlin-Kreuzberg, eine Moschee welche zur Islamischen Föderation in Berlin (IFB) gehört. Im Verlauf dieses Konfliktes wurden zahlreiche konfliktverschärfende Verhaltensweisen, die von der Öffentlichkeit und der lokalen Politik als Regelverletzungen gedeutet werden mussten, sichtbar. Jonker berichtet u.a. von einem nicht-muslimischen Architekten, dessen Planungsarbeiten nicht bezahlt wurden (vgl. Jonker 2005, S. 1077). Im gleichen Zusammenhang berichtet Jonker von

einer Klagewelle, welche die Islamische Föderation in Berlin in Gang setzte, um
jede Behauptung einer Verbindung der IFB zum Millî Görüş zu unterbinden:

> After 30 years of close co-operation, it suddenly decided to claim independence from its partner
> Millî Görüş. Both partners denied any relationship whatsoever. (…) And by the middle of 2002
> [nach wenigen Monaten], at least 150 private individuals and institutions had been challenged do
> defend their opinions in court. (Jonker 2005, S. 1078)

Für die IFB ging es bei diesem Vorgehen in erster Linie um die Absicherung ihres
Rechtes, im Land Berlin islamischen Religionsunterricht zu erteilen, aber die
Glaubwürdigkeit des Akteurs für den Zusammenhang seiner Moscheebau-Projekte
wurde hierdurch geschwächt. Jonker deutet in ihrer Analyse das Verhalten der Islamischen Föderation in Berlin insbesondere mit Bezug auf fehlendes soziales und
kulturelles Kapital, indem sie auf die mangelnden Deutschkenntnisse und die fehlende Bildung der Schlüsselakteure in der Vereinigung hinweist. Ergänzend hebt sie
den verbandsinternen Erwartungsdruck als Motor für konfrontative Strategien
hervor. Im Fazit skizziert Jonker die Verantwortlichen als von den Anforderungen
der Verhandlungsführung gegenüber den Repräsentanten der Stadt überforderte
Akteure, welche ihr Handeln an Schwarzweiß-Deutungsmustern ausrichten:

> As a result (…) any encounter with the outside world that remained incomprehensible or was
> judged unfriendly was dubbed as discrimination. The organisation soon wrapped itself in a simple
> worldview, one in which ‚the unbelievers' invariably despise and discriminate against the Muslim
> *umma*. (Jonker 2005, S. 1079)

Das Beispiel Jonkers leitet zur vierten typischen Konfliktlinie über, insofern der
Bezug auf die Islamische Gemeinschaft Millî Görüş (IGMG) auch im Folgenden
eine zentrale Rolle spielt: islamistische Überzeugungssysteme. Dass die Polarisierung der Akteure im Konflikt um Moscheebauten legitime Forderungen muslimischer Minoritäten einerseits und andererseits Unterdrückung des Rechts auf freie
Religionsausübung qua islamophober oder nationalistischer Handlungsorientierung
zu kurz greift, zeigt sich schließlich mit Blick auf Millî Görüş, einen der größeren
muslimischen Dachverbände mit ca. 30.000 Mitgliedern. Letzterer wird vom Verfassungsschutz als legalistisch-islamistische[28] Vereinigung betrachtet und dementsprechend beobachtet. Zu den Aktivitäten der Vereinigung heißt es im Fazit des
Verfassungsschutzberichts für das Jahr 2010:

---

[28] Im Verfassungsschutzbericht aus dem Jahr 2010 heißt es hierzu erläuternd: „Andere islamistische
Gruppierungen verfolgen eine breiter angelegte, legalistische Strategie. Auch sie wollen die Herrschafts-
verhältnisse in ihren Herkunftsländern zugunsten eines islamischen Staatswesens ändern. Zugleich zielen
sie jedoch mit legalen Mitteln darauf ab, durch politische und gesellschaftliche Einflussnahme ihren
Anhängern im Bundesgebiet Freiräume für ein schariakonformes Leben zu schaffen. Auf diese Weise
können sie zur Entstehung von Parallelgesellschaften beitragen und Radikalisierungsprozesse initiieren."
(Bundesamt für Verfassungsschutz, 2011, S. 204)

> Diese sind in ihrer Gesamtheit eher geeignet, desintegrative Wirkungen zu entfalten und aufgrund der generellen Prägung durch die ,Millî Görüş'-Ideologie eine ablehnende Haltung gegenüber westlichen Werten zu verstärken und Demokratie-Distanz zu fördern. (Bundesamt für Verfassungsschutz 2011, S. 269)

Zu Millî Görüş gehören mehr als 300 Moscheen in Deutschland, deren Verwaltung über die Europäische Moscheebau und Unterstützungsgemeinschaft e.V. (EMUG) erfolgt. Mit Bezug auf El-Zayat, den Geschäftsführer der EMUG führt Leggewie aus: „Ihm wird (...) erheblicher Einfluss in den ägyptischen Bruderschaften nachgesagt. Damit ist er ein exemplarischer Vertreter des transnationalen Islams im Westen, der über Netzwerke und Finanzquellen rund um den Globus verfügt." (Leggewie 2009, S. 175) Für diese Vermutung spricht, dass El-Zayat über acht Jahre, bis 2010, Präsident der Islamischen Gemeinschaft in Deutschland (IGD) war, welche vom Verfassungsschutz als „mitgliederstärkste Organisation von Anhängern der islamistischen Muslimbruderschaft in Deutschland dargestellt wird (vgl. Bundesamt für Verfassungsschutz 2011, S. 205). Hieraus ergibt sich nicht der Schluss, dass die Mitglieder von Millî Görüş gewaltbereite Islamisten sind. Dieses Verständnis bringt auch der zitierte Verfassungsschutzbericht zum Ausdruck, der Millî Görüş dem legalistischen Islamismus zuordnet, welcher Gewalt als Mittel der Durchsetzung politischer Ziele ablehnt und den Nationalstaat bzw. seine Institutionen als Handlungsrahmen akzeptiert. Politische Macht wird durch den legalistischen Islamismus, dem unter anderem die ägyptische Muslimbruderschaft sowie (nicht unumstritten) auch die türkische Regierungspartei AKP[29] zugerechnet werden kann, als Schlüssel zur Einflussnahme auf gesellschaftliche Entscheidungsprozesse betrachtet (vgl. International Crisis Group 2005). Schiffauer weist zudem in seiner Kritik gegenüber dem Vorwurf der Verfassungsfeindlichkeit der Millî Görüş Gemeinschaft auf Folgendes hin:

> Die Mitgliedschaft in einer Moscheegemeinde der Millî Görüş kann sehr unterschiedlich motiviert sein. Neben Mitgliedern, die ihre politische Heimat in der Millî Görüş Bewegung haben (...) gibt es einen großen Anteil, von völlig unpolitischen Mitgliedern. (Schiffauer 2006, S. 128)

Etwa die Hälfte der Mitglieder von Millî Görüş unterstützen demnach „aktiv oder passiv" die islamistischen Ziele der politischen Parteien mit denen Millî Görüş in der Türkei verbunden ist (Schiffauer 2006, S. 128). Zur Frage, was die legalistische Orientierung der Millî Görüş aktuell bedeutet, führen Jost und Hansen (2011) aus:

> Die Programmatik der IGMG wird mittlerweile hauptsächlich bestimmt durch die Durchsetzung der Möglichkeit der Mitglieder, ihren wertkonservativen Islam offen zu leben. Sie findet intern statt, d.h.

---

[29] AKP steht für Adalet ve Kalkınma Partisi (dt.: Partei für Gerechtigkeit und Entwicklung).

es gibt nach außen keine aktiven Bestrebungen, das deutsche Staatssystem als Ganzes zu beseitigen oder elementar zu ändern, schon gar nicht auf gewaltsame Art. (Jost & Hansen 2011, S. 14)

In diesem Zusammenhang lohnt es ergänzend darauf hinzuweisen, wie begrenzt der Personenkreis der islamistischen Gefährder selbst von den Sicherheitsbehörden dargestellt wird. Deutlich macht dies eine Stellungnahme des früheren Chefs des Bundeskriminalamtes, Jörg Ziercke, gegenüber dem Berliner *Tagesspiegel*. Auf die Frage „Wie viele Islamisten stellen eine akute Bedrohung für Deutschland dar?" führte Ziercke (ohne Bezug auf eine bestimmte Gruppierung oder Vereinigung) aus:

> In Deutschland selbst stufen wir derzeit 131 Personen als so genannte Gefährder ein. Das sind Personen, von denen wir annehmen, dass sie politisch motivierte Straftaten von erheblichem Ausmaß begehen könnten. Hinzu kommt ein näheres Umfeld von 278 so genannten relevanten Personen. Das können beispielsweise Führungspersonen sein, die selbst kaum in Erscheinung treten, oder auch Unterstützer, die den Gefährdern finanziell oder auf andere Weise helfen. (Jansen 2010)

So eindeutig falsch es vor diesem Hintergrund wäre, Muslime generalisierend als Islamisten darzustellen, so ignorant wäre es, die Bedeutung dieses Aspekts aus dem Blick zu verlieren. Ein Teil der Millî Görüş Mitglieder orientiert sich an Zielen, die mit den demokratischen Grundwerten der Bundesrepublik nicht vereinbar sind und einflussreiche Führungsfiguren wie El-Zayat sind ein Teil des Tableaus, auf dem Moschee-Konflikte ausgetragen werden (vgl. Jost & Hansen 2011, S. 14f).[30]

Die Motive dieser Akteure sind nicht allein mit dem Wunsch nach Anerkennung ihres Rechtes auf Religionsfreiheit in Deckung zu bringen und bergen ein massives Konfliktpotenzial für pluralistische Gesellschaften wie die Bundesrepublik. Untersuchungen zu den Einstellungsmustern von Muslimen in Deutschland mit Bezug auf Demokratie, Rechtsstaat und politisch-religiös motivierte Gewalt bestätigen diese Sichtweise. So weist die Studie „Muslime in Deutschland" (2007) aus, dass 14% der Muslime über Einstellungen verfügen, die „entweder eine hohe Distanz zu Demokratie und Rechtsstaatlichkeit und/oder eine hohe Akzeptanz von politisch-religiös motivierter Gewalt" darstellen (Brettfeld & Wetzels 2007, S. 495). Negativer fällt die Bilanz noch für jugendliche Muslime aus, von denen nahezu ein Viertel (23,8%) „starke antisemitische oder antichristliche Vorurteile und/oder hohe Demokratiedistanz" zeigen (Brettfeld & Wetzels 2007, S. 496). Im Anschluss an Gesemann gilt insofern für die Auseinandersetzung mit den konflikthaften Prozessen zur Etablierung von Moscheen, was insgesamt für die Integrationsforschung gilt:

---

[30] Evident wird diese Sichtweise zudem an der herausragenden Vernetzung El-Zayats mit einem anerkannten muslimischen Dachverband, dem Zentralrat der Muslime, für die der Eklat um El-Zayats Teilnahme an der Deutschen Islamkonferenz im Mai 2007 spricht (siehe hierzu Musch 2011, S. 307).

Demokratiedistanz, Ungleichheitsideologien und negative Klassifikationen sind (…) in pluralen, herkunftsheterogenen Gesellschaften kein Privileg der ‚Mehrheitsbevölkerung‘, sondern finden sich sowohl bei Einheimischen als auch bei Zugewanderten. Es wird Aufgabe der Forschung sein, dieser Erkenntnis in Zukunft stärker Rechnung zu tragen. (Gesemann 2010, S. 16)

Zusammenfassend zeigen diese Beispiele, dass inter-organisationale Konflikte, Generationenkonflikte, konfrontative Vorgehensweisen[31] und schließlich (legalistisch-) islamistische Orientierungen, wie im Fall von Millî Görüş, systematisch in der Forschung zu Moschee-Konflikten berücksichtigt werden müssen, insofern sie potenziell konfliktauslösend oder -verschärfend auf die Auseinandersetzungen um die Bauprojekte einwirken können. Vor dem Hintergrund der oben hergestellten inter- und intramuslimischen Konfliktlinien und der Betrachtung konfrontativen Praktiken muslimischer Akteure in der Auseinandersetzung mit der Mehrheitsgesellschaft, führt das nächste Kapitel unter dem Label „Negotiations on Cultural Diversity" in ein zweites Set von Studien ein.

1.5.2 Negotiations on Cultural Diversity

Im Vergleich zu den Studien, die primär durch das Interesse an der Institutionalisierung des Islams in den westlichen Gesellschaften geprägt sind, rückt die Negotiations-Perspektive die Ziele, Interessen und Wechselwirkungen der Akteure als erstrangige Gegenstände der empirischen Forschung in den Mittelpunkt der Untersuchung (vgl. Cesari 2005a). Weder gelten hier die Interessen der Muslime noch die der (Stadt-)Gesellschaft als eindeutig, noch wird angenommen, dass es in den Konflikten primär um die Etablierung von Einrichtungen für die religiöse Praxis geht (Maussen 2005, S. 30). Die Angemessenheit einer solchen Sichtweise erscheint evident vor dem Hintergrund der im obigen Exkurs herausgearbeiteten Komplexität der Motive und Handlungsorientierungen muslimischer Akteure. Maussen charakterisiert entsprechend die Grundlinie seiner Betrachtungsweise wie folgt: „The researcher tries to analyse the various ways in which the establishment of a mosque is made into a meaningful event and a public issue, in order to understand the dynamics of these conflicts and discussions." (Maussen 2005, S. 30)

---

[31] Siehe hierzu auch Leggewie: „Viele Moscheevereine verschanzen sich hinter ihrem Minderheiten- und vermeintlichen Opferstatus und unterschätzen so ihre eigene Verantwortung für das Gelingen ihres Bauvorhabens. Sie legen oft nicht die gebotene Offenheit und Informationsbereitschaft gegenüber der Nachbarschaft, Öffentlichkeit und lokalen Presse an den Tag, machen sich zu wenig mit den bau- und umweltrechtlichen Gegebenheiten und der deutschen Verwaltungspraxis vertraut und bevorzugen ein informelles Vorgehen, das ihnen im Zweifel weder die notwendigen Verhandlungsspielräume noch die Klagemöglichkeit als ultima ratio gibt." (Leggewie 2002, S. 32)

Die umfangreichen Studien von Schmitt (2003) und Hüttermann (2006), die sich explizit auf deutsche Moschee-Konflikte beziehen, können dieser Strömung zugeordnet werden. Gleiches gilt naheliegenderweise für Maussens Dissertationsschrift „Constructing Mosques" (2009); sie analysiert diskursanalytisch sowohl historisch-institutionelle Aspekte, wie auch lokale Aushandlungsprozesse mit Bezug auf Moschee-Projekte in Rotterdam und Marseille. Neben diesen Monografien gibt es auch hier zahlreiche Artikel in Sammelbänden oder Fachzeitschriften – hervorzuheben ist exemplarisch de Galemberts Beitrag über einen frühen (1980-1982) Moscheebaukonflikt in Frankreich, welcher die taktisch motivierten Framing-Strategien eines Bürgermeisters zur Darstellung bringt (vgl. Galembert 2005). Im Kern beruht diese Framing-Strategie nach de Galembert darauf, eine Verschiebung des Deutungsrahmens vorzunehmen, die das Thema der umstrittenen religiösen Identität der Muslime in den Hintergrund schiebt. Zur Wirkung dieser Strategie heißt es:

> From then on, Muslims were more readily defined with respect to their social status, their attributes as ‚workers', their marginal situation in both society (as the target of racism) and the economy (target of exploitation by major employers) than they were with respect to their religious identity, which had become a non-issue. (Galembert 2005, S. 1155)

Dieses Vorgehen erlaubt es der kommunalpolitischen Führungsspitze von Mantes-de-Jolie, das Problem in einen politischen Diskurs zu verlagern, der durch polarisierte politische Lager und das heißt, durch eindeutige politische Loyalitäten bestimmt ist. Erst auf diesem Weg gewinnt der Bürgermeister die zur Durchsetzung des Projektes notwendige Unterstützung im eigenen Lager. Im Ergebnis, trotz anfänglich erheblicher Widerstände, trägt dies maßgeblich zum Bau der Moschee bei, allerdings nicht mit dem Effekt, die marginalisierten Muslime, deren Verhandlungsführung der Artikel ebenfalls analysiert, in die Stadtgesellschaft zu integrieren, da der Bürgermeister durchsetzt, dass die Moschee in einer Randlage zum Stadtkern erbaut wird (Galembert 2005, S. 1157ff).

Weitere überzeugende Beispiele für die Negotiations-Perspektive (Maussen 2005) liefern die oben bereits zitierten Untersuchungen von Jonker (2005), Gale (2005) oder Saint-Blancat und Di Schmidt Friedberg (2005) - letztere sind zusammen mit Cesari (2005a; 2005b) in einem Special Issue der Zeitschrift *Journal of Ethnic and Migration Studies* erschienen. Maussen selbst ordnet ein größeres Bündel von Studien dieser Forschungsströmung zu. Insbesondere verweist er auf Studien, die im Spannungsfeld von Cultural Diversity, sozialem Raum und der sozialen Positionierung von Migranten Communities angesiedelt sind (Maussen 2005, S. 30; siehe auch Maussen 2009, S. 13). Maussen subsumiert hierunter Arbeiten von Eade (1996), Schmitt (2003), Naylor und Ryan (2002), Hüttermann (2006), um nur einige einflussreiche Studien zu erwähnen.

Eade betrachtet Identitätspolitiken im Kontext der Etablierung von Moscheen in London. Sein Fokus liegt auf wechselseitigen Ethnisierungsprozessen, für deren

Entfaltung er insbesondere die „local political arena" in der Verantwortung sieht (Eade 1996, S. 232). Die Ethnisierungsprozesse, so der Kern der Argumentation, bestärken einerseits die Vorstellung einer nationalen Identität unter den Etablierten - eine häufig im Rekurs auf christliche Traditionen amalgamierte „englishness" (Eade 1996, S. 231). Andererseits erzeugen nach Eades Studie diese Prozesse unter Migranten aus muslimisch geprägten Ländern eine Bedeutungszunahme der religiösen gegenüber der nationalen Identität des Herkunftslandes.

In diesen Rahmen gehört ebenfalls, wie oben erwähnt, eine der wenigen Monografien mit Bezug auf Moschee-Konflikte in Deutschland: Schmitts (2003) „Moscheen in Deutschland. Konflikte um ihre Errichtung und Nutzung". Die disziplinär in der politischen Geografie angesiedelte Untersuchung (bereits 2001 als Dissertation erstveröffentlicht) bietet eine komparative und dennoch dichte Beschreibungen liefernde Analyse von fünf Moschee-Konflikten. Bei den untersuchten Städten handelt es sich um Lünen, Bobingen, Lauingen und Gladbeck (Konfliktfokus: Moscheebauten) und Duisburg (Konfliktfokus: Gebetsruf). Die Stärke der Arbeit liegt in den dichten Fallrekonstruktionen und in der Entwicklung eines analytischen Modells für diese Konfliktanalysen.

Schmitt betrachtet die Konfliktgeschichte, die Akteure bzw. Akteurskonstellationen, die Austragungsformen und -dynamiken, die Konflikteinbettung und einige andere Aspekte, nicht zuletzt die Möglichkeiten der Konflikttransformation. Als zentrale Figur der Arbeit wird mit Hilfe dieser analytischen Folie ein dreigliedriges Schema von Konfliktdimensionen entwickelt; ihr Erkenntniswert liegt in der Identifizierung empirisch begründeter Beobachtungsfelder für die Analyse von Aushandlungsprozessen. Intensiv diskutiert werden in der Studie (1) die raumbezogene, (2) die ethnisch-kulturelle und (3) die religionsbezogene Konfliktdimension (vgl. Schmitt 2003, S. 88ff). Ergänzend und vergleichsweise oberflächlich hat Schmitt später eine vierte Kategorie eingeführt, die er als kommunikationsbezogene Dimension bezeichnet (vgl. Schmitt 2008, S. 5f).

Die raumbezogene Dimension ergibt sich aus dem Umstand, dass die Moschee sui generis ein Bauwerk an einem bestimmten Ort bzw. in einem spezifischen städtebaulichen Kontext ist. Ausdruck findet dies in Interaktionen über baurechtliche und architektonisch-ästhetische Fragen, aber auch typische Konfliktaspekte, wie der Einfluss eines Moscheebaus auf das Verkehrsaufkommen oder die immer wieder auftretenden Debatten über die negative Wertentwicklung der Immobilien im Umfeld einer Moschee.

In den Kontext der ethnisch-kulturellen Dimension gehören nach diesem Schema die Beziehungen zwischen Mehrheitsgesellschaft und Muslimen, für welches zahlreiche Aspekte des Zusammenlebens relevant sind, wie zum Beispiel Ängste der Anwohner vor Veränderungen oder vor der Dominanz einer als fremd wahrgenommenen Kultur sowie nicht zuletzt Fremdenfeindlichkeit.

Die religionsbezogene Dimension fokussiert auf die Bedeutung religiöser oder theologischer Auffassungen für den Konflikt um die Etablierung einer Moschee. In den Blick rücken hier dialogische oder konflikthafte Positionierungen gegenüber ,dem' Islam, aber eben auch mögliche Missionsbemühungen von Seiten eines Moscheevereins.

In der vierten Konfliktdimension, die sich auf die Charakteristik der Kommunikation bezieht, werden von Schmitt die etablierten Formen der Kommunikation zwischen Muslimen und der Mehrheitsgesellschaft thematisiert: Ist der Austausch zielführend, gibt es möglicherweise Kommunikationsprobleme und Lösungsansätze zur Bewältigung von Defiziten der Kommunikation? Schmitts Studie liefert ein Instrument zur Heuristik der Aushandlungsprozesse im Kontext von Konflikten um Moscheebau-Projekte in Deutschland.

Demgegenüber untersuchen Naylor und Ryan (2002) Konflikte um Moscheen unter Einbeziehung einer dezidiert historischen Perspektive – eine Variante der Thematisierung, der auch Maussens „Constructing Mosques" folgt und auf die weiter unten eingegangen wird. Die Fallstudie thematisiert die Londoner Fazil Moschee, deren Bau in den 1920er Jahren eine hohe Akzeptanz erfuhr, deren Bemühungen um eine Erweiterung in den 1990er Jahren jedoch scheiterten. Naylor und Ryan nutzen diesen Plot als Folie für eine Analyse der im Verlauf der Zeit sich wandelnden Sichtweisen auf die Moschee bzw. auf die Konstruktion von Differenz:

> In the 1920s and 1930s the Mosque was seen as an exotic and picturesque sign of empire at home (…). By the 1980s, however, after decades of imperial decline, empire was largely a terrain of nostalgia (…). For non-Muslim residents the London Mosque came increasingly to be seen as a foreign, and out of place, intrusion into the landscape. (Naylor & Ryan 2002, S. 56)

Ebenfalls unter das Dach der Negotiations-Perspektive gehört Hüttermanns Studie (2006). Sie knüpft in einigen Aspekten an die Ergebnisse Schmitts an, dringt jedoch tiefer in die „Soziologik" des Konfliktes ein (Hüttermann 2006a, S. 10). Insbesondere der Rekurs auf die Figurationstheorie von Norbert Elias, aber auch anthropologische (siehe: Pitt-Rivers 1992) und phänomenologische (siehe u.a. Schütz 1972) Perspektiven erweisen sich hierbei als produktiv. Hüttermann zeigt eindringlich, wie „lebensweltlich sedimentierte alltagstaugliche Gerechtigkeitsmaximen" in die Aushandlungsprozesse über ein Moscheebau-Projekt hineinwirken und diese prägen (Hüttermann 2006a, S. 110). Insbesondere am Beispiel des Gastrechtes wird die Wirksamkeit derartiger Prinzipien, ihre Legitimationskraft, verdeutlicht. Während das moderne Rechtsverständnis das Prinzip der Allinklusivität bzw. die Gleichheit aller Bürger vor dem Gesetz postuliert, privilegiert das Gastrecht die Alteingesessenen und schützt deren „eingelebte Dominanz (…) gegenüber dem Fremden" (Hüttermann 2006a, S. 84). Als weitere bedeutsame Prinzipien arbeitet Hüttermann u.a. das Reziprozitäts-Prinzip heraus, welches exemplarisch an der (sachlich nicht richtigen) Argumentationsfigur ,keine Kirchen in der Türkei, daher keine Moscheen in

Deutschland' hervortritt und häufig Moscheebaugegnern zur Legitimation ihrer ablehnenden Haltung dient.

Ferner wird durch die Studie die Wirksamkeit eines (lebensweltlichen) Wahrhaftigkeits-Prinzips unterstrichen, dessen Rationalität nicht an Universalität oder einer Habermasschen kommunikativen Vernunft orientiert ist, sondern im Gegenteil, auf den Schutz partikularer ethnischer Interessen und Verhaltensmuster ausgerichtet ist. Gemeint ist hier die performative Kraft der „Betroffenheitsrhetorik", von authentischen Gefühlsäußerungen (Hüttermann 2006a, S. 123). Erläuternd heißt es hierzu bei Hüttermann:

> Wer weder im Privaten noch im Religiösen darin geübt ist, sein Innerstes nach außen zu kehren, Geständnisse abzulegen und bei seinem Gegenüber durch die Zurschaustellung eigener innerer Verletzungen und Empfindungen Skrupel und Schuldangst wachzurufen, dem fällt es nicht leicht, genau diese Technik auf der lokalpolitischen Bühne spontan einzusetzen. (Hüttermann 2006a, S. 126)

Der hier beschriebene Mangel kommunikativer Kompetenzen betrifft naheliegenderweise primär Muslime, die in der Praxis der Betroffenheitsrhetorik weniger erfahren sind als die etablierten Akteure der Stadtgesellschaft. Dieser Mangel kann mit Hüttermann auch als Zeichen einer Habitus-Differenz verstanden werden oder als ein Mangel an kulturellem Kapital auf Seiten der Muslime, deren Möglichkeiten zur Darstellung „von überlegener Kompetenz, überlegener Macht und überlegener moralischer Integrität" begrenzt oder unterentwickelt sind (Hüttermann 2006a, S. 137f). Wohingegen korporative Akteure durch ihren Habitus über eine „selbstinszenierende" Kommunikationsfähigkeit verfügen, welche „das Argument in mehr oder weniger subtiler Weise mit Bluff und/oder Anspielungen auf vorteilhafte und nachteilige Konsequenzen des Handelns verbindet." (Hüttermann 2006a, S. 138) Diese Möglichkeit, kulturelles Kapital im Sinne der eigenen Interessen zu inszenieren, wird als „korporativer Habitus", also als „Fähigkeit die ‚Sprache des korporativen Habitus' anzuwenden", diskutiert und an zahlreichen Beispielen illustriert (Hüttermann 2006a, S. 151). Hüttermanns Studie argumentiert vor diesem Hintergrund, dass die Konflikte um die Etablierung einer Moschee bzw. islamischer Symbole als „Inkorporationsritual" zu verstehen sind, welches die Verunsicherung, die von den mehr und mehr „sichtbaren, avancierenden Fremden" ausgeht, bearbeitet (Hüttermann 2006a, S. 153).

In der Wirkung verortet dieses „Inkorporationsritual", so Hüttermann, „die in die Mitte der Stadtgesellschaft drängenden muslimischen Fremden (...) auf dem unteren Rang der stadtgesellschaftlichen Hierarchie" (Hüttermann 2006a, S. 153). Produktiv erscheint dabei, dass die Studie die Dynamik der Rollen sichtbar werden lässt, die für die Wechselwirkung zwischen Muslimen und Alteingesessenen bedeutsam scheint. Letztere schwanken in ihrer Identität zwischen machtvoller Überlegenheit und der Rolle des gleichberechtigten Verhandlungspartners, während die

Muslime mal als Gäste machtlos erscheinen, mal als gleichberechtigte Konfliktakteure auftreten können (vgl. Hüttermann 2006a, S. 116).

Maussens (2009) Zugang zur Analyse von Moschee-Konflikten ist deutlich durch einen sozialkonstruktivistischen und in der Policy-Forschung verankerten Fokus auf die institutionelle Matrix geprägt, die den Rahmen für die Etablierung von Moscheen setzt. Mit Referenzen an die von Hajer (1995) vertretene Form der Diskursanalyse betrachtet die Studie das Zusammenspiel von Diskursen und institutionellen Repertorien. Letztere werden von Maussen mit Blick auf das Zusammenspiel von „church-state regimes", also das jeweilige institutionalisierte Verhältnis von Kirche und Staat und „regimes of incorporation of immigrant ethnic minorities", also die spezifischen institutionellen Logiken, welche die soziale Integration der Migranten in einer Gesellschaft regeln, analysiert (Maussen 2009, S. 34).

Die komparative Studie untersucht diese Aspekte sowohl in Frankreich als auch in den Niederlanden bzw. in ausgewählten Kommunen (Marseille, Rotterdam) in einer weitgefassten historischen Perspektive, die bis in das 19. Jahrhundert zurückreicht. Innovativ gegenüber den Arbeiten von Schmitt und Hüttermann ist an Maussens Studie insbesondere die systematische Einbeziehung der Kolonialzeit bzw. der Frage nach der Bedeutung kolonialer, auf religiöse Aspekte bezogene Governance Strategien für aktuelle Auseinandersetzungen um die Etablierung von Moscheen (vgl. Maussen 2009, S. 22). Die Negotiations-Perspektive wird dabei eingelöst, indem institutionelle Repertoires nicht statisch, sondern prozesshaft und systematisch im Zusammenhang mit Policy-Diskursen untersucht werden.

Insgesamt werden drei Regimes of Incorporation analysiert: das bereits erwähnte „colonial regime", ferner das „guest worker regime", welches mit der verstärkten Arbeitsmigration in der 2. Hälfte des 20. Jahrhunderts einsetzt, und drittens schließlich das „citizenship regime", also ein Set von institutionellen Arrangements, welches Inklusion und Equality als erstrangige Maximen der Einwanderungspolitik versteht. In Bezug auf den Entwicklungspfad der Inkorporationsregime gilt es als ‚Nachfolger' des Guest Worker Regime (Maussen 2009, S. 34).

Die aus Maussens Monografie entnommene und geringfügig angepasste Abbildung 2 (S. 66) zeigt exemplarisch am Beispiel des Citizenship Regime wie die Entstehung von „public policy responses" als Ergebnis des Einflusses und der Wechselwirkung von etablierten Ideen, institutionalisierten Verhältnissen, religionsbezogenen Policies, Policy-Diskursen und Diskussionen betrachtet wird (Maussen 2009, S. 39). Es handelt sich um ein vereinfachtes Modell, insofern die Wechselwirkungen und Überlagerungen der drei benannten Inkorporationsregime nicht abgebildet werden, ebenso fehlt, wie Maussen selbst anmerkt, die Darstellung von Wechselwirkungsbeziehungen zwischen den Ebenen.

Hohe Überzeugungskraft entwickelt die Studie, wenn es darum geht, die übergeordneten institutionellen und diskursiven Aspekte in den Blick zu nehmen, die auf lokale Policy-Prozesse in Form von Zwängen und Möglichkeiten einwirken. So verdeutlicht die Arbeit empirisch fundiert, wie unterschiedlich die Public Policy Responses in Frankreich und in den Niederlanden vor dem Hintergrund der jeweils spezifischen institutionellen bzw. überindividuellen Strukturen und Prozesse ausgefallen sind. Zum Einfluss der institutionalisierten Inkorporationsregime in Frankreich und den Niederlanden heißt es im Ergebnisteil der Studie pointiert:

> These regimes of incorporation of immigrant minorities can explain the emergence of very dissimilar approaches and responses to Muslim presence in France and the Netherlands in different periods. Moreover, the historical development of the accommodation of Muslim populations created possibilities for patterns of governance that had emerged to then continue shaping public policies in subsequent periods. (Maussen 2009, S. 246)

Die Differenzen zwischen den Ländern zeigt Maussen nicht zuletzt am Beispiel der sehr unterschiedlichen Einflüsse der „colonial policies" auf die Policy Responses in der zweiten Hälfte des 20. Jahrhunderts:

> It has also become clear that French colonial history has mattered far more for post-war policies in France, than Dutch colonial history has done for policy responses in the Netherlands. French colonial policies were extremely well institutionalised, the principle of secularism was consistently sidelined in the governance of Islam and, for historical reasons, there existed powerful mechanism of diffusion that allowed the colonial legacy to continue shaping French public policies in the post-war period. (Maussen 2009, S. 246)

Produktiv für den wissenschaftlichen Diskurs über gesellschaftliche Aushandlungsprozesse zur Präsenz des Islams und der Positionierung muslimischer Migranten in Deutschland sind darüber hinaus die unmittelbaren Vergleichsoptionen, die die Studie anbietet. So zeigt Maussen, dass in den Niederlanden bereits in den späten 1970er Jahren eine staatliche Unterstützung für Moscheen in Form von Subventionen als Teil einer staatlichen Agenda beschlossen wurde. In Frankreich hingegen bewegte bereits in den 1980er Jahren eine Diskussion über einen französischen Islam die Moscheebau-Debatten. In der Folge wurde über viele Jahre die Etablierung Islamischer Zentren ein erstrangiges Ziel lokaler Politik, die diese Zentren als Symbolträger und Medium eines französischen Islams interpretierte und in diesem Zusammenhang auf eine repräsentative Architektur setzte. Transportiert und rhetorisch aufgeladen wurde diese Idee u.a. durch den Begriff der „Cathedral Mosque" (Maussen 2009, S. 142).

Analytisch offen bleibt in der Studie Maussens, wie der Schritt von den „public policy discussions" (Maussen 2009, S. 22) zum konkreten Policy-Making, den Public Policy Responses auf lokaler Ebene organisiert ist. Offensichtlich formieren die Public Policy Discussions die Reaktionen der Kommunen so wenig eindeutig, dass das Policy-Making in den jeweiligen Städten sich geradezu diametral voneinander unterscheiden kann. Dies lässt sich zumindest im Anschluss an die Forschungsergebnisse der weiter oben zitierten Studie von Rath und Penninx et al. (2001) formulieren, welche nachweist, dass bzw. wie im Kontext identischer nationaler Rahmen-

bedingungen die Politik auf lokaler Ebene in Utrecht und Rotterdam zu diametral
entgegengesetzten Policies gegenüber Moscheebau-Projekten ‚findet'. Dieses über-
raschende Ergebnis wirft die Frage auf, wie die lokalen Prozesse organisiert sind, die
sich also beeindruckend unabhängig von Maussens übergeordneten Diskursebenen
verhalten.

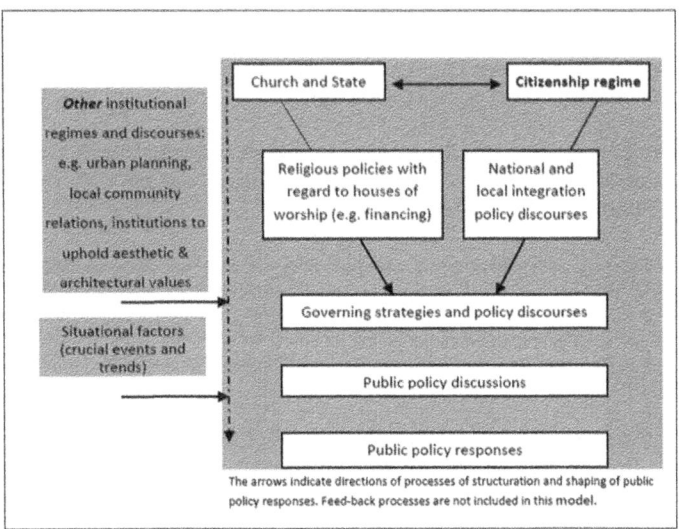

Abbildung 2: Das diskursanalytische Policy-Modell M. Maussens

Zwar kann für das Zusammenspiel von lokaler Politik und übergeordneten Diskursen generell reklamiert werden, wie Hüttermann es prägnant formuliert, dass es vor
einem „offenen Horizont von Möglichkeiten" ausgetragen wird (Hüttermann
2006a, S. 195). Hüttermann verweist zur Erläuterung auf „weichenstellende Ereignisse", wie etwa den 11. September 2001, aus denen Richtungsentscheidungen
hervorgehen können, welche jedoch nicht prognostizierbar sind (Hüttermann
2006a, S. 195). Allerdings markiert diese Kontingenz des Politischen nicht das Ende
der Theoriebildung. Vielmehr finden sich ganz explizit bei Hüttermann, Schmitt
sowie bei Leggewie dezidierte Überlegungen dazu, welche Einflussfaktoren auf der
Ebene der Stadt maßgeblich das lokale Policy-Making bestimmen. Diese konzeptionellen Ansätze werden in den folgenden Abschnitten zusammenfassend skizziert.

Hüttermann betont in Anlehnung an Schmitt (Schmitt 2003, S. 173 ff) insbesondere die Relevanz lokaler Persönlichkeiten bzw. die Bedeutung ihrer Wertorien-

tierungen, politischen Haltungen und Handlungskompetenzen. Mit Blick auf den Lauinger Konflikt hebt Hüttermann explizit hervor:

> Alles in allem wirken der intelligente Machiavellismus, der advokatorische Paternalismus und eine lokal tief verwurzelte Urteilskraft in der Person des Lauinger Bürgermeisters in einer Weise zusammen, dass er als einzigartige lokale Persönlichkeit gelten muss – eine Persönlichkeit, die maßgeblich dafür verantwortlich ist, dass der Konflikt in Lauingen nicht eskaliert. (Hüttermann 2006a, S. 211)

Als zusätzlichen Aspekt betont Schmitt in diesem spezifischen Fall die biografischen Voraussetzungen des Bürgermeisters:

> Weniger [sind] sozialstrukturelle Faktoren für das Gelingen eines Moscheebauprozesses verantwortlich, sondern vielmehr die *Konstellation, Einstellung und Motivlage* (mit entsprechendem biografischem Hintergrund) *der jeweils relevanten Akteure.* (Schmitt 2003, S. 226)

Präzisierend führt dieser in Bezug auf die biografischen Hintergründe aus, dass der fragliche Bürgermeister als Student eine 68er Sozialisation in Berlin durchlebt hat und dass diese prägende Lebensphase durch den Bürgermeister im Interview als relevant für sein Handeln dargestellt wird. In einem Artikel der *Zeit* über den Lauinger Moscheebau (den Schmitt in seiner Untersuchung zitiert) heißt es entsprechend plakativ über den Lauinger Bürgermeister:

> Demonstrationen, Krawalle, prügelnde Polizisten, Benno Ohnesorg: Georg Barfuß, das Land- und Arbeiterkind wird zum 68er, während ehemalige Schulfreunde ‚in Würzburg studieren und abends ihr Weinle trinken'. (Scheytt 1998: 21f, zit. nach Schmitt 2003, S. 175)

Zur Plausibilität dieser Interpretation, die auf die Persönlichkeit eines Schlüsselakteurs abhebt, trägt bei, dass der fragliche CSU-Bürgermeister in Lauingen nicht nur den Entwurf für einen Neubau einer Moschee wegen „architektonischer Unauffälligkeit" ablehnt und stattdessen einen repräsentativeren Moscheebau durchsetzt, sondern auch noch einen städtischen Zuschuss von ca. 50.000 Euro ermöglicht (Hüttermann 2006a, S. 209). Er handelt allerdings zugleich den Verzicht auf den islamischen Gebetsruf (Ezan) aus (Hüttermann 2006a, S. 210).

Trotz dieser markanten Betonung persönlicher Motive und Überzeugungen finden sich in den vorliegenden Studien nur sehr grobkörnige Konzepte zur Thematisierung der individuellen Einstellungen und Motivlagen von Schlüsselakteuren, die diese systematisch in einen theoretischen Zusammenhang stellen.

Bei Leggewie (2002) findet sich auf der Basis einer Reihe von Fallstudien im Rhein-Main Gebiet eine Typologie von Politikstilen. Diese beziehen sich jedoch primär auf Formen der Gestaltung des politischen Entscheidungsprozesses, weniger auf Werte oder Überzeugungen. Insgesamt drei Politikstile werden in Bezug auf Konflikte um Moscheebau-Projekte differenziert: ein paternalistischer, ein inkrementeller sowie ein partizipativer Politikstil (Leggewie 2002, S. 30f). Im Rahmen der paternalistischen Strategie wird eine positive Bewertung des Moschee-Projektes mit einem Verhalten verbunden, dass weder die Muslime noch die Öffentlichkeit als mündige Partner betrachtet, sondern allein politische Schlüsselakteure in die Entscheidungs- und Durchsetzungsprozesse einbezieht. Die Relation von Einstellung und Politikstil ist hier einfach zu formulieren: Verbindet sich eine positive Sicht auf ein Moscheebau-Projekt mit einem paternalistischen Politikstil, dann ist die Wahrscheinlichkeit der Durchsetzung des Projektes groß. Für die inkrementelle Ausrichtung der kommunalen Politik wird von Leggewie lediglich festgehalten, dass es sich um eine „Politik des Durchwurstelns" handelt. Kennzeichnend sind ferner die Einbeziehung eines vergleichsweise größeren Kreises von Akteuren in den politischen Prozess sowie eine größere Ergebnisoffenheit (Leggewie 2002, S. 30).

Der dritte Politikstil, der umfassend auf die Partizipation aller Interessensgruppen setzt und den öffentlichen Diskurs kontinuierlich und transparent organisiert, gilt als „prekärer und langwieriger Prozess, der im Fall seines Gelingens allerdings den höchsten Verpflichtungs- und Nachhaltigkeitsgrad der Entscheidung garantiert" – wohingegen die anderen beiden Politikstile vielfach nur kurz- oder mittelfristige Lösungen schaffen, die später neue Konflikte nach sich ziehen (Leggewie 2002, S. 30f). Ob oder wie unter diesen Bedingungen individuelle Einstellungen und Motivlagen eine Rolle spielen, bleibt ungeklärt. Spätere Veröffentlichungen Leggewies zu Moschee-Konflikten konzentrieren sich eher auf die Darstellung von typischen Konfliktmustern sowie die Identifizierung von konfliktverstärkenden oder – befriedenden Verhaltensweisen. Diese werden von Leggewie (2009) entlang von drei dichotom interpretierten Feldern analysiert, die als „Spaltungslinien" gekennzeichnet sind; konkret gelten als konfliktbedingende Dimensionen die Spannungsfelder von Zentrum-Peripherie, Säkular-Religiös, und Rechts-Links (Kreckel 2004, S. 41ff). Die mangelnde Repräsentation partikularer Interessen und Werte aus der gesellschaftlichen Peripherie wird dabei als erstrangiger Antrieb der Konflikte gesehen, wie Leggewie (Leggewie 2009, S. 195) hervorhebt:

> Die wohl tiefste Spaltung verläuft nicht im religiösen Feld, sondern entlang der Linie *Zentrum-Peripherie*: Moscheegegner fühlen sich im politischen Verhandlungsprozess an den Rand gedrängt und machen dafür einen Mangel an Repräsentation im politischen System verantwortlich.

Spannungsreiche Interdependenzen auf den anderen beiden Feldern werden als vergleichsweise nachrangig betrachtet. Die Analysen und Konzepte von Leggewie et al. (2002) und Leggewie (2002; 2009) werden zwar empirisch mit Fallstudien in Verbindung gesetzt, wirken darin aber im Vergleich zu den Arbeiten von Schmitt und Hüttermann weniger gut verankert (was sich zum Teil darin erklärt, dass die Publikationen auch als Handreichungen für die Praxis konzipiert sind und der intendierte Best-Practice Charakter deutlich hervortritt). Insofern bleiben interessante Thematiken oft skizzenhaft angerissen, ohne systematisch ausgeleuchtet zu werden. Beispielgebend hierzu kann auf die Bedeutung von Non-Decisions als Machtmittel auf kommunaler Ebene bzw. für den Untersuchungskontext verwiesen werden. Leggewie reißt diesen Aspekt in einer Seitenbemerkung an, wenn er sich mit dem Einfluss der „politischen Spitzen" auf kommunaler Ebene auseinandersetzt. Über letztere heißt es: „Seitens anerkannter Autoritäten, lokaler Meinungsführer und ehrlicher Makler kann also ‚von oben' eine Menge geschehen (und unterlassen werden), was Moscheebauvorhaben begünstigt oder erschwert." (Leggewie 2009, S. 193f) Weiterführend diskutiert wird die Bedeutung des auf Bachrach und Baratz (1970) zurückgehende Konzept von Non-Decisions als Machtstrategie für den Verlauf der Konflikte um die Etablierung von Moscheen jedoch nicht, obwohl es Anzeichen dafür gibt, dass gerade diese Strategie eine herausragende Rolle im Prozess des Policy-Making spielt.

In der nachfolgenden Bilanz zum Stand der Forschung werden auf der Basis einer kurzen Zusammenfassung wichtige Anknüpfungspunkte für die Analyse des Moschee-Konfliktes in Dortmund herausgearbeitet und thematische Felder und Aspekte herausgestellt, die als Lücken im Stand der Forschung erkennbar sind. Aus dieser Zusammenschau geht zugleich hervor, welche Fragen im empirischen Teil dieser Arbeit in den Fokus gerückt werden.

1.6 Bilanz: Stand der Forschung und Fokus dieser Studie

Das 1. Kapitel hat zentrale Ergebnisse des Forschungsstandes und das Spektrum der Thematisierungsweisen von Konflikten um den Bau von Moscheen zur Darstellung gebracht. Vorbereitend wurden in den Unterkapiteln 1.2 bis 1.4 grundlegende Aspekte, wie der in dieser Arbeit verwendete Moscheebegriff, eingeführt und ein Überblick zu Fragen der Verbreitung von Moscheen und Moschee-Konflikten in Deutschland und Europa vermittelt. Die generelle Charakteristik des Forschungsfeldes zeichnet sich im Fazit durch eine hohe Dynamik, durch Interdisziplinarität und eine große Bandbreite theoretischer Zugänge aus, was einerseits nur vor dem Hintergrund der relativ neuen Sichtbarkeit des Islams bzw. der muslimischen Migranten und andererseits im Kontext der verbreiteten Wahrnehmung des Islams als gesellschaftliche Herausforderung, wenn nicht sogar als Bedrohung (wie etwa an der populären Kulturkampf-These Huntingtons (1993, 1996), aber auch der verbreiteten Islamophobie (vgl. Bielefeldt 2007; Heitmeyer 2011) in den europäischen Gesellschaften abzulesen ist.

Als große und prägende Forschungsströmungen sind, trotz der feststellbaren Heterogenität der einzelnen Studien, zwei Grundausrichtungen herausgearbeitet worden: die Institutionalisierungs- und die Negotiations-Perspektive (vgl. Cesari 2005a; Maussen 2005). Während letztere (siehe Kap. 1.5.2, S. 59) die gesellschaftlichen Aushandlungsprozesse zur Präsenz des Islams und der Positionierung muslimischer Migranten in der Einwanderungsgesellschaft analysiert, ist die Perspektive der Institutionalisierung (siehe Kap. 1.5.1, S. 48) vergleichsweise statisch auf die Frage der Etablierung einer institutionellen Infrastruktur und die Kämpfe der Muslime um die Anerkennung religiöser Grundrechte fokussiert.

Die herausragende Stärke der Institutionalisierungs-Perspektive liegt in der Auseinandersetzung mit dem institutionellen Bedingungsgefüge, den Chancen und Zwängen, denen die muslimischen Akteure ausgesetzt sind, die sich für den Bau einer Moschee einsetzen. Die Arbeiten von Rath und Penninx (2001) sowie Fetzer und Soper (2005) sind im besten Sinne beispielhaft für das Potenzial dieses Zugangs zu Moschee-Konflikten. Als erstrangiges Ergebnis dieser Studien kann gelten, dass es für den Verlauf eines Moschee-Projektes von zentraler Bedeutung ist, wie die politischen Mandatsträger vor Ort sowohl die Funktionen einer Moschee definieren als auch das institutionelle Verhältnis von kommunaler Politik und Religion deuten. Kommunale Politik institutionalisiert auf diese Weise mehr oder weniger offene Möglichkeitsräume für Bestrebungen muslimischer Akteure zur Errichtung einer repräsentativen Moschee. Inwiefern aus diesem Denkrahmen heraus die Akteure, ihre Interessen und ihre Motive, nicht genügend berücksichtigt bzw. (re-)konstruiert werden, ist gleichfalls deutlich.

Der Exkurs zu den Konfliktlinien und konfrontativen Praktiken muslimischer Akteure hat inter-organisationale Konflikte, Generationenkonflikte, konfrontative Vorgehensweisen und schließlich (legalistisch-) islamistische Orientierungen, wie sie bspw. für einen Teil der Mitglieder von Millî Görüş erkennbar sind, als potenziell höchst bedeutsame Einflussfaktoren sichtbar werden lassen, die systematisch in der Forschung zu berücksichtigen sind. Zuvor konnte bereits verdeutlicht werden, dass die Relevanz der Islamophobie als Einflussfaktor unübersehbar ist, sich jedoch nicht als Catch-all Konzept eignet, um Widerstände gegen Moscheebau-Projekte zu analysieren (als Negativbeispiele siehe: Dunn 2001; Öcal 2010, Bukow 2009).

Die Analyse eines Moschee-Konfliktes muss in der Konsequenz die Kategorie der Islamophobie mit hoher Sensibilität für den jeweiligen Bedingungskontext und ihre konkreten Wirkungen auf den Verlauf der Auseinandersetzungen berücksichtigen. Exemplarisch zeigt Maussen (2009), dass die Thematisierung institutioneller Möglichkeitsräume und Zwänge auch aus dem Kontext der Negotiations-Perspektive geleistet werden kann.

Das Konzept der institutionalisierten Inkorporationsregime mit seinen drei Varianten (colonial; guest worker; citizenship) erscheint überzeugend als produktiver Theoriebaustein, der sich analytisch für die Interpretation des Verhaltens lokaler Schlüsselakteure anbietet. Allerdings führt dies im konkreten Fall von Maussens „Constructing Mosques" dazu, dass die Bedeutung der lokalen Ebene vergleichsweise unscharf bzw. in Distanz zu den individuellen Akteuren und Koalitionen der lokalen Politik in den Blick rückt. Unter welchen Bedingungen lokal ein spezifisches Inkorporationsregime in den Public Policy Responses dominiert, bleibt eine insofern eine offene Frage.

Schmitt (2003) und Hüttermann (2006) bieten demgegenüber ein primär auf die Ebene der lokalen Aushandlung konzentriertes Set von analytischen Folien zur Analyse lokaler Politik. Schmitt liefert in dieser Hinsicht durch die dichten Fallrekonstruktionen und den strukturierten Problemaufriss, „eine gute Grundlage für die weitere Forschung" (Tezcan 2003, S. 245). Hüttermanns Beitrag reicht hier weiter bzw. ist fruchtbarer für die Theoriebildung, insofern die Verschränkung der Figurationstheorie mit phänomenologischen Perspektiven einerseits, und dem ergänzenden Zugriff auf das Habitus Konzept Bourdieus andererseits, die dichten Fallbeschreibungen intensiver durchdringt. Zugleich ist aber (auch) die „fallgestützte Soziologik des Konfliktes um islamische Symbole", die Hüttermann intendiert, offen für Anschlussfragen (Hüttermann 2006a, S. 226). Zwar zeigt die Studie überzeugend, wie beschränkt oder gebrochen der Einfluss „kommunikativer Vernunft" (Habermas 1995) auf die Dynamik des Konfliktes um den Bau eines Minaretts in Halle in Westfalen ist, zugleich scheint die Deutung des Konfliktes als „prüfende Konfliktzeremonie" (Hüttermann 2006a, S. 85) zum Zwecke der Inkorporation des Fremden in das Gefüge der etablierten Stadtgesellschaft irritierend stringent geordnet. Diskussionswürdig erscheint einerseits, ob ein Brückenschlag zur Makroebene diskursiver Möglichkeiten, d.h. ein Rekurs auf die historisch und gesellschaftlich variierenden Regime der Inkorporation eine Erweiterung darstellen könnte.

Das von Maussen thematisierte Citizenship Regime wäre in diesem Zusammenhang beispielsweise eine Alternative zur Engführung auf ein Etablierten-Außenseiter Schema. Damit einhergehend würde sich zugleich die Frage nach der Übertragbarkeit der Interpretation Hüttermanns auf andere Städte bzw. Moschee-Konflikte stellen lassen. Vor diesem Hintergrund ist zu konstatieren, dass die vorliegenden Studien zu Moschee-Konflikten der Analyse empirisch fundierte Kategorien und Ansatzpunkte zur Interpretation liefern, auf die weiterführende Untersuchungen aufbauen können oder für die sich die hier vorliegende, aber auch zukünftige Forschungsarbeiten sensibel zeigen sollten. Zugleich verdeutlicht die Auseinandersetzung mit dem Stand der Forschung, dass die Mechanismen des lokalen Policy-Making zurzeit in einigen wesentlichen Aspekten nicht ausreichend durchdrungen werden bzw. Forschungslücken vorhanden sind.

Angesichts der Thesen von Fetzer und Soper (2005, 2007) erscheint beispielsweise offen, von welcher Seite die Policies der lokalen Politik gegenüber den Interessen der muslimischen Akteure, die sich für den Bau einer Moschee einsetzen, mit Inhalten gefüllt werden: Wird die Rolle der Kirchen aus der Institutionalisierungs-Perspektive massiv in den Vordergrund gerückt, treten diese in den Fallstudien von Schmitt ambivalent und bei Hüttermann nur sehr nachrangig in Erscheinung. Insgesamt unvollständig erscheint die konzeptionelle Durchdringung der Verbindung von übergeordneten Diskursen, die in Wechselbeziehung zu institutionalisierten Policies stehen und lokalen Praktiken des Policy-Makings, also konkreten Aushandlungs- und Entscheidungsprozessen, für die anscheinend Motive und Überzeugungen eine wichtige Rolle spielen. Auch wenn, wie weiter oben herausgearbeitet, in einigen Studien betrachtet wird, wie der Politikstil einzelner Schlüsselpersonen – von Hüttermann als „advokatorischer Paternalismus" (2006a, S. 211) – auf die lokale Politik prägend wirken kann, so bleibt dieser Aspekt in den vorliegenden Studien sehr unbestimmt. Letzteres gilt offenbar insbesondere dann, wenn die Schlüsselakteure einer Kommune in ihrem Politikstil eher inkrementell oder diskursiv orientiert sind (Leggewie 2002, S. 30f). In diesem Zusammenhang ist insbesondere die Frage nach der Reife eines lokalen Politikfeldes, in dessen Zusammenhang die Etablierung einer Moschee verhandelt wird. Gemeint ist hier beispielsweise die Etablierung von verbindlichen Standards und Verfahren der Problembearbeitung. Es erscheint plausibel, dass komplex organisierte Politikfelder mit institutioneller Vertretung mit geringerer Wahrscheinlichkeit durch einen dominanten Akteur und dessen Überzeugungen bestimmt werden können. In Verbindung mit diesem Aspekt ist zu fragen, welche Rolle Netzwerke von Unterstützern oder Gegnern in diesem Kontext spielen.

Die an Hajer (1995) angelehnte Form der Diskursanalyse von Maussen versteht sich zwar explizit als Policy-Analyse, kann dabei aber diese Fragen zum Zusammenhalt und zur Spezifik der lokalen Politik, in welcher die konkreten Entscheidungsprozesse vorranging ablaufen, nicht zufriedenstellend bearbeiten. Das Potenzial dieses Ansatzes, insbesondere die historische bzw. prozessuale Perspektive auf die Entwicklung eines Sets von Policies in Abhängigkeit von diversen Regimetypen der Inkorporation, ist evident. Zugleich liegt es nahe, alternative Frameworks in die Untersuchung von Moscheebau-Projekten und den Konflikten um diese Ansätze einzubeziehen, die es erlauben die Rolle von Netzwerken und Überzeugungen für das lokale Policy-Making präziser zu bestimmen.

Ich diskutiere in der vorliegenden Studie die These, dass insbesondere der Policy-theoretische Ansatz des ACF (Sabatier & Weible 2007, S. 189f u. 217ff; Weible et al. 2009) geeignet ist, die bestehenden Forschungslücken zu bearbeiten und damit einen Beitrag zur Fortentwicklung der Theoriebildung bezüglich der Konflikte um Moscheen in Deutschland zu leisten. Dieses bietet mit dem Konzept der Advocacy-Koalitionen einen innovativen Ansatz, der in vielversprechender Weise das Zusammenspiel von Akteuren und Überzeugungen in politischen Netzwerken theoretisch durchdringt (Sabatier & Jenkins-Smith 1988, S. 139). Allerdings wird das ACF in dieser Studie in mehrfacher Hinsicht transformiert und für die Ziele dieser Studie neu interpretiert. Letzteres betrifft insbesondere den positivistischen Ausgangspunkt des Frameworks, welcher einem konstruktivistischen Reframing unterzogen wird.

Das nachfolgende Kapitel führt zunächst in die methodologische Perspektive dieser Studie ein, welche durch eine konstruktivistische Weiterentwicklung der GT bestimmt wird. Anschließend wird das Advocacy Coalition Framework als zentraler theoretischer Bezugspunkt eingeführt, dessen Konzepte als heuristischer Rahmen für die Fallstudie zum Moschee-Konflikt in Dortmund genutzt werden.

2. Methodologie: Konstruktivistische Grounded Theory

„There is no agreement on what constitutes a grounded theory, only varying interpretations which bear a family resemblance."

Ian Dey in „Grounding Categories" (2007, S. 173)

2.1 Einleitung

Die Studie verfolgt, wie in der Einleitung dargestellt und im obigen Kapitel zum Stand der Forschung weiter herausgearbeitet, zwei ineinander verschränkte Ziele: Zum einen wird aus einer Policy-Forschungsperspektive ein Moschee-Konflikt untersucht, um zum Verständnis der in ganz Europa verbreiteten Aushandlungsprozesse zur Präsenz des Islams und der Positionierung muslimischer Migranten in der Gesellschaft beizutragen. Zum anderen wird anhand dieser Fallstudie ein Beitrag zur Diskussion des ACF geleistet. Diskutiert wird, in welchen Aspekten das Framework als analytischer Rahmen für die Untersuchung lokaler Integrationspolitik anwendbar ist.

Strukturiert wird dieses Vorhaben durch die Wahl einer unorthodoxen Arbeitsweise mit der GT.[32] Unorthodox insofern, als die GT in Orientierung an den Arbeiten von Knorr-Cetina (1989, 1993, 2008) und Kathy Charmaz (1990, 2000, 2006) in einen konstruktivistischen Rahmen gestellt wird und für die aktive Einbindung theoretischer Diskurse geöffnet wird. Im Kern bedeutet dieses Vorgehen, dass sowohl die Sichtweise auf den ausgewählten Fall (den langjährigen Konflikt um einen geplanten Moscheebau in Dortmund) als auch das Verhältnis zur Policy-Forschung, speziell zum ACF, durch eine Reihe epistemischer und methodologischer Prämissen bestimmt wird.

Im Folgenden wird daher zunächst skizziert, an welche Spielart des Konstruktivismus die Studie anknüpft und auf welche Weise die GT in dieser Studie adaptiert

---

[32] Versuche, die von Glaser und Strauss gewählte Bezeichnung ihres Forschungsstils als Grounded Theory Methodology ins Deutsche zu übersetzen, sind, wie u.a. Strübing (2008) herausstellt, durchweg unbefriedigend. Bezeichnungen wie „begründete Theorie" (Gerdes 1978) oder „gegenstandsbezogene Theorie" (Hopf & Weingarten 1979) gelten als zu unspezifisch, andere bedeutungsgetreue Übersetzungen, etwa die Rede von einem „Forschungsstil zur Erarbeitung von in empirischen Daten gegründeten Theorien", erscheinen als zu umständlich, sodass sich die Verwendung des Originalbegriffs etabliert hat (Strübing 2008, S. 13f; vgl. Mey & Mruck 2009, S. 104).

sowie Theoriewissen in den Forschungsprozess integriert wird. Zum einen gilt dies als notwendig, da bei der Anwendung der GT in besonderer Weise zu zeigen ist, dass bzw. wie die Forschungspraxis die Essentials des Ansatzes zur Anwendung bringt (vgl. Strübing 2008, S. 18). Zum anderen stellt die explizite Einbindung theoretischen Wissens und das eingangs formulierte Ziel, Theorierahmen miteinander ins Gespräch zu bringen einen Bruch mit tradierten Standards dar, den es zu legitimieren gilt (vgl. Knorr-Cetina 2008; Goldkuhl & Cronholm 2010, S. 197ff).

Zum Abschluss des Kapitels werden des Weiteren methodische Aspekte der empirischen Arbeit, insbesondere der Interviewführung und das generelle Spektrum der einbezogenen empirischen Materialen thematisiert.

2.2 Take the Question and Run

"If we must have foundations for scientific knowledge, is it not conceivable that we might work out circular foundations?" (Knorr-Cetina 1993, S. 557) Diese provozierende Frage ist für die konstruktivistische Perspektive Knorr-Cetinas zugleich eine rhetorische, denn zum Kernbestand des Konstruktivismus, seines epistemischen Blicks auf die Welt, gehört gerade die These, dass jegliches Fundament, jede spezifische Ontologie, Ausdruck kultureller Praktiken ist. Gerade hierin beruht die Stärke des Konstruktivismus, dass er die dualistisch verfasste Beziehung zwischen Welt und Repräsentation von Welt transformiert und in eine Untersuchung des Konstruktionsprozesses der Welt verlagert (vgl. Knorr-Cetina 1993, S. 558f). Für die Begründung dieser Sichtweise greift der „erkenntnistheoretische Konstruktivismus" (Collin 2008, S. 25) auf unterschiedliche Quellen zurück: Wittgensteins Spätwerk bzw. Sprachspiel-Philosophie, aber auch neurobiologische Forschungen, hier die Arbeiten von Maturana und Varela (1987) im Besonderen, sind in dieser Hinsicht zentrale Referenzpunkte (vgl. Sismondo 1993).[33] Konstruktivismus, wie er in dieser Studie aufgefasst wird, knüpft an Entwicklungen im Diskurs der konstruktivistischen Wissenssoziologie an, dessen Anfänge in den frühen 1980er Jahren liegen[34]. Zentrale Aspekte dieses Diskurses können für die Policy-Forschung fruchtbar gemacht werden und liefern den Rahmen für die Auseinandersetzung sowohl mit der Forschungsmethodologie, wie sie im Laufe dieses Kapitels entwickelt wird als auch für die Auseinandersetzung mit dem theoretischen Diskurs über die Kernfragen

---

[33] Für eine dezidierte Auseinandersetzung mit dem breiten Spektrum konstruktivistischer Ansätze und ihrer unterschiedlichen Verortungen in Philosophie und Naturwissenschaft siehe bspw. Holstein (2007), Knorr-Cetina (1989), Velody & Williams (1998), Phillips (1995).

[34] In das hier bezeichnete Diskursfeld können Arbeiten von bspw. Latour, Woolgar, Lynch, Bogen, Heritage, Fleck, Bourdieu und Foucault gezählt werden (vgl. Knorr-Cetina 1989; Flick 2005).

dieser Untersuchung. Richtungsweisend für das Selbstverständnis dieser Studie sind daher fünf Thesen, die Knorr-Cetina als zentral für den konstruktivistischen Umriss der Wissenssoziologie herausstellt:

„(Soziale) Realität hat (1) keinen ‚Kern', keine ‚Essenz', die man unabhängig von den sie konstituierenden Mechanismen identifizieren könnte"– das heißt, dass Realität ubiquitär von Prozessen der Reproduktion durchdrungen wird und stets „Konstruktionsarbeit" beinhaltet (Knorr-Cetina 1989, S. 92).

Als Folge dieser anti-essentialistischen Betrachtungsweise des Verhältnisses von Beobachter und Beobachtetem wird es (2) unmöglich, ein Objekt der Erkenntnis unabhängig vom Wie der Konstruktion zu betrachten, sodass in der Folge die Frage nach dem Was/Warum in die Frage nach dem Wie eingebettet wird. Für konstruktivistische Studien erwächst hieraus eine Notwendigkeit, im Forschungsprozess die Nähe zu den Konstruktionsprozessen im Forschungsfeld zu suchen:

> In einer solchen Methodologie kann es keine Definition eines Gegenstandes geben, die unabhängig von der Semantik wäre, die diesen Gegenstand in der Sprache des konstruierenden Bereiches beschreibt, und es kann keinen Phänomenbereich geben, der unabhängig von den Konstruktionsmechanismen dieses Bereichs, unabhängig von den Ressourcen und Strategien, die die Teilnehmer zur Aufrechterhaltung und Veränderung des Phänomenbereichs zur Geltung bringen, spezifiziert werden könnte. (Knorr-Cetina 1989, S. 92)

Für den Konstruktivismus in der bezeichneten Lesart bedeutet dies (3) nicht, dass die Kategorien der Teilnehmer bzw. ihre Rekonstruktion im Zentrum des Forschungsinteresses stehen. Im Gegenteil, hier rücken die Herstellungsmechanismen in den Fokus der Analyse, während die mehr oder weniger expliziten Theorien der Akteure, wie auch die Konzepte der Soziologie als empirischer Gehalt von Welt analytisch betrachtet werden. Konstruktivismus „verlangt nichts weniger, als die Analyse *hinreichend theoriefrei* zu halten." (Knorr-Cetina 1989, S. 92)

Wie schon einleitend betont, schließt der Konstruktivismus (4) die Ausgangspunkte seines Beobachtens von Welt selbstreflexiv bzw. zirkulär in den Forschungsprozess ein. Mit dem Begriff der *„Selbstanwendung"* wird diese konstitutive, nicht-hintergehbare Bedingung adressiert (Knorr-Cetina 1989, S. 93). Forschungspraktisch bedeutet dies für den Umgang mit Konzepten, woher auch immer diese bezogen werden, dass diese nicht reduktionistisch als Rückzugsort im Forschungsprozess aufgesucht oder aufrechterhalten werden können, sondern dass ihre Relevanz sich in den Situationen, die erforscht werden, beweisen müssen. Für den Status der Ergebnisse folgt hieraus, dass weder Deskriptivität angestrebt wird noch Wahrheit. Vielmehr kann als „Bemessungsgrundlage für die Geglücktheit des Versuchs" die Erschließung eines Terrains bzw. die „Erweiterung von Welt" gelten (Knorr-Cetina 1989, S. 94). Die Metaphern der Choreografie und des Tanzes bietet Knorr-Cetina als Brücke zu einem besseren Verständnis dieser Vorstellung wissenschaftlichen Erkenntnisgewinns an:

Konstruktivistische Analysen sind naturgemäß nichts anderes als Choreographien von Choreographien. Sie öffnen ein Territorium (das einer in bestimmter Weise choreographierten Realität), in dem wir uns aufgrund der Analyse bewegen können sollten. (...) Man kann, um es anders auszudrücken, nach solchen Choreographien tanzen. (Knorr-Cetina 1989, S. 94)

Um diese Zielsetzung zu erreichen, genügt (5) nicht die Entwicklung und anschließende experimentelle Erprobung eines Modells. Benötigt wird eine kreative „Entdeckungstechnologie", welche die Subjektivität der Forschenden als Ressource begreift, und die Nähe, ja Intimität mit dem Untersuchungsfeld sucht, um die Entdeckung von Welt zu ermöglichen und anzutreiben (Knorr-Cetina 1989, S. 94).

Als kreative Entdeckungstechnologie im oben beschriebenen Sinn nutzt diese Studie die GT. Wie sehr sich diese Verbindung anbietet, hat Kathy Charmaz sichtbar werden lassen, deren Arbeiten intensiv zur konstruktivistischen Rahmung und Durchdringung der GT beigetragen haben (siehe Charmaz 1990, 2003, 2006; Bryant & Charmaz 2007b; Charmaz 2008a).

Sämtliche als Kernpunkte des Konstruktivismus – Knorr-Cetina spricht in Abgrenzung gegenüber dem sozialen Konstruktivismus auch vom „empirischen Programm des Konstruktivismus" – herausgestellte Aspekte finden in ihren Arbeiten Entsprechungen. Charmaz Leistung beruht insbesondere darauf, die überkommene Melange positivistischer und konstruktivistischer Forschungsprogrammatik, die selbst noch in den Arbeiten von Strauss und Corbin erkennbar wirksam ist, zu benennen und transformiert zu haben. Zeichen dieser konstruktivistischen Übersetzung sind beispielsweise die ausdrückliche Betonung der Reflexivität gegenüber dem Konstruktionsprozess der GT und ihren Resultaten: „Constructivist grounded theorists take a reflexive stance toward the research process and products and consider how their theories evolve" (Charmaz 2006, S. 131). In Entsprechung hierzu wird in den Schriften von Charmaz hervorgehoben, dass Forschungsresultate als Konstruktionen zu betrachten sind, die auf einem Co-Produktionsverhältnis zwischen Beobachter und Beobachteten beruhen. An zentraler Stelle heißt es hierzu: „A constructivist approach (...) not only theorizes the interpretive work that research participants do; but also acknowledges that the resulting theory is an interpretation." (Charmaz 2006, S. 130) Schließlich adressiert Charmaz mit der gleichen Klarheit mit der Knorr-Cetina dies bezeichnet, die Notwendigkeit über die Darstellungen der Akteure hinauszugehen und zu analysieren, wie, wann oder zu welchem Anteil die beobachteten Phänomene als Ausdruck weiterreichender und nicht explizit gemachter Haltungen, Netzwerke, Situationen und Beziehungen sind. Programmatisch präzise formuliert Charmaz diesen Aspekt, wenn sie in dieser Hinsicht ausführt: „Constructivist Grounded Theory corrects tendencies to conduct atomistic studies that disregard social locations and constraints. It situates inquiry in larger social structures" (Charmaz 2008b, S. 134; vgl. auch Charmaz 2006, S. 130).

Jenseits dieser zentralen Positionierungen bleibt an dieser Stelle festzuhalten, dass Charmaz selbst keine deutliche Verortung ihrer konstruktivistischen Sichtweise im Kanon der Konstruktivismen vornimmt. Lediglich einige Abgrenzungen werden von ihr angeboten - differenziert bspw. gegenüber phänomenologisch bzw. sozial konstruktivistisch gelagerten Spielarten, welche das Individuum und seine Wahrnehmung in den Mittelpunkt der Analyse rücken (vgl. Charmaz 1990, S. 1164; Charmaz 2008b, S. 134f). Vielleicht lässt sich dies als eine Selbstanwendung des Konstruktivismus verstehen. So wie der empirische Konstruktivismus dazu neigt, eine „take the question and run' mentality" gegenüber seinen philosophischen Rahmenkonzepten zu zeigen (Knorr-Cetina 1993, S. 559), scheint auch Charmaz eher daran interessiert, wohin ihre Adaption des Konstruktivismus sie führt und was es für den Gegenstand ihres Interesses, die GT, bewirkt. Vor diesem Hintergrund erscheint es produktiv, Charmaz' Constructivist Grounded Theory und Knorr-Cetinas empirisches Programm des Konstruktivismus in Verbindung zu setzen, da die fünf oben eingeführten konstruktivistischen Kernpunkte und ihre beispielgebende Übersetzung durch Charmaz, die den erkenntnistheoretischen und forschungspraktischen Rahmen setzen, eine starke konzeptionelle Korrespondenz erkennen lassen.

Wie GT als Entdeckungstechnologie vor diesem Hintergrund in dieser Studie gedacht und angewendet wird, thematisiert das nachfolgende Kapitel.

2.3 Essentials der Grounded Theory Methodology

Die GT ist einer der prominentesten qualitativen Forschungsansätze der Gegenwart und kann für sich in Anspruch nehmen, seit den 1990er Jahren die weltweit am häufigsten angewendete qualitative Forschungsmethode darzustellen (vgl. Titscher et al. 2000). Sie geht auf die ursprünglich gemeinsame, später getrennt und zum Teil in heftiger Opposition zueinander geleistete Forschungsarbeit von Barney Glaser und Anselm Strauss zurück (siehe insbesondere Glaser 1978; Strauss 1991; Strauss & Corbin 1996; für einflussreiche Arbeiten der ‚2. Generation' siehe Charmaz 2006; Bryant & Charmaz 2007b; Mey & Mruck 2007; Corbin & Strauss 2008; Morse 2009).

Bestimmend für die GT ist in Anlehnung an Strübing ein Bekenntnis zur „Unabdingbarkeit der subjektiven Leistung in der Forschungsarbeit insgesamt (...) und zugleich die Möglichkeit einer methodischen Unterstützung und Rahmung kreativer Prozesse." (Strübing 2008, S. 17) Diese methodologisch bewusst gewählte Offenheit wird in der Lesart der GT (wie sie von Strauss vertreten wird) nur durch drei zentrale Punkte eingeschränkt: Der erste zentrale Punkt ist eine spezifische Weise, empirische Daten in Konzepte zu überführen, was in der Sprache der GT als Kodieren bezeichnet wird. Die Teilelemente dieses Prozesses sind im Allgemeinen: die Formulierung und Weiterverfolgung generativer Fragen und die interpretative Transformation von Daten (Beobachtungsprotokollen oder Interviews bspw.) auf ein höheres bzw. nicht-deskriptives Niveau der Abstraktion sowie die Entdeckung und Formulierung von Kategorien und Schlüsselkategorien (vgl. Glaser 1978, S. 55-82, zit. nach Strauss 1991, S. 91).

Die zweite Bedingung der GT ist die Praxis des theoretischen Samplings, also „das Heranziehen von Beispielen von Vorkommnissen, Ereignissen, Handlungen (...), das von der sich entwickelnden Theorie geleitet wird." (Strauss 1991, S. 49) Theoretisches Sampling bedeutet daher, dass Auswahlentscheidungen für Fälle und Daten schrittweise getroffen werden und dass die Kriterien der Auswahl während des Verlaufs der Untersuchung immer klarer durch die sich entwickelnde Theorie begründet werden. Die Hauptaufgaben sind in dieser Hinsicht (a) Entscheidungen darüber zu treffen, welche Fragen angesichts des gegenwärtigen Wissensstandes zu stellen sind, (b) zu reflektieren, welches Wissen hierbei gewonnen werden kann sowie (c) anschließend einzuordnen, welcher Stellenwert diesem Wissen für die entstehende Theorie zukommt (vgl. Mey & Mruck 2009, S. 110).

Der dritte Punkt bezieht sich auf das kontinuierliche Erstellen von Vergleichen, in der englischsprachigen Diktion der GT als „constant comparative method" bezeichnet (Glaser & Strauss 1967, S. 101–116). Es trägt in essentieller Weise dazu bei, die Konzeptentwicklung voranzutreiben (Strauss 2007, S. 75).[35] Im Kern geht es der GT bei der Betonung dieser Vergleichstechniken immer darum, den Blick des Forschers für die Eigenschaften und Dimensionen eines Phänomens zu öffnen, eventuelle Blockaden zu überwinden und generell die Sensitivität gegenüber relevanten theoretischen Konzepten zu fördern (vgl. Strauss 1991, S. 44).

Als weiteres Essential der GT kann das Memoing oder Memo-Schreiben betrachtet werden, denn es durchdringt alle Aspekte des Forschungsprozesses, insbesondere natürlich das Kodieren, das theoretische Sampling und das Anstellen von Vergleichen. Memos sind einerseits Analyseprotokolle und beinhalten konzeptionelle Überlegungen über „Handlungen, Vorfälle, Ereignisse und Geschehnisse" (Strauss & Corbin 1996, S. 175). Memoing ist überaus flexibel, was seine Funktionen anbelangt. Die offensichtlichste Funktion des Memoing ist die Dokumentation des Forschungsprozesses, welche für sich genommen bereits einen wichtigen Beitrag zur Entwicklung der Theorie und für die spätere Veröffentlichung der Untersuchungsergebnisse leistet. Neben dieser Funktion stellen Strauss und Corbin insbesondere die Stimulierung des kreativen Denkens heraus. Diese wird als Freiheit dargestellt, phasenweise ohne hemmende Einschränkungen mit Ideen zu arbeiten, freie Assoziationen zu bilden, letztlich Neues zu entdecken (vgl. Strauss & Corbin 1996, S. 12 u. 172). Was dies forschungspraktisch bedeuten kann, fasst Lempert in ihrem Artikel über Memos im Sage-Handbuch zur GT zusammen:

---

[35] Glaser hat dieses Konzept bereits 1965 entwickelt und später zusammen mit Strauss (1967) in „The Discovery of Grounded Theory" nahezu ohne Änderungen integriert (vgl. Strübing 2008, S. 18).

> Memos are the analytical location where researchers (...) find their own voices, and where they give themselves permission to formulate ideas, to play with them, to reconfigure them, to expand them, to explore them, and ultimately to distill them for publication and participation in conversation with others. (Lempert 2007, S. 247)

Andere Aspekte des Memoing sind die Aufdeckung von Lücken oder fehlender Systematik sowie die Entwicklung eines Konzept-Speichers oder, wie Strauss und Corbin es formulieren, eines „Lagerhauses analytischer Ideen" (Corbin & Strauss 2008, S. 120; Übersetzung CH). Gefüllt wird dieses Lagerhaus durch das kontinuierliche Memo-Schreiben, welches speicherbares Material produziert, in welchem Zusammenhänge reflektiert, Querverbindungen entwickelt oder der Status der Theorieentwicklung betrachtet wird. In der Essenz dient das Memoing der Entwicklung eines inneren Dialogs, der das analytische Denken dazu befähigt, kumulativ von einfachen in komplexe Zusammenhänge vorzudringen (vgl. Charmaz 2006, S. 72ff; Corbin & Strauss 2008, S. 117ff; Mey & Mruck 2009, S. 113).

Wie diese vier Essentials in der vorliegenden Studie berücksichtigt werden, prägt die Anwendung der GT in dieser Studie. Hierzu wird nachfolgend eine Kritik der positivistischen Aspekte der GT entwickelt, durch welche in der Folge die methodologische Perspektive dieser Studie weiter bestimmt wird.

2.4 Emergence vs. Forcing empirischer Daten

Der Forschungsstil der GT will, so die erklärte Absicht, den forschenden Blick dafür öffnen, „„sehen' zu können, was in den Daten steckt", will in die Lage versetzen, „kreativ zu denken" (Strauss & Corbin 1996, S. 172). Eingelöst wird dieser Anspruch in der Darstellung der Autoren der GT, wenn die Forschenden es ermöglichen, dass die Theorie aus den Daten „emergiert" (Glaser & Strauss 1967, S. 37). Programmatisch markieren Glaser und Strauss dies in „The Discovery of Grounded Theory" (1967), wenn Sozialforschung dort als systematischer Vorgang der Entdeckung einer Theorie aus der Empirie dargestellt wird: „The discovery of theory from data systematically obtained from social research" (Glaser & Strauss 1967, S. 107). Entsprechend gering wird häufig der Wert bereits existierender Theorien für die Entwicklung einer GT dargestellt – hier zunächst ein Beispiel von Strauss und Corbin und direkt anschließend ein ähnlich gelagertes Zitat von Glaser:

> Am Anfang steht nicht eine Theorie, die anschließend bewiesen werden soll. Am Anfang steht vielmehr ein Untersuchungsbereich – was in diesem Bereich relevant ist, wird sich erst im Forschungsprozess herausstellen. (Strauss & Corbin 1996, S. 8)

> There is a need not to review any of the literature in the substantive area under study. (Glaser 1992, S. 31)

Das Emergieren oder Herauswachsen der Theorien aus den Daten erfolgt jedoch auf Basis der „handwerkliche[n] und gedankliche[n] Arbeit des Kodierenden", wie Breuer es treffend hinsichtlich der operativen Prozeduren der GT beschreibt (Breuer et al. 2009, S. 75). Soziologisch prägnant kritisiert Charmaz mit Blick auf diese Problematik: „Data do not provide a window on reality. Rather, the ‚discovered' reality arises from the interactive process and its temporal, cultural, and structural contexts." (Charmaz 2000, S. 523f)

Kelle (2005) bezeichnet vor diesem Hintergrund die Haltung vieler GT-Autoren als geprägt durch ein „inductivist self misunderstanding", welches insbesondere in einem naiven Empirismus der frühen GT-Publikationen begründet liege (Kelle 2005, S. a24; vgl. auch Bryant & Charmaz 2007a, S. 44 u. Dey 2007, S. 175). Die kritische Auseinandersetzung mit diesem Aspekt der GT zeigt weiter, dass sowohl Glaser als auch Strauss und Corbin sich mit dem Problem intensiv auseinandergesetzt haben und eine Reihe von Lösungsansätzen entwickelt haben. Ausdruck findet dies in der kontinuierlichen Verfeinerung der Kodierformen: der Einführung des Konzeptes theoretischen Kodierens (Glaser 1978), den Strauss'schen Kodierstrategien bzw. dem Kodierparadigma (Strauss 1991) und der stärkeren Anerkennung theoretischen Vorwissens durch Strauss und Corbin (vgl. Strauss 1991; Strauss & Corbin 1994, 1996, S. 20f u. 25f). Insbesondere Letztere haben wichtige Fortentwicklungen eingeführt, um ihre Theoriearbeit multiperspektivisch zu öffnen, theoretisch zu sensibilisieren (siehe ergänzend Strauss & Corbin 1996, S. 56ff).

Programmatische Statements von Strauss und Corbin mit unverkennbar konstruktivistischem Grundzug unterstreichen dies nachdrücklich. So gelten ihre Theorien als „interpretations made from given perspectives as adopted or researched by researchers". An gleicher Stelle heißt es zudem prägnant: „Our position is that truth is enacted" (Strauss & Corbin 1994, S. 279). Unberührt hiervon findet sich kaum ein explizites Statement in ihren Schriften, das sich auf die Konzeption eines systematischen Umgangs mit vorgängigem Theoriewissen bezieht. Vielmehr bleibt eine Melange konstruktivistischer und objektivistischer Aspekte erhalten bzw. wirkt die Annahme eines Ortes neutraler Beobachtung für den Forschenden auch in den Arbeiten von Strauss und Corbin fort (Bryant & Charmaz 2007a, S. 44). Kelle wie auch Charmaz schließen vor diesem Hintergrund zu Recht, dass es Strauss und Corbin nicht überzeugend gelingt, die epistemologische Problematik des „Discovery"-Buches zu überwinden (vgl. Kelle 2005; Bryant & Charmaz 2007a, S. 46).

2.4.1 Zwischen „Scylla" und „Charybdis"

Die bewusste Abstinenz der traditionellen GT gegenüber vorgängigem Theoriewissen gehört bis in die Gegenwart zum Ethos der Anwendung von GT (Mills et al. 2006, S. 3; vgl. auch Bryant & Charmaz 2007a). Plakativ, aber treffend reflektieren

Goldkuhl und Cronholm die Folgen dieses Defizits in der traditionellen (Glaser), aber auch der fortentwickelten (Strauss u. Corbin) GT:

> We believe that many GT users actually use existing theories widely during their theorizing processes and that they check their evolving theory against such theories. However, this is not the ideal-typical way of describing GT; especially not following Glaserian GT (…) We claim that theoretical grounding should not be something implicit in GT theory development. It should not be something that GT users feel ashamed of and do not speak about publicly. (Goldkuhl & Cronholm 2010, S. 201)

Wird jedoch danach gesucht, die erkennbaren epistemologischen Schwächen dieses Ansatzes zu überwinden, scheint es notwendig, einen Weg zur expliziten Organisation von Vorwissen, insbesondere von existierenden Theorien in GT-Studien, zu beschreiten. Eine wachsende Gruppe von GT-Forschern verweist mittlerweile auf die Notwendigkeit, Theoriebezüge kontinuierlich herzustellen – löst sich also vom „Mantra" (Bryant & Charmaz 2007a, S. 46) der Induktion bzw. der Vorstellung einer Emergenz von Theorien aus den Daten (vgl. Charmaz 1990; Kelle 2005; Goldkuhl & Cronholm 2010; Lind & Goldkuhl 2006; Cronholm 2005; Dey 2007; Lempert 2007).

Wie die mit dieser Forderung notwendig werdende Transformation der GT gestaltet werden kann, ist bislang nur in Ansätzen systematisiert worden. Eher finden sich generalisierende Statements, wie etwa bei Lempert:

> I use literature extensively when I conduct research, as I collect, code, memo and write. (…) Engaging the literature provides the researcher with knowledge of the substantive area in sufficient depth to understand the parameters of the discourse and to enter into the current theoretical conversation. (Lempert 2007, S. 254 u. 261)

Ähnlich allgemein ist auch der Zugriff von Charmaz auf diese Frage, die aus ihrer konstruktivistischen Sicht das „firsthand knowledge of empirical worlds" in den Mittelpunkt stellt und dabei die wechselseitige Herstellung von Wissen im Wechselspiel der sich im Forschungsprozess begegnenden Akteure betont (Charmaz 2000, S. 510; vgl. auch Charmaz 1990, S. 1166). Lediglich nachgeordnet und nicht systematisch wird bei Charmaz der Rekurs auf theoretisches Wissen reflektiert. Mit Bezug auf das Memo-Writing merkt sie an: „During each stage of memo-writing, the researcher may use his or her theoretical background to deepen the analytic insights of his or her developing grounded theory." (Charmaz 1990, S. 1169) Gleiches zeigt sich in der Auseinandersetzung mit dem Schreibprozess: „The writing process gives the researcher the opportunity to link his or her work with other theories by integrating them into discussion and analysis." (Charmaz 1990, S. 1169) Unabhängig von dieser GT-typischen Nachrangigkeit in der Behandlung des Themas spricht sich auch Charmaz klar für die Auseinandersetzung mit Theorien aus, indem sie anerkennt, dass eine ausgeprägte Orientierung an Theoriewissen die konzeptionelle

Qualität der Forschungsarbeit stärkt und dazu beiträgt, sie fest in der Disziplin zu situieren (vgl. Charmaz 1990, S. 1171).

Differenzierter als Lempert oder Charmaz sind in diesem Bereich die Konzepte, die Kelle entwickelt, um im Zuge einer Fortentwicklung der GT einen mittleren Weg zwischen der „Skylla" des induktiven Selbstmissverständnis und der „Charybdis" eines deduktiv-nomologischen Objektivismus darzustellen (Kelle 2005; Kelle & Kluge 2010). An erster Stelle geht es Kelle darum, das nicht hilfreiche Entweder-Oder von Induktion und Deduktion aufzubrechen. Er erreicht dies im Rekurs auf ein drittes Prinzip der Schlussfolgerung: dem Konzept des hypothetischen Schlusses (vgl. Kelle 2005, S. a25):

> Hypothetisches Schließen [bedeutet] die kreative Kombination neuer und interessanter empirischer Fakten mit existierendem theoretischen Wissen, um erklärungsbedürftige empirische Befunde durch neue Hypothesen zu erklären (vgl. Kelle 2005, S. a28 u. a32; Übersetzung CH).

Kelle bezieht sich hierbei auf eine Gruppe von Autoren: Insbesondere auf die Arbeiten von Peirce, der über den Begriff der Abduktion als Erster einen solchen dritten Weg des Schließens formuliert hat, aber auch auf Studien von Hanson (1958), der derartige Erkenntnisprozesse als „retroductive inference" bzw. als „inference to the best explanation" eingeführt hat (Kelle 2005, S. a28). Wie Strübing herausstellt, hat Strauss selbst auf das Prinzip der Abduktion verwiesen, allerdings offenbar ohne genaue Kenntnis dieses für den Pragmatismus so prominenten Konzeptes (Strübing 2008, S. 53f). Kelle gewinnt aus seinem Rekurs auf Peirce, Hanson und das Konzept des hypothetischen Schließens das Argument, dass es legitim ist, theoretische Konzepte von Beginn an im Sinne von heuristischen Hypothesen in den Erkenntnisprozess einzubeziehen, ohne dabei jedoch den Dogmen des Objektivismus zu folgen.

Wie sich durch den Bezug auf das Prinzip des hypothetischen Schließens die initiale Strukturierung empirischer Daten weiterentwickeln lässt, verdeutlicht sich durch ein zweites Konzept, das Kelle als Erweiterung in die Methodologie der GT einführt. Dieses setzt sich mit einem Grundprinzip positivistischer Wissenschaft auseinander: der Falsifizierbarkeit von Hypothesen. Im deduktiv-nomologischen Wissenschaftsverständnis setzt Falsifizierbarkeit voraus, dass Hypothesen einen erkennbaren empirischen Inhalt haben, da andernfalls eine adäquate Hypothesenprüfung nicht zu leisten sei. In Abgrenzung zu dieser Bestimmung argumentiert Kelle:

> Theoretical concepts with low empirical content, however, can play an extremely useful role (…) their lack of empirical content gives them flexibility so that a variety of empirical phenomena can be described with their help. (Kelle 2005, S. a33)

In Bezug auf das obige Argument für die Arbeit mit heuristischen Hypothesen folgt aus dieser Perspektive, dass sie gerade dann als Linsen dienen können, durch die im

Forschungsprozess empirische Daten im Forschungsfeld wahrgenommen werden können, wenn ihr empirischer Bezug vage bzw. abstrakt ist, wie dies bei den zentralen Begriffen der Grand Theories häufig der Fall ist. Im Anschluss an Blumer (1954) kann derartigen Begriffen im Kontext qualitativer Studien der Status als Sensitizing Concept zugeschrieben werden. Wenn auch ohne den konzeptionellen Rahmen des heuristischen Schließens in Bezug auf Vorwissen vergleichbar zu entfalten, deutet auch Charmaz die Funktion von Sensitizing Concepts:

> Sensitizing concepts offer ways of seeing, organizing, and understanding experience; they are embedded in our disciplinary emphases and perspectival proclivities. Although sensitizing concepts may deepen perception, they provide starting points for building analysis, not ending points for evading it. (Charmaz 2000, S. 515)

Alternativ zu den Konzepten der Grand Theories bieten sich nach Kelle auch solche Kategorien als heuristische Konzepte an, die im Untersuchungsfeld als generelle Themen relevant sind, etwa Schule, Arbeit, Familie. Zu berücksichtigen ist an dieser Stelle, dass diesen Kategorien, anders als den Bausteinen der Grand Theories, eine definitorische Engführung fehlt.

Als Leitlinie für den Umgang mit diesen beiden Typen von Kategorien gilt, dass immer zu fragen ist, ob ein Konzept tatsächlich den heuristischen Zwecken dient oder ob es bedeutsame Phänomene von der Untersuchung ausschließt (vgl. Kelle 2005, S. a38). Im Ergebnis führt dies zur Formulierung von Kriterien zur Bestimmung produktiver Bedingungen des hypothetischen Schließens.

An erster Stelle ist im Umgang mit Sensitizing Concepts zu beachten, dass „mit einer Abnahme des empirischen Gehalts einer These das Risiko, die Daten in Kategorien zu ‚zwingen', abnimmt." (Kelle 2005, S. a39; Übersetzung CH). Diese Überlegung korrespondiert zunächst mit der Einschränkung, die Charmaz als Kriterium für die Arbeit mit sensibilisierenden Konzepten betont, wenn sie für deren Gebrauch ausführt: „We may use sensitizing concepts *only* as points of departure from which to study the data." (Charmaz 2000, S. 515)

Kelle geht jedoch bewusst über diese Einschränkung – und über Blumers Sensitizing Concepts – hinaus, indem er auch empirisch dichte Konzepte als Bausteine in den Anfangsphasen eines Forschungsprojektes anerkennt. Gemeinsam mit Kluge argumentiert er:

> In vielen Fällen lässt sich die Verwendung auch von präzisen und definitiven Konzepten zu Beginn einer empirischen Studie gar nicht vermeiden. In der Regel enthält bereits die vorhandene Literatur über den Untersuchungsgegenstand etliche solcher definitiven Konzepte (und es wäre kaum sinnvoll, wenn ForscherInnen vor einer empirischen Studie nur deswegen auf die Aufarbeitung des Standes der Forschung verzichten würden, weil sie hier mit zu präzisen Konzepten in Kontakt kommen). (Kelle & Kluge 2010, S. 30f)

Wird hier die Nutzung empirisch dichter Konzepte eher als typischer, nicht vermeidbarer Unfall der Wissensproduktion gesehen und anerkannt, verweist Kelle an anderer Stelle explizit auf den Erkenntnisgewinn hin, der sich aus der Einbindung „definitiver Konzepte" ergeben kann: „The use of categories and assertions with high empirical content can prove to be fruitful in a qualitative study." (Kelle 2005, S. a41) Als stützendes Beispiel für diese Sichtweise verweist Kelle auf Hochschilds Konzept der Emotionsarbeit. Es kann in seiner Lesart einerseits als empirisch gehaltvoll gelten, da es Interaktionen gibt, die keine Gefühlsarbeit erfordern, d.h. die These, dass von bestimmten Dienstleistern die Erbringung von Gefühlsarbeit erwartet wird, ist im Prinzip falsifizierbar. Andererseits ist kaum zu bestreiten, dass es in sehr produktiver Weise auf diverse soziale Kontexte, etwa das Feld der Pflege älterer Menschen, übertragen werden kann, um die sozialen Beziehungen zu verstehen. In der hieraus resultierenden Forschungslogik – und dies ist zentral für die methodologische Perspektive dieser Untersuchung – werden daher auch Konzepte einbezogen werden, die das Kriterium der Falsifizierbarkeit erfüllen.

Das hiermit verbundene Risiko, dass im Umgang mit der Empirie Kategorien durchgesetzt werden, die dem Untersuchungsfeld nicht entsprechen, kann durch eine Reihe von Strategien aufgefangen werden. Hierzu zählen eine Orientierung an Multiperspektivität sowie ein bewusster Umgang mit dem Aspekt der Falsifizierbarkeit von heuristischen Konzepten, um ein „forcing" des empirischen Materials in ein Theoriekorsett zu vermeiden (Kelle 2005, S. a44).

2.4.2 Theoretisches Matching

Die Anwendung dieser Strategien in Verbindung mit dem Gebrauch von heuristischen Hypothesen (seien es Sensitizing Concepts oder empirisch dichte Konzepte) wird im Weiteren mit einem von Goldkuhl und Cronholm (2003 & 2010) entlehnten Begriff als theoretisches Matching bezeichnet. Theoretisches Matching bezeichnet also die Einbeziehung bestehender Theorien in alle Phasen des Forschungsprozesses und gibt den Rahmen für folgende Forschungsaktivitäten:

> References can be made to external theories and abstractions with the purpose of providing theoretical warrants. Theoretical matching may lead to revisions of the evolving theory. Categories from other theories can be proven to be more adequate and they can replace some previously formulated categories. (…) Theoretical matching can also render effects on the external theories. The collected data and the constructed theory might contradict what was earlier claimed by other theories. The comparison might evoke comments or substantiate criticism toward other theories. (Goldkuhl & Cronholm 2010, S. 198)

Der Prozess des theoretischen Matchings löst somit den Anspruch ein, Theorierahmen miteinander ins Gespräch zu bringen. Anders formuliert, näher an der Diktion der GT bleibend, bedeutet dieser Prozess ein theoretisches Grounding der sich entwickelnden GT sowie die Möglichkeit der Kritik oder Fortentwicklung bestehender Theorien (vgl. Goldkuhl & Cronholm 2010, S. 197ff). Jenseits der Performanzbeschreibung reformuliert das hier geltend gemachte Konzept des theoretischen Matchings weitgehend Goldkuhls und Cronholms Ideen. Hierfür ist zentral, dass, mit Kelle gedacht, der Prozess des theoretischen Matchings zwischen Induktion und Deduktion angesiedelt wird, d.h. der Logik hypothetischen Schließens verpflichtet wird. Zudem verbindet sich das Denken Goldkuhls und Cronholms eher mit Glasers Induktivismus als mit konstruktivistischen Perspektiven. Zurückhaltender als Lempert und Charmaz, argumentieren Goldkuhl und Cronholm dafür, Theoriewissen erst in fortgeschrittenen Phasen des Forschungsprozesses zu berücksichtigen.

Diese Position wird erneut im Anschluss an Kelle verworfen und im Gegenteil davon ausgegangen, dass Theoriewissen von Beginn an in den Prozess der qualitativen Forschung aktiv und explizit einbezogen werden kann. Festgehalten wird jedoch ausdrücklich an der Forderung, dass die letztendliche Bestätigung eines Konzeptes sich durch ihre überzeugende Verankerung in „dichten Beschreibungen" (Geertz 1987) bzw. in „konzeptionell dichter Theorie" entscheidet (Strauss 1991, S. 44; vgl. Charmaz 2009, S. 14 und Knorr-Cetina 2008, S. 69).

2.4.3 GT oder nicht (mehr) GT?

Was bedeutet dieses Aufbrechen der Konzentration auf das empirische Material? Ist dies überhaupt noch GT? Das dem Kapitel einleitend vorangestellte Zitat von Dey konstatiert zur Verbindlichkeit des theoretischen Kanons der GT: „There is no agreement on what constitutes a grounded theory, only varying interpretations which bear a family resemblance." (Dey 2007) Folgt man dem positiven Kern dieser Betrachtungsweise, so kann die Methodologie dieser Studie – ganz im Sinne von Wittgensteins Konzept der Familienähnlichkeit – als eine Form konstruktivistischer GT gelten (vgl. Wittgenstein 1971).

Die zuvor geführte Auseinandersetzung mit den epistemischen Herausforderungen an die Theoriebildung im Kontext der GT resultiert in dieser Studie im Prozess des theoretischen Matchings. Wesentlich ist hierbei die bewusste Formulierung heuristischer Konzepte. Diese basieren in dieser Studie insbesondere auf dem ACF, dessen zentrale Thesen in dieser Studie diskutiert werden sollen, und, um dem Kriterium der Multiperspektivität gerecht zu werden, auf alternativen Theoriebausteinen aus der Policy-Forschung. Weil dieses Vorgehen eher ungewöhnlich für die Anwendung der GT erscheint, sei zur weiteren Legitimation zusätzlich auf Strauss verwiesen:

> Wenn eine bereits existierende Grounded Theory am Anfang eines Forschungsprojektes steht oder in einer frühen Phase des Projektes in die Untersuchung eingebracht wird, dann bilden sich Deduktionen in Form von theoretischen Fragen, Hypothesen, Theoretical Sampling, möglichen Kategorien usw. Diese Deduktionen leiten dann unmittelbar zur ersten Phase der Erhebung und Analyse von Daten über. Demnach ist die Rolle der Deduktion die gleiche, als ob der Forscher das Projekt ohne Grounded Theory begonnen hätte. (...) Dies ist das krasse Gegenstück dazu, wie man in der Wissenschaft des Öfteren mit schon existierenden Theorien (...) verfährt; doch diese Theorien werden missbraucht, weil sie in der folgenden Untersuchung nicht wirklich überprüft werden. Sie werden lediglich den zu analysierenden Daten übergestülpt wie eine Haube. (Strauss 1991, S. 39f)

Das Zitat zeigt, dass zumindest Strauss die Anwendung der GT zur Überprüfung und Fortentwicklung einer Theorie nicht ausschließt. Zugleich verbindet Strauss ein solches Vorgehen lediglich mit sehr vagen Anforderungen, als deren zentralste erscheint, dass ein intensiver Dialog hergestellt werden soll, und zwar „zwischen der bereits bestehenden Theorie und der sich erst entfaltenden Theorie" (Strauss 1991, S. 40). Wie dieser Dialog hergestellt werden kann, bleibt bei Strauss offen – gefüllt wird diese Lücke in dieser Studie durch das Konzept des theoretischen Matchings.

2.5 Experteninterviews

Die zentrale Erhebungsmethode der Studie ist die Durchführung von Experteninterviews. Rahmengebend für die Praxis dieser Methode sind die Leitlinien der GT, wie sie in den obigen Abschnitten eingeführt wurde. Die Aufgabe des theoretischen Samplings ist es in diesem Zusammenhang, in Verbindung mit dem Memoing und der bewussten Integration heuristischer Konzepte in den Erhebungsprozess, die Auswahl der Gesprächspartner und die inhaltliche Ausrichtung der Interviews zu organisieren. Die Experteninterviews in dieser Studie sind insofern bereits durch den methodologischen Rahmen der GT „theoriegenerierende" Experteninterviews, wodurch sich Anschlüsse an das gleichnamige Konzept von Bogner und Menz (2005) ergeben. Als Experte wird in erster Annäherung und in Orientierung an Michael Meuser und Ulrike Nagel in dieser Studie angesehen:

> Wer in irgendeiner Weise Verantwortung trägt für den Entwurf, die Implementierung oder die Kontrolle einer Problemlösung oder (...) wer über einen privilegierten Zugang zu Informationen über Personengruppen oder Entscheidungsprozesse verfügt.[36] (Meuser & Nagel 2005, S. 73)

---

[36] Auf eine Differenzierung von Spezialisten einerseits und Experten andererseits (vgl. Pfadenhauer 2005, S. 117) wird an dieser Stelle bewusst verzichtet, da eine solche Maßstabsverschiebung in der Kartierung der Wissensbestände von zu befragenden Akteuren in dieser Studie keinen Erkenntnismehrwert für die Untersuchung verspricht bzw. im Gegenteil die Auswahl der Akteure im Vorfeld der Datengewinnung unnötig schematisieren würde. Als analytisches Raster in der Auswertung der Interviews kann eine Verfeinerung der Kartierung hingegen nützlich werden.

Gemäß dieser Logik ist die Auswahl von Akteuren für Interviews davon bestimmt, ob sie bedeutsame Rollen in der lokalen Integrationspolitik einnehmen. Die
Auswahl von Gesprächspartnern (gesteuert durch das theoretische Sampling) folgte
in der Konsequenz sowohl einem „methodisch-relationalen" bzw. einem konstruktivistischen Ansatz, der die „Zuschreibung der Expertenrolle" als „‚Konstrukt' eines
Forscherinteresses" bestimmt (Bogner & Menz 2005, S. 40). Unvermeidlich spielen
aber auch sozial-repräsentationale Aspekte eine Rolle bei der Auswahl von Gesprächspartnern, denn der Weg hin zur Identifizierung von Experten auf Basis
methodisch-relationaler Kriterien wird durch die Orientierung an Standards reprä-
sentationaler Kriterien co-organisiert (vgl. Bogner et al. 2005, S. 41f). Vor allem in
der Anfangsphase war daher das Kriterium formaler Funktionsmacht für die Auswahl von Gesprächspartnern zentral, während in späteren Phasen und mit genaue-
rer Kenntnis des Feldes die methodisch-relationalen Kriterien stärker dominierten.
In der Konsequenz wurden leitende Verwaltungsbeschäftigte sowie Akteure in
einflussreichen politischen Funktionen von Beginn an aufgrund ihrer herausgehobenen Stellung im Entscheidungsprozess und der qua Amt verfügbaren Entschei-
dungsmacht als potenzielle ‚Gatekeeper' betrachtet und interviewt. Sukzessive rück-
ten aber Akteure als Experten in den Fokus, die weniger offensichtlich auf den
integrationsbezogenen Policy-Prozess Einfluss nehmen.

Bogner und Menz gehen ferner davon aus, dass die Gestaltungsmacht des Ex-
pertenwissens auf das Engste mit der Wissensform des Deutungswissens verbunden
ist. Getragen wird diese Sichtweise von der plausibel erscheinenden Annahme, dass
Experten gerade mit ihren Deutungen über das Potenzial verfügen, „konkrete
Handlungsfeld[er] sinnhaft und handlungsleitend zu strukturieren." (Bogner &
Menz 2005, S. 45) Experten zeichnen sich angesichts dieser wissenssoziologischen
Erweiterung nicht allein durch sozial relevante Rollen aus, wie dies aus der eingangs
eingeführten Definition von Meuser und Nagel (2005) hervorgeht, sondern verfügen explizit mittels ihres Deutungswissens über Macht- und Einflusspotenziale, die
es zu identifizieren gilt.

Für eine Studie, die sich insbesondere mit der Relevanz von Überzeugungssystemen für Policy-Wandel und Policy-Lernen befasst, liegt es auf der Hand, dass
gerade dieser Aspekt von herausgehobener Bedeutung ist. Im Resultat wird das
Generieren von Fragen und Vergleichen in den Interviewsituationen sowie generell
der Prozess der Auswertung wissenssoziologisch erweitert. Welche Relevanz den
Aussagen der Akteure zukommt, muss sich daher in der Analyse der Daten beweisen. Im Fazit ist somit hervorzuheben, dass die analytische Konstruktion der sozialen Relevanz seines Wissens den Experten im Verständnis dieser Studie zum Experten macht (vgl. Bogner & Menz 2005, S. 43).

2.6 Interviewpraxis, Netzwerkkarten und Feldzugänge

Ein Teil der Experteninterviews wurde unter Verwendung von strukturierten und standardisierten Netzwerkkarten[37] durchgeführt, einem Instrument der qualitativen Netzwerkanalyse, welches von Kahn und Antonucci (1980) in die Sozialforschung eingeführt wurde (vgl. Kahn & Antonucci 1980). Wie der Name des Instruments nahelegt, dienen Netzwerkkarten der Untersuchung von sozialen Netzwerken. In dieser Studie ist die Wahl dieses Instruments insbesondere von dem Interesse geleitet, die sehr komplexen Netzwerkbezüge im untersuchten Moschee-Konflikt (1) identifizieren zu können und (2) mit Hilfe einer Visualisierung im Gespräch zwischen den befragten Experten und dem Interviewer überschaubar und thematisierbar werden zu lassen (vgl. Straus 2006, S. 489). Für die Situationen, in denen die Netzwerkkarten eingesetzt wurden, bedeutete dies, dass Gesprächspartnern eine leere oder teilausgefüllte Netzwerkkarte mit der Bitte vorgelegt wurde, dort die für den Verlauf des Moscheebau-Projektes wichtigen Akteure einzutragen.

Vorgegeben wurden auf dieser Karte drei Segmente: Pro-Moscheebau, Contra-Moscheebau, sowie und ein weißer Sektor für neutrale Akteure. Beabsichtigt wurde durch dieses Vorgehen, ausgewählte Daten über Netzwerke zu erheben, ohne dabei Vollständigkeit oder Objektivität zu beanspruchen. Im Gegenteil: die im Zuge des Forschungsprozesses erstellte Netzwerkkarte (siehe Abbildung 11, S. 185) ist das Ergebnis von Konstruktionsleistungen, und ausdrücklich nicht mit der Absicht verbunden, eine vollständige Erfassung des Akteurs-Netzwerkes zu leisten (vgl. Baumgarten & Lahusen 2006, S. 189).

Bereits vor jeder konstruktivistischen Kritik an einer solchen Erwartung, setzte der lange Zeitraum, der in den Interviews thematisiert wird sowie das komplexe Akteurs-Setting und die limitierte Zeit der Interviewpartner einem solchen Versuch Grenzen (vgl. Straus 2006, S. 488). Mit Blick auf die Genese der lokalen Integrationspolitik in Dortmund umspannen die Interviews einen Zeitraum, der bis in die 1970er und 1980er Jahre zurückreicht. Bezüglich des Moscheebau-Konfliktes konzentrierten sich die Gespräche in schwerpunktmäßig auf die Jahre 2002 bis 2009. Um die Aushandlungsprozesse bis zu einem eindeutigen Ende begleiten zu können, wurde mit einigen Interviewpartnern aber auch der Zeitraum 2009-2012 diskutiert.

Spezifische Zielsetzungen im Zuge der Nutzung von Netzwerkkarten waren dem Interesse an der analytischen Auseinandersetzung mit dem ACF geschuldet. Dies trifft zum einen für die Identifizierung und symbolische Repräsentation von Koordinationsbeziehungen zwischen Akteuren zu. Zum anderen wurde anhand der Netzwerkkarten die Wahrnehmung des Einflusses von Akteuren auf den Policy-

---

[37] Dieses Instrument wird auch als Methode der konzentrischen Kreise bezeichnet (vgl. Hollstein & Pfeffer 2010, S. 4).

Prozess aufgeschlossen und symbolisch repräsentiert. Interviews, die mit Hilfe von Netzwerkkarten geführt wurden, sind im Anhang A (S. 257) entsprechend gekennzeichnet. Die Mehrzahl der Interviews wurde allerdings ohne Netzwerkkarten und auf Grundlage der Fortschritte des theoretischen Samplings durch Leitfragen unterstützt. Die Transkription der Interviews erfolgte auf Basis eines einfachen Regelsets (siehe Anhang C, S. 262). In der Durchführung von Interviews wurde generell Wert darauf gelegt, ohne Zwang zur Einhaltung eines vorgegebenen Leitfadens zu agieren, um auf die Aussagen und Schwerpunktsetzungen der Gesprächspartner flexibel, d.h. ohne einengende „Leitfadenbürokratie" reagieren zu können (Hopf 2005). Dennoch wurde für die Interviews, die sich unmittelbar auf die Untersuchung des Akteurs-Netzwerkes bezogen, ein Basis-Leitfaden entwickelt, der sich eng an den Grundideen des ACF orientierte. Dieser ist im Anhang B (S. 259) vollständig abgebildet, während hier nur auszugsweise zentrale Aspekte wiedergegeben werden, darunter folgende Fragen zum Aspekt geteilter Überzeugungen[38]:

1. Gab es unter den Unterstützern des Moscheebaus Gruppen, enge Verbündete, die gegenüber anderen Akteuren zu unterscheiden sind? Woran wurde dies für Sie ersichtlich?

2. Was denken Sie, was verbindet die Befürworter des Moscheebaus in Ihrer Zusammenarbeit?

3. Wie hoch sind, auf einer Skala von 1 bis 10, nach Ihrem Eindruck, unter den Akteuren Ihres Netzwerkes (in welchem Sie sich für/gegen den Moscheebau einsetzen), die Überschneidungen der politischen Werte und Ziele? Wobei 1 = keine Übereinstimmung, 10 = höchst mögliche Übereinstimmung bedeutet.

4. In welchen Fragen sehen Sie unter den Angehörigen Ihres Netzwerkes, in welchem Sie sich für/gegen den Moscheebau einsetzen, die größten Differenzen?

Ergänzend wurden die Gesprächspartner nach Aspekten der Koordinierung befragt, um auch diesen zweiten zentralen Aspekt der Bestimmung von Advocacy-Koalitionen beleuchten zu können:

5. Gab es zwischen Ihnen und anderen Akteuren eine Abstimmung der politischen Ziele oder Strategien, d.h. eine Art der Koordinierung der Zusammenarbeit? Falls ja, welche Formen der Koordinierung waren besonders wichtig?

6. Wenn ja, traten in der Koordinierung der Zusammenarbeit Probleme auf und wo lagen nach Ihrer Einschätzung die Gründe hierfür?

---

[38] Erklärungsbedürftig ist möglicherweise die dritte Frage – sie ähnelt in ihrer Konstruktion dem Formulierungsmuster quantitativer Standardfragen, indem sie eine Skalierung provoziert. Im Verlauf der Gespräche diente diese Frage vor allem als Einstieg in eine dialogische Erschließung der Bezugssysteme der Gesprächspartner, nicht der Quantifizierung einer Übereinstimmung. Die Formulierung von Skalierungsfragen zur Erkundung von Bezugssystemen ist eine etablierte und effiziente Strategie der lösungsorientierten Beratung (vgl. Jong & Berg 2008).

Geplant wurden die Interviews mit dem Ziel, ein breites Spektrum von Befürwortern und Gegnern des Moscheebaus zu erreichen. Während das Feld der Pro-
jektbefürworter auf Interviewanfragen relativ offen reagierte, waren jedoch nur drei
Gegner des Moschee-Projektes gesprächsbereit: ein Mitbegründer der im Stadtbezirk Hörde initiierten Bürgerinitiative gegen den Moschee- und Siedlungsbau sowie
ein heute parteiunabhängiger Stadtrat, der zu Beginn der Aushandlungsprozesse um
den Moscheebau Hörde dem Dortmunder Kreisverband der rechtspopulistischen
Partei Rechtsstaatlicher Offensive (Offensive D) angehörte.[39] Kurz vor Abschluss
der Studie konnte zudem ein Telefoninterview mit dem früheren CDU-
Fraktionsvorsitzenden aus dem Stadtbezirk Dortmund-Hörde geführt werden.

Neben den formalen Interviews wurde der Forschungsprozess durch eher zufällige Gespräche und Beobachtungen am Rande von Veranstaltungen wie dem feierlichen Fastenbrechen des Moscheevereins während des Ramadans (2010 & 2012)
oder am Telefon im Vorfeld von Sitzungen des Runden Tisches Grimmelsiepen
unterstützt. Die so gewonnen Informationen wurden im Rahmen des Memoing
reflektiert und im Forschungstagebuch, das zur Begleitung des Forschungsprozesses
geführt wurde, festgehalten. Zunächst lediglich mit der Absicht, Kontakt mit den
Akteuren dieses Forums aufzunehmen, wurden ferner im Zeitraum von 2009-2012
häufig die Sitzungen des Runden Tisches aufgesucht. Die Teilnahme an diesen
Treffen wurde jedoch nicht im Sinne einer dezidierten teilnehmenden Beobachtung
regelmäßig protokolliert, vielmehr konnten auf diesem Weg Eindrücke von Beziehungen und Wissen über Verläufe gewonnen werden, das später in den Experteninterviews hinterfragt, erweitert oder auch als Fehlinterpretation verworfen werden
konnte. Schließlich basieren wesentliche Teile des Wissens über den Dortmunder
Moschee-Konflikt auf der Auswertung von öffentlich zugänglichen Dokumenten,
Medienberichten und Archivmaterialien.[40] Für einen befristeten Zeitraum (12/2009-
02/2010) konnte zudem das Archiv des Ausländerbeirates der Stadt Dortmund
genutzt werden. Eine andere Quelle der Fallstudie sind die im Laufe der Jahre durch
die Parteien, die Kirchen und den Runden Tisch veröffentlichten Dokumente. Eine
kleine Auswahl dieser digitalen Quellen konnte mit Hilfe des netzbasierten Dienstes
WebCite® Consortium dauerhaft archiviert werden. Entsprechend archivierte Quellen sind in der Bibliografie anhand eines Kurzlinks identifizierbar.

---

[39] Der Kreisverband der Partei Rechtsstaatlicher Offensive wurde in Dortmund 2002 gegründet und
Ende 2004 durch Mehrheitsbeschluss der Kreisverbandsmitglieder wieder aufgelöst (Interview Münch,
Sept. 2012).
[40] In die Analyse einbezogene Drucksachen und Niederschriften aus dem Kontext der Sitzungen der
politischen Gremien der Stadt Dortmund bzw. der Bezirksvertretung Dortmund-Hörde sind über das
Internet-Portal ‚Virtuelles Rathaus Dortmund' öffentlich zugänglich. Allerdings können diese Onlinedo-
kumente nicht Hilfe eines Permalinks aufgerufen werden, sondern machen die Eingabe von Schlüsselbe-
griffen in die Suchmaske notwendig. In der Bibliografie ist in Verbindung mit Dokumenten aus dem
Archiv des ‚Virtuellen Rathauses' daher stets nur der Link zum Portal angegeben.

2.7 Methodologisches Fazit

Methodologisch ist für diese Arbeit bestimmend, dass im Rahmen eines konstruktivistischen Forschungsverständnisses die GT den Forschungsprozess in dieser Untersuchung organisiert. Kodieren, Theoretisches Sampling und Verfahren des kontinuierlichen Vergleichens sowie das Memoing werden als essentielle Strategien der GT betrachtet und sind Leitlinien der Forschungspraxis. Im Unterschied zu traditionellen Formen der GT, aber auch im Unterschied zu Strauss und Corbin, wird Theoriewissen in dieser Arbeit aktiv in alle Phasen des Forschungsprozesses einbezogen. Dieses Vorgehen wird als Prozess des theoretischen Matchings konzipiert, der sich explizit nicht als Bruch mit der GT versteht, sondern als Weiterentwicklung interpretiert wird und für sich in Anspruch nimmt, an Perspektiven und Praktiken der GT-Forschungscommunity anzuknüpfen.

Als Erhebungsverfahren dominieren (theoriegenerierende) Experteninterviews, die einen Schwerpunkt auf das Deutungswissen der befragten Akteure legen. Als weitere Quellen empirischen Materials dienen Dokumente der Dortmunder Stadtverwaltung sowie Zeitungsartikel, die Interviewpartner bereitgestellt haben, und Memos mit Bezug auf informelle Begegnungen und Beobachtungen. Forschungsleitend ist für die Anwendung der eingeführten methodologischen Prinzipien der GT das Interesse, Aushandlungs- und Entscheidungsprozesse der lokalen Integrationspolitik exemplarisch am Beispiel eines Moschee-Konfliktes zu diskutieren. Das Advocacy Coalition Framework und der Diskurs über diesen Forschungsansatz sind hierfür die erstrangigen Bezugspunkte dieser Studie.

3. Analytische Perspektive: ACF

3.1 Einleitung

Das Advocacy Coalition Framework (ACF) gehört zu den neueren und international stark beachteten Ansätzen in der Policy-Forschung (vgl. John 1998; Fischer 2003, S. 94; Burton 2006, S. 174; Nohrstedt 2007, S. 4). Disziplinär ist das ACF somit einer relativ jungen Domäne der Politikwissenschaft zugehörig, welche sich primär mit der inhaltlichen Ebene von Politik befasst, wie sie „in Gesetzen, Verordnungen, Programmen und Einzelentscheidungen (…) zum Ausdruck kommt." (Schneider & Janning 2006, S. 15)

Charakteristisch für das ACF ist eine hochintegrative Theorieentwicklung, die zahlreiche Elemente anderer Policy-Ansätze in sich aufnimmt und ein ausdifferenziertes Modell zur Analyse des Policy-Prozesses anbietet (vgl. Burton 2006, S. 180). Das ursprüngliche Erkenntnisinteresse des ACF liegt in der Erklärung von Policy-Wandel, verstanden als wesentliche Veränderungen politischer Zielsetzungen. Zugleich bietet es jedoch, so zumindest die Ausgangsthese dieser Studie, einen vielversprechenden Ansatz, um lokale und von Konflikten begleitete Policy-Prozesse zu untersuchen, wie sie in dieser Studie im Mittelpunkt des Forschungsinteresses stehen (vgl. Sabatier & Weible 2007). In besonderer Weise gilt dies, wie im Verlauf der Studie argumentiert wird, für die Auseinandersetzung des ACF mit der Relevanz von Netzwerken eines bestimmten Typs, den Advocacy-Koalitionen, sowie für die Bereitstellung grundlegender Kategorien zur Analyse von Konfliktverläufen und deren Rahmenbedingungen (vgl. Groenemeyer et al. 2012, S. 161ff).

Die nachfolgenden Unterkapitel führen systematisch in die konzeptionelle Logik des Frameworks ein. Im ersten Schritt wird die Entwicklung des ACF skizziert. Im Anschluss werden die theoretischen Grundlagen des Frameworks betrachtet und die wichtigsten Konzepte eingeführt. Abschließend werden (Kap. 3.6) die Stärken und Schwächen des Ansatzes reflektiert. Wie überzeugend diese Theoriebausteine im Einzelnen für die Untersuchung von Moschee-Konflikten geeignet sind, wird jedoch primär im Zuge des empirischen Teils diskutiert. Anhang D (S. 263) enthält ergänzend die Darstellung des Hypothesen-Sets, welches von den Autoren des Frameworks aus diesen Grundlagen abgeleitet wird.

3.2 Zur Entwicklung des ACF

Präsentiert wurde das ACF erstmalig als Konferenz-Paper von Paul Sabatier 1983 in Rotterdam. Weiterentwickelt wurde es in den Folgejahren insbesondere in Zusammenarbeit mit Hank Jenkins-Smith und (später) Christopher Weible.[41] Die Ausgangspunkte für die Entwicklung des Ansatzes waren nach Sabatiers eigener Darstellung die Unzufriedenheit mit einflussreichen Forschungsperspektiven und Praxen der Politikfeldanalyse. Sabatier hebt im Rückblick (2007) speziell die folgenden Kritikpunkte als Trigger für die Entwicklung des ACF hervor:

> (1) The bifurcation of implementation studies in the early 1980s into top-down and bottom-up perspectives, (2) most policy scholars' neglect the role of the technical information in the policy process, and (3) the overly simplistic individual in most rational choice approaches to policy (Sabatier 2007a, S. 326).

Konstruktiv gewendet ging es Sabatier um die Formulierung einer Alternative zu den Phasen-Modellen des Policy-Prozesses sowie um die Synthese der fruchtbarsten Elemente der Bottom-Up und Top-Down Ansätze in der Policy-Forschung (vgl. Sabatier & Jenkins-Smith 1999, S. 117).

Die erste Veröffentlichung des ACF Konzeptes erfolgte 1986 in der Zeitschrift *Journal of Public Policy* unter dem Titel Top-down and bottom-up approaches to implementation research(Sabatier 1986a). Die Autoren des ACF beziehen sich jedoch seit einigen Jahren insbesondere auf eine 1988 von Sabatier und Jenkins-Smith gemeinsam publizierte Fassung des ACF als Wurzeltext (siehe Weible et al. 2009). Der in einem Tagungsband von der Zeitschrift Policy Science erschienene Artikel „An Advocacy Coalition Model of Policy Change and the Role of Policy Oriented Learning Therein" (Sabatier & Jenkins-Smith 1988) wird daher auch hier als erster Referenzpunkt des Frameworks behandelt.

Bedeutende Erweiterungen bzw. Modifikationen des ACF erfolgten 1993, 1999 und 2006 im Licht der intensiven Kritik, welche sowohl von Seiten ausgesprochener Gegner als auch von ‚sympathisierenden' Policy-Forschern formuliert wurde, ohne dass jedoch die Kernpunkte des Ansatzes aufgegeben wurden (vgl. Sabatier & Weible 2007, S. 208).

---

[41] Hank Jenkins-Smith war langjährig Mitarbeiter Sabatiers. Die herausragende Rolle von Jenkins-Smith bei der Entwicklung des ACF spiegelt sich in einer Reihe gemeinsamer Publikationen zur Entwicklung des ACF. Wichtige Vorarbeiten zur Entwicklung des Frameworks entstanden bereits im Kontext eines Aufenthalts als Visiting Scholar am Bielefelder Zentrum für Interdisziplinäre Forschung (ZiF) bzw. im Zusammenhang einer international und interdisziplinär zusammengesetzten Forschungsgruppe, welche 1981/82 am ZiF u.a. unter der Leitung von Franz Xaver Kaufmann aktiv war (vgl. Kaufmann 1986, S. V; Sabatier & Jenkins-Smith 1988, S. 160).

Sabatier selbst bezeichnet diese Entwicklungsdynamik des ACF als progressiv im Sinne von Lakatos Typologie wissenschaftlicher Theoriebildung, die das Framework schrittweise an den Status einer Theorie heranführt. In diesem Sinne fasst Sabatier die Entwicklung des ACF in der Rückschau wie folgt zusammen:

> In fact, I would contend that the ACF has evolved from a fairly complex theoretical framework in 1988 to a much denser and more logically coherent framework and/or theory for which several of the major holes are in the process of being filled (Sabatier 2007a, S. 324).

Mit diesem Zitat lässt sich zugleich hervorheben, dass die Autoren des ACF ihrer Arbeit in Anlehnung an Ostrom (2007) bis Ende der 1990er Jahre lediglich den Status eines „conceptual frameworks" zuschreiben. Diese Statusfeststellung impliziert, dass mit Hilfe des ACF zunächst allein eine Gruppe von Phänomenen mit Hilfe eines Bündels von Variablen und den angenommenen Beziehungen zwischen diesen untersucht werden konnte (vgl. Ostrom 2007, S. 25f). Um die Bezeichnung des ACF als Theorie zu rechtfertigen, fehlte den ersten Versionen des ACF die notwendige Komplexität des analytischen Rahmens. Prominente Kritiker des ACF wie Edella Schlager teilen in den 1990er Jahren diese Einschätzung und unterstreichen zugleich das Potenzial des Ansatzes zur Weiterentwicklung: „The ACF (…) promises to develop into a general theory of policy" (Schlager 1995, S. 259; vgl. Schlager & Blomquist 1996).

Erst Ende der 1990er Jahre begannen Sabatier et al. das Framework in ihren eigenen Darstellungen näher an den Status einer Theorie heranzurücken: „If the ACF is not yet a theory, it is fairly close to becoming one." (Sabatier & Jenkins-Smith 1999, S. 154f) Eine Haltung, die bis in die Gegenwart bzw. nach der jüngsten Revision des ACF aufrechterhalten wird, obwohl die Zunahme der empirischen Anwendungen sowie die Differenzierung der Schlüsselkonzepte des ACF dafür sprechen könnten, in vollem Umfang den Status als Theorie gemäß den Kriterien Ostroms zu beanspruchen (vgl. Weible et al. 2009).

Abschließend zur Frage der Entwicklung des ACF ein Blick auf die Resonanz, die der Ansatz international erfährt: Ein Review der zwischen 1987 und 2006 erschienen ACF-Literatur (Weible et al. 2009) verweist auf weltweit 80 Anwendungen des Frameworks (Artikel mit Peer-Review Verfahren; Bücher, Forschungsberichte oder Buchkapitel). Dieses Review zeigt darüber hinaus, dass (a) die Anwendungsfelder thematisch breit gestreut sind, auch wenn Umwelt- und Energie-Themen (Sabatiers eigene Forschungsdomäne) bestimmend sind und (b) dass das Framework seit Mitte der 1990er Jahre international auf eine zunehmende Resonanz stößt (Weible et al. 2009, S. 127).

Mit Janning kann für Deutschland konstatiert werden, dass das ACF in der Policy-Forschung intensiv wahrgenommen wird und dass Gruppe von Studien auf Basis des ACF publiziert wurden (vgl. Schneider & Janning 2006, S. 194). Diese Studien bearbeiten ein sehr heterogenes Themenspektrum, u.a. Abfallbeseitigungssysteme, Gentechnologie-Policy, Politikberatung, Umwelt-, Krankenhaus-, und Familienpolitik, Waldwirtschaft, die Europäisierung der deutschen Migrationspolitik sowie Frauenrechts- und Energiepolitik (Eberg 1997; Bandelow 1999; Bjick 1999; Simon 2000; Bähr 2003; Bothfeld 2005; Sotirov 2009; Wassenhoven 2011; Jenichen 2012; Hirschl 2008; Sievert 2012).

Einen wichtigen Beitrag zur Rezeption in Deutschland wird nicht zuletzt die Darstellung des Frameworks (Sabatier 1993a) im viel rezipierten und von Adrienne Heritier herausgegebenen Sammelband „Policy-Analyse. Kritik und Neuorientierung" geleistet haben, welcher frühzeitig und an exponierter Stelle den Ansatz in den Diskurs der deutschen Policy-Forschung einführte (Heritier 1993).

3.3 Theoretische Grundlagen des ACF

Getragen wird das ACF von drei zentralen Gesichtspunkten (vgl. Sabatier & Weible 2007, S. 191f). Diese werden nachfolgend und in Analogie zum Aufbau optischer Instrumente als Linsen unterschiedlicher analytischer Brennweite eingeführt, die basale mikro-, meso- und makroanalytische Forschungsperspektiven ermöglichen.

Auf dem Makro-Level (1. Linse) des ACF wird davon ausgegangen, dass der Hauptanteil des Policy-Making unter Spezialisten bzw. etablierten Policy-Akteuren innerhalb eines Policy-Subsystems verläuft, dass aber das Verhalten dieser Akteure durch Bündel von stabilen und dynamischen Faktoren bzw. Ereignissen aus dem übergeordneten politischen und ökonomischen System beeinflusst wird.

Für das Mikro-Level (2. Linse) der analytischen Perspektive ist entscheidend, dass das Modell des Individuums in bewusster Abgrenzung von den Leitideen des Rational-Choice Ansatzes intensiv auf Erkenntnissen der Sozialpsychologie aufbaut, allerdings ohne dabei die Bedeutung rationaler, auf Kalkülen basierender Denkweisen zurückzuweisen. Vielmehr basiert diese Linse des ACF auf der Anerkennung der Existenz sowohl situativ-regelbasierter als auch rational-zielorientierter Systeme menschlichen Denkens. Das ACF beruft sich diesbezüglich auf die Arbeiten von March and Olsen (1996), welche mit der Gegenüberstellung einer „logic of appropriateness" einerseits und einer „logic of consequences" andererseits arbeiten. Erstere begreift das Handeln sozialer Akteure als von der Herausforderung bestimmt, ein sich stets wandelndes (und oftmals ambivalentes) Set kontingenter Regeln mit einem gleichfalls sich wandelnden (und oftmals ambivalenten) Set von Situationen erfolgreich zusammenzubringen (vgl. March & Olsen 1996, S. 252) Demgegenüber markiert das Konzept der Logic of Consequences, dass Handeln gleichfalls an der Optimierung guter Konsequenzen orientiert ist und daher sowohl Anforderungen an die Klarheit und Beständigkeit von Handlungspräferenzen bestehen als auch Wissen über und Orientierung an der Zukunft eine hohe soziale Relevanz besitzen (vgl. March & Olsen 1996, S. 258). Das ACF folgert hieraus für das Mikro-Level der

Analyse, dass die Wirksamkeit bestimmter normativer Überzeugungen nicht vorausgesetzt werden kann, sondern Gegenstand empirischer Forschung sein muss. Auf dem Meso-Level (3. Linse) sehen die Autoren des ACF ihre richtungsweisende These angesiedelt, dass es für die Analyse des Policy-Prozesses am sinnvollsten ist, die vielfältigen Akteure eines Subsystems im Rahmen von Advocacy-Koalitionen zu untersuchen. Advocacy-Koalitionen können in einer ersten Annäherung als Netzwerke verstanden werden, die auf der Grundlage gemeinsamer Überzeugungen koordiniert zusammenwirken (vgl. Sabatier & Jenkins-Smith 1988, S. 139). Die systematische Einführung in dieses zentrale Konzept des ACF erfolgt in Kapitel 3.4.3.

In engster Verbindung zu diesen drei Linsen mit ihren jeweiligen Brennweiten stehen zudem fünf[42] Annahmen, welche für die weitere Entwicklung des Frameworks richtungsweisend sind (vgl. Haselmann 2007, S. 118ff).

Theorien des Policy-Prozesses müssen (1) die Rolle wissenschaftlicher und technischer Informationen berücksichtigen und zwar bezüglich der Schwere des Problems, seiner Ursachen und Facetten sowie der wahrscheinlichen Konsequenzen verschiedener Problemlösungen. Derartige Informationen spielen aus der Sicht des ACF, wie entsprechende Studien zeigen (Sabatier 1978; Crandall & Lave 1981; Mazur 1981), eindeutig eine bedeutende Rolle in vielen Verwaltungsentscheidungen. Für diese Annahmen sprechen ferner Studien von Kingdon (1984), Krehbiehl (1992) und Whiteman (1995), die zeigen, dass dies auch für Entscheidungsträger zutrifft, die gleichermaßen den Wunsch zeigen, Wissen über das Ausmaß von Problemen oder mögliche Gewinne oder Kosten von Lösungen zu erhalten. Schließlich verweist das ACF im Anschluss an Jenkins-Smith (1990) und J.A. Smith (1991) auch auf die Ausweitung des Wissensmarktes, der der Bereitstellung derartiger Informationen dient (Think Tanks oder auch organisatorischen Abteilungen zur Durchführung von Policy-Analysen innerhalb und außerhalb von staatlichen Institutionen).

Um Policy-Wandel verstehen zu können, bedarf es (2) einer zeitlichen Untersuchungsperspektive von mindestens einem Jahrzehnt. Für diese Annahme argumentiert das ACF auf der Basis empirischer Studien (Weiss 1977b, 1977a), die sich mit der Frage nach dem Einfluss bzw. konkret der Aufklärungs-Funktion von Policy-Forschung befassen. Deren Ergebnisse zeigen, dass Studien, welche auf die Unter-

---

[42] Ein wenig verwirrend mag in diesem Zusammenhang erscheinen, dass der Wurzeltext von 1988 drei Annahmen besonders herausstellt, im Sammelband von 1993 bereits vier und im Zuge der Revision von 1998/1999 schließlich fünf Annahmen als zentrale Elemente betrachtet werden. Die nachfolgende Darstellung bezieht sich auf die Darstellung der fünf „basic premises", welche Sabatier im Zuge der Revision Ende der 1990er Jahre eingeführt hat und die seither in zahlreichen neueren Artikeln Anwendung gefunden hat (Sabatier & Jenkins-Smith 1988, S. 131; vgl. Sabatier 1993b, S. 16; Sabatier & Jenkins-Smith 1999; Weible et al. 2009, S. 122).

suchung enger gefasster Zeitspannen ausgerichtet sind, dazu tendieren, den Einfluss der Policy-Forschung zu unterschätzen. Darüber hinaus zeigt auch die Implementationsforschung (Referenzstudien hier: Bernstein 1955; Kirst & Jung 1982; Mazmanian & Sabatier 1989), dass die zeitlichen Prozesse eines Zyklus aus Policy-Formulierung, -Implementierung und –Reformulierung ebenfalls erst dann angemessen in den Blick kommen, wenn zeitliche Rahmen von zehn Jahren oder mehr berücksichtigt werden (Sabatier & Jenkins-Smith 1988, S. 131).

Policy-Subsysteme repräsentieren (3) den produktivsten bzw. angemessensten Bezugsrahmen für die Analyse von Policy-Wandel und -Lernen. Diese Subsysteme können in einer ersten Annäherung definiert werden als „die Interaktionen von Akteuren verschiedener Institutionen, welche an einem Policy-Bereich interessiert sind." (Sabatier 1993a, S. 120). Mit dieser Annahme folgt das ACF einem Trend in der Policy-Forschung, der den Fokus nicht auf Institutionen oder ein eng definiertes Set von Akteuren einer Ebene richtet, sondern vergleichsweise offen für eine Vielzahl von Akteuren unterschiedlichster Ebenen ist. Ein weiterer Gesichtspunkt, der nach den Autoren des ACF für Policy-Subsysteme spricht, ergibt sich aus der Erkenntnis, dass es nicht das eine, dominante Policy-Programm ist, welches ein Policy-Feld bestimmt. In der Regel existiert eine Vielzahl von Programmen auf operativer Ebene, welche von lokalen Akteuren für ihre eigenen Ziele in Anspruch genommen werden (Referenzstudien: Hanf et al. 1978; Hjern & Porter 1981; Sabatier 1986a; Angaben nach Sabatier & Jenkins-Smith 1999, S. 119).

Das ACF argumentiert daher dafür, (4) den Kreis relevanter Akteure weiter zu fassen und Journalisten, Forscher sowie Policy-Analysten als einflussreiche Akteure in Policy-Subsystemen zu betrachten und generell Akteure aller Ebenen des Regierungshandelns mit Bezug auf die Policy-Formulierung und Policy-Implementation einzubeziehen (vgl. Sabatier & Jenkins-Smith 1999, S. 119).

In der fünften Annahme geht das ACF davon aus, dass (5) Public Policies und Programme Ausdruck impliziter Theorien von Akteuren bzw. Koalitionen sind. Policies und Programme stehen somit in enger Beziehung zu Überzeugungssystemen bzw. handlungsleitenden Orientierungen (Sabatier & Jenkins-Smith 1988, S. 132). Interpretiert werden Public Policies und Policy-Programme aufgrund dieser Annahme als Ausdruck von Wertprioritäten sowie kausalen Annahmen darüber, wie Belief Systems mit den Mitteln der Politik in die Gesellschaft übertragen werden können (vgl. Sabatier 1993a, S. 119f).

Die Integration der hier eingeführten drei Linsen und fünf ideenleitenden Annahmen in das Framework und ihre Implikationen für die Policy-Analyse werden sukzessive über die ausführliche Betrachtung der Schlüsselkonzepte des ACF und des hierauf aufbauenden Verständnisses des Policy-Prozesses deutlich werden.

3.4 Schlüsselkonzepte

Ein erster Blick auf das Advocacy-Koalitionen Flow Diagramm (Abbildung 3) zeigt zentrale Theoriebausteine des Ansatzes und bedeutsame Wirkungsbeziehungen zwischen diesen (vgl. Weible et al. 2009, S: 123).[43]

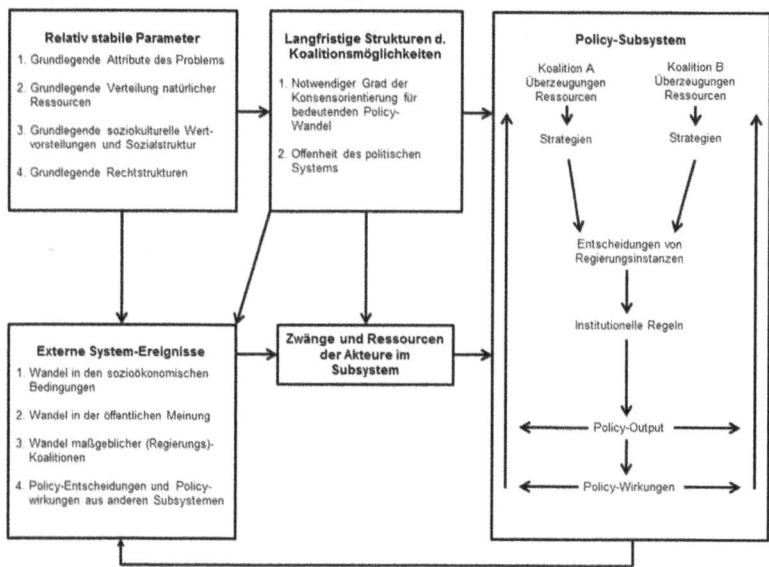

Abbildung 3: ACF-Flussdiagramm

Das Flow Diagramm ist insofern als Karte zu lesen, welche dem Aufbau dieses Kapitels im Wesentlichen die Struktur gibt. Um zugleich die Genese des ACF transparent werden zu lassen, werden bedeutende Modifikationen und Ergänzungen des Ansatzes kontinuierlich im Verlauf der Unterkapitel thematisiert. An erster Stelle wird der zentrale Begriff des Policy-Subsystems (Kap. 3.4.1) eingeführt. Hieran schließen weitere Unterkapitel zu den sozialpsychologischen Dispositionen der Policy-Akteure und eine Einführung in das Modell der Überzeugungssysteme an. Diese skizzieren die Voraussetzungen des Advocacy-Koalitionen Konzeptes, welches in Kapitel 3.4.3 erörtert wird. An diese Betrachtung knüpft eine Darstellung der ACF-Annahmen zu den kurzfristigen Zwängen und Ressourcen an, welche den

---

[43] Abbildung 3 zeigt eine vereinfachte Fassung des ACF-Flussdiagramms (vgl. Weible et al. 2009: 123).

Policy-Prozess beeinflussen (Kap. 3.4.4). Mit der Gegenüberstellung von stabilen Parametern einerseits und externen sowie vergleichsweise dynamischen Ereignissen andererseits endet die Einführung in die Schlüsselkonzepte des ACF.

Nicht berücksichtigt bleiben auf diese Weise die 2007 neu eingeführten „long term coalition opportunity structures" (vgl. Weible et al. 2009, S: 123). Diese sollen das ACF für die Differenzen zwischen unterschiedlichen Regimetypen (Westminster, Neokorporatistisch, etc.) öffnen und verweisen vorrangig auf Differenzen bezüglich der Setzung von Anreizen zur Entwicklung von Kompromissen zwischen Regimetypen (vgl. Sabatier 2007b, S. 199). Für die Analyse des lokalen Moschee-Konfliktes erscheint diese neue Beobachtungsebene einerseits noch zu wenig differenziert und produktiv, um sie hier zu berücksichtigen. Zudem wird der Aspekt der rechtlichen Rahmenbedingungen im Zusammenhang mit den sogenannten stabilen Parametern in den Blick der Studie gerückt.

3.4.1 Policy-Subsystems

Welche Akteure nehmen Einfluss, wer gestaltet auf maßgebliche Weise den untersuchten Policy-Prozess? Diese Frage steht aus naheliegenden Gründen an zentraler Stelle für Policy-Forschung, denn mit der Identifizierung des Sets bedeutsamer Akteure verbinden sich richtungsweisende Entscheidungen über den weiteren Untersuchungspfad jeder Policy-Forschung. Sabatier bzw. das ACF knüpft mit seiner Antwort auf die Frage nach den maßgeblichen Akteuren an das Konzept des Subsystems an, einem in der Politikwissenschaft sehr verbreiteten Ansatz, der seit den 1960er Jahren in vielen Varianten auf die Policy-Forschung eingewirkt hat. Allgemein setzen diese Ansätze voraus, dass Policy-Maker dazu tendieren, Allianzen zu bilden, die institutionelle Grenzen überschreiten und sowohl Repräsentanten des Staates (Politiker oder Mitarbeiter der Administration) als auch Akteure ohne direkte Einbindung in die Institutionen des Staates umfassen (zur Genese der verschiedenen Subsystem-Konzeptionen siehe McCool 1998). Kennzeichnend ist für diese Perspektive die bewusste Abgrenzung gegenüber Ansätzen, die „eine spezifische politische oder administrative Einrichtung" fokussieren (Sabatier 1993a, S. 120).

Vor diesem Hintergrund definiert Sabatier das Policy-Subsystem als die Interaktion von Akteuren aus unterschiedlichen öffentlichen wie privaten Institutionen mit Interesse an einem Policy-Feld, welche regelmäßig darum bemüht sind, die öffentlichen Politiken zu beeinflussen (vgl. Sabatier & Jenkins-Smith 1988, S. 13ff). An anderer Stelle spricht das ACF auch von Akteuren, „die sich mit einem Policy-Problem, wie beispielsweise der Luftreinhaltepolitik, Programmen zur Förderung psychischer Gesundheit (…) auseinandersetzen" (Sabatier 1993a, S. 126).

Als typische Akteure gelten: Gesetzgeber, Vertreter der Verwaltung, Spitzenpersonal der Interessensgruppen, Wissenschaftler und Journalisten, die auf das Policy-

Feld spezialisiert sind. Ferner Vertreter der Rechtsprechung, welche regelmäßig auf das Subsystem Einfluss nehmen. Ausdrücklich werden Journalisten, Wissenschaftler bzw. Policy-Analysten als wichtige Subsystem-Akteure begriffen, um somit deren Rolle für die Herstellung, Verbreitung und Bewertung von Policy-Ideen angemessen in die Policy-Forschung zu integrieren. Zentrales Argument für diesen Schritt ist die vom ACF angenommene starke Rolle von wissenschaftlichen und technischen Informationen für den Policy-Prozess bzw. die Abhängigkeit des Überzeugungswandels von Information. Wird diese Abhängigkeit vorausgesetzt, ist es notwendig, Wissensgebern wie Journalisten und Wissenschaftlern eine Schlüsselrolle im Policy-Making zuzuschreiben. Erweitert wird der hier beschriebene Akteurskreis zudem mit Blick auf latent relevante Akteure. Hier argumentiert das ACF, dass mit der Berücksichtigung der zeitlichen Langzeitperspektive bedeutsam wird, ob und wie gegebenenfalls „potenzielle Befürworter" einer Policy aktiviert wurden oder eben auch nicht (vgl. Sabatier 1993a, S. 127).

Entscheidend ist über diese Gesichtspunkte hinaus, dass nach dieser Konzeption Akteure eines Subsystems diversen, hierarchisch nicht gleichrangigen Organisationen angehören können. Sabatier argumentiert in dieser Frage wie folgt:

> Traditionally, political scientists have been preoccupied with either a single type of institution or with ‚iron triangles' at a single level of government. (...) Numerous strands of policy research have demonstrated the inadequacy of this focus on single, or small groups of institutions. Virtually all implementation research (...) has demonstrated that the development and execution of domestic policy in the United States and Western Europe involves numerous agencies and interest groups at all levels of government. (Sabatier 1991, S. 147f)

Policy-Subsysteme gelten im ACF als Schlüssel zur Entwicklung von Einfluss in funktional differenzierten Gesellschaften. Ihre strategische Bedeutung begründet sich insbesondere aus der Komplexität moderner Gesellschaften, da die Organisation von Einfluss in diesen ohne die Bildung spezialisierter Subsysteme nicht möglich ist (vgl. Sabatier & Weible 2007, S. 192). Die in diesem Zusammenhang naheliegende Frage, wie die Entstehung von Policy-Subsystemen konkret denkbar ist, behandelt das ACF analytisch zunächst sehr eingeschränkt, später (siehe unten) differenzierter. Als der wahrscheinlichste Grund für die Entstehung neuer Subsysteme wurde in den frühen Fassungen des ACF angenommen, dass bei Akteuren die Unzufriedenheit über die ungenügende Beachtung eines Problems durch bestehende Subsysteme dazu führt, ein neues Subsystem zu initiieren (vgl. Sabatier & Jenkins-Smith 1988, S. 138f). Um die Frage der Grenzziehung zu klären, führten Sabatier und Jenkins-Smith 1999 zudem die Unterscheidung zwischen „nascent" und „mature", also zwischen im Entstehen begriffenen und reifen Subsystemen ein (Sabatier & Jenkins-Smith 1999, S. 136). Reife Subsysteme sind demnach charakterisierbar durch vier Kriterien: (1) die Teilnehmer betrachten sich als halbautonome Community mit gemeinsamer Expertise auf einem Fachgebiet, (2) die fraglichen Akteure haben über einen ausgedehnten Zeitraum (d.h. 7-10 Jahre) versucht, öffentliche Policies im fraglichen Gebiet zu beeinflussen, (3) auf allen Ebenen von Politik und Verwaltung, aber auch im Kontext von Interessensgruppen und Forschungseinrichtungen existieren Vertretungsorgane, die sich mit dem Thema auseinandersetzen, (4) es existieren Interessensgruppen oder spezialisierte Arbeitsgruppen, die das fragliche Gebiet als erstrangiges Policy-Thema betrachten.

Neue bzw. in der Entwicklung begriffene Subsysteme werden kaum näher ausdifferenziert, sodass sie lediglich über die Nichterfüllung der oben genannten Kriterien identifizierbar sind. Eine Ausnahme bildet die Annahme, dass in neuen bzw. erst seit kurzer Zeit existierenden Subsystemen eine größere Fragmentierung von Überzeugungen gegeben ist als in stärker etablierten Subsystemen (vgl. Sabatier & Jenkins-Smith 1988, S. 140). Zurückgeführt wird diese Annahme bereits in den Anfängen des ACF auf Wechselwirkungen, die aus der Konkurrenz der Akteure um Einfluss innerhalb der Subsysteme resultieren.

In einem nächsten Entwicklungsschritt des Frameworks werden neue Themen sowie neue Interpretationen einer Situation als potenzielle Auslöser für Subsystembildungen aufgefasst (vgl. Sabatier & Jenkins-Smith 1999, S. 136). Prägend für den Verlauf dieser Neubildungen sind also nicht primär die Subsysteme, aus denen sich die Akteure eines neuen Systems quasi als ‚Spin-Offs' herauslösen. Vielmehr wird als Ausgangspunkt für die Bildung eines neuen Subsystems eine offene, dynamische, geradezu amorphe Situation vorgestellt, in der eine Vielzahl von Akteuren das Problem für sich reklamiert und kategorisiert. Eine Verortung in einem neuen Subsystem entsteht demnach erst im Zuge eines Klärungsprozesses:

> But as information develops concerning the seriousness of the problem, its causes, and the costs of remedying the situation, actors tend to coalesce into distinct coalitions, often around some watershed event(s) that clarify the underlying conflicts. (Sabatier & Jenkins-Smith 1999, S. 136f)

Ende der 1990er Jahre werden schließlich weitere Neuerungen zur differenzierteren Betrachtung der Subsysteme eingeführt. Zum einen die Unterscheidung der Subsysteme nach funktionalen sowie territorialen Dimensionen eingeführt (siehe Zafonte & Sabatier 1998). Beispielgebend für die funktionale Dimension eines Subsystems ist für Sabatier das Politikfeld des Gewässerschutzes in Kalifornien bzw. am Lake Tahoe. Der territoriale Bezugsrahmen für dieses spezifische Politikfeld wäre naheliegenderweise Kalifornien. Zum anderen wird das Konzept der ineinander verschachtelten Subsysteme in das Framework integriert, um die Aufgabe der Bestimmung von Subsystemgrenzen klarer erfassen zu können. Es zielt darauf ab, eine Feinunterscheidung zu erlauben, die der Autonomie funktionaler/geografisch orientierter Einheiten im Kontext umfassenderer Subsysteme Rechnung trägt. Das Framework operiert mit dem Begriff der „nested subsystems", um diesen Sachverhalt zu beschreiben (Zafonte & Sabatier 1998, S. 476). Die Adressierung eines Komplexes als Nested wird als abhängig davon beschrieben, inwiefern die Kriterien für reife Subsysteme erfüllt werden. Gleiches gilt für den Fall der Überlappung von Subsystemen, eine Situation, die davon gekennzeichnet ist, dass ein oder mehrere Akteure gleichzeitig in mehreren Subsystemen aktiv sind, deren Interessen nicht identisch sein müssen. Die Grundregel zur Identifizierung von Subsystemen formulieren Sabatier und Weible wie folgt: „The fundamental rule should be: ‚Focus on the substantive and geographic scope of the institutions that structure interaction'". (Sabatier & Weible 2007, S. 193) Sabatier und Zafonte (2004) haben in diesem Sinne bspw. die Frage verfolgt, ob ein spezifisches Subsystem, das Automotive Pollution Subsystem, existiert. Das Resümee der Studie zeigt beispielhaft, wie die Kriterien reifer Subsysteme angewendet werden können, um die gesuchte Entscheidung (Subsystem: ja/nein) zu begründen:

> They found that automotive pollution had its separate title in the Clean Air Act, a very large subbureau within the U.S. EPA, very large subunit within the California Air Resources Board, very different interest groups on the industry side and somewhat different groups on the environmental side, a quite distinct research community, and a quite different policy community in general. Thus, they [Sabatier & Zafonte] felt quite justified in making U.S. automotive pollution control a subsystem separate from larger U.S. air pollution control subsystem. (Sabatier & Weible 2007, S. 193)

Die Identifizierung und Klassifizierung eines Subsystems nach den Merkmalen des jeweiligen Entwicklungsgrades stellt für ACF-Studien, wie oben begründet, eine erstrangige Herausforderung dar. Mit Blick auf den Forschungsstand zu Moschee-Konflikten kann dieses Konzept bspw. ein Licht auf die etablierten Standards der Problembearbeitung werfen, und der Interpretation der Verhaltensmöglichkeiten und Durchsetzungschancen der Akteure im Konfliktverlauf dienen.

Die Bedeutung des Subsystem-Konzeptes für das Framework liegt in der Analyse des Feldes, auf dem Policy-Akteure agieren. Der maßgebliche Theoriebaustein zur Untersuchung der Handlungsorientierungen, Organisationsformen und Motive dieser Akteure sind für das Framework Netzwerke eines bestimmten Typs: Advocacy-Koalitionen. Bevor dieser zentrale Baustein des ACF eingeführt werden kann, ist es allerdings notwendig, auf grundlegende sozialpsychologische Annahmen des ACF zu den Dispositionen der Policy-Akteure einzugehen.

3.4.2 Policy-Akteure: Dispositionen

Während über das Konzept des Subsystems strukturierende soziale Wechselwirkungsbeziehungen des Policy-Makings identifiziert und ausdifferenziert werden, können die Dispositionen der Akteure im ACF sehr stark auf Grundlage eines sozialpsychologisch informierten Modells des Individuums (MoI) betrachtet werden.[44] Das Framework entwickelt dieses Modell in Orientierung an Grundfragen des menschlichen Handelns. Welcher Rationalität folgen Akteure und welchen Motiven unterliegt ihr Handeln? Welche Rollen spielen Überzeugungen für die Organisation des Handelns der Akteure (und somit auch der Advocacy-Koalitionen)? Unter welchen Bedingungen verändern Akteure ihr Handeln oder besteht eine erhöhte Wahrscheinlichkeit, Policy-Lernen zu vollziehen?

Profilgebend für die Art und Weise, in welcher das ACF das Individuum konzipiert, ist, wie bereits hervorgehoben, die Abkehr vom zweckrational agierenden Akteur, wie er von Rational-Choice orientierten Ansätzen vorausgesetzt wird. Eine zentrale Rolle spielen daher für das Framework Präferenzen bzw. Filter und Zwänge der Wahrnehmung sowie die Annahme, dass Ziele eben nicht als vergleichsweise simple materielle Interessen gedacht werden können, sondern eher als komplexe Phänomene aufgefasst werden müssen. So schließt das ACF bspw. die Möglichkeit altruistischen Verhaltens oder, in Übereinstimmung mit der Neuen Erwartungstheorie, dynamische Effekte aus Fehleinschätzungen von Machtverhältnissen nicht aus. Vor diesem Hintergrund konstatiert das Framework zudem die Notwendigkeit, die Handlungsorientierungen in empirischen Untersuchungen zu erfassen, anstatt sie vorauszusetzen (vgl. Schlager 1995, S. 259; Sabatier & Jenkins-Smith 1999, S. 130f; Sabatier & Weible 2007, S. 194).

Zur konzeptionellen Durchdringung der Wahrnehmungsfilter und Zwänge, aber auch um den vielschichtigen Handlungsorientierungen der Akteure gerecht zu werden, arbeitet das ACF mit einem Belief Systems-Konzept, welches im Kern von einer hierarchischen Stufung von Überzeugungen ausgeht und aufzeigt, dass bzw. wie Überzeugungen in unterschiedlichem Maße wandelbar sind. Dieses Konzept gilt als der zentrale Baustein des MoI und als fundamental für die Analyse von Policy-Prozessen insgesamt, weil Belief Systems die Richtung bestimmen, „in die eine Advocacy-Koalition (oder irgendein anderer politischer Akteur) versuchen wird (…) Programme zu bewegen" (Sabatier 1993a, S. 131). Systematisch wird dieses Konzept weiter unten bzw. im Anschluss an die Klärung der Ausgangspunkte des Belief Systems-Konzeptes eingeführt.

---

[44] Wie auch für andere zentrale Elemente des ACF gilt für das MoI, dass es erst durch eine Reihe von klärenden Modifikationen die heutige Gestalt angenommen hat. Während beispielsweise die Fortsetzung oder auch die Eskalation von Konflikten (insbesondere erkennbar im Konzept des Devil Shift) durch die Annahmen des MoI sehr gut getragen wurden, fehlten Elemente für das Verständnis von Deeskalation und Verständigung, letztere wurden erst im Zuge der 2007er Revision entwickelt.

3.4.2.1 Theoretische Herleitung des Belief Systems Konzeptes

Drei Theoriestränge benennen die Autoren des ACF ausdrücklich als Ausgangs-
punkte für die Konfiguration des Belief System Konzeptes: (1) Theory of Reasoned
Action" (TRA; dt. Theorie der begründeten Aktion) von Fishbein und Ajzen. (2)
Studien von March und Simon (1958), Simon (1985), Nisbett und Ross (1980),
Kahneman et al. (1982) und anderen zu Themen wie u.a. dem Entscheidungsverhal-
ten, den kognitiven Grenzen der Rationalität oder begrenzten Suchprozessen. (3)
Als dritter Bezugspunkt wird auf Belief System-Literatur verwiesen, auf Wilker und
Millbrath (1972), Cobb (1973), Axelrod (1976), Putnam (1976) sowie Buttel und
Flinn (1978), an die das ACF-Belief System anknüpft (vgl. Sabatier & Jenkins-Smith
1988, S. 143f).

Der erste Bezugspunkt für die Entwicklung des ACF Belief Systems ist die
TRA, welche von Fishbein und Ajzen Mitte der 1970er Jahre entwickelt wurde (vgl.
Fishbein & Ajzen 1975, 1980). Im Kern bietet die TRA ein Modell zur Erklärung
menschlichen Verhaltens aus den Einstellungen, welche Akteure gegenüber Verhal-
tensformen ausgebildet haben. Maßgeblich für das Modell der beiden Autoren ist
zudem die Unterscheidung zwischen einer personalen sowie einer sozialen Einstel-
lungs-Komponente: erstere bezieht sich auf die individuelle Einstellung, während
sich die soziale (bzw. normative) Komponente auf die angenommenen bzw. vorgestellten Einstellungen von Bezugsgruppen bezieht. Als Basis für Einstellungen
gelten nach der TRA allein „salient beliefs", d.h. dominante Überzeugungen (Fishbein & Ajzen 1975, S. 218). Die Erklärung von Verhalten verläuft in der Folge über
eine kausal gedachte Hierarchie: Salient Beliefs determinieren konkrete Einstellungen zu einem Verhalten und hieraus folgt einstellungskonformes Verhalten. Sabatier
und Jenkins-Smith verarbeiten für das ACF dieses Konzept, öffnen es aber, wie
oben angemerkt, für die Wechselwirkungen zwischen den Belief-Ebenen, sodass die
Salient Beliefs in zeitlicher Perspektive als wandelbar und als Teil eines Belief Systems verstanden werden. Den Begriff des Belief Systems selbst bezieht das ACF aus
den Arbeiten von Converse aus den 1960er Jahren, ohne jedoch dessen wissenschaftstheoretische Verortung zu übernehmen (vgl. Bandelow 1999, S. 48).

Insbesondere die Conversesche Unterscheidung zwischen übergeordneten
Kernüberzeugungen und Randüberzeugungen (im ACF als Sekundäre Aspekte
bezeichnet) wird in diesem Zusammenhang aufgegriffen und um eine dritte, und
wie weiter unten deutlich wird, außerordentlich bedeutsame Ebene, den Policy
Core, ergänzt. In der Perspektive des ACF gilt zudem, dass die Schichtung der
Überzeugungen zugleich (von außen nach innen abnehmend) anzeigt, in welchem
Maß die Überzeugungs-Ebenen für Veränderung zugänglich sind (vgl. Sabatier &
Jenkins-Smith 1988, S. 146).

Der zweite theoretische Ausgangspunkt für die Konzeption des Belief Systems
erlaubt es, die relative Mobilität der Akteure innerhalb ihres jeweiligen Belief Sys-

tems weiterführend zu begründen sowie die Komplexitätsannahme bezüglich der Überzeugungen zu stützen. Im Anschluss an die genannten Studien bzw. Forschungsperspektiven verfügen Akteure nur in begrenztem Maße über die Fähigkeit, Informationen zu prozessieren und zu analysieren, da bspw. zeitliche Zwänge und mentale Beschränkungen der Verarbeitungsmöglichkeiten von Informationen dem entgegenstehen. Oder mit den Worten von Sabatier und Jenkins-Smith (1988) ausgedrückt: „Rationality is rather limited than perfect." (Sabatier & Jenkins-Smith 1988, S. 143)

Aus dieser Beschränkung der Akteure in der Handhabung von Information ergeben sich, so das Argument des ACF, für das Individuum starke Anreize zur Entwicklung heuristischer Leitfäden, welche Orientierung in komplexen Situationen vermitteln. Zugeschrieben wird diese Rolle jener bereits genannten Ebene im Belief System, die zwischen den Kernüberzeugungen und den Sekundären Aspekten platziert ist: den Policy Core Überzeugungen (Sabatier & Jenkins-Smith 1999, S. 127).

Die zum Zeitpunkt der Entwicklung des ACF neuere Belief System Literatur wird von den Autoren des ACF herangezogen, um generell die Annahme zu stützen, dass Belief Systems in Policy-Subsystemen eine hohe Relevanz besitzen. Im Kern wird argumentiert, dass Policy-Akteure in Bezug auf die Policy-Felder, die für sie von Interesse sind, über relativ komplexe und in sich konsistente Belief Systems verfügen - anders als dies bspw. für die allgemeine Öffentlichkeit angenommen werden kann (vgl. Sabatier & Jenkins-Smith 1988, S. 144).

Einschränkend heißt es zur Einordung dieser Ausgangspunkte: „These, however, are only starting points, for they tell us very little about what will happen when experience reveals anomalies – internal inconsistencies, inaccurate predictions, invalid assertions – among beliefs." (Sabatier & Jenkins-Smith 1988, S. 144) Trotz der von Sabatier, wie das Zitat zeigt, antizipierten Schwierigkeit, der Komplexität der Empirie durch ein Modell des Überzeugungssystems gerecht zu werden, liegt für die Autoren des Frameworks in der Frage nach der Struktur der Überzeugungen von Policy-Akteuren der Schlüssel für einen Erkenntnisfortschritt der Policy-Forschung (vgl. Sabatier & Jenkins-Smith 1988, S. 144).

3.4.2.2 ACF-Modell der Überzeugungssysteme von Policy-Akteuren

Die Kernfrage, aus welchen Bausteinen die Struktur der Belief Systems besteht, beantwortet das ACF über die Definition basaler Systemkategorien. Als solche gelten dem Framework: „Wertvorstellungen, Annahmen über wichtige Kausalbeziehungen, Perzeptionen von Weltzuständen (einschließlich der Größenordnung von Problemen), eine Auffassung über die Wirksamkeit von Policy-Instrumenten, etc." (Sabatier 1993a, S. 121) Diese Bausteine werden durch das ACF in die oben angedeutete, dreifach gegliederte, hierarchische Struktur überführt, und so „angeordnet, daß sie einen abnehmenden Widerstand gegenüber Wandel zum Ausdruck bringen" (Sabatier 1993a, S. 133). Differenziert werden diese drei Kategorien wie folgt: „deep core beliefs" (dt. Hauptkern Überzeugungen), „policy core beliefs" (dt. Policy-Kern Überzeugungen) und „secondary aspects" (dt. Sekundäre Aspekte) (Sabatier 1993a, S. 133).

Deep Core Beliefs werden im ACF als weitgehend unveränderlich aufgefasst, sie bilden sich aus der grundlegenden politischen Sichtweise eines Akteurs, aus normativen und ontologischen Axiomen, die nicht an spezifische Politikbereiche gebunden sind.

Policy Core Beliefs sind basale Wertvorstellungen und Kausalannahmen hinsichtlich spezifischer Policy-Subsysteme, welche als Leitlinien für das Verhalten als Akteur dienen. Sie stehen in einem engen Bezug zu den Deep Core Beliefs, da sie mit dem Motiv verbunden sind, Deep Core Beliefs im Kontext eines konkreten Policy-Subsystems zu verwirklichen. Zugleich werden die Policy Core Beliefs durch Anforderung bestimmt, die besonderen Bedingungen des jeweiligen Policy-Subsystems nicht außer Acht zu lassen.

Secondary Aspects werden demgegenüber definiert als eine vielfältige Gruppe „instrumenteller Entscheidungen und Informationsprozesse", die erforderlich sind, um die Implementierung des „Policy Core in einem bestimmten Politikfeld" zu ermöglichen (Sabatier 1993a, S. 133).

Systematisch dargestellt wird diese Ordnung der Überzeugungshierarchien durch die Darstellung der Belief System Struktur (siehe Tabelle 1, S. 109).[45] Letztere wurde mehrfach modifiziert und erweitert – gezeigt wird die aktuellste Fassung.

Die bedeutendsten Überzeugungen des Individuums sind für das ACF jene, die geeignet sind, Leitlinien für das Verhalten als Akteur im gesamten fraglichen Subsystem zu gewinnen. Dieses Kriterium trifft, wie oben eingeführt, auf die Policy Core Beliefs zu, denn im Vergleich zu anderen Überzeugungen sind letztere weder zu fundamental noch ist ihre Relevanz zu spezifisch und situativ, um hieraus Orientierung im Verhalten innerhalb eines Policy-Subsystems ableiten zu können (vgl. Zafonte & Sabatier 1998).[46]

Dieser Entwurf einer Ordnung der Überzeugungen wirft für die Untersuchung von Moschee-Konflikten eine neue Perspektive auf. Die hohe affektive Aufladung derartiger Konflikte mit normativen Wertvorstellungen ist offensichtlich, wie die im 1. Kapitel skizzierten Konfliktverläufe deutlich zeigen. Beispielhaft kann hier so-

---

[45] Aus dem Englischen übersetzte und sprachlich geringfügig modifizierte Darstellung nach Sabatier, Paul A/Jenkins-Smith, Hank C (1999b): The Advocacy Coalition Framework. An Assessment. S. 117–166 und Sabatier, Paul A (Hrsg.): Theories of the Policy Process. Boulder: Westview Press. S. 133

[46] Hervorzuheben ist, dass die herausragende Bedeutung der Policy Core Beliefs durch alle Entwicklungen des ACF unverändert geblieben ist, während ansonsten eine nicht geringe Anzahl von Modifikationen gerade das Belief System Konzept betreffen.

wohl auf die Thematisierung islamophober Orientierungen von Policy-Akteuren und Teilen der Öffentlichkeit als auch auf Leggewies Kategorie eines paternalistischen Politikstils (vgl. Leggewie 2002, S. 30) oder Hüttermanns Beobachtung zur performativen Kraft einer Betroffenheitsrhetorik (vgl. Hüttermann 2006a, S. 123) verwiesen werden. Neu und interessant erscheint allerdings, dass mit diesem ACF-Theoriebaustein Überzeugungssysteme empirisch offen als zentrale Einflussgröße gedacht und untersucht werden können.

Im folgenden Kapitel wird dargestellt, wie dieser Theoriebaustein weiterführend über den Begriff der Advocacy-Koalitionen durch das ACF konkretisiert wird.

3.4.3 Advocacy-Koalitionen

Das dem Framework den Titel verleihende Konzept der Advocacy-Koalitionen beruht auf der Annahme, dass Policies und öffentliche Programme am besten als Übersetzungen von Überzeugungen verstanden werden können (vgl. Weible et al. 2009, S. 122). Zugespitzt formulieren Sabatier und Jenkins-Smith, dass die Belief Systems der Akteure der „„Glue' of Politics", also der Klebstoff sind, der die politische Welt zusammenbindet (Sabatier & Jenkins-Smith 1988, S. 141). Diese Verbindung von Policy-Überzeugungen einerseits und politischen Programmen andererseits gibt dem ACF-Forscher ein Instrument zur Untersuchung des Einflusses der beteiligten Akteure auf Policy-Wandel an die Hand (Sabatier & Jenkins-Smith 1999, S. 120). Metaphorisch umschreibt Sabatier diesen entscheidenden Link mit der Möglichkeit Policy-Überzeugungen und Policy-Programme auf einer gemeinsamen Leinwand zu kartieren (vergleiche die Ausführungen zur 5. Grundannahme des Frameworks in Kapitel 3.3, S. 96ff).

Auf Basis dieses Arguments geht das ACF davon aus, dass ein bestimmter Koalitionstypus die Policy-Prozesse im Kontext von Policy-Subsystemen entscheidend gestaltet: Advocacy-Koalitionen. Advocacy-Koalitionen bestimmen sich erstens dadurch, dass die Akteure durch gemeinsame und relative dauerhafte Überzeugungen miteinander verbunden sind, also durch ein Bündel gemeinsamer Werte, Problemwahrnehmungen und geteilter Perspektiven auf Ursache-Wirkungs-Verhältnisse.

In diesem Zusammenhang wird ausdrücklich der mittleren Ebene des Überzeugungssystems, dem Policy Core, welcher sich durch Übereinstimmung in Bezug auf grundlegende Strategien zur Verwirklichung von Kern-Überzeugungen in einem Subsystem definiert, die ausschlaggebende Rolle für den Zusammenhalt der Advocacy-Koalitionen zugeschrieben (Sabatier & Jenkins-Smith 1999, S. 121f; vergleiche hierzu die 1. und 2. Hypothese des ACF).

	Deep Core (dt. Hauptkern)	Policy Core (dt. Policy-Kern)	Secondary Aspects (dt. sekundäre Aspekte)
Zentrale Merkmale	Fundamentale normative und ontologische Axiome	Fundamentale Policy-Positionen in Bezug auf grundlegende Strategien zur Verwirklichung von Kern-Wertvorstellungen innerhalb eines Subsystems	Instrumentelle Entscheidungen und Informationssuche, die notwendig sind für die Durchsetzung des Policy-Kerns
Reichweite (Scope)	Erstreckt sich über alle Policy-Subsysteme	Subsystem	In der Regel nur für einen Teil eines Subsystems
Anfälligkeit für Wandel	Sehr gering; ähnlich einer religiösen Konversion	Gering, aber möglich wenn die Erfahrung schwerwiegende Anomalien zeigt	Verhältnismäßig hoch; Gegenstand der meisten administrativen und legislativen Policy-Making Aktivitäten
Illustrative Komponenten	1. Natur des Menschen: a) von Natur ausschlecht vs. sozial beeinflussbar b) Teil der Natur vs. Herrschaft über Natur c) streng an Eigennutz vs. vertragstheoretisch orientiert 2. Relative Priorität verschiedener höchster Werte: Freiheit, Sicherheit, Macht, Wissen, Gesundheit, Liebe, Schönheit bspw. 3. Grundlegende Merkmale der Verteilungsgerechtigkeit: Wessen Wohlfahrt zählt? Relatives Gewicht der Person, des Kollektivs, zukünftiger Generationen, nicht-menschlicher Lebewesen 4. Sozio-kulturelle Identität (z.B. Ethnizität, Religion, Gender, Profession)	*Fundamentale normative Grundsätze:* 1. Orientierung an grundlegenden Wertvorstellungen 2. Identifikation von Gruppen und anderen Einheiten, deren Wohlfahrt am wichtigsten erscheint *Prinzipien mit empirischem Gehalt:* 3. Grundlegende Bedrohlichkeit des Problems 4. Grundlegende Ursachen des Problems 5. Angemessene Verteilung von Kompetenzen zwischen Markt und Staat 6. Angemessene Verteilung von Kompetenzen zwischen Regierungsebenen 7. Priorität verschiedener Policy-Instrumente (z.B. Regulierung, Versicherung, Bildung, direkte Zahlungen, Steuervergünstigungen) 8. Methode der Finanzierung 9. Fähigkeit der Gesellschaft, das Problem zu lösen (z. B. Nullsummen-Spiele vs. Möglichkeit zur Einigung) 10. Partizipation der Öffentlichkeit vs. Experten vs. gewählte Amtsträger 11. Subsysteweite koalitionsabgrenzende Policy-Präferenzen zum Policy-Kern	1. Ernsthaftigkeit spezifischer Aspekte; Bedeutung des Problems unter spezifischen örtlichen Bedingungen 2. Bedeutung verschiedener Kausalzusammenhänge an verschiedenen Orten im Zeitverlauf 3. Die meisten Entscheidungen, die Verwaltungsregeln betreffen: Haushaltsansätze, Einzelfallentscheidungen, Rechtsinterpretationen und Gesetzesrevisionen 4. Information über den Erfolg spezifischer Programme oder Institutionen

Tabelle 1: Belief System-Struktur

3.4.3.1 Strategische und gruppendynamische Faktoren der Koalitionsbildung

Auf der Grundlage empirischer Ergebnisse bzw. in Anlehnung an Überlegungen von Kingdon (1984) und Jenkins-Smith geht das Framework ferner davon aus, dass innerhalb eines Policy-Subsystems in der Regel ein bis fünf Koalitionen bestehen. Der seltene Fall des Bestehens lediglich einer Koalition wird als Ausdruck eines geringen Konfliktniveaus interpretiert. Generell setzt das ACF voraus, dass Policy-Akteure zur Erreichung einer effektiven Übersetzung von Überzeugungen in öffentliche Politiken bzw. Programme dazu tendieren, die Anzahl der Koalitionen zu beschränken (Sabatier & Jenkins-Smith 1988, S. 140).

Der Motor für die Bildung von Advocacy-Koalitionen ist für die Autoren des ACF daher zum Teil identisch mit dem Antrieb zur Bildung von Subsystemen. In beiden Kontexten wird eine strategische Zweckrationalität der Akteure angenommen, welche sich an strukturell-funktionalen Zwängen orientiert. Für die Mehrheit der Subsysteme und Advocacy-Koalitionen wird zudem davon ausgegangen, dass sie bereits seit mehreren Dekaden bestehen und sich durch eine geringere Zahl von Koalitionen auszeichnen als vergleichsweise neue Subsysteme (vgl. Sabatier & Jenkins-Smith 1988, S. 140; Weible et al. 2009, S. 131f).

Abbildung 4: Auftreten von Advocacy-Koalitionen in Policy-Subsystemen

Auf Basis einer von Weible et al. (2009) durchgeführten Auswertung vorliegender ACF Studien zeigt Abbildung 4 (eigene Darstellung) die Häufigkeitsverteilung von Advocacy-Koalitionen in Policy-Subsystemen. Im Kern zeigt die Grafik, das Subsysteme mit nur zwei Koalitionen mehr als die Hälfte der Untersuchungsfälle prägen, während mehr als drei Koalitionen sehr selten waren (vgl. Weible et al. 2009, S. 131f). Ferner ist in der Lesart des ACF die Bildung von Koalitionen von gruppendynamischen Prozessen zwischen den Koalitionsmitgliedern der sich entwickelnden

Netzwerke abhängig. Ein herausgehobener Aspekt dieses Prozesses ist die Konkretisierung und Stabilisierung von Positionen, welche durch die Koalition vertreten
werden. Hierzu zählen Sabatier und Jenkins-Smith den Druck, der in Koalitionen
von Partnern ausgeht, gemeinsame Positionen herauszubilden sowie den Einfluss
von mitwirkenden Organisationen, deren Überzeugungen sich nur langsam wandeln
und welche auf diesem Weg zur Verfestigung der Koalition beitragen.

Die Dynamik der Koalitionenbildung wird schließlich auch entlang von Annahmen über die Relevanz der Wahrnehmung konkurrierender Koalitionen interpretiert. In diesem Kontext spielt das Konzept des „devil shift" eine tragende Rolle,
welches besagt, dass Akteure dazu neigen, Opponenten als feindlicher und einflussreicher zu betrachten als sie es (wahrscheinlich) sind (Sabatier et al. 1987, S. 452). In
der Lesart des ACF motiviert dies Akteure, möglichst einflussreiche und strategisch
versierte Koalitionen zu bilden sowie ein höheres Engagement für die Koordination
dieser Koalitionen zu zeigen. Niederschlag finden diese Überlegungen im Hypothesen-Set des ACF insbesondere in der 13. Hypothese.[47]

3.4.3.2 Organisationale Interdependenzen und Koalitionsbildung

Eingangs wurde bereits dargestellt, wie der Begriff der nicht-trivialen Koordination
konzeptionell angelegt ist, indem die Unterscheidung von schwacher und starker
Koordination eingeführt wurde. Anknüpfend an Argumente einer ACF-orientierten
Studie[48] von Fenger und Klok (2001) wurde das Konzept der Koordination in der
1999er Revision um einige Aspekte erweitert (siehe Tabelle 2, S. 112). Ideenleitend
in dem Modell von Fenger und Klok ist eine Systematisierung der Beziehung zwischen Überzeugungen von Akteuren einerseits und andererseits organisationalen
Interdependenzen. Zentral ist in diesem Zusammenhang: a) die Annahme, dass
Überzeugungen den folgenden drei Kategorien zugeordnet werden können: über-
einstimmend, indifferent oder divergierend; b) die Gliederung organisationaler
Interdependenzen nach dem Schema: symbiotisch, unabhängig, konkurrierend. Aus
der schematischen Anordnung dieser Variablen in einer Kreuztabelle entsteht ein
Schema von neun möglichen Beziehungsmustern. Diese informieren zugleich darüber, in welcher Konstellation starke oder schwache Koordinationsformen erwartbar sind (vgl. Fenger & Klok 2001, S. 164; Sabatier & Jenkins-Smith 1999).

---

[47] Diese Hypothese wurde als im Jahr 1999 als 6. Hypothese eingeführt. In einer Darstellung des Hypothesen-Sets aus dem Jahr 2009 wird sie jedoch als 13. Hypothese gelistet. Dieser Darstellung folgt auch
der Überblick zu den Hypothesen des ACF in Anhang D (S. 263).
[48] Fenger & Klok präsentierten diese Studie bereits 1998 unter dem gleichen Titel auf einer Konferenz
der Universität Twente (Niederlande), zumindest verweisen Sabatier & Jenkins-Smith (1999, S. 141) auf
ein entsprechendes Konferenzpapier.

Aus der Arbeit Fengers und Kloks leitet das ACF eine einfache Typologie der Mitgliedschaften in Koalitionen ab, die darauf basiert, entlang der Achse der übereinstimmenden Überzeugungen drei Mitgliedschaftstypen zu bestimmen: Akteure können demnach starke, moderate oder aber von Verteilungskonflikten dominierte Mitglieder einer Advocacy-Koalition sein. Starke Koalitionsmitglieder zeichnen sich durch übereinstimmende Überzeugungen aus und stehen in einer symbiotischen Wechselbeziehung zu den Zielen der Koalition. Moderate Koalitionäre zeigen ebenfalls übereinstimmende Überzeugungen, stehen aber in einer symbiotischen Wechselbeziehung zu Mitgliedern einer gegnerischen Koalition. Mitglieder in Verteilungskonflikten stimmen in ihren Überzeugungen, wie die beiden anderen Typen, mit der Koalition überein, sind aber in ihrer Beziehung zur Koalition durch Verteilungskonflikte mit anderen Mitgliedern der Koalition bestimmt (vgl. Sabatier & Jenkins-Smith 1999, S. 140).[49]

Ziel-Interdependenz	Überzeugungen		
	Kongruent	**Indifferent**	**Divergierend**
Symbiotisch	(1) Koalition mit starker Koordination	(2) Koalition der Annehmlichkeit	(3) unsteter Konflikt, Entpolitisierung, keine Koalition
Unabhängig	(4) Koalition mit schwacher Koordination	(5) keine Koalition	(6) schwacher Konflikt
Konkurrierend	(7) Koalition mit gravierenden Problemen kollektiven Handelns	(8) schwacher Konflikt, keine Koalition	(9) starker Konflikt/ keine Koalition

Tabelle 2: Ziel-Interdependenz und Überzeugungskongruenz

3.4.3.3 Policy-Broker

Nicht alle Akteure in einem Subsystem gehören einer Koalition an. Dabei kann es sich bspw. um Wissenschaftler handeln, die lediglich bestimmte Ressourcen zur Verfügung stellen (Fähigkeiten/Wissen) und sich ansonsten neutral zu den Zielen

---

[49] Die verstärkte Auseinandersetzung mit der Frage der Bindekraft von Koalitionen sowie mit den Bedingungen für koordiniertes Handeln in Koalitionen findet Niederschlag in den beiden neuesten Hypothesen des ACF, welche Kriterien des Fortbestands von Koalitionen und Aspekte der Koordinierung thematisieren (siehe Anhang D, S. 263).

der Koalitionäre verhalten. Stärker im Interesse des ACF stehen Akteure, die als Vermittler agieren und das Ziel verfolgen, durch für beide Seiten annehmbare Kompromisse, das Konfliktniveau im Subsystem „innerhalb akzeptabler Grenzen zu halten" (Sabatier 1993a, S. 129). In der Sichtweise des ACF gibt es Rollen im politischen System, die mit einer Disposition zur Übernahme einer Broker-Funktion ausgestattet sind. Dazu werden Regierungschefs gezählt, aber auch (verwiesen wird in diesem Kontext auf Frankreich und Großbritannien) hohe Beamte sowie Institutionen wie Gerichte oder unabhängige Expertenkommissionen. Die Identifizierung eines Policy-Brokers bzw. auch die Zuordnung von Koalitionären wird durch eine Grauzone bestimmt oder, mit den Worten von Sabatier (1988):

> The distinction between ‚advocate' and ‚broker' is, however, a continuum. Many brokers will have some policy bent, while advocates may show some serious concern with system maintenance. (Sabatier & Jenkins-Smith 1988, S. 141)

Die Frage ‚Wo finden sich Policy-Broker in Subsystemen?' wird vor diesem Hintergrund als empirisch einzulösende Fragestellung gesehen. Zugleich wird angenommen, dass eine höhere Wahrscheinlichkeit besteht, Policy-Broker in politisch-administrativen Settings zu finden als in Interessensgruppen. Argumentiert wird in diesem Zusammenhang, dass politische-administrative Institutionen in höherem Maße vor der Herausforderung stehen, antagonistische Interessen zu berücksichtigen, als dies für Interessensgruppen anzunehmen ist (Sabatier & Jenkins-Smith 1999, S. 129).[50] Policy-Brokern kommt in der Folge eine herausgehobene Bedeutung in der Gestaltung von Policy-Prozessen zu. Zum einen, weil sie qua Definition aus ihrer Rolle positiv auf die Entschärfung von Konflikten einwirken. Zum anderen, weil Policy-Broker eine höhere Affinität zur Veränderung der Überzeugungen zugeschrieben wird, da sie stärker dazu tendieren, auf eine geänderte Informationslage zu reagieren (vgl. Sabatier & Weible 2007, S. 220).

3.4.4 Kurzfristige Zwänge und Ressourcen der Akteure

Sind es die Belief Systems, die die Richtung von Policy-Prozessen bestimmen, so hängt in der Konzeption des ACF die Möglichkeit die Richtung des Policy-Prozesses tatsächlich zu beeinflussen von den zur Verfügung stehenden Ressourcen ab (vgl. Sabatier 1993a, S. 131). Als Ressourcen definieren die Autoren des ACF bereits seit 1993 ein vielseitiges Sample von Faktoren: „Geld, Expertise, die Zahl der politischen Unterstützer und rechtliche Autorität" (Sabatier 1993a, S. 131). Systematischer stellen Sabatier und Weible (2007) erstmals die für Advocacy-

---

[50] Niederschlag findet diese Argumentation in der 11. Hypothese des ACF (siehe Anhang D, S. 263).

Koalitionen anwendbaren Ressourcen in Form einer Typologie dar, welche hier
überblicksartig eingeführt wird[51]:

Formal-rechtliche Autorität: Ausgehend davon, dass Amtsträger mit Rechtsbefug-
nissen potenzielle Mitglieder von Advocacy-Koalitionen sind, gilt es als Vorteil für
eine Koalition, viele Positionen mit formal-rechtlicher Autorität durch ihre Mitglieder besetzen zu können.

Information: Die strategische Nutzung oder Herstellung von Informationen gehört ebenfalls zu den zentralen Ressourcen einer Koalition. Einerseits um Strukturen und Dynamiken eines Policy-Feldes einschätzen zu können, andererseits um
bspw. Entscheidungsträger für eine Position gewinnen zu können oder öffentliche
Meinung im Sinne der Koalition zu beeinflussen.

Öffentliche Meinung: Rückhalt der Positionen einer Koalition in den öffentlichen
Meinungen gilt als zentraler Erfolgsfaktor für die Durchsetzung der Interessen einer
Koalition. Die Wahrscheinlichkeit, Wahlen und damit mit formal-rechtlicher Gestaltungsmacht ausgestatte Positionen gewinnen zu können, steht und fällt mit der
öffentlichen Meinung.

Mobilisierung: Policy-Akteure mobilisieren häufig die interessierte Öffentlichkeit,
um sie in diverse Aktivitäten wie Demonstrationen, Wahl- oder Fundraising-
Kampagnen einzubinden. Insbesondere für Koalitionen mit geringfügigen finanziellen Mitteln ist dieses Vorgehen von hoher Bedeutung, da die Mobilisierung von
Unterstützern nicht kostenintensiv ist.

Finanzielle Ressourcen: Geld ist ein Universalschlüssel zu anderen Ressourcen,
bspw. zur Herstellung von Informationen durch wissenschaftliche Institute bzw.
deren Forschungsaktivitäten. Aber Finanzmittel können auch zur Finanzierung
wohlgesinnter Kandidaten eingesetzt werden, um Zugang zu politischen Mandats-
trägern zu gewinnen. Andere Beispiele sind die Durchführung von Medienkampag-
nen oder die Gewinnung öffentlicher Unterstützung oder die Verbreiterung der
mobilisierbaren Basis (vgl. Weible et al. 2009).

Führungsfähigkeiten: Führungsfähigkeiten erweisen sich als ein wichtiger Schlüssel
zur Realisierung der Ziele einer Policy-Koalition. Beispielhaft wird auf die Bedeutung von fähigen Führungspersonen in Bezug auf die Gewinnung neuer Ressourcen
oder deren effektive Verwendung hingewiesen. Gewicht erhält die Führungsqualität
zudem für die Ausschöpfung von Veränderungsmöglichkeiten.

---

[51] Sabatier & Weible 2007 verweisen als eigene Anknüpfungspunkte zu dieser Typologie auf Arbeiten
von Kelman (1987), Sewell (2005) sowie auch Weible (2007).

3.4.5 Stabile Parameter vs. externe Ereignisse

Wenn auch Policy-Prozesse im Kern von Policy-Akteuren im Subsystem bzw. in Verhandlungen definiert werden, so setzt das ACF bereits 1988 voraus, dass zwei Faktoren-Sets existieren, die einen hohen Einfluss darauf ausüben, wie Politikgestaltung in einem Policy-Subsystem verlaufen kann: eine Gruppe von stabilen Parametern sowie eine zweite von externen und vergleichsweise dynamischen Ereignissen. Diese beiden Faktoren-Sets repräsentieren Schnittstellen eines Subsystems zur Umwelt, indem sie den Blick auf weitere Subsysteme sowie auf das politische System, in welches das untersuchte Subsystem eingebettet ist, ermöglichen. Differenziert werden die fraglichen Einflussfaktoren nach ihrem Verhalten in der Zeit, sodass Faktoren, die sich im Verlauf einiger Jahre ändern können, als dynamisch angesehen werden, während andere Faktoren, die sich nicht innerhalb eines Jahrzehnts verändern, als stabil aufgefasst werden (Sabatier 1993a, S. 123).

Die folgenden Parameter gelten als schwer veränderbar bzw. als Set stabiler Parameter. Ihre Wirkung erfolgt einerseits in Richtung der Ressourcen und handlungsleitenden Orientierungen, die einer Advocacy-Koalition zur Verfügung stehen. Andererseits begrenzen diese Faktoren die Vielfalt der wählbaren Alternativen, auf die sich eine Koalition in ihrem Handeln ausrichten kann:

1. *Grundlegende Attribute des Problems:* Ein markantes Beispiel sind politische Grenzen, die in der Regel keinem kurzfristigen Wandel unterliegen, aber auch grundlegende Eigenschaften eines fraglichen Policy-Komplexes, so etwa die grundlegende Bedeutung der Luftqualität als kollektives Gut und die daraus folgenden Implikationen für Luftverschmutzungs-Policies. Solche Eigenschaften können einerseits spezifische Koalitionen begünstigen (so nehmen auf Grenzänderungen vermutlich selten Akteure aus lokalen Koalitionen den größten Einfluss), andererseits können diese stabilen Faktoren darauf Einfluss nehmen, wie groß die Wahrscheinlichkeit eines Policy-Lernens in einem Subsystem ist. Letzteres wird deutlich mit Blick auf die Frage der Messbarkeit eines Komplexes, denn lassen sich, so das Argument, Kausalmodelle entwickeln, so lassen sich auch eher Informationen generieren, die Einstellungsänderungen hervorrufen können.

2. *Die grundlegende Verteilung natürlicher Ressourcen:* Über welche natürlichen Ressourcen ein Land verfügt oder in der Vergangenheit verfügen konnte, nimmt großen Einfluss auf den Reichtum, der einer Gesellschaft zur Verfügung steht. Generell geht das ACF davon aus, dass zahlreiche soziale Bereiche vom Zugang zu natürlichen Ressourcen geprägt werden. Sabatier benennt die Entfaltung der Wirtschaft, die Kultur sowie die „Machbarkeit von Handlungsoptionen in vielen Politikbereichen." (Sabatier 1993a, S. 124)

3. *Grundlegende soziokulturelle Werte und Sozialstruktur:* In diesem Aspekt wird argumentiert, dass soziokulturelle Werte und die Sozialstruktur zwar wandelbar sind, nicht jedoch in kurzen Zeiträumen. Beispielhaft verweist das Framework auf die

divergenten Wertvorstellungen zwischen U.S.-Amerikanern und Europäern, wenn es um den Einfluss des Staates auf den Markt geht – zwar können die sich ändern, aber nur über große Zeiträume hinweg. Gleiches gilt für die Verbesserung der sozialen Situation von Minderheiten in den USA oder Großbritannien, welche nur sehr langsam verläuft (Sabatier & Jenkins-Smith 1999, S. 135).

4. *Grundlegende Rechtsstrukturen:* Das ACF verweist auf die relative hohe Stabilität der meisten politischen Systeme bzw. ihrer grundlegenden Rechtsstrukturen. So wurde die Verfassung der Vereinigten Staaten seit 1920 bzw. seit der Einführung des Wahlrechts für Frauen nicht mehr wesentlich verändert. Eine ähnliche Kontinuität zeigen viele westliche Staaten. Naheliegenderweise bestehen darüber hinaus Zusammenhänge zwischen der Ausgestaltung grundlegender Rechtsstrukturen und den Prozessen des Policy-Lernens. Beispiele hierfür liefert Sabatier mit Blick auf Studien von Ashford (1982) und Ostrom et al (1961), welche zeigen, dass dezentrale Systeme offener für Policy-Lernen sind als bspw. das britische System, welches zur Konzentration von Kompetenzen im Kabinett bzw. zur Abschottung gegenüber externen Einflüssen neigt.

Komplementär zu diesem Set stabiler Parameter beschreibt das ACF ein Set externer, dynamischer Systemereignisse, welche aus der Sicht des jeweiligen Sub-Systems als exogene Wirkungen betrachtet werden. Sie repräsentieren einen zentralen Pfad zu Policy-Wandel, welcher die Handlungsmöglichkeiten der Advocacy-Koalitionen innerhalb eines Subsystems schockartig und tiefgreifend verändert. Zur Wirkung der externen Systemereignisse heißt es bei Sabatier und Weible (2007) zusammenfassend:

> The most important effect of external shock is the redistribution of resources or opening and closing venues within a policy subsystem, which can lead to replacement of the previously dominant coalition by a minority coalition. (Sabatier & Weible 2007, S. 199)

Um Policy-Wandel auszulösen, genügt es bereits, wenn ein dynamischer Faktor einen Veränderungsprozess durchläuft. Dass derartige Wirkungen eintreten können, beruht nach dem ACF wiederum auf den Mechanismen, die dynamische Faktoren in Bewegung setzen: die Verschiebung von Programmatiken, die Neuausrichtung der öffentlichen Aufmerksamkeit sowie der Gewinn der Aufmerksamkeit von erstrangigen Entscheidungsträgern in der Regierung. Als ein Beispiel für einen externen Schock durch den Wandel dynamischer Faktoren benennen Sabatier und Weible den Einfluss der Iranischen Revolution bzw. des damit einhergehenden Ölembargos auf das U.S. Pollution Control System für die Automobilindustrie und die Wahl des US-Präsidenten Ronald Reagan. Naheliegende Beispiele für den deutschen Kontext und das Thema Migration wären beispielsweise die Ölkrise 1973/74 mit ihrem massiven Einfluss auf die Policies zur Arbeitsmigration (Anwerbestopp) oder aktueller die Auswirkungen des 11. September 2001 auf den integrationspolitischen Diskurs und die damit verbundenen neuen Policies.

Seit 1993 stellt das ACF das Set externer Faktoren in der folgenden, gegenüber 1988 um den Aspekt der ‚Veränderungen in der öffentlichen Meinung' erweiterten Typologie dar:

1. Wandel in den sozioökonomischen Bedingungen: Wandel der hier bezeichneten Art verfügt einerseits über das Potenzial, die Argumentationslinien der aktuellen Policies in Frage zu stellen. Andererseits besteht die Möglichkeit, dass die Advocacy-Koalitionen im Zuge einer solchen Veränderung politische Unterstützung verlieren.

2. Wandel in der öffentlichen Meinung: Gewinn oder Verlust des öffentlichen Interesses bzw. die entsprechenden Entwicklungen in der öffentlichen Meinung können tiefgreifenden Einfluss auf Subsysteme ausüben. Als Beispiel verweist Sabatier auf die verstärkte Sorge der Öffentlichkeit um Aspekte der Umweltqualität. Letztere hat die Umweltschutzpolitik vieler Staaten beeinflusst, ohne dass die Öffentlichkeit über ein vertieftes Wissen über die diversen Policy-Optionen und die mit ihnen verbundenen wahrscheinlichen Folgen hatte. Das ACF weist in diesem Zusammenhang auf die hohe Bedeutung der Antizipation von Veränderungen im Setting der dynamischen Faktoren durch die Policy-Akteure hin.

3. Wandel maßgeblicher (Regierungs-)Koalitionen: Durch Veränderungen in den Regierungskonstellationen (bspw. Wahl, Rücktritt, Tod eines einflussreichen politischen Repräsentanten) können Policies unmittelbar beeinflusst und Policy-Subsysteme vor grundlegend veränderte Rahmenbedingungen gestellt werden.

4. Policy-Entscheidungen und Policy-Wirkungen aus anderen Subsystemen: Entscheidungen in anderen Sektoren der Politik und die Wirkungen, welche von diesen ausgehen, gehören zu den einflussreichsten dynamischen Elementen für die einzelnen Policy-Subsysteme. Sabatier illustriert dies am Beispiel der Energiepolitik von Nixon und Ford, welche über die Förderung von Kohle als Energieträger intensiv auf die Luftreinhaltepolitik in den USA Einfluss genommen haben.

Bilanzierend heißt es zum Verhältnis der Akteure in Advocacy-Koalitionen zu diesen Dynamik erzeugenden Ereignissen, dass die Akteure unter dem Druck stehen, adäquate Reaktionsformen zu entwickeln, ohne dass dabei Konflikte mit ihren Kernüberzeugungen entstehen (vgl. Sabatier 1993a, S. 125).

3.5 Policy-Wandel und Policy-Lernen

Welche Relevanz können Konzepte des Policy-Wandels und des Policy-Lernens für die Untersuchung des untersuchten Moschee-Konfliktes haben? Grundlegend ist hier die Überlegung, dass Zielkonflikte generell eine wichtige Erscheinungsform des Policy-Prozesses sind (vgl. Bandelow 2003a). In der Konsequenz erscheint es erwartbar, dass die maßgeblichen Faktoren der Analyse von Policy-Wandel große Schnittmengen zu den Faktoren aufweisen, welche für die Analyse von Moschee-

Konflikten relevant sind. Andernfalls wäre das Framework gegenüber einem wesentlichen Faktor in seinem Untersuchungsfeld ohne analytisches Instrumentarium.
Das ACF erfüllt diese Erwartung, indem es Policy-Wandel und Konflikt auf
mehreren Ebenen miteinander in Verbindung setzt. Eine Thematisierung dieser
Verbindungen setzt jedoch einen Überblick über grundlegende Annahmen des ACF
zu den Policy-Wandel verursachenden Faktoren voraus. Im Mittelpunkt stehen für
das Framework dabei die Relationen zwischen der Wahrscheinlichkeit von Policy-
Wandel und der oben eingeführten hierarchischen Anordnung der Beliefs der jeweils involvierten Advocacy-Koalitionen.

Ursprünglich ging das ACF davon aus, dass Policy-Wandel primär in Abhängigkeit von Veränderungen im Bereich der dynamischen Faktoren ausgelöst werden
kann, also durch Ereignisse außerhalb eines Policy-Subsystems (Sabatier & Jenkins-
Smith 1988, S. 148f). Diese Veränderungsimpulse werden als externe Schocks begriffen, d.h. Ereignisse, die außerhalb der Kontrolle einer Advocacy-Koalition liegen
und (bspw. durch die Neuverteilung von Ressourcen, Verschiebungen in der öffentlichen Meinung) dazu führen, dass es zu einer Änderung der Machtverteilung in
einem Policy-Subsystem kommt.

Demgegenüber galt die Herstellung eines Policy-Wandels aus dem Kontext von
Policy-Subsystemen als Folge von (eher selten wirksam werdenden) Policy-
Lernprozessen. Letztere definieren sich im Kontext des ACF als „relative enduring
alternations of thought or behavioral intentions that result from experience and/or
new information and that are concerned with the attainment or revision of policy-
objectives" (Sabatier & Jenkins-Smith 1993, S. 123). Wie Bandelow hervorhebt,
bestimmt sich Policy-Lernen hier als „Veränderungslernen" hinsichtlich der politischen Ziele, Überzeugungen und Verhaltensmuster von Akteuren (Bandelow
2003b, S. 311). Ferner wurde angenommen, dass dieses Lernen in der Regel auf die
sogenannten Sekundären Aspekte des Belief Systems beschränkt ist, also auf der
Ebene instrumenteller Entscheidungen und der Informationssuche angesiedelt sind,
welche die größte Offenheit für Veränderung zeigen (vgl. Sabatier & Jenkins-Smith
1988, S. 148f).

Die besondere Gewichtung externer Ereignisse, wurde zum einen durch die hohe Inflexibilität der Belief Systems der Akteure und Advocacy-Koalitionen begründet. Zum anderen wurde auf die eskalierende Wirkung des Devil Shift und „percep-
tual blinders" verwiesen (Sabatier & Weible 2007, S. 204). Im Hypothesen-Set spiegelt sich dies im Kontext der dritten Hypothese: „Ein Akteur (oder eine Koalition)
wird sekundäre Aspekte seines (ihres) Belief Systems aufgeben, bevor Schwächen
des Policy-Kerns eingeräumt werden." (Sabatier & Weible 2007, S. 220)

Die starke Betonung externer Ereignisse provozierte massive Kritik bzw. führte
zum Vorwurf der Übergewichtung externer Schocks für die Herstellung von Policy-
Wandel. In Auseinandersetzung und teilweiser Anerkennung dieser Kritik wurden
die beiden diesbezüglich zentralen Hypothesen vier und fünf modifiziert. Die vierte

Hypothese wurde 1993 durch einen Zusatz ergänzt, der auf die Rolle hierarchisch übergeordneter Regierungs- bzw. Verwaltungsinstanzen verweist und damit die Pfade zu Policy-Wandel erweitert. Die fünfte Hypothese wurde stufenweise verändert und 1997 dahingehend präzisiert, dass in der modifizierten Version die Rolle äußerer Störungen klarer bestimmt wird. Auch in der aktuellen Fassung des ACF gelten äußere Störungen zwar weiterhin als notwendige, aber nicht als hinreichende Bedingung für Veränderungen des Policy Cores einer Advocacy-Koalition (vgl. Sabatier 2007b, S. 220), was einer massiven Aufwertung der Prozesse in den jeweiligen Policy-Subsystemen gleichkommt.

Insbesondere das Konzept der ‚ausgehandelten Kompromisse‘ verleiht dieser veränderten Perspektive Ausdruck – es wird in Kapitel 3.5.2 näher beschrieben.[52]

Neben der Frage, welche Ebene des Überzeugungssystems berührt wird, unterscheidet das ACF zwei maßgebliche Formen des Policy-Lernens: Lernen zwischen und innerhalb von Advocacy-Koalitionen (vgl. Sabatier & Jenkins-Smith 1988, S. 155). Lernen innerhalb von Advocacy-Koalitionen wird dabei naheliegenderweise als vergleichsweise unproblematisch bzw. konfliktfrei aufgefasst. Hauptargument des ACF ist hier, dass in Koalitionen permanent eine Lernmotivation zur Optimierung des Zusammenspiels von Policy-Kernen und Sekundären Aspekten des Belief Systems wirksam sei (vgl. Sabatier 1993a, S. 139).

3.5.1 Konflikte zwischen Policy-Kernen

Komplexer und herausfordernder ist es hingegen in der Lesart des ACF, wenn zwei Koalitionen bzw. deren Policy-Kerne in Konflikt geraten. Policy-Lernen ist in dieser Konstellation dann davon abhängig, ob die Akteure der beteiligten Koalitionen identifizieren können, welche Bedingungen eine „produktive analytische Debatte" ermöglichen können (Sabatier 1993a, S. 139). Die Identifikation dieser Bedingungen ist wiederum von einem Set an Ressourcen und Faktoren abhängig. Auf der Ressourcenseite wird postuliert, dass die Verfügung über technisch-wissenschaftliche Ressourcen zentral ist, weil sich erst aus dieser Disposition heraus die Argumentationskette der anderen Koalition sowie die zur Legitimation der Argumente eingebrachten empirischen Daten wirksam kritisieren lassen.

Einhergehend mit diesen Überlegungen vertritt das ACF die Annahme, dass der fragliche Konflikt sich auf bedeutsame Teile des Überzeugungssystems der beteilig-

---

[52] Als weitere Differenzierung wurde 2007 die Unterscheidung zwischen externen und internen Schocks eingeführt. Letztere unterscheiden sich von externen Schocks lediglich darin, dass sie Policy Core Beliefs von Minderheiten-Koalitionen bestärken und zudem Zweifel der dominanten Mehrheits-Koalition an Bausteinen ihres Belief Systems auslösen (vgl. Sabatier & Weible 2007, S. 205).

ten Koalitionen beziehen muss. Nur wenn dies der Fall ist, wird eine Koalition bereit sein, knappe Ressourcen für die Führung eines „informierten Konfliktes" einzusetzen (vgl. Sabatier 1993a, S. 140). Unbedeutende Aspekte des Belief Systems werden nicht dazu führen, dass Geld, Zeit, Aufmerksamkeit oder technische Ressourcen als typischerweise knappe Mittel einer Koalition eingesetzt werden.

Policy-Lernen kann gleichfalls nur dann stattfinden, wenn der Konflikt der Koalitionen sich nicht auf Hauptkerne des Belief Systems der beteiligten Koalitionen bezieht – eine Situation, welche in erster Linie Defensiv-Verhalten fördert und somit eine produktive Debatte verhindert. Wenn es zu Policy-Lernen zwischen konkurrierenden Koalitionen kommt, so argumentiert das ACF, ist dies davon abhängig, dass eine mittlere Konfliktebene bearbeitet wird. Letztere wird bspw. adressiert, wenn es um markante Sekundäre Aspekte oder um Kernelemente nur einer Koalition geht.[53]

Die zweite, und wie Sabatier herausstellt, herausragende Bedingung für Policy-Lernen über die Grenzen von Belief Systems hinweg, basiert „auf der Existenz eines relativ apolitischen Forums, in dem die Experten der jeweiligen Koalitionen gezwungen werden, sich wechselseitig zu konfrontieren" (Sabatier 1993a, S. 140).[54]

Sowohl der Grad der Reputation als auch die Güte der professionellen Standards in der Organisation und Arbeitsweise des Forums werden dort als Voraussetzung für den Erfolg benannt. Für die Plausibilität dieser Hypothese argumentiert das ACF mittels der Beschreibung von typischen Wechselwirkungsdynamiken in derartigen Kontexten:

Demnach erzwingen die beschriebenen Foren eine Auseinandersetzung mit den strittigen Themen über die Grenzen der Belief Systems hinweg. Ferner werden methodologische Annahmen in einem solchen Setting ernsthafter analysiert, da wissenschaftliche Standards hier eine erhöhte Relevanz gewinnen und zudem professionelle Glaubwürdigkeit von den Akteuren stärker als wünschenswerte Verhaltensorientierung betrachtet wird. Policy-Lernen im Sinne einer Konvergenz der Positionen, welche den Konflikt in einen Kompromiss überführt und so Policy-Wandel ermöglicht, beruht in der Folge auf der höheren Wahrscheinlichkeit der Durchsetzung wissenschaftlicher Standards bzw. mittels dieser begründeter oder revidierter Kausalannahmen und Daten in den apolitisch und über die Grenzen von Advocacy-Koalitionen hinweg besetzten Foren.

Schließlich gibt es noch eine weitere, dritte Gruppe von Einflussfaktoren, die auf die Wahrscheinlichkeit von Policy-Lernen positiv Einfluss nimmt. Die Faktoren entfalten ihre Wirksamkeit sowohl hinsichtlich des Policy-Lernens innerhalb von Koalitionen als auch über ihre Grenzen hinweg. Wesentlich ist in der Lesart des

---

[53] Siehe 6. Hypothese des ACF (Anhang D, S. 263).
[54] Diese Bedingung steht im Mittelpunkt der 9. Hypothese des ACF.

Frameworks hier der Typus des Problemfeldes. Ein naturwissenschaftliches Problemfeld, welches die Möglichkeit gibt, analytisch quantifizierbare Daten zu generieren oder zumindest ein Problemfeld, welches durch allgemein anerkannte, quantitative Erfolgsindikatoren dargestellt werden kann, verspricht mit höherer Wahrscheinlichkeit Policy-Lernen als ein soziales Problem mit umstrittenen, qualitativen Indikatoren zur Beschreibung des angenommenen Problemdrucks.

Evident ist hier der Link zu den Überlegungen bezüglich des ersten stabilen Parameters.[55] Letzterer führt ergänzend zu den hier eingeführten Aspekten die Unterscheidung zwischen natürlichen vs. sozialen/politischen Systemen in das ACF ein, wobei davon ausgegangen wird, dass die Einlagerung eines Policy-Themas in natürliche Systeme sich förderlich auf Policy-Lernen auswirkt (vgl. Sabatier & Jenkins-Smith 1988, S. 156f).

3.5.2 Ausgehandelte Kompromisse

Das ACF verfügt über die Definition von Bedingungen bzw. unterstützenden Faktoren, die es in Advocacy-Koalitionen eingebundenen Institutionen ermöglichen, Kompromisse zu vereinbaren. Erarbeitet wurden diese mit Blick auf Konstellationen, in denen es gelingt, einen Stillstand in Verhandlungsprozessen zwischen Advocacy-Koalitionen zu überwinden und einen Kompromiss zu finden, welcher weitreichenden Policy-Wandel ermöglicht. Dieser Pfad zu Policy-Wandel wurde insbesondere in Betrachtung der Bedingungen und Anforderungen korporatistischer Regime und kollaborativer Institutionen entwickelt, wie sie u.a. in Europa etabliert sind. Angestrebt wird auf diese Weise den strukturierenden Einfluss von Institutionen in Advocacy-Koalitionen analytisch zu erfassen.

Neun Faktoren oder Bedingungen zieht das ACF in Betracht, um Perspektiven zur Analyse des Zustandekommens ausgehandelter Kompromisse zu eröffnen bzw. Fragen zur Überwindung von andauernder Stagnation in Policy-Subsystemen zu untersuchen.[56] Nachstehend wird ein kurzer Überblick über die neun vom ACF dargestellten Bedingungen eingeführt, welche als zentral zur Erreichung ausgehandelter Kompromisse zwischen Institutionen, die konkurrierende Advocacy-Koalitionen vertreten, gelten. Sie sind den im Kontext des Policy-Lernens zwischen

---

[55] Siehe hierzu insbesondere die 7. und 8. Hypothese des ACF.
[56] Die Entwicklung dieser neun Bedingungen geht insbesondere auf Studien zurück, die Sabatier in Zusammenarbeit mit Zafonte (2001) sowie mit Leach (2005) durchgeführt hat. Darüber hinaus integriert das ACF ausdrücklich Konzepte und Forschungsergebnisse des Alternative Dispute Resolution (ADR) Ansatzes, was an dieser Stelle aber nicht weiter ausgeführt werden soll (siehe hierzu Sabatier & Weible 2007, S. 205f).

Koalitionen genannten Bedingungen (speziell der zweiten) verwandt, weisen jedoch gerade in diesem Aspekt eine weiterreichende Detaillierung auf:

1. Anreiz, ernsthaft zu verhandeln: Als fundamentale Kondition für erfolgreiche Verhandlungen gilt, dass alle beteiligten Verhandlungsparteien den gegebenen Zustand als nicht akzeptabel betrachten. Ein (schmerzhafter) Policy-Stillstand gilt vor diesem Hintergrund als bedeutende Vorbedingung für das Erreichen ausgehandelter Kompromisse. Zufriedene Akteure gelten hingegen als potenzielle Ursache für eine Fortsetzung des Status Quo, da die Anreize für ernsthafte Verhandlungen fehlen.

2. Zusammensetzung der Verhandlungsforen: Bedeutsam erscheint ferner die Einbeziehung der Repräsentanten aller relevanten Gruppen oder Stakeholder (auch der als schwierig geltenden Gruppen). Diese Bedingung adressiert die hohe Wahrscheinlichkeit (zumindest im Kontext der USA), dass ausgeschlossene Stakeholder andernfalls Gelegenheit finden werden, die Gültigkeit der Verhandlungsergebnisse einzuschränken oder gänzlich zu unterminieren.

3. Führungskompetenzen: Erfolg oder Misserfolg steht in Abhängigkeit zu den Leitungsfiguren, insbesondere zur Frage, ob der Leiter der Verhandlungen eine respektierte, neutrale Person ist, welche ausgeprägte Fähigkeiten als Vermittler und Moderator in die Prozesse einbringen kann.

4. Konsens als Maßgabe für Entscheidungen: Konsensentscheidungen sind in den meisten westlichen Demokratien eine wichtige Bedingung für die Entwicklung nachhaltig tragfähiger Kompromisse. Wird auf die Konsens-Regel verzichtet, verfügen unzufriedene Verhandlungspartner über vielfältige Möglichkeiten, ihren Einfluss dennoch zur Geltung zu bringen und in der Folge die Implementation von Policies zum Scheitern zu bringen.

5. Finanzierung: Positiven Einfluss auf Verhandlungsprozesse bzw. die Konsensfindung nimmt eine nicht-einseitige, mit verschiedenen Verhandlungsparteien verbundene Finanzierung der Verhandlungen.

6. Zeitplanung und Verbindlichkeit: Die Komplexität von Verhandlungsprozessen und der Aufwand, den es bedeutet, alle bedeutsamen Aspekte zu berücksichtigen, lassen die Häufigkeit der Zusammenkünfte und die verbindliche Mitarbeit der Beteiligten zu einem entscheidenden Erfolgsfaktor werden. Zur Relevanz fehlender Verbindlichkeit heißt es in diesem Kontext pointiert: „Turnover kills trust-building because specific trust is a product of personal relationships." (Sabatier & Weible 2007, S. 206)

7. Bedeutung empirischer Fragestellungen: Das ACF bewertet Themenkomplexe, die sich empirisch vermessen lassen, hinsichtlich der Schwere des Problems und seiner Ursachen als leichter zu handhaben bzw. mit höherer Wahrscheinlichkeit in Lösungen transformierbar. Demgegenüber sind moralisch aufgeladene Konflikte (wie z.B. Abtreibung) ohne eine solche empirische Dimension nicht reif für Verhandlungen, da es kaum Aussicht auf eine Veränderung der Einstellungen des Verhandlungspartners gibt.

8. Bildung von Vertrauen: Ausgehend von der Annahme, dass zu Beginn von Verhandlungen starkes Misstrauen das Verhältnis bestimmt, gilt es als zentral für den Erfolg, entsprechende Verhaltensweisen, wie respektvoller Umgang, Orientierung an wechselseitig akzeptablen Kompromissen, etc. zu zeigen.

9. Alternative Verhandlungsrahmen: Bedeutsam für den Ausgang von Verhandlungen ist der Umfang alternativer Verhandlungsrahmen. Besteht nur eine kleine Zahl von alternativen Orten (im Sinne von Institutionen oder etablierten Foren), um das fragliche Problem zu bearbeiten, so erhöht dies die Wahrscheinlichkeit einer Einigung oder mit den Worten Sabatiers und Weibles: „Stakeholders are more likely to negotiate seriously if their alternatives to the stakeholder negotiation are relatively unattractive." (Sabatier & Weible 2007, S. 207)

3.6 Bilanz: Stärken, Potenziale und Lücken des ACF

„Where do we go from here?" fragte Sabatier bereits 1985 provokativ in Auseinandersetzung mit den Mängeln der Implementationsforschung bzw. der Policy-Forschung im Allgemeinen (Sabatier 1986b, S. 322). Als Antwort entwickelte Sabatier damals in nicht mehr als zwei Absätzen eine Ideenskizze, welche zentrale Bausteine des ACF benennt. Thematisiert werden in dieser Passage die herausragende Bedeutung von Advocacy-Koalitionen, die markante Stellung des Policy-Lernens, aber auch ein Verweis auf die Relevanz von Belief Systems und Core Values für das Handeln der Akteure sowie die Distanz zur einflussreichen Rational-Choice Perspektive sind enthalten (Sabatier 1986b, S. 323). Selbstkritisch formulierte Sabatier am Ende der Skizze: „Such models of policy evolution and learning are still quite tentative. But when elaborated, tested, and refined, they should make a major contribution to our understanding" (Sabatier 1986b, S. 323).

‚Where do weg go from here?' ist gleichfalls die zentrale Frage am Ende des ersten Teils dieser Studie. Auf Grundlage der konstruktivistischen Methodologie der Studie, die im 2. Kapitel eingeführt wurde, wird das oben eingeführte Advocacy Coalition Framework bzw. werden einige seiner wesentlichen Theoriebausteine im empirischen Teil als Folie verwendet, um das empirische Material zu analysieren, Ausgangspunkte für Vergleiche, Kontraste oder mögliche Dimensionalisierungen der Interpretation zu entdecken.

Dies geschieht einerseits in Anlehnung an Blumer (1954), insofern es möglich erscheint, den Theoriebausteinen des ACF, insbesondere dem Konzept des Policy-Subsystems sowie dem innovativen Kern des ACF, dem Konzept der Advocacy-Koalition, die entsprechende Vagheit oder Unbestimmtheit zuzuschreiben (vgl. Kelle & Kluge 2010, S. 35ff). Diese Vagheit wird als produktive heuristische Perspektive begriffen (vgl. Blumer 1954, S. 7).

Als Sensitizing Concepts werden daher nicht die empirisch gehaltvollen Annahmen des Hypothesen-Set betrachtet, sondern die auf einer höheren Abstrakti-
onsstufe liegenden Annahmen und Konzepte. Scheiden die Hypothesen des ACF
somit als Vorwissen der Studie aus? Kelle und Kluge (2010) argumentieren, wie
weiter oben gezeigt, für eine umfassendere Integration theoretischen Wissens in den
Forschungsprozess, welche auch definitive, empirisch gehaltvolle Konzepte explizit
nutzt. Über Blumers Modell hinauszugehen ist dabei unvermeidlich die Folge und
so geht auch der Umgang mit theoretischem Vorwissen in dieser Studie konsequen-
terweise über das Verständnis Blumers hinaus (vgl. Blumer 1954, S. 7; Kelle 2005;
Kelle & Kluge 2010, S. 31). Für die Auseinandersetzung mit den empirisch zum Teil
außerordentlich gehaltvollen Hypothesen der Autoren des ACF bedeutet dies, dass
sie als Aspekt der generellen theoretischen Sensibilität nicht künstlich ausgeblendet,
sondern strategisch angezweifelt werden.

3.6.1 Potenzial und Schwächen des ACF

Sowohl die Autoren als auch einige Kritiker des ACF bewerten das Konzept der
Advocacy-Koalitionen als eine wesentliche, wenn nicht gar als die zentrale Innovation des Frameworks (vgl. Bandelow 1999, S. 54; Sabatier & Jenkins-Smith 1999, S.
127). Bandelow weist in diesem Zusammenhang darauf hin, dass das Advocacy-
Koalitionen Konzept „nicht mit einem breiten Rückgriff auf frühere Theorien gestützt werden" kann (Bandelow 1999, S. 54). Maßgeblicher erscheint, dass es Sabatier und Jenkins-Smith durch diese These gelingt, ein wichtiges und bis dahin ungelöstes Problem der Policy-Forschung einer zwar herausfordernden, aber nicht weniger attraktiven Lösung zuzuführen.

Weder dem Institutionalismus noch einem der prominenten Gegenentwürfe aus
dem Feld der Subsystem-Konzepte, bspw. Heclos Issue Networks (Heclo 1978),
war es zuvor gelungen, die Frage der Identifizierung relevanter Policy-Akteure
überzeugend zu beantworten (vgl. McCool 1998). Sabatier argumentiert in diesem
Zusammenhang wie folgt:

> In most policy subsystems there are at least 20-30 organizations at various levels of government
> which are active over time. Developing models involving changes in the positions and interaction
> patterns of that many units over a period of a decade or more would be an *exceedingly* complex
> task. (Sabatier & Jenkins-Smith 1988, S. 139)

Mit Blick auf die institutionalistisch orientierten Argumentationen werden hingegen
folgende Problematiken aufgezeigt:

> Institutional models have difficulty accounting for the importance of specific individuals who
> move about from organization within the same subsystem. Finally, institutional models have diffi-

culty accounting for the huge variation in behavior among individuals within the same institution (Sabatier & Jenkins-Smith 1988, S. 140).

Sabatier und Jenkins-Smith gelingt es mit dem Advocacy-Koalitionen Konzept, einen Mittelweg zwischen diesen Positionen zu finden: Das Framework hält den Kreis der relevanten Policy-Akteure im Subsystem einerseits sehr offen, andererseits wird durch die Einführung der übergeordneten Ebene der Advocacy-Koalitionen diese Komplexitätszunahme unter Erhaltung einer hohen strukturellen Offenheit für einen heterogenen Akteurskreis stark reduziert.

So sehr das Konzept der Advocacy-Koalitionen zum innovativen Kern des Frameworks gehört, Sabatier und Weible bezeichnen es als „one of the trademarks of the ACF", so intensiv ist dieses Konzept kritisiert worden (Sabatier & Weible 2007, S. 196f). Vereinfacht ist hierbei zu unterscheiden zwischen Fundamentalkritik und kritischen Positionen, die von den Autoren des ACF als vergleichsweise anschlussfähig gesehen werden. Erstere kommt insbesondere von Seiten der diskursanalytischen Policy-Forschung (Hajer 1995, S. 68ff; Fischer 2003) und richtet sich primär gegen die grundlegende wissenschaftstheoretische Verortung. Zu letzteren können Arbeiten von John (1998), Schlager (1995), Schlager und Blomquist (1996) gezählt werden.

John (1998), diese Position findet sich auch bei Fischer (2003), sieht die Bedeutung von Ideen bzw. Überzeugungen überstrapaziert und argumentiert gegen die Annahme, dass diese die angenommene Bindekraft innerhalb von Koalitionen ausüben können und die Beziehungen der Akteure zu Public Policies und staatlichen Programmen bestimmen. Insgesamt sei das Konzept zu statisch, sodass das Framework eher Stärken in der Begründung von Policy-Stabilität zeige (vgl. John 1998, S. 113; Fischer 2003, S. 99).

Die Kritik von Schlager (1995) bzw. Schlager und Blomquist (1996) hinterfragt, ob das Konzept der Advocacy-Koalitionen Konfliktpotenziale in Koalitionen angemessen berücksichtigt. Fragen zur Verteilung von (Transaktions-)Kosten, welche etwa mit der Entwicklung abgestimmter Sichtweisen auf Policy-Probleme oder Policy-Strategien in Koalitionen entstehen oder das Problem des Trittbrettfahrer-Verhaltens, seien nicht überzeugend gelöst (vgl. Schlager 1995; Schlager & Blomquist 1996).

Die genannte Kritik hat zum Teil deutlich auf die Fortentwicklung des ACF Einfluss genommen, was sich insbesondere in den Revisionen des Frameworks Ende der 1990er und in den späten 2000er Jahren widerspiegelt, wenn neue Wege des Policy-Wandels eingeführt werden und die Einflussfaktoren auf Veränderungsprozesse in und zwischen Koalitionen modifiziert und erweitert werden. Dieser Aspekt zeigt sich u.a. in Modifikationen des Theoriebausteins zu den Zwängen und Ressourcen der Akteure. In der Wirkung tritt das ACF komplexer und sensibler für interaktionale Prozesse auf, wofür insbesondere das Konzept der ‚ausgehandelten Kompromisse' repräsentativ ist (Sabatier & Weible 2007).

Ein Defizit des ACF, dass in der Kritik nicht direkt angesprochen wird, aber letztlich auf einer zu starken Betonung koordinierten Handelns in Koalitionen beruht, tritt in der vorliegenden Studie zu Tage, insofern wichtige Weichenstellungen im Moschee-Konflikt eng mit Verwaltungsentscheidungen verbunden sind. Dies gilt mit Blick auf den Dortmunder Moschee-Konflikt insbesondere für die notwendige Bebauungsplanänderung, welche eine zentrale Voraussetzung für den Bau der umstrittenen Nachbarschafts-Moschee in Dortmund-Hörde ist, aber auch für den von Verwaltungsakteuren maßgeblich mitbestimmten Verfahrensschritt der Vorbereitung und Prüfung des Bauantrags zur Errichtung der Moschee.

Die in Verwaltungszusammenhängen handlungsleitenden Rechts- und Verwaltungsvorschriften sowie die vorhandenen rechtlichen Ermessensspielräume sind den Überzeugungssystemen der lokalen Akteure vorgängig, können aber für das Policy-Making von den kommunalpolitischen Akteuren sowie von den Akteuren in den kommunalen Verwaltungseinheiten genutzt werden, um Entscheidungsprozesse zu beeinflussen (vgl. Fehling 2001). Hinsichtlich der handelnden Akteure ist, und das erscheint zentral, davon auszugehen, dass die Entscheidungsträger nur begrenzt, oftmals gar nicht in koordinierte Policy-Netzwerke eingebunden sind. Systematisch erscheint diese Annahme plausibel, weil der professionelle Auftrag verwaltungsangehöriger Beamter in Deutschland normativ weitgehend durch die Forderung einer „neutralitätssichernden Distanz und Nicht-Identifikation" bestimmt wird (Fehling 2001, S. 13). In der Konsequenz gilt die „Unparteilichkeit der Verwaltung (...) vielfach ohne genaue Differenzierung und Konkretisierung zu den Kernprinzipien des Rechtsstaates" (Fehling 2001, S. 1).[57]

Hieraus folgt, dass ein nicht geringer Teil der Entscheidungen über das Hörder Moschee-Projekt durch Akteure der Verwaltung mitbestimmt wird, deren Handeln ausdrücklich nicht mit öffentlichen politischen Positionierungen oder einer unmittelbar nachvollziehbaren Einbindung in ein politisches Netzwerk verbunden ist. Dem ACF fehlt jedoch eine konzeptionelle Linse, um in den Blick zu nehmen, wie Akteure der Verwaltung, die keine sichtbare Einbindung in Policy-Netzwerke aufweisen, institutionelle Verfahrenswege nutzen können, um politische Überzeugungen in Entscheidungen umzusetzen oder auf diese zumindest (etwa durch die Interpretation von Ermessensspielräumen) negativ einzuwirken.

Eine Aufarbeitung dieser Dimension des Konfliktgeschehens, also die Erfassung der „nicht-artikulierten Interessen", würde jedoch zumindest einen sehr weitreichenden Zugang zu internen Dokumenten der Dortmunder Stadtverwaltung voraussetzen (Scharpf 1973, S. 23). Dies gilt insbesondere vor dem Hintergrund, dass Interviews kaum geeignet erscheinen, um Praktiken bzw. Handlungsstrategien

---

[57] Wie die Unparteilichkeit der Verwaltung konkret gestaltet wird und welchen Wandlungsprozessen sie hierbei ausgesetzt ist, ist Gegenstand weitreichender Diskurse, die hier nicht weiterverfolgt werden (vgl. Holtmann 2005, S. 19; Behnke 2009).

aufzudecken, die im Kern einen Verstoß gegen die Glaubwürdigkeit und Pflichttreue der Akteure als Beamte implizieren. Zwar wurde für die vorliegende Studie ein weitreichender Dokumentenzugang angestrebt, dieser wurde jedoch von der Stadt Dortmund nicht gewährt. [58]

Der ‚blinde Fleck' des ACF kann in der Konsequenz nur markiert werden – eine Analyse dieser Komponente des Policy-Makings ist aus den dargestellten Gründen nicht in der notwendigen Detaillierung möglich.

Dass eine solche Motivlage zumindest im Bereich des Möglichen liegt, dafür spricht etwa die ‚Solidaritätsadresse' eines Mitarbeiters des Dortmunder Bauordnungsamtes, über die die *Ruhr Nachrichten* berichten, auch wenn diese bereits auf das Jahr 1997 zurückgeht und einen früheren Konflikt um eine Moschee im Stadtbezirk Dortmund-Eving adressiert:

> ‚Mein Herz schlägt für die Bürgerinitiative, aber ich muß als Beamter handeln'. Mit diesen Worten wollte Peter Reck vom Bauordnungsamt die Bürger trösten, nachdem er ihnen mitteilen mußte, daß aus bauordnungsrechtlichen Gründen gegen die Moscheebetreiber auf der Evinger Str. 304 nicht vorgegangen werden kann. (Frommeyer 1997)

Diese deutliche Positionierung verweist unmittelbar am Beispiel der Stadt Dortmund auf ein Feld von Akteuren des Policy-Makings, welches vom ACF systematisch vernachlässigt wird. Dieses Feld umfasst ganz ausdrücklich nicht, wie oben dargestellt, die Verwaltungsspitzen, die als „politische Wahlbeamte auf Zeit" über eine legitimierte politische Dimension in ihren Handlungen verfügen und diese auch zur Darstellung bringen (Geißler 2011, S. 110), sondern die nachgeordneten (Leitungs-)Ebenen. Letztere verlassen, dies kann hier im Vorgriff auf den empirischen Teil hervorgehoben werden, während des untersuchten Moschee-Konfliktes allerdings, insofern sie öffentliche Stellungnahmen abgeben bzw. in den Medien präsent sind, nicht die Orientierung an Rechts- bzw. Verwaltungsgrundsätzen bzw. an etablierten Verwaltungsroutinen.

Beispielgebend für einen solchen Akteur ist der frühere stellvertretende Leiter des Liegenschaftsamtes der Stadt Dortmund, der in den Verhandlungen mit dem Moscheeverein aus Dortmund-Hörde eine Schlüsselfigur darstellt, insofern er an zahlreichen Gesprächen über den Optionsvertrag mit dem Moscheeverein mitwirkt und im Kontext der verwaltungsseitigen Bearbeitung des Bebauungsplanänderungsverfahrens Verantwortung trägt (Interview Renno, Juli 2011; vgl. Drucksache Nr. 04672-06 2006). Aufgrund der relativ hohen Statusposition dieses Beamten finden

---

[58] Ein Ansatz zur Erforschung der hier angesprochenen sozialen Praktiken könnte in der Durchführung einer ethnographischen Feldstudie liegen. Die Durchführung einer solchen Feldstudie kam allerdings nicht in Frage, da zum Zeitpunkt der Konzeption der Studie (Ende 2008) bereits wesentliche Aushandlungsprozesse abgeschlossen waren oder zumindest weitgehend abgeschlossen erschienen, wie die Chronologie des Konfliktes (siehe Kap. 4.7) zeigt.

sich durchaus Statements dieses Akteurs in der Medienberichterstattung. Diese sind jedoch allein auf die ‚verwaltungstechnische' Darstellung und Begründung von Verfahrensschritten und Entscheidungen ausgerichtet. So wird der stellvertretende Amtsleiter in den *Ruhr Nachrichten* vom 16.01.2009 mit Blick auf die Übernahme der Erschließung und Vermarktung der in direkter Nachbarschaft zur Moschee geplanten Wohnsiedlung zitiert:

> In der Vermarktungsfrage ist auch der stellvertretende Leiter des Liegenschaftsamtes, Bodo Schneider, zuversichtlich. (…) Allein die Erschließungskosten seien für den Kulturverein zu hoch geworden. Da springe die Stadt jetzt ein, ohne den Haushalt der Stadt zu belasten: ‚Die Erlöse aus dem Grundstücksverkauf liegen über unseren Ausgaben', so Schneider. (…) Schneider vergleicht die Arbeit der Stadt am ‚Grimmelsiepen' in Hörde technisch gesehen mit dem Neubaugebiet ‚Bergfeld' in Lücklemberg und vielen anderen Vorhaben. ‚Der Grimmelsiepen ist nichts anderes', so der stellvertretende Amtsleiter. (Bandermann 2009a)

Auch wenn, wie an diesem Beispiel hervorgehoben, die Darstellungspraktiken der Verwaltungsakteure (jenseits der Ebene der Dortmunder Dezernenten bzw. Beigeordneten) in der Regel dem Gebot der Unparteilichkeit entsprechen, wäre es falsch, diese nicht als Elemente im Policy-Prozess zu betrachten. Die deutsche Policy-Forschung verweist auf diesen Aspekt seit den 1970er Jahren und unterstreicht nachdrücklich, dass eine deutliche Grenze zwischen Politik und Verwaltung nicht sinnvoll gezogen werden kann (vgl. Scharpf 1973, S. 15ff).

Das empirische Material, welches im zweiten Teil der Studie diskutiert wird, bietet jedoch aus den genannten Gründen lediglich Anzeichen für die Relevanz politischer Motivlagen im Feld der hier fokussierten, nachgeordneten Verwaltungsebenen in den Stadtämtern, welche an der Bebauungsplanänderung und der Vorbereitung und Prüfung des Bauantrages mitgewirkt haben.

Beispielsweise deuten die Interviews mit den Unterstützern des Moschee-Projektes darauf hin, dass im Rahmen der Verhandlungen über das Brandschutzkonzept der Nachbarschafts-Moschee durch Experten der Dortmunder Feuerwehr schwer nachvollziehbare Auflagen formuliert wurden, die das Finanzkonzept des Vereins belasten und zeitliche Verzögerungen hervorrufen. Konkret geht es in dem angesprochenen Vorgang um die („vermutlich weltweit einmalige") Auflage, die Schuhregale im Vorraum des Gebetsraumes mit automatisierten und nach DIN Norm feuersicheren Türen auszustatten (Interview Karataş, März 2012). Diese kostenintensive Auflage wurde durch den Hörder Moscheeverein letztlich nach mehreren Wochen kontroverser Diskussion akzeptiert, um das Projekt nicht insgesamt zu gefährden bzw. keine weiteren zeitlichen Verzögerungen zu provozieren. Ob diese Auflagen allerdings Ausdruck politisch motivierter Engführungen im Umgang mit Brandschutznormen darstellen oder nicht, bleibt im Kontext dieser Studie letztlich unentscheidbar.

3.6.2 Konstruktivistisches Reframing des ACF

Ist es legitim, ein positivistisch konzipiertes Framework bzw. dessen Konzepte einem konstruktivistischen Reframing zu unterziehen? In Kapitel 2, im Rahmen der methodologischen Reflexion, wurde diskutiert, welche Perspektiven auf das Untersuchungsfeld, auf existierende Theorieangebote sowie auf den Forschungsprozess aus einer konstruktivistisch gewendeten GT resultieren. Es ist offensichtlich, dass in der Konsequenz die positivistischen Annahmen des ACF im Zusammenhang dieser Studie verworfen werden.

Im Anschluss an das empirische Programm des Konstruktivismus erscheinen alle Versuche, Kausalmodelle zu formulieren, die objektive Grenzen zwischen einem Policy-Subsystem und externen, dynamischen Faktoren voraussetzen, als irrelevant. In der Konsequenz scheint es auf den ersten Blick möglicherweise angemessen, sich Nullmeiers Argument anzuschließen, dass das ACF aus dem Umfeld interpretativer Arbeiten herausfällt (vgl. Nullmeier 1997, S. 111).

Demgegenüber wird in dieser Studie die Annahme vertreten, dass ein konstruktivistisches Reframing des ACF eine produktive Sicht auf das Untersuchungsfeld der Policy-Forschung eröffnet und dazu beitragen kann, das ACF in das Feld der interpretativen, post-positivistischen und ideenbezogenen Policy-Forschung zu überführen.

Mit dem Begriff der interpretativen Policy-Forschung ist hier ein heterogenes Set von Ansätzen bezeichnet, „die sich auf die wirklichkeitskonstituierende Dimension von Ideen, Wissen, Deutungsmustern, *frames*, Interpretationen, Argumenten oder Diskursen" konzentrieren (Münch 2010, S. 71). In dieses komplexe Feld gehören, wie Münch (2010) verdeutlicht, ein sehr vielseitiges Set von analytischen Perspektiven, darunter die prominenten Ansätze von Dvora Yanow (2000), Deborah Stone (2012), Maarten Hajer (1995); die einflussreichsten deutschen Vertreter sind in dieser Hinsicht Frank Nullmeier und Friedbert Rüb bzw. ihr wissenspolitologischer Ansatz (1993).

Die Basis hierzu stellt in dieser Studie die methodologische Konzeption zur Verfügung, welche heuristisch offen die Frage formuliert, inwiefern sich Konzepte des ACF in den empirischen Daten der Fallstudie verankern lassen und dazu beitragen, das Terrain des Untersuchungsfeldes zu erschließen (vgl. Knorr-Cetina 1989, S. 94). Die Ergebnisse dieses Vorgehens stehen im Zentrum des anschließenden zweiten Teils dieser Studie.

Teil II: Moschee-Konflikt in Dortmund

4. Grundlinien des Dortmunder Moschee-Konfliktes

„Je weniger Muslime in Europa als Teil der jeweiligen Mehrheitsgesellschaft empfunden werden, desto stärker bildet sich Widerstand gegen ihre Moscheen."

Salomon Korn in „Zu schwach, um Fremdes zu ertragen?" (2008, S. 250)

4.1 Einleitung

Im Zentrum des zweiten Teils der Untersuchung stehen die Aushandlungs- und Entscheidungsprozesse, die sich auf den geplanten Bau einer repräsentativen Moschee im Dortmunder Stadtbezirk Hörde beziehen. Wie im ersten Teil der Studie ausführlich dargestellt, ist diese Analyse in der methodologischen Perspektive einer konstruktivistischen GT verankert und zielt auf die Auseinandersetzung mit den Möglichkeiten und Limitierungen des ACF. Mit Blick auf das Feld der existierenden Literatur, welches im Kapitel zum Stand der Forschung aufgearbeitet wurde, impliziert dies einen Anschluss an Studien die, mit Maussen (2005) argumentiert, einer Negotiations-Perspektive verpflichtet sind.

Der Aufbau von Kapitel 4 ist davon bestimmt, zunächst in einige grundlegende Aspekte des Konfliktsettings einzuführen. Diesem Zweck dienen einige Bemerkungen zur historischen Entwicklung des Ruhrgebiets als bedeutendes Ziel für Zuwanderer (Kap. 4.2) und zur Entwicklung muslimischen Lebens in Dortmund, insbesondere in Bezug auf die Entstehungszusammenhänge der muslimischen Gemeinden in der Stadt und der Region (Kap. 4.3).

Ausgehend von dieser ersten Annäherung an den lokalen Kontext wird in Kapitel 4.4 der Hörder Moscheeverein vorgestellt, dessen Pläne zur Errichtung einer repräsentativen Moschee seit mehr als 10 Jahren die lokale Dortmunder Politik beschäftigen. Zugleich wird die Ausgangsituation umrissen, in welcher die Idee zum Bau einer neuen Moschee in Hörde entsteht. In Ergänzung zu diesen Ausführungen werden in Kapitel 4.5 die Konzeption der geplanten Nachbarschafts-Moschee sowie wesentliche Projektmodifikationen erläutert, die im Laufe der Aushandlungsprozesse realisiert werden. Eine kursorische Darstellung der maßgeblichen Entwicklungen des integrationspolitischen Policy-Feldes in Dortmund (Kap. 4.6) ergänzt die in diesem Kapitel insgesamt angestrebte Auseinandersetzung mit dem Bedingungskontext des Moschee-Konfliktes in Dortmund.

Im weiteren Verlauf werden die eingeführten Aspekte des Settings als Hintergrundwissen in die Untersuchung des Policy-Konfliktes relevant. Zugleich erleichtern diese Ausführungen den Zugang zu der in Kapitel 4.7 ausgearbeiteten Chronologie des Moschee-Projektes. Letztere vermittelt einen Überblick über die Aushandlungsprozesse, Konflikte, Krisen und Entscheidungen und führt in das Tableau der beteiligten Akteure ein. Kapitel 5 entwickelt aufbauend auf diesen Reflexionen eine ACF-orientierte Analyse des Dortmunder Policy-Konfliktes.

4.2 Zuwanderungsregion Ruhrgebiet

Die Entstehung der muslimischen Gemeinden in Dortmund ist eng an die Geschichte des Ruhrgebiets gebunden, welches im Gegensatz zum restlichen Deutschland bereits während der Industrialisierung im 19. Jahrhundert und bis zur Mitte des 20. Jahrhunderts durch Zuwanderung maßgeblich geprägt wurde (vgl. Abelshauser & Köllmann 1990, S. 7). Die beeindruckende Dimension dieser Wanderungsbewegungen verdeutlicht ein Blick auf das Bevölkerungswachstum des Ruhrgebiets im letzten Drittel des 19. Jahrhunderts. Demnach wuchs die Einwohnerzahl der Region allein in den Jahren von der Gründung des Kaiserreichs 1871 bis zum Jahr 1905 von 732.000 auf 2,6 Millionen Einwohner (vgl. Blase 1997, S. 222).

Die Bevölkerungsentwicklung der Stadt Dortmund spiegelt diese Zuwanderungsdynamik des Ruhrgebiets in markanter Weise wider: hatte Dortmund zum Zeitpunkt der ersten Volkszählung im Jahr 1816 lediglich 4.465 Einwohner, so lebten bereits 1871 mehr als 44.000 Menschen in der Stadt. Bis zum Beginn des 1. Weltkriegs versechsfachte sich dieser Wert auf mehr als 250.000 Einwohner. Der 1. Weltkrieg sowie die anschließende Wirtschaftskrise und Inflation verlangsamten die wirtschaftliche Entwicklung des gesamten Ruhrgebiets, sodass Dortmund bis 1939 ‚nur' moderat auf ein Großstadtniveau von 546.300 Einwohnern anwuchs, was annähernd dem aktuellen Niveau der Hauptwohnbevölkerung von 578.000 Einwohnern entspricht (vgl. Sommerer 1996; Stadt Dortmund 2012).

In der Folge verfügt das Ruhrgebiet über eine deutlich längere und das kollektive Selbstverständnis der Region prägende Erfahrung von Migration und Heterogenität, wenn auch muslimische Zuwanderer innerhalb dieses ‚frühen' Migrationssystems keine Rolle spielten (vgl. Bade 2002, S. 78-80, 86-87). Mit Thränhardt (1997) lässt sich in diesem Kontext argumentieren, dass die Zuwanderung ins Ruhrgebiet zur Begründung eines positiven kollektiven Selbstbilds im Sinne eines Schmelztiegel-Bewusstseins geführt hat. Dieses Selbstbild beruht in Thränhardts Lesart insbesondere auf dem positiven Mythos der gelungenen Integration polnischer Arbeitsmigranten (sogenannter ‚Ruhrpolen'), der im historischen Kern zwar als fragwürdig gelten muss, für die Lebenswirklichkeit der Migranten im Ruhrgebiet und die Chancen der Integration aber positive Konsequenzen zeigt.[59] Eine wesentliche Wirkung dieses kollektiven Selbstbildes ist demzufolge, dass negative Politisierungen der Migration in Form von politischen Kampagnen im Unterschied zu anderen Ballungsräumen und Regionen geringere Erfolgsaussichten haben (vgl. Thränhardt 1997, S. 392–393). Für diese These spricht, dass in NRW der Gewinn höchster politischer Ämter auf Länderebene, anders als z.b. in Hessen bislang nicht mittels migrationspolitischer Kampagnen erreicht werden konnte. Während der Landtagswahlsieg Roland Kochs im Jahr 1999 stark auf einer Unterschriftenkampagne gegen den rot-grünen Gesetzesentwurf zur Einführung der doppelten Staatsangehörigkeit basierte(vgl. Hagedorn 2001), scheiterte die NRW-Landtagswahlkampagne des damaligen CDU-Oppositionsführers Jürgen Rüttgers im Jahr 2000, welche unter anderem mit der Schlagzeile „Kinder statt Inder" operierte und insofern vergeblich negative Stereotypen der Überfremdung zu nutzen versuchte (vgl. Schicha 2007, S. 257).

4.3 Entwicklungslinien muslimischen Lebens in Dortmund

Eine in den Statistiken der Stadt Dortmund erkennbare Zuwanderung von Migranten aus muslimisch geprägten Ländern beginnt erst in den 1960er Jahren. Allerdings liegen bis in die Gegenwart nur begrenzt aussagekräftige Daten zu den Anteilen der muslimischen Migranten vor, da die Religionszugehörigkeit als Merkmal statistisch nicht erfasst wurde. Im Folgenden wird daher als Behelfskonstruktion die Zunahme der Migranten aus der Türkei als Indikator für das dynamische Wachstum der muslimischen Gemeinden in Dortmund gewählt. Die Zuwanderung türkischer Arbeitsmigranten ist, wie bereits dargestellt, in die Zuwanderungspolitik der Bundesrepublik bzw. die Anwerbeabkommen der 1960er Jahre eingebettet, darüber hinaus aber von den ökonomischen Rahmenbedingungen des Ruhrgebiets in diesem Zeitraum bestimmt. So nimmt das Land Nordrhein-Westfalen im Nachkriegsgeschehen zunächst einen hohen Anteil der Vertriebenen und DDR-Flüchtlinge auf, aber die vergleichsweise geringe Wirtschaftsdynamik im Ruhrgebiet führt dazu, dass während der Hauptphase der Anwerbung ausländischer Arbeiter (von 1955 bis 1973) andere Regionen weitaus mehr Arbeitsmigranten aufnehmen. Konkret sind es Großstädte wie Stuttgart, Frankfurt/Main sowie München und in Nordrhein-

---

[59] Die Zuwanderung der ‚Ruhrpolen' – 1914 lebten ca. 500.000 im Ruhrgebiet – traf hier auf einen politischen Kontext, der von preußischer Abwehrpolitik (u.a. die Zwangsrotation nichtdeutscher Arbeitsmigranten) und einem Zwang zur kulturellen Assimilation geprägt war, wofür Einschränkungen bezüglich der Verwendung des Polnischen im öffentlichen Raum ein Beispiel geben (vgl. Bade 2002: 78ff u. 222ff).

Westfalen Städte wie Köln oder auch Düsseldorf, die einen vergleichsweise größeren Bedarf an ausländischen Arbeitskräften entwickeln. Hintergrund für diese Prozesse ist der mit dem Ende der 1950er Jahre einsetzende Bedeutungsverlust der Kohle gegenüber dem Erdöl und die damit einhergehende Minderung der Wirtschaftskraft des Ruhrgebiets (vgl. Blase 1997, S. 224). Diese Konstellation verändert sich erst in den Wirtschaftsboomjahren 1970 bis 1973, als auch das Ruhrgebiet wirtschaftlich prosperiert und die alten Leitindustrien der Region verstärkt Arbeitsmigranten einstellen (vgl. Thränhardt 1997, S. 379).

Für die Entwicklung muslimischer Gemeinden im Ruhrgebiet und damit auch in Dortmund ist an dieser Dynamik relevant, dass die wirtschaftliche Belebung des Ruhrgebiets mit dem Höhepunkt der Anwerbung von Arbeitsmigranten aus der Türkei zusammenfällt. Letzteres zeigt die Statistik der Zuwanderungen von Arbeitsmigranten für den fraglichen Zeitraum: Waren zwischen 1961, dem Jahr des Anwerbevertrags mit der Türkei und 1969 insgesamt nur 390.000 Arbeitnehmer aus der Türkei eingereist, so kamen allein in den drei Jahren von 1970 bis 1973 mehr als 470.000 türkische Arbeitsmigranten nach Deutschland (vgl. Jamin 1999, S. 152).

Deutlich belegen diesen Entwicklungspfad die Zahlen der Dortmunder Einwohnerstatistik: In den nur drei Jahren des Booms steigt der Anteil der türkischen Migranten in Dortmund von 5.482 im Jahr 1970 auf 12.284 Personen im Jahr 1973. Bereits nach dem Anwerbestopp stellen sie mit 27,5% die größte Gruppe der ausländischen Bevölkerung in Dortmund, gefolgt von den Arbeitsmigranten aus dem ehemaligen Jugoslawien (22%) (vgl. Gneiße 1986). Bis zum Jahr 1985 wächst die Gruppe türkischer Migranten in Dortmund – hauptsächlich in Form eines verstärkten Familiennachzugs – weiter auf 19.512 Personen an.[60] Menschen mit türkischem Migrationshintergrund repräsentieren somit Mitte der 1980er Jahre einen Anteil von nicht ganz 40% der ausländischen Bevölkerung (vgl. Gneiße 1986).

---

[60] Die Aufenthaltszeiten der Arbeitsmigranten werden in der Folge des Anwerbestopps länger, da unter den Arbeitsmigranten Unsicherheit über die Möglichkeit zur Rückkehr nach Deutschland nach einer Ausreise herrscht. Viele Migranten (Frauen wie Männer) entschließen sich in dieser Lage, ihre Familien nachzuholen. Bedeutend ist in diesem Zusammenhang die Zugehörigkeit der Herkunftsländer zur Europäischen Gemeinschaft (EG). Gehören die Herkunftsländer zur EG bzw. existieren gesonderte Abkommen (wie z.B. mit Spanien) oder Beitrittsoptionen, ist die Wiedereinreise zum Teil gar nicht oder nur zeitweise verboten. Die Türkei und das ehemalige Jugoslawien gehören zu diesem Zeitpunkt nicht in den Kreis der (potenziellen) EG-Staaten, wodurch die Migranten aus diesen Ländern in besonderem Maße vor die Entscheidung über eine dauerhafte Niederlassung in Deutschland oder einer Rückkehr in das Herkunftsland gestellt werden. Der Familiennachzug beherrscht in der Folge die Migration nach Deutschland seit dem Anwerbestopp bis in die 1980er Jahre – Meyer bezeichnet diese Entwicklung folgerichtig als den Wechsel von der Arbeits- zur Familienmigration (Meyer 2003). Unterstützt wird dieser Trend zudem durch die nach Stufen differenzierte Regelung des Aufenthaltsstatus. Diese mindert bei Erreichung eines Daueraufenthaltsrechts das Risiko einer ungewollten Rückwanderung in das Herkunftsland (vgl. Bade 2002, S. 336).

Bis heute ist diese Gruppe kontinuierlich weiter auf ca. 40.000 Personen bzw. etwa 7% der Dortmunder Gesamtbevölkerung im Jahr 2012 angewachsen. Ihr relativer Anteil an der Gesamtgruppe der zugewanderten Bevölkerung sinkt jedoch, trotz der Verdoppelung in den absoluten Zahlen, angesichts der massiven Wanderungsbewegungen der späten 1980er sowie der 1990er Jahre. Auslösende Faktoren für diese Entwicklung sind zum einen der Zusammenbruch des Ostblocks und die damit einsetzende Zuwanderung von Aussiedlern bzw. Spätaussiedlern und jüdischen Zuwanderern. Zum anderen führt auch die Fluchtmigration[61] aus Krisenregionen in Afrika und dem Balkan zahlreiche neue Migranten nach Dortmund (vgl. Kühne & Rüßler 2000, S. 130). In der Bilanz verfügen im Jahr 2012 daher nicht ganz ein Viertel der 170.000 Migranten in Dortmund über einen türkischen Migrationshintergrund (vgl. Stadt Dortmund 2012, S. 5).

In der Frage nach dem Anteil der Muslime an der Bevölkerung der Stadt können diese Zahlen nur eine grobkörnige Orientierung geben. Einerseits sind nicht alle Menschen mit türkischem Migrationshintergrund Muslime, andererseits gibt es in Dortmund muslimische Gemeinden, die ethnisch-national nicht türkisch, sondern bspw. bosnisch oder marokkanisch geprägt sind. Die aussagkräftigsten Daten liefert in diesem Kontext zurzeit die Studie „Muslimisches Leben in NRW" (2010). Sie kommt auf der Basis komplexer Berechnungsverfahren, die neben den Ergebnissen repräsentativer Befragungen auch die Daten des Ausländerzentralregisters berücksichtigen, zu der Aussage, dass in NRW ca. 7-8% der Bevölkerung Muslime sind. Dieser Wert wird im Weiteren als Schätzwert mangels anderer Quellen auf die Stadt Dortmund übertragen. In absoluten Zahlen ausgedrückt impliziert dies, dass in Dortmund heute 40 bis 46 Tausend Muslime leben.

Ein weiterer Zugang zum muslimischen Leben in Dortmund ergibt sich über einen Blick auf die ca. 40 muslimischen Gemeinden, die als Moscheevereine organisiert sind (vgl. Volmerich 2007). Ihre Verteilung über das Stadtgebiet entspricht dabei der Verteilung der Zuwanderer über das Stadtgebiet, sodass die meisten Moscheen in der Nordstadt bzw. den nördlichen Stadtteilen angesiedelt sind (vgl. Dortmunder Kontaktgruppe der Kirchen mit Moscheevereinen 2002). Mehrheitlich sind diese in der 2. Hälfte der 1970er Jahre entstanden (Interview Karataş, Aug. 2009), wenn auch die Gründung des ältesten Moscheevereins (Verein Türkischer Arbeitnehmer in Dortmund und Umgebung e.V.) bereits auf das Jahr 1966 zurück-

---

[61] Als Fluchtmigranten werden mit Peter Han (2000) „Menschen [bezeichnet], die aufgrund unterschiedlich verursachter und begründeter Bedrohung für Leib und Leben ihren ursprünglichen Wohnsitz vorübergehend oder dauerhaft verlassen und anderswo Zuflucht suchen. Sie können auch durch staatliche Zwangsmaßnahmen vertrieben werden." (Han 2000, S. 77)

geht.[62] Die Gründung der meisten Dortmunder Moscheevereine korrespondiert insofern mit der Konsolidierung der Einwanderung nach Deutschland, die in Reaktion auf den Anwerbestopp im Jahr 1973 einsetzte.

Mit Blick auf die konkreten Gründungsmotive verweist die Dortmunder Kontaktgruppe[63] der Kirchen mit Moscheevereinen (2002) auf die Bedeutung der Aspekte Sprache, Herkunft und Ortsnähe:

> Es wurde den Gläubigen zunehmend wichtig, die Predigt und das Bildungsangebot in der ihnen vertrauten Sprache vermittelt zu bekommen. Nachdem zunächst Moscheevereine gegründet wurden, in denen Türkisch die Verkehrssprache war, entstand in der zweiten Hälfte der 1970-er Jahre die erste arabischsprachige Moscheevereinigung. (…) Als in den Stadtteilen ausreichend muslimische Gläubige einer Nationalität zur Gründung von Vereinen vorhanden waren, kam unter ihnen vielfach der Wunsch auf, direkt im Stadtteil, wo sie wohnten und ihr vertrautes, nachbarschaftliches Umfeld hatten, ein Zentrum zu haben. Dieser Wunsch entstand vor allem aus dem Anliegen heraus, den Kindern in der Nähe der elterlichen Wohnung die Möglichkeit zur religiösen Unterweisung zu bieten. (Dortmunder Kontaktgruppe der Kirchen mit Moscheevereinen 2002, S. 6)

Unter den türkischen Muslimen in Dortmund wurde zudem die Frage der Zusammenarbeit mit der türkischen Religionsbehörde Diyanet Isleri Baskanligi (Diyanet) intensiv diskutiert und zu einem Ausgangspunkt für Moscheegründungen. Für Muslime arabischer Herkunft war demgegenüber entscheidend, ob und wie sie mit den Konsulaten ihrer Herkunftsländer kooperieren sollten bzw. ob eine Moschee panarabisch oder ethnisch-national ausgerichtet werden sollte (Dortmunder Kontaktgruppe der Kirchen mit Moscheevereinen 2002, S. 6).

Räumlich stellen sich die Dortmunder Moscheen seit Beginn des muslimischen Gemeindelebens in der Stadt als Gebetsorte in umfunktionierten Gebäuden dar. Waren die ersten Moscheen meist angemietete Wohnhäuser, so ändert sich dies auch in Dortmund in den 1990er Jahren. Die genutzten Gebäude werden erworben, ihre Funktionen werden komplexer:

> Boten sie [die Moscheen] ursprünglich lediglich einen Treffpunkt für Freunde aus der Heimat und einen Ort des Gebetes, so haben sie sich inzwischen vielfach zu Zentren religiösen und kulturellen Lebens sowie sozialer Arbeit entwickelt. (Dortmunder Kontaktgruppe der Kirchen mit Moscheevereinen 2002, S. 7)

Ein erstes Minarett im traditionellen Baustil wurde allerdings erst 2009 als Ergänzung zu einer Moschee in einem umfunktionierten Industriegebäude erbaut (vgl. Gohsmann 2009). In diesen Veränderungen kommt zum Ausdruck, dass einzelne

---

[62] Dieser Verein betreibt seit 1973 die bis dato größte Dortmunder Moschee mit Sitz in einem umgewidmeten, ehemaligen evangelischen Gemeindehaus in der Dortmunder Nordstadt (vgl. Dortmunder Kontaktgruppe der Kirchen mit Moscheevereinen 2002).

[63] Zur Entstehung und über die Ziele der Dortmunder Kontaktgruppe der Kirchen mit Moscheevereinen informiert Kapitel 4.6.2.

Moscheen auch Funktionen wahrnehmen, die über das Angebot von typischen Nachbarschafts-Moscheen, deren Wirkungsbereich auf das jeweilige Quartier beschränkt ist, hinausgehen. Auch wenn aus den für diese Studie erhobenen Daten keine weitergehende Analyse der Moscheevereine in Dortmund möglich ist, kann hier exemplarisch auf die im Stadtbezirk Innenstadt-Nord gelegene Abu-Bakre Moschee verwiesen werden. Letztere ist in lokale wie auch überregionale Netzwerke eingebunden, die auf den integrationspolitischen, speziell den interreligiösen Dialog in der Stadt ausgerichtet sind. Deutlich wird dies u.a. an der Einbindung der Moschee in lokale Initiativen, wie die 1997 gegründete Dortmunder Kontaktgruppe der Kirchen mit Moscheevereinen oder die Initiative Integration mit aufrechtem Gang. Gegenwärtig ist ein Mitglied dieser Gemeinde zudem Sprecher des seit 2007 bestehenden Rates der muslimischen Gemeinden in Dortmund (Katholische Stadtkirche Dortmund & Vereinigte Evangelische Kirchenkreise Dortmund und Lünen 2005; Interview Back, Mai 2011).

4.4 Entstehung der Moscheebaupläne in Dortmund-Hörde

Der Impuls für den Bau einer ersten repräsentativen Nachbarschafts-Moschee in Dortmund geht vom Türkisch-Islamischen Kulturverein e.V. (TIKV Hörde) im Stadtbezirk Dortmund-Hörde aus. Der 1982 gegründete Moscheeverein hat gegenwärtig ca. 400 Mitglieder und gehört somit in Dortmund zu den größeren muslimischen Gemeinden (Interviews Karataş, Aug. 2009 & März 2012).[64]

Organisatorisch ist der TIKV Hörde Mitglied der Türkisch-Islamischen Union der Anstalt für Religionen e.V. (türkisch: Diyanet Isleri Türk Islam Birgili), die in der Öffentlichkeit besser unter ihrem Akronym DITIB bekannt ist. Dieser vom türkischen Staat abhängige Dachverband vertritt als deutscher Ableger der türkischen Religionsbehörde Diyanet in Deutschland rund 900 Ortsgemeinden. DITIB – gegründet im Jahr 1984 – ist in der Folge der größte islamische Dachverband in der BRD (vgl. Türkisch-Islamische Union der Anstalt für Religionen e.V.; Rosenow & Kortmann 2011, S. 52). Im Vergleich zu anderen islamischen Dachverbänden in Deutschland vertritt DITIB als einziger Verband einen „türkischen Staatsislam",

---

[64] In der zweiten Jahreshälfte 2012 benennt sich der Moscheeverein in Türkisch Islamische Gemeinde zu Dortmund Hörde e.V. um. Die Änderung erfolgt im Rahmen einer durch den DITIB-Dachverband geleiteten Initiative und betrifft alle DITIB-Mitgliedsvereine (Karataş, 17. Dezember 2012). Weder in den ausgewerteten Medienberichten noch in den geführten Interviews oder in den Niederschriften und Drucksachen der kommunalen Politik findet diese neue Namensgebung bereits Gebrauch. Aus diesem Grund werden die muslimischen Akteure in der vorliegenden Studie unter Berücksichtigung des Untersuchungszeitraums weiter als Türkisch-Islamischer Kulturverein e.V. oder mit der Abkürzung TIKV Hörde bezeichnet.

der durch ein laizistisches Verständnis „türkischen Zuschnitts" bestimmt wird. Dieses Verständnis impliziert „eher eine Kontrolle der (...) Religion durch den Staat als deren Trennung vom Staat." (Rosenow & Kortmann 2011, S. 52)

Allerdings weist Kortmann darauf hin, dass die DITIB sich in Deutschland nicht als Religionsgemeinschaft versteht, sondern als „Migrantenorganisation (...) mit religiöser und sozialer Zielsetzung" - hierin beispielsweise der Caritas vergleichbar (Kortmann 2009, S. 10f). DITIB bietet den Mitgliedsgemeinden auf dieser Grundlage eine Reihe von Ressourcen an, insbesondere entsendet die türkische Religionsbehörde Imame zu den DITIB-Moscheen. Auf der Ebene des Gemeindelebens bedeutet die Mitgliedschaft im DITIB Dachverband die Möglichkeit, durch einen hauptamtlich beschäftigten, berufserfahrenen islamischen Theologen angeleitet zu werden, dessen Gehalt von der türkischen Religionsbehörde getragen wird (vgl. Halm et al. 2012, S. 10 u. 416ff). Problematisch erweist sich hingegen für DITIB organisierte Moscheevereine, dass die Imame in der Regel „mit der Lebenswelt und den Problemen ihrer Gemeindemitglieder nur unzureichend vertraut [sind] und (...) keine oder nur geringe Kenntnisse über die komplexen sozialen und kulturellen Gegebenheiten der Wohnquartiere" besitzen (Kiefer 2012, S. 211).

Auf lokaler Ebene gehört der TIKV Hörde seit 2007 dem Rat der muslimischen Gemeinden in Dortmund an, einem auf Initiative der Stadt im gleichen Jahr gegründeten Dialog-Gremium. Dieser setzt sich paritätisch aus jeweils einem Repräsentanten pro Moscheeverein zusammen und wird durch jeweils zwei Ratsmitglieder nach außen vertreten (vgl. Dortmunder Kontaktgruppe der Kirchen mit Moscheevereinen 2002).

In seiner religiösen Ausrichtung ist der TIKV Hörde türkisch-sunnitisch; welche Relevanz dies für das Islamverständnis der Hörder Gemeinde hat, ist auf Basis der im Rahmen dieser Studie geführten Interviews, die sich auf den Policy-Konflikt konzentrieren, nicht oder nur sehr eingeschränkt zu beschreiben. Die geführten Interviews sowie auch punktuelle Beobachtungen im Rahmen von Veranstaltungen zeigen allerdings eine Gemeinde, die sich für den Austausch mit ihrem Umfeld im Stadtbezirk als offen und dialogorientiert erweist. So übernehmen Frauen Funktionen als Mitglieder des Vereinsvorstands und repräsentieren diesen im Rahmen öffentlicher Veranstaltungen nach außen (Interview Stiller, Okt. 2012).

Für die Offenheit des TIKV Hörde gegenüber seinem Umfeld spricht auch die Mitwirkung des Vereins an verschiedenen Veranstaltungen des interreligiösen Dialogs (vom interreligiösen Gebet unter dem Titel Friedenslicht der Religionen bis hin zum Fußballturnier Pfarrer gegen Imame). In den Interviews wird dieser Eindruck insbesondere durch die dort sichtbar werdende Reflexion der Veränderungsprozesse unterstrichen, die der Verein während der langen Aushandlungsprozesse durchlaufen hat. Exemplarisch verweist der Vereinsvorsitzende auf die eigene, gewachsene Bereitschaft, kritische Fragen zum Islam zu akzeptieren – eine Veränderung, die aus der gewachsenen Vertrauensebene zwischen ihm und dem Koordinator des

Runden Tisches Grimmelsiepen bzw. dessen glaubwürdigem Engagement für das Projekt erwachsen ist (Interview Arpaci, Sept. 2012).

Bei Tezcan (2005) findet sich zur Beschreibung des Islamverständnisses der türkischen Moscheebesucher in den DITIB-Moscheen folgendes Resümee:

> Was die Art der Religiosität betrifft, gilt die DITIB als gemäßigt. Sie ist eine Art ‚Volkskirche' mit einer ‚weltfreundlichen Moral' (...) Das dürfte der Grund dafür sein, warum die Mehrheit der türkischen Moscheebesucher die DITIB-Moscheen bevorzugen. (Tezcan 2005)

Ob diese generalisierende Beschreibung auf die ca. 900 DITIB-Vereine in der Bundesrepublik zutrifft, ist eine empirische Frage, die hier nicht geklärt werden kann. Mit Blick auf den TIKV Hörde scheint sie angesichts der oben beschriebenen Eindrücke als eine gute Annäherung an die ‚Atmosphäre' in der Gemeinde.

Bezüglich seiner Vernetzung mit der lokalen Politik ist die Situation des TIKV Hörde bis in die frühen 2000er Jahre davon gekennzeichnet, dass die Gemeinde nur oberflächlich in das Netzwerk der lokalen und kommunalen Akteure eingebunden ist. Es ist ein Aspekt, der in der Anfangsphase die Kommunikationsprozesse zwischen den lokalen Politikern und der Verwaltung erschwert. Erst im Verlauf der Verhandlungsprozesse entstehen gute bis sehr gute Kontakte zu Akteuren der lokalen Politik.

Ausdruck dieser wachsenden Vernetzung auf der Seite des TIKV Hörde sind unter anderem die mehr als 350 dokumentierten Termine, darunter zahlreiche Informationsveranstaltungen und Pressekonferenzen, die der Architekt des Grimmelsiepen-Projektes mit Vertretern der kommunalen Politik, der Stadtverwaltung, Vereinen und Verbänden wahrgenommen hat. Ein markantes Zeichen für die gewachsene Einbettung des Vereins in das soziale Gefüge des Stadtteils ist zudem die Durchführung einer Studienfahrt in die Türkei im Jahr 2006, die Vereinsmitglieder mit Vertretern kommunaler Politik, der Kirchen und Kirchenmitgliedern unternommen haben.

Die Sultan Ahmet Moschee, das ursprüngliche Gebetshaus des TIKV Hörde (Abbildung 5, S. 143), ein umfunktioniertes Wohngebäude, entspricht in vieler Hinsicht den Moscheen der ersten Generation muslimischer Arbeitsmigranten wie sie in ganz Deutschland anzutreffen sind.[65] Zum Zeitpunkt seines Bezugs liegt das heute sanierungsbedürftige Wohngebäude in einer benachteiligten Wohngegend, vis-à-vis zum Dortmunder Hoesch-Stahlwerk Phönix-Ost. Für die religiösen, aber auch für die sozio-kulturellen Zwecke ist das Haus bereits in den 1990er Jahren nicht mehr geeignet, da es nicht ausreichend Raum für die gewünschte Nutzungs-

---

[65] Wenn nicht explizit eine andere Quelle genannt wird, sind die im 4. Kapitel verwendeten Abbildungen durch das Architekturbüro Karataş zur Verfügung gestellt worden.

vielfalt bietet (Interview Karataş, Aug. 2009). Insofern überrascht es nicht, dass der
TIKV Hörde, hierin vergleichbar mit zahlreichen anderen Moscheevereinen in
Deutschland und Europa, bereits seit den frühen 1990er Jahren Interesse an einem
repräsentativen und funktionalen Gebäude zeigt.

Dabei werden in der Gemeinde sowohl der Umzug in ein umzubauendes
Wohngebäude wie auch der Neubau einer funktional und repräsentativ geeigneten
Nachbarschafts-Moschee diskutiert. Ende der 1990er Jahre nimmt der Verein mit
der örtlichen Bezirksvertretung in Hörde Gespräche über die ‚Standortfrage' auf.
Diese signalisiert ihre grundsätzliche Unterstützungsbereitschaft, zumal das Gebäude nur noch bedingt den Brandschutzverordnungen entspricht, ohne dass aus diesen Gesprächen jedoch eine Konkretisierung der Ideen hervorgeht (Interview
Renno, Juli 2011). Im April 2001 schließt das Stahlwerk Phönix-Ost, welches das
Leben in Hörde über Jahrzehnte als wichtigster Arbeitgeber (und auf einer Fläche
von ca. 100 Hektar) maßgeblich geprägt hat (vgl. Ellerbrock 2006). Im Zuge eines
großangelegten Stadtenwicklungsprojektes entstehen auf dem ehemaligen Werksge-
lände ein 24 Hektar großer See sowie neue Wohn- und Dienstleistungsquartiere.
Phönix-Ost bzw. die unmittelbare Nachbarschaft des Moscheevereins verwandeln
sich in der Folge über Jahre in eine Großbaustelle. Das alte Moscheegebäude wird
durch diesen Strukturwandel zwar „eingebettet in einen einzigartigen Natur- und
Erholungsraum", so die Darstellung in einer Image-Broschüre der Stadt Dortmund,
der Moscheeverein gewinnt hierdurch allerdings kaum einen Vorteil (Stadt Dortmund 2010, S. 11), denn eine Fortsetzung der Nutzung der Immobilie erscheint den
Verantwortlichen aufgrund des Gesamtzustandes des Gebäudes nicht erstrebens-
wert. Vielmehr erhöhen die Großbaustelle und der erwartbare Anstieg der Preise
für Mietobjekte und Baugrundstücke im Quartier den Handlungsdruck auf den
Vorstand des Vereins, eine Lösung für das Standortproblem herbeizuführen.

Vor diesem Hintergrund richtet der Verein im Frühjahr 2002 eine Anfrage an
die Hörder Bezirksverwaltung, die sich auf den Erwerb eines städtischen Baugrund-
stücks bezieht. Dieses Grundstück erscheint dem TIKV Hörde als besonders geeignet, da es an die Wohnquartiere der Gemeindemitglieder angrenzt sowie durch den
öffentlichen Nahverkehr unmittelbar an den Ortskern des Stadtteils angebunden ist.
Die Anfrage des TIKV Hörde wird allerdings zunächst abgelehnt, jedoch fordert
die Hörder Bezirksvertretung den Verein im Herbst des gleichen Jahres überraschend auf, an einer Ausschreibung teilzunehmen, die sich auf das fragliche Baugrundstück mit der Flurbezeichnung „Am Grimmelsiepen" bezieht. Der Verein
kommt dieser Aufforderung nach und projektiert sein Vorhaben für eine Fläche
von ca. 5.000 m². Dieser erste Entwurf zielt lediglich auf die Errichtung einer
Nachbarschafts-Moschee. In Reaktion auf Anforderungen des Planungsamtes erweitert der Verein dieses Konzept um die Errichtung einer Wohnsiedlung, sodass
im Oktober 2002 ein Konzept für eine Nutzungsfläche von 3.5 Hektar vorliegt. Als
im Frühjahr 2003 öffentlich bekannt wird, dass der TIKV Hörde gute Aussichten

auf den Erwerb eines städtischen Grundstücks hat, und die Aufnahme von Ver-
tragsverhandlungen über die Errichtung einer repräsentativen Nachbarschafts-
Moschee mit angegliederter Wohnsiedlung in der Hörder Bezirksvertretung bereits
beschlossen ist, ist dies zugleich der Auftakt für einen langjährigen Moschee-
Konflikt in Dortmund. Das nachfolgende Kapitel skizziert zunächst die wesentlichen Bausteine des umstrittenen Bauprojektes. Eine Übersicht zu den zentralen
Ereignissen im Zusammenhang mit der umstrittenen Moschee bzw. den Planungs-
und Entscheidungsprozessen wird in Kapitel 4.7 dargestellt.

Abbildung 5: Ursprüngliche Moschee des TIKV Hörde in Dortmund

4.5 Primäre Bausteine des Bebauungskonzeptes

Das ursprüngliche Konzept des TIKV Hörde zielt, wie oben erwähnt, ausschließlich auf die Errichtung einer repräsentativen Nachbarschafts-Moschee. Die benötig-
te Grundstücksfläche wird zunächst auf ca. 5.000 m² ausgelegt. In Reaktion auf die
Anforderungen der Ausschreibungen des Planungsamtes der Stadt Dortmund erweitert der Moscheeverein seine Konzeption um eine Siedlung mit 54 Einfamilien-
häusern und 24 Senioren-Wohnungen. Letztere wurden im Verlauf des Projektes
aufgrund alternativer Angebote für Senioren muslimischen Glaubens in der unmittelbaren Nachbarschaft aus dem Konzept herausgenommen (Interview Karataş,
Aug. 2009). Die Planung einer Kombination von Nachbarschafts-Moschee und
Wohnsiedlung stellt im Verlauf des Konfliktes um das Bauprojekt einen erstrangi-

gen Ansatzpunkt für eine kritische Bewertung des Gesamtprojektes dar. Dies geht sowohl aus den im Verlauf der Studie mit Schlüsselakteuren geführten Gesprächen hervor (Interview Haarmann, Mai 2011), dokumentiert sich aber auch eindeutig in der lokalen Presseberichterstattung (siehe bspw. Bandermann 2005; Volmerich 2009). Aus diesem Grund ist es für das Verständnis der lokalen Aushandlungsprozesse relevant, zumindest kursorisch einen Überblick über die Konzeption des Projektes zu gewinnen.

Geplant wurde die Nachbarschafts-Moschee anfänglich mit einer Gesamtnutzfläche von 1.130 m². In Verbindung mit Moschee und Minarett wurden zudem Räume für diverse sozio-kulturelle Aktivitäten vorgesehen (Kinderbetreuung, Senioren-, Frauen-, und Jugendtreffs, eine Bibliothek) sowie ein 350 m² großer Mehrzwecksaal im Untergeschoß (Interview Karataş, Aug. 2009). Dieses Konzept hat im Verlauf der schwierigen Verhandlungen mit den beteiligten Stadtämtern, insbesondere mit dem Stadtplanungsamt sowie mit den Politikern auf Bezirks- und Stadtratsebene, zahlreiche Modifikationen durchlaufen. Diese betreffen insbesondere die Anordnung bzw. Lage der Gebäude auf dem Grundstück, deren Anzahl und räumliches Verhältnis zu den Straßen, die das Grundstück umgeben, sowie die Anordnung der Erschließungswege auf dem Grundstück selbst. Abbildung 6 zeigt zwei markante Planungszwischenschritte. Es handelt sich zum einen um ein frühes Bebauungsplankonzept aus dem Jahr 2003 sowie um die Konzeption aus dem Jahr 2008.

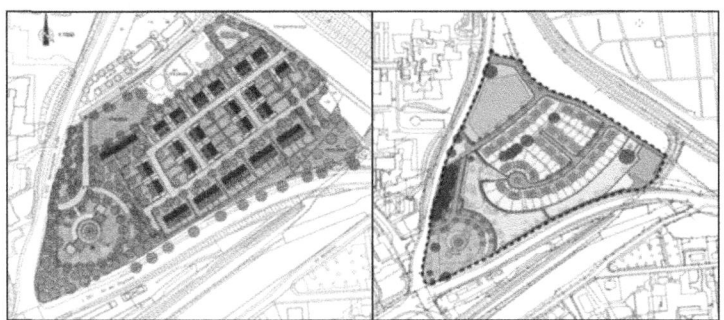

Abbildung 6: Bebauungsplankonzepte 2003 und 2008

Der endgültige Entwurf der Moschee aus dem Jahr 2012 zeigt eine moderat veränderte Moschee (Abbildung 7, S. 145 & Abbildung 8, S. 146), welche auf einer Grundstücksfläche von ca. 5.200 m² einen Gebäudekomplex mit einer Nutzfläche von ca. 950 m² verteilt über 2 Etagen vorsieht. Das Untergeschoss bzw. der dort u.a. vorgesehene Mehrzwecksaal mit 350 m²sind aus Kostengründen in dieser Planung nicht mehr enthalten. Weiterhin Bestandteil des Entwurfs ist ein Minarett von 23,5 Metern sowie eine Kuppel mit jetzt 10 Metern Durchmesser. Die Gesamtfläche des Gebetsbereichs ist gegenüber der ursprünglichen Konzeption um ca. ¼ kleiner und umfasst nunmehr ca. 240 m² für die männlichen und ca. 90 m² für die weiblichen Gemeindemitglieder. Die verbleibende Nutzfläche ist weiterhin für soziale Aktivitäten, Seminar- und Mehrzweckräume vorgesehen.

Der markanteste Unterschied im Vergleich zur Konzeption, die der TIKV Hörde im Zuge des Ausschreibungsverfahrens der Stadt Dortmund vorgelegt hat, ist der Wegfall der Wohnsiedlung. Die Verantwortung für den Grundstücksbereich des Grimmelsiepen-Areals, welcher nicht durch die Moschee beansprucht wird, liegt seit dem Frühjahr 2009 nicht mehr in den Händen des Moscheevereins. Ob oder wann von der Seite der Stadt die Entwicklung und Vermarktung dieses Grundstücks tatsächlich betrieben wird, ist ungewiss. Eine neue Konzeption für die Bebauung ist zumindest bis zum Zeitpunkt der Publikation dieser Studie nicht erfolgt.

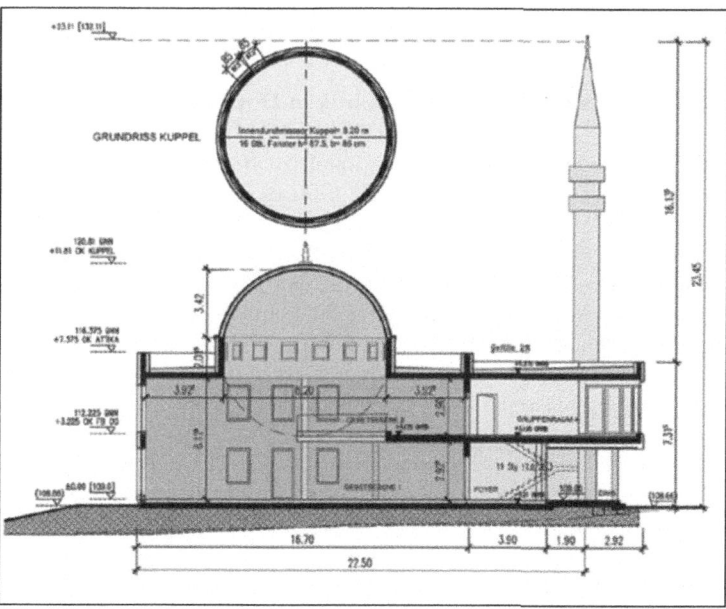

Abbildung 7: Seitenansicht der Hörder Moschee

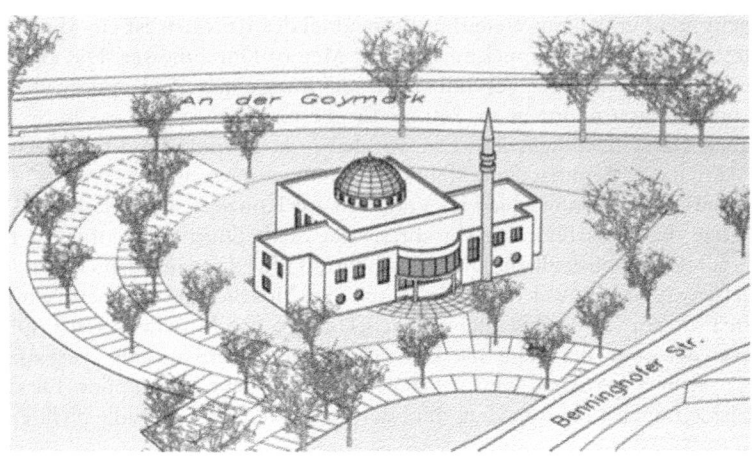

Abbildung 8: Endgültiger Entwurf der Moschee

4.6 Entwicklung lokaler Integrationspolitik in Dortmund

Wie ist das Feld der lokalen Integrationspolitik zu Beginn bzw. während des Moschee-Konfliktes in Dortmund organisiert? Gibt es, in der Terminologie des ACF gedacht, ein Policy-Subsystem, das sich auf die Bearbeitung von Problemen, die Definition von Policy-Zielen, von Verfahren oder Programmen spezialisiert hat? Gibt es Institutionen, formale Autoritäten, die eine Zuständigkeit für den Komplex der Zuwanderung sowie speziell für das Feld kulturell-religiöser Aspekte der Integration beanspruchen? Als Hinführung zur Auseinandersetzung mit Dortmund und dem lokalen Policy-Subsystem, wird zunächst auf allgemeinere Entwicklungsdynamiken in der Bundesrepublik eingegangen, die als Kontrastfolie die Diskussion der Situation in Dortmund anleiten können.

Der zeitliche Rahmen dieser Betrachtung wird dabei wie folgt gesetzt: Die Aspekte der lokalen Integrationspolitik, welche in dieser Studie untersucht werden, sind unmittelbar an die Zuwanderung von Arbeitsmigranten aus muslimisch geprägten Ländern gebunden. Diese setzt im Ruhrgebiet, wie in Kap. 4.2 und 4.3 dargestellt, schwerpunktmäßig erst Ende der 1960er bzw. zu Beginn der 1970er Jahre ein. In der Folge nimmt auch die Auseinandersetzung mit der Genese der lokalen Integrationspolitik diesen Zeitraum als Ausgangspunkt. Weiter eingegrenzt wird die Auseinandersetzung nachfolgend durch den Ratsbeschluss zur notwendigen Bebauungsplanänderung im Frühjahr 2009, welcher sowohl die öffentliche als auch die kommunalpolitische Auseinandersetzung weitgehend beendet. Dieser macht den

Weg frei für den endgültigen Erwerb des Baugeländes durch den Moscheeverein bzw. den späteren Beginn des Moscheebaus im Herbst 2012.

Die oben gewählte Formulierung ‚weitgehend' bedeutet, dass es zwar auch danach noch zu vereinzelten Protesten gegen die Moschee kommt, dass diese jedoch für die Aspekte des Policy-Makings, die in dieser Studie untersucht werden, eine vergleichsweise nachrangige Bedeutung haben. So ist der lange Zeitraum zwischen Bebauungsplanänderung (Februar 2009) und offizieller Grundsteinlegung (Oktober 2012) eben nicht einer Auseinandersetzung zwischen politischen Akteuren, der Öffentlichkeit und dem Moscheeverein geschuldet. Vielmehr sind es (1) Klärungsprozesse innerhalb des Moscheevereins sowie (2) Verhandlungsprozesse zwischen den Verwaltungseinheiten (wie dem Liegenschaftsamt und dem Umweltamt der Stadt Dortmund) und dem Moscheeverein, welche den Kauf des Grundstücks durch den TIKV Hörde und den Beginn des Moscheebaus verzögern. Insbesondere die Notwendigkeit der (kostenintensiven) Behebung von spätzeitig (nach Abschluss der Bebauungsplanänderung) erkannten Bergschäden unter Berücksichtigung von Umweltschutzauflagen ist in diesem Kontext von hoher Bedeutung.[66]

4.6.1 Entwicklung lokaler Integrationspolitik in Deutschland

Nach Filsinger (2009) kann „von kommunalen Integrationspolitiken (…) bezogen auf die Bundesrepublik Deutschland, erst seit den 1990er Jahren berichtet werden" (Filsinger 2009, S. 280). Dennoch werden erste „Politiken zur Bearbeitung" von Integrationsfragen bereits in den frühen 1970er Jahren sichtbar, allerdings fehlt diesen Anstrengungen Nachhaltigkeit: So zeigen selbst die (wenigen) Städte, die bereits in den 1970er und 1980er Jahren mit der Entwicklung „genereller Leitvorstellungen, Strategien sowie institutioneller Vorkehrungen und Arrangements" (Filsinger 1998, S. 9) begonnen haben, also über komplexe Gesamtkonzepte verfügen, Phasen der Dethematisierung von Integrationsaufgaben:

> Die meisten Konzepte sind relativ alt, dürfen also nur noch eingeschränkt eine Grundlage für kommunalpolitisches Handeln abgeben. Auffallend ist, dass die ‚Vorreiter'-Städte mit Ausnahme von Köln und Hamburg (mit Einschränkung) ihre Konzepte nicht fortgeschrieben haben. (Filsinger 1998, S. 32)

Wie beschränkt die Etablierung kommunalpolitischer Konzepte zur Bearbeitung von Integrationsfragen auch noch Mitte der 1990er Jahre ist, geht ebenfalls aus der hier zitierten Filsinger-Studie hervor: Von den ursprünglich 100 in der Filsinger-Studie kontaktierten Kommunen stellen 69 relevante Unterlagen über den Stand

---

[66] Detailliert werden diese Ereignisse in ihrem chronologischen Verlauf in Kapitel 4.7 dargestellt.

ihrer kommunalen Integrationskonzepte zur Verfügung. Nach Auswertung dieser Angaben kann lediglich 12 Städten attestiert werden, dass sie über ein Gesamtkonzept zur Integration verfügen.

Der „„gebastelte' und heterogene Charakter" (Bommes 2009, S. 96) kommunaler Integrationspolitik, die vielfach erratisch wirkende Bearbeitung integrationspolitischer Aufgaben, ist nicht als völliger Mangel an lokalen Strukturen und Prozessen zu verstehen. Im Gegenteil: trotz der dargestellten Mängel in der kommunalpolitischen Bearbeitung der Integrationsfrage entstehen in (West-)Deutschland – hauptsächlich in den Migrationszentren, wie Frankfurt a.M., Köln, Hamburg, aber auch im Ruhrgebiet – seit den 1960er Jahren kommunale Reaktionsformen auf die Zuwanderung von Arbeitsmigranten: Eine „Notlagenarbeit", die sich schrittweise in „erste Ansätze zu einer kommunalen Ausländer- bzw. Integrationspolitik" transformiert (Filsinger 2009, S. 282).

Ein Beispiel für solche frühen Ansätze einer Ausländer- bzw. Integrationspolitik ist die Etablierung von Ausländerbeiräten oder (als Vorläufergremium) Koordinierungskreisen, deren Etablierung in NRW durch die Bereitstellung von Landesmitteln unterstützt wurde (Interview Engelbertz, Nov. 2008). Wie eine Studie zur Situation der Ausländerbeiräte in NRW aus dem Jahr 1994 verdeutlicht, sind diese Gremien (1) häufig in Reaktion auf interethnische Konflikte zwischen Gruppen von Zuwanderern vor Ort sowie in Reaktion auf (2) Ausländerfeindlichkeit oder (3) zur Bearbeitung von Konflikten um Ressourcen (wie Arbeitsplätze oder Wohnraum) gegründet worden (vgl. FOKUS - Forschungsgruppe Kommunikation und Sozialanalysen 1994, S. 86).

Neben solchen ersten konsultativen Strukturen auf kommunaler Ebene wird das sozio-ökonomische Feld durch die Identifizierung von Zielgruppen (erstrangige Adressaten der Maßnahmen waren die Kinder und Jugendlichen) bearbeitet. Im Mittelpunkt steht hierbei das Angebot von pädagogischen Maßnahmen zur Beseitigung von Defiziten der Teilhabe an Bildung und Beruf. In der Folge dominieren dieses Policy-Feld kompensatorische Integrationshilfen. Strukturbildend wirkt in diesem Zusammenhang insbesondere die Etablierung eines herkunftsorientierten[67] Spezialsystems sozialer Dienste, welches in Reaktion auf die Arbeitsmigration bundesweit seit den 1960er Jahren aufgebaut, und in den 1970er Jahren intensiv erweitert wird.

Exemplarisch hierfür kann dies mit Blick auf den Ausbau der Sozialberatungsstellen der AWO verdeutlicht werden: Im Jahr 1968 existieren bundesweit lediglich

---

[67] Herkunftsorientiert bedeutet in diesem Zusammenhang, dass die Wohlfahrtsverbände bis Ende der 1990er Jahre jeweils für Angehörige bestimmter Herkunftsstaaten zuständig waren: die Caritas „für Italiener, Spanier, Portugiesen und katholische Jugoslawen (meist Kroaten), die Diakonie für Griechen und die Arbeiterwohlfahrt für alle nichtchristlichen Nationalitäten, v.a. Türken und Jugoslawen" Bosswick et al. (2001, S. 9).

28 AWO-Sozialberatungsstellen; im Zeitraum bis 1982 wächst dieses Angebot auf mehr als 200 Beratungsstellen (vgl. Filsinger 2009; Schulte & Treichler 2010, S. 149). Eine ähnliche Wachstumsdynamik zeigen auch die anderen beteiligten Wohlfahrtsverbände, allerdings ist der Ausbau des AWO-Angebotes an dieser Stelle besonders relevant, da sie bis zur Änderung der Grundsätze der Ausländersozialberatung (zum 01. Jan. 1999) schwerpunktmäßig für Arbeitsmigranten aus Herkunftsländern mit muslimischen Bevölkerungsteilen zuständig war (vgl. Bosswick et al. 2001, S. 12f).

In den 1980er Jahren setzen sich die bislang dargestellten Entwicklungslinien fort, werden aber durch eine zunehmende „Professionalisierung, Institutionalisierung und Ausdifferenzierung" modifiziert. Letztere bleibt jedoch durch unter dem Eindruck einer restriktiven „Politik der Abwehr von Einwanderung" unter der Regierung Kohl in der Wirkung stark begrenzt (Filsinger 2009, S. 283). Im Vergleich hierzu können die 1990er Jahre als eine Phase der „Modernisierung" sowohl der politischen als auch der pädagogischen Konzepte auf kommunaler Ebene (etwa in der Kinder- und Jugendarbeit) betrachtet werden, in welcher die Pädagogik im Verbund mit der Migrationsforschung als wichtiger Impulsgeber für die Politik betrachtet werden kann (vgl. Auernheimer 2007, S. 42). Auernheimer (2007) unterstreicht diesen Gesichtspunkt am Beispiel des stark rezipierten Artikels von Hamburger et al. (1981), welcher unter dem Titel „Über die Unmöglichkeit, Politik durch Pädagogik zu ersetzen" eine stärkere Verantwortungsübernahme der Politik für die Herausforderungen und Probleme der Einwanderungsgesellschaft zu übernehmen, einfordert (Auernheimer 2007, S. 34ff; siehe ergänzend Nieke 2008, S. 13ff). Diese generelle Dynamik drückt sich in den 1990er Jahren markant in der Fortschreibung oder Neuentwicklung kommunaler Gesamtkonzepte zur Integration aus, die nun nicht mehr als „Papiertiger" ohne Wirkung in den Ablagen von Politik und Verwaltung liegen bleiben (Interview Krummacher, März 2009). Ein wesentlicher Motor für diese Dynamik ist die Erkenntnis, dass „Integration ein dauerhafter und wechselseitiger Prozess" ist und daher eine ernstzunehmende politische Gestaltungsaufgabe darstellt (Filsinger 2009, S. 285).

Einen erheblichen Bedeutungsgewinn erfahren kommunale Integrationspolitiken erst mit der politischen Anerkennung der Einwanderung in Deutschland auf der gesamtstaatlichen Ebene, die mit dem politischen Wechsel zur rot-grünen Regierungskoalition 1998 einsetzt. Wesentliche Meilensteine sind in diesem Kontext das neue Staatsangehörigkeitsrecht (2000), welches die Möglichkeit der Einbürgerung von Migranten deutlich verbessert sowie das Zuwanderungsgesetz, welches nach mehrjähriger und intensiver Kontroverse sowie erheblichem Widerstand der CDU/CSU-geführten Bundesländer am 1. Januar 2005 in Kraft tritt. [68] Im Zuge dieser Entwicklungsdynamik erfolgt auch die tiefgreifende Umstrukturierung des Bundesamtes für die Anerkennung ausländischer Flüchtlinge, deren äußeres Zeichen die Umbenennung in Bundesamt für Migration und Flüchtlinge ist. Begleitet werden diese Entwicklungen von öffentlichen Debatten, insbesondere über die PISA-Studie, aber auch über den hohen Anteil von Migranten an der Bevölkerung, welche eine zusätzlich mobilisierende Wirkung ausüben (vgl. Filsinger 2009, S. 287).

Aufmerksamkeit erhalten kommunalpolitische Bearbeitungsformen der Integration zudem im Rahmen bundespolitischer Initiativen. Als herausragendes Beispiel hierzu ist der erste „Nationale Integrationsplan" (2007), der als eigenständiges Themenfeld die Unterstützung der „Integration vor Ort" beinhaltet. Zu den Zielsetzungen auf diesem Feld wird u.a. ausgeführt:

> Integration wird als gesamtkommunale und ressortübergreifende Aufgabe in der Kommunalpolitik verankert und zwar unter Mitwirkung der politischen Gremien und der Verwaltung (Positionierung der Gemeinde und der Kommunalverwaltung, unter Einbezug von Migrantenvertretungen); die Koordinierung durch eine zentrale Stelle wird sichergestellt. (Bundesregierung 2007, S. 111)

Den Zielsetzungen des Integrationsplans der Bundesregierung wird durch die Einbindung maßgeblicher Verbände und Organisationen zusätzliches Gewicht verliehen. Für das Themenfeld „Integration vor Ort unterstützen" ist in dieser Hinsicht die Bundesvereinigung der kommunalen Spitzenverbände ein erstrangiger Akteur. Im Rahmen des „Nationalen Integrationsplans" empfiehlt die Bundesvereinigung ihren Mitgliedsorganisationen:

> Der Integration eine hohe kommunalpolitische Bedeutung beizumessen, Integration als ressortübergreifende Aufgabe in der Kommunalverwaltung zu verankern und ihrer Bedeutung entsprechend anzusiedeln, kommunale Gesamtstrategien, die den jeweiligen örtlichen Bedürfnissen angepasst sind, zu entwickeln und fortzuschreiben. (Bundesregierung 2007, S. 31)

Diese Empfehlung an die kommunale Politik und Verwaltung ist zwar ohne formale Verbindlichkeit, kann aber als Ausdruck des hier herausgestellten Prozesses gedeutet werden, der zu diesem Zeitpunkt auf kommunaler Ebene bereits eingesetzt hat. Beispielhaft bezeugen dies Berichte der Kommunalen Gemeinschaftsstelle für Verwaltungsmanagement (KGSt), in welcher mehr als 1.770 Kommunalverwaltungen

---

[68] Zur kritischen Einordnung des Zuwanderungsgesetzes (ZuwandG) siehe bspw. Oberndörfer (2006), der herausarbeitet, inwieweit das fragliche Gesetz neben innovativen Elementen auch Traditionslinien einer deutschen „Abwehrpolitik gegen die Aufnahme von Zuwandererinnen und Zuwanderern in die deutsche Gesellschaft" fortführt (Oberndörfer 2006, S. 36).

und Träger öffentlicher Aufgaben zusammenarbeiten. Bereits im Vorfeld des „Nationalen Integrationsplanes" legt die KGSt Berichte zum Integrationsmanagement (2005) und zum Integrationsmonitoring (2006) vor.

Die in den 2000er Jahren einsetzende Aufwertung des Themenkomplexes Zuwanderung auf kommunaler Ebene findet mittlerweile durch die enorme Verbreitung politisch legitimierter Integrationskonzepte Ausdruck. Nachdrücklich belegen dies die Ergebnisse der Studie „Stand der kommunalen Integrationspolitik in Deutschland" (2012), die im Auftrag des Bundesministeriums für Verkehr, Bau und Stadtentwicklung und der Beauftragten der Bundesregierung für Migration, Flüchtlinge und Integration durchgeführt wurde:

> Eine hohe oder sehr hohe Bedeutung der Integrationspolitik ist für Großstädte selbstverständlich (98,5 %), gilt aber auch für zwei Drittel der Mittelstädte (66,2 %). Selbst knapp die Hälfte der Kleinstädte und Gemeinden (48,8 %) schreibt der Integration von Zugewanderten eine hohe bzw. sehr hohe Bedeutung zu. In 56,8 % der befragten Kommunen ist Integrationspolitik als ressortübergreifende Querschnittsaufgabe in der Kommunalverwaltung verankert. 53,1 % der Kommunen verfügen zudem über eine eigene, den örtlichen Bedürfnissen angepasste kommunale Gesamtstrategie. (Gesemann et al. 2012, S. 34)

Bilanzierend ist festzuhalten, dass die im Verlauf dieses Kapitels skizzierten Verschiebungen in der Wahrnehmung und Bearbeitung des Problemfeldes, so bedeutend sie auf inhaltlich-konzeptioneller Ebene sind, die grundlegenden Strukturen des Policy-Makings in den der Mehrheit der Städte über lange Zeiträume nur unwesentlich verändern. Erst in den 2000er Jahren, so hier das Fazit, entsteht eine Entwicklungsdynamik, die tiefergehend in die Strukturen der lokalen Integrationspolitik eingreift. Stattdessen wirken die anfänglichen „Festlegungen (…) lange Zeit traditionsbildend und haben je unterschiedliche Pfade der Entwicklung kommunaler Integrationspolitik (…) gelegt" (Bommes 2009, S. 104).

Die weitreichende Delegation an und Wahrnehmung von Integrationsaufgaben durch die Wohlfahrtsverbände ist ein Beispiel für diese Pfadabhängigkeit. Die Wohlfahrtsverbände reagierten als erste auf die Zunahme der Arbeitsmigration, indem sie, wie oben am Beispiel der AWO verdeutlicht, ein weitgespanntes Netz von Beratungsstellen einrichteten, und „diese mit angelernten Muttersprachlern und Muttersprachlerinnen besetzen" (Bosswick et al. 2001, S. 9). In der Folge arbeiteten die Wohlfahrtsverbände als religions-, später nationalitätenorientierte Anbieter von Beratungs- und Unterstützungsangeboten, die sich schwerpunktmäßig auf rechtliche Fragen, Wohnungsfragen, Übersetzungsdienste und Rückkehrberatung konzentrierten (vgl. Filtzinger & Häring 1993).

Zur Bedeutung dieser „Zuständigkeit" für die kommunale Integrationspolitik heben Puskeppeleit und Thränhardt (1990, S. 45) hervor, dass sich in der Folge „viele Kommunen von der Erarbeitung eigener perspektivischer Grundlagen (…) legitimatorisch entlastet fühlten".

Diese „lizensierte Monopolstellung der Betreuungsverbände" hatte jedoch noch einen weiteren, hier besonders relevanten Effekt auf das Policy-Feld der Integration: Die Wohlfahrtsverbände (und mit diesen die Kirchen) nehmen:

> stellvertretend die Interessensvertretung von Ausländern in verschiedenen ausländerpolitischen Gremien wahr und werden dadurch auch zu einem wesentlichen Faktor der öffentlichen Thematisierung (…) der ausländischen Bevölkerung in der Bundesrepublik. (Puskeppeleit & Thränhardt 1990, S. 45)

Diese Strukturen der „Sozialberatung für ausländische Arbeitnehmer und ihre Familien" blieben bis in die frühen 2000er Jahre in ihrer Grundstruktur erhalten (Bosswick et al. 2001, S. 9) – ihre Relevanz für das lokale Policy-Making zu Fragen der Zuwanderung wirkt bis heute fort, was sich nicht zuletzt am Beispiel der Stadt Dortmund und des untersuchten Moschee-Konfliktes zeigen lässt.

Inwiefern vor dem Hintergrund dieser generellen Merkmale der Entwicklung kommunalpolitscher Integrationspolitik in Dortmund ein integrationspolitischer Pfad eingeschlagen und sukzessive (auch) ein Policy-Subsystem zur Bearbeitung kulturell-religiöser Integrationsfragen entstanden ist, ist Gegenstand des anschließenden Kapitels.

4.6.2 Zur Genese lokaler Integrationspolitik in Dortmund

Auf die Genese der Institutionen und deren Wahrnehmung von Zuständigkeit wird in diesem Kapitel selektiv mit dem Interesse eingegangen, das Feld der lokalen Dortmunder Integrationspolitik mit einem Schwerpunkt auf kulturell-religiöse Fragestellungen zu Beginn bzw. in der Anfangsphase des Moschee-Konfliktes in Dortmund näher beschreiben zu können. Wie entwickelt ist dieses Feld? Handelt es sich, mit dem ACF gefragt, um ein reifes Policy-Subsystem? Wer beansprucht eine Zuständigkeit für den Komplex der Zuwanderung? Inwieweit strukturieren bestimmte Akteure das Policy-Making im fraglichen Policy-Feld?

Erkennbar ist in Dortmund eine frühe Thematisierung der politischen Dimension der Zuwanderung auf lokaler Ebene: bereits 1972 wird durch die regierende SPD ein Ausländerbeirat gegründet, während die Mehrzahl der deutschen Kommunen erst Jahre später vergleichbare Beiräte einsetzt (vgl. Hunger & Candan 2009).[69]

---

[69] In der Niederschrift über die 21. Sitzung des Rates der Stadt Dortmund am 30.08.1971 wird speziell hervorgehoben, dass die SPD ihr Interesse damit begründet, die „rund 30.000 ausländischen Staatsbürger stärker als bisher am Leben unserer Stadt zu beteiligen. Man müsse einem derart großen Personenkreis Gelegenheit geben, seine Anliegen unmittelbar gegenüber den städtischen Gremien und der Verwaltung zu vertreten." (Rat der Stadt Dortmund 1971) Inwiefern bereits eine weitergehende Problemwahrnehmung Einfluss auf die Initiative der SPD genommen hat, lässt sich an dieser Stelle nicht rekonstruieren.

Die Partizipationsmöglichkeiten dieses Gremiums an städtischen Entscheidungsprozessen sind indessen von Beginn an begrenzt, was sowohl auf die Beschränkung seines Mandats auf eine konsultative Funktion als auch auf wenig konstruktive Beziehung zwischen dem Gremium und dem Rat der Stadt Dortmund zurückzuführen ist, wie Gerling in ihrer Dissertation (2001) auf Basis der von ihr geführten Interviews mit Mitgliedern sowohl des Ausländerbeirates als auch des Stadtrates herausstellt. Mitglieder des Ausländerbeirates äußern in dieser Hinsicht:

> Stellungnahmen und Empfehlungen des Ausländerbeirats [würden] oft vom Rat abgeblockt, weil eine grundsätzliche Tendenz bestehe, die Äußerungen als Kritik zu betrachten. (...) Themen, die nicht ersichtlich ausländerspezifisch sind, [würden] von vornherein abgeblockt (Gerling 2001, S. 295).

In Bezug auf die Kritik am Ausländerbeirat heißt es im gleichen Kontext, dass sowohl die Arbeitsweise als auch die Zielsetzungen des Ausländerbeirates negativ wahrgenommen werden. Die Kritik der SPD am Ausländerbeirat trägt 1998 dazu, dass die damals noch allein regierende SPD eine „Migrationskommission"[70] gründet, was zu einem auch medial ausgetragenen Konflikt zwischen der SPD und dem Ausländerbeirat führt (Gerling 2001, S. 296). Im Jahr 2005 kommentiert der Vorsitzende des Ausländerbeirates, Adem Sönmez, die Situation des Gremiums pointiert mit den Worten:

> Die Ausländerbeiräte, in der Form wie sie jetzt existieren, und dazu gehört auch der Ausländerbeirat der Stadt Dortmund, haben einen sehr schweren Stand in der Politik. (...) Ausländerbeiräte sind wie Wachkomapatienten. Sie befinden sich in dem Zwischenstadium. Sie haben weder echte Entscheidungsbefugnisse noch möchte man die ausländischen Einwohner/innen bei der politischen Willensbildung außen vor lassen. (Sönmez 2005, S. 15f)

Ende 2008 und im Rahmen eines für die vorliegende Studie geführten Interviews unterstreicht Sönmez zudem mit Blick auf Dortmund, dass er die kommunale Integrationspolitik der Stadt als enttäuschend wahrnimmt: Integrationspolitisch sei Dortmund „ein Schlusslicht in NRW". Zugleich hätten aber auch türkische Vereine noch nicht gelernt, Einfluss auszuüben (Interview Sönmez, Dez. 2008).

Die Position des Ausländerbeirates im kommunalpolitischen Gefüge erscheint insofern fragil: Aufgrund der konsultativen Ausrichtung des Gremiums kann es keine formalen Ansprüche auf die Durchsetzung eines Programms oder auch nur spezifischer Einzelentscheidungen geltend machen, da seine Funktion in Bezug auf den Rat der Stadt und die kommunalen Gremien sowie Bezirksvertretungen – entsprechend § 58 GO NRW – ausschließlich eine Beratende ist. Substanzielle Span-

---

[70] Nach eigenen Recherchen im Online-Archiv der Stadt Dortmund lässt sich der Fortbestand der Migrationskommission über Sitzungsunterlagen, die das ‚virtuelle Rathaus' online zur Verfügung stellt, bis in das Jahr 2000 nachweisen.

nungen zwischen Ausländerbeirat und der regierenden SPD, wie von Gerling (2001) anhand ihres Interviewmaterials dargestellt, begründen hier die Annahme, dass die Wirkungsmöglichkeiten des Gremiums auch zu Beginn und während des Moschee-Konfliktes sehr begrenzt sind.

Ebenfalls seit den frühen 1970er Jahren wirkt auf die Situation in Dortmund die bundesweit typische und historisch durch die kommunalpolitische Bedeutung des Subsidiaritätsprinzips zum Teil nachvollziehbare Delegation von Integrationsaufgaben an die Wohlfahrtsverbände. Dieses Handlungsschema führt, wie auch andernorts, in Dortmund zu einem Amalgam aus Interessensvertretung und sozialwirtschaftlicher Dienstleistungsfunktion (vgl. Gerling 2001, S. 290ff). Das formale Forum der politischen Partizipation an der Kommunalpolitik ist auch für die Wohlfahrtsverbände primär der Ausländerbeirat, in dem die Wohlfahrtsverbände (und andere Organisationen, wie der DGB) als beratende Mitglieder mit Stimmrecht, allerdings ohne Wahlrecht, beteiligt sind (vgl. Gerling 2001, S. 294).

Im Vergleich zu den Wohlfahrtsverbänden verbleibt das sehr breite Feld der zahlreichen Initiativgruppen bzw. auch Migrantenselbstorganisationen (MSO) in Dortmund randständig in Bezug auf das Policy-Making. Dieses Feld spaltet sich auf in Teilhabe- und Assimilations-Kümmerer, wird allerdings eindeutig von Teilhabe-Kümmerern dominiert, also von Akteuren, die als „direkte Ansprechpartner für die Bürger vor Ort" Interessen bündeln, koordinieren, kommunizieren und nicht selten auch selbst umsetzen (Kießling 2004, S. 91).[71] Diese sind zwar in der Mehrzahl auf die „der Gemeinschaftspflege, der Fortführung heimatlicher Aktivitäten oder schlicht der Bearbeitung lebenspraktischer Fragen" ausgerichtet, zum Teil handelt es sich allerdings um hochentwickelte NGOs, die lokal wie überregional agieren (Scheffer 1998).[72] Aber selbst den hochorganisierten Initiativen gelingt es nur unter Schwierigkeiten, kommunalpolitisch wahrgenommen zu werden (Interview Staubach, Jan. 2009).

Um wie viele Initiativen es sich dabei in Dortmund insgesamt handelt, ist nicht eindeutig zu beziffern. Dass es sich um ein weites Feld handelt, zeigt zum einen die von Koşan (2008, S. 11) durchgeführte Bestandsaufnahme der Dortmunder MSO, welche 102 Organisationen ermitteln konnte. Ohne Beschränkung auf das Spektrum der MSO, aber mit Fokus auf die Dortmunder Nordstadt, dem zentralen Zuwandererquartier der Stadt, skizzieren ferner Staubach et al. (2008) die komplexe „Topografie des Engagements" bzw. deren „Beitrag zur Stadtteil- und Quartiersentwicklung" (Staubach et al. 2008, S. 54). In diesem Zusammenhang werden allein

---

[71] Die Verwendung des Kümmerer-Begriffs lehnt sich an Kießling an, der den Begriff in Auseinandersetzung mit der „Grasverwurzelung" der CSU „vor Ort" verwendet (Kießling 2004, S. 91).

[72] Bspw. verfügen ca. 20% der Dortmunder MSO nicht über eigene Räumlichkeiten bzw. nutzen Privatwohnungen, während andererseits mehr als 50% der MSO einem Dachverband angeschlossen sind (vgl. Koşan 2008, S. 20ff u. 34).

für die Nordstadt „etwa 200 Aktivitäten bzw. Gelegenheitsstrukturen des Engagements erfasst", die wie folgt nach Handlungsfeldern differenziert werden können:

> Die weitergehende Recherche zeigt, dass sich der Bereich ‚Kinder und Jugendliche' als ein wesentlicher Schwerpunkt der Engagement relevanten Aktivitäten erweist. Ein weiteres bedeutsames Handlungsfeld (...) bildet zudem der Bereich ‚Gesundheit und Soziales'. (...) Eine ähnliche Dynamik deutet sich im Handlungsfeld ‚Kunst/Kultur/Brauchtumspflege' an. Darüber hinaus stellen ‚Bildung', ‚Geselligkeit', ‚Völkerverständigung/Integration von Migranten' sowie ‚Religion' wichtige Handlungsfelder dar. (Staubach et al. 2008, S. 14f)

Feststellbar ist, dass die Teilhabe-Kümmerer im Kontext des Moschee-Konfliktes in Dortmund von den befragten Experten nicht als Akteure oder Einflussgröße thematisiert werden. Dies unterstreicht vor allem die Zentralität der kommunalen Akteure sowie der Akteure aus dem Spektrum der Wohlfahrtsverbände und Kirchen. Zudem verweist dieser Umstand darauf, dass das Policy-Feld der Integration von einer kleinen Gruppe etablierter Akteure dominiert wird.

Das Feld der Assimilations-Kümmerer setzt sich demgegenüber aus Bürgerinitiativen zusammen, die sich in Dortmund im Zusammenhang mit Moschee-Konflikten gründen. In den 1990er Jahren entsteht eine solche Bürgerinitiative im Stadtbezirk Dortmund-Eving, der im Mittelpunkt eines Konfliktes um den öffentlichen Gebetsruf einiger Dortmunder Moscheevereine steht (vgl. Westfälische Rundschau v. 24.01.1997 & Westfälische Rundschau v. 19.09.1997). Eine weitere gründet sich im Sommer 2003 im Zuge des Moschee-Konfliktes in Dortmund-Hörde. Allein auf diese wird aufgrund der starken Parallelen zwischen den Standpunkten und Strategien dieser Assimilations-Kümmerer, die sich bspw. an den Inhalten der Leserbriefe erkennen lassen, exemplarisch näher eingegangen.

Die Bürgerinitiative gegen den Moschee- und Siedlungsbau wird von Anwohnern aus dem Umfeld des fraglichen Moscheestandortes in Dortmund-Hörde gegründet. Sie veranstaltet wöchentliche Treffen und organisiert u.a. öffentliche Veranstaltungen mit geladenen Referenten. Zur Öffentlichkeitsarbeit des Vereins gehört es ferner, regelmäßig Leserbriefe mit kritischen Stellungnahmen gegenüber dem Moscheebau an die lokalen Zeitungen zu senden (die diese auch drucken). Die Hörder Bürgerinitiative gehört zu den vehementesten Gegnern des Moscheebaus, und zumindest in der Frühphase des Moschee-Konfliktes gelingt es ihr, die politischen Aushandlungsprozesse zu beeinflussen, indem sie medienwirksam Unterschriften sammelt, und (so zumindest die Selbstwahrnehmung der Bürgerinitiative) in Gesprächen mit Vertretern der Hörder CDU für ihre islamkritische Sichtweise sensibilisiert (Interview Halberstadt, Okt. 2012).

Die politische Agenda der Bürgerinitiative ist changiert zwischen islam- und einwanderungskritischen sowie islamophoben Perspektiven. So wird der Einfluss des türkischen Staates auf den Hörder Moscheeverein als Barriere für die Anpassung der Migranten eingeordnet, und Ängste gegenüber den Veränderungen ihres

Wohnumfeldes geäußert. In diesen Rahmen gehört insbesondere die Sorge, dass die ursprünglich geplante Verbindung aus Moschee und Wohnsiedlung das Entstehen einer türkisch-muslimischen Parallelgesellschaft im Quartier fördern würde. Eindeutig islamophobe Argumentationsmuster finden sich bspw. im PR-Material der Initiative, welches Moscheebau-Projekte rhetorisch mit der Frage verbindet, ob „unsere Kinder und Enkelkinder künftig nicht mehr unter unserem Grundgesetz, sondern unter der Sharia leben [sollen]?" (Verein für Bürgerrechte 2005). Eingebettet erscheinen solche Darstellungen in eine national-konservative Haltung gegenüber Fragen der Zuwanderung und Integration, welche die deutsche Kultur als bedrohtes Gut versteht. Ein Moschee-Projekt erscheint durch eine solche Linse als „geplante Landbesetzung" (Interview Halberstadt, Okt. 2012).

Auf die übergeordnete Entwicklung der Integrationspolitik in Dortmund, die an dieser Stelle im Mittelpunkt des Interesses steht, übt die Bürgerinitiative gegen den Moschee- und Siedlungsbau keinen direkten Einfluss aus. Erkennbar ist jedoch, dass das Auftreten dieser rechten Assimilations-Kümmerer zur Aktivierung des integrationspolitischen Gestaltungswillens der Teilhabe-Kümmerer, insbesondere bei den kirchlichen Akteuren, aber nicht nur dort, beiträgt (Interview Stiller, Okt. 2012). Dieser Aspekt wird in diesem Kapitel unter Punkt 6 vertieft. Im Kontext von Kapitel 5.2.2, das sich mit dem Akteurs-Setting im Moschee-Konflikt auseinandersetzt, wird zudem die Bedeutung dieser Initiative für den Verlauf des Konfliktes weitergehend betrachtet (siehe Kap. 5.2.2, S. 198).

Ein wichtiges Zeichen der Professionalisierung und Ausdifferenzierung erfolgt in Dortmund zu Beginn der 1980er Jahre mit der Gründung einer Regionalen Arbeitsstelle zur Förderung von Kindern und Jugendlichen aus Zuwandererfamilien (RAA Dortmund). Diese trägt dazu bei, das Migrationsthema stärker in die Schulpolitik der Stadt einzubringen.[73] Als Institution nimmt die RAA Dortmund zudem, wie auch der Ausländerbeirat, koordinierende und konsultative Funktionen wahr.[74] Der Schwerpunkt der Tätigkeit lag jedoch zumindest in den Anfängen in der pädagogischen Arbeit. Retrospektiv beschreibt die Leitung der RAA-Hauptstelle in Essen die Zielsetzungen des RAA-Verbunds in der Anfangsphase entsprechend wie folgt:

---

[73] Ursprünglich arbeiten die RAA-Einrichtungen unter dem Namen „Regionale Arbeitsstelle zur Förderung ausländischer Kinder und Jugendlicher". Mit der Umbenennung wird der möglichen Stigmatisierung eingebürgerter Migranten oder von Menschen mit Migrationshintergrund ohne eigene Migrationserfahrung entgegengewirkt. Zugleich wird dem Umstand Rechnung getragen, dass viele Aussiedler und Spätaussiedler zwar die deutsche Staatsbürgerschaft besitzen, in vielen anderen Dimensionen jedoch vergleichbare Probleme erfahren wie die klassischen Arbeitsmigranten (Interview Klingsporn, März 2009)

[74] Die Darstellung der Entwicklung, Arbeitsgebiete und Bedeutung der RAA für die kommunale Integrationspolitik basiert, wenn nicht ausdrücklich anders gekennzeichnet, auf der Auswertung des im Kontext dieser Studie geführten Interviews mit der langjährigen Leitung der Dortmunder RAA, U. Klingsporn.

Die RAA-Arbeit startete in der Erwartung, dem Regelsystem, also insbesondere Kindergärten, Schule und Jugendamt, Spezialisten für die Arbeit mit Kindern und Jugendlichen aus Zuwandererfamilien unterstützend und entlastend zur Seite zu stellen. (Bainski 2007, S. 131)

In Dortmund konzentrierte sich die Arbeit in den ersten Jahren auf Lehrerfortbildungen sowie auf eine Öffnung der Schulen zum Stadtteil. Eine kommunalpolitische Dimension der RAA wird anhand der geleisteten Netzwerkarbeit sichtbar. Zu diesem Arbeitsfeld gehörte ein Koordinierungskreis, der die Dortmunder Akteure auf dem Feld der Integration weiter vernetzen und Kooperationsmöglichkeiten eröffnen sollte, aber auch die Mitwirkung in lokalen und überregionalen (Partei-) Gremien der SPD. Hierzu zählte auf lokaler Ebene insbesondere die einflussreiche „Arbeitsgemeinschaft für Bildung", ein Dortmunder SPD-Parteigremium, in welchem bspw. Entscheidungen des Schulausschuses vorbereitet wurden (Interview Klingsporn, März 2009).

Mit Blick auf das kulturell-religiöse Policy-Feld ist relevant, dass zur lokalen Netzwerkarbeit gleichfalls die Kontaktaufnahme zu Dortmunder Kirchengemeinden und Moscheevereinen gehört, was durch die RAA in der Regel mit dem Angebot thematischer Informationsveranstaltungen verbunden wird. In der Anfangsphase der RAA ging es in diesem Kontext um soziokulturell bedingte Unterschiede des Alltagsverständnisses, der Wahrnehmungs- und Verhaltensweisen bspw. um Fragen zur Esskultur, zur Musik, aber auch spannungsreichere Differenzen, etwa im Bereich der Geschlechterverhältnisse oder der Religion. In den 1990er Jahren verschob sich demgegenüber der Fokus der RAA in Auseinandersetzung mit der massiven Zunahme der Ausländerfeindlichkeit sowie dem medial immer stärker präsenten Islamismus. Ferner wurden in dieser Phase neuere Konzepte der interkulturellen Pädagogik adaptiert.

Im Vergleich zu den 1990er Jahren haben die 2000er Jahre eine Entwicklung zu einer verstärkten Einbeziehung der institutionellen Bildungsbiografie von Kindern und Jugendlichen gebracht und die Aufgabe des Empowerments von Migrantenorganisationen in den Fokus gerückt. Diese Entwicklung wird sowohl sichtbar als auch forciert durch den 2006 vom Land NRW vorgestellten „Aktionsplan Integration"[75], welcher den RAA Verbund als Dienstleister für alle Kommunen des Landes neu positioniert hat (vgl. RAA NRW 2008).

---

[75] Realisiert wurde diese Neuausrichtung der RAA im Kontext des Netzwerkes „Integration durch Bildung". Ziel des Netzwerkes ist die Bündelung und der Transfer des RAA Know-hows für Kommunen und Kreise außerhalb des RAA-Verbundes. Im Rahmen eines zweijährigen Abstimmungsprozesses wurden insgesamt 14 „Produkte" der RAA in einem Katalog zusammengefasst, die auf die Bereiche „Frühe Bildung und Interkulturelle Entwicklung im Elementarbereich", Schule und Übergang Schule/ Beruf ausgerichtet sind. Die kostenpflichtige Nutzung der „Produkte" verbindet sich mit Beratungsleistungen, die sich von der Auswahl bis zur Umsetzung und schließlich Evaluation des Produkteinsatzes erstrecken. (RAA NRW 2008)

Fraglich erscheint insgesamt, welchen Einfluss die Dortmunder RAA auf die Integrationspolitik in Dortmund ausüben konnte. Die langjährige Leiterin der RAA führt hierzu im Interview aus, dass für die SPD in Dortmund Integration bis in die 1990er Jahre kein Thema gewesen ist: „Man konnte sich mit dem Thema nicht profilieren." Zu wenig kooperationsorientiert erscheinen in der Darstellung der Leiterin aber auch andere städtische Akteure, wie das Jugendamt und die Dortmunder Volkshochschule. In der Selbstwahrnehmung der Institution diente die RAA daher bis zur einsetzenden Modernisierung der Integrationspolitik als kommunales „Vorzeige-Feigenblatt": „Gibt es ein Problem, haben wir da ja die RAA." (Interview Klingsporn, März 2009)

Die sich in der Entwicklung der RAA widerspiegelnden Ansätze zur Veränderung der Integrationspolitik sind verwaltungsseitig auch an anderer Stelle erkennbar. Beispielgebend ist hierfür u.a. die Ausländerbehörde Dortmunds, die auf Basis des Ausländerrechts (seit 2005 Aufenthaltsgesetz) die kommunale Ausländerverwaltung leistet. Beginnend in den 1990er Jahren beteiligt sich die Behörde als Kooperationspartner an Integrationsprojekten, bspw. im Bereich der interkulturellen Öffnung der Verwaltung oder im Rahmen des Bund-Länder-Programms Soziale Stadt (Interview Moldenhauer/Plackert, April 2009).

Gleiches gilt für den unmittelbaren Bereich der Kommunalpolitik: 1998 erfolgt die Berufung einer ersten Dortmunder Migrationsbeauftragten. Im gleichen Zeitraum wird zudem die Bildung einer „Migrationskommission des Rates der Stadt Dortmund" durch den Rat der Stadt beschlossen. Allerdings erweisen sich beide Initiativen als wenig erfolgreich, sodass ihre Wirkung auf die kommunale Integrationspolitik gering ausfällt (vgl. Gerling 2001, S. 296). Für eine solche Einschätzung spricht bspw. der Verlauf der kommunalpolitischen Auseinandersetzungen um die Migrationskommission, ein ebenfalls 1998 durch die im Rat der Stadt regierende SPD gegründetes Gremium. Die Migrationskommission wird zwar „mit dem Ziel gegründet, Migrationspolitik als Querschnittsaufgabe in der Verwaltung zu verankern" (SPD-Ratsfraktion Dortmund 2007), hinterlässt jedoch keine bedeutenden Spuren in der Organisation der kommunalen Integrationspolitik, da sie weder beim Ausländerbeirat noch bei den Grünen und der CDU politische Akzeptanz findet. Die genannten Oppositionsparteien boykottieren das Gremium, wofür das fehlende Stimmrecht ausländischer Bürger ein wichtiger Grund ist. In der Folge nehmen allein die Wohlfahrtsverbände mit „Bauchschmerzen" an den Sitzungen teil (Gerling 2001, S. 296).

Ein weiterer Versuch der Beauftragten für Migrationsangelegenheiten, die Dortmunder Integrationspolitik durch die Gründung eines Migrationsausschusses (mit einem Stimmrecht für Ausländer) zu modernisieren, scheitert ebenfalls (vgl. Westdeutsche Allgemeine Zeitung v. 06.08.1999). Ein Mitglied der SPD-Ratsfraktion fasst diese Ereignisse rückblickend wie folgt zusammen:

1999 haben wir dann versucht, einen Ausschuss für Integration und Zuwanderung in Dortmund zu gründen. Dieser Ausschuss sollte den Rang eines Ratsausschusses haben und den Migrantenvertretern in diesem Gremium sogar Stimmrecht verleihen. Obwohl seinerzeit in anderen Städten wie z.b. Solingen Ausnahmegenehmigungen durch das Innenministerium NW für solche Migrationsausschüsse erteilt worden waren, sah die Kommunalaufsicht 1999 im Dortmunder Modell kommunalverfassungsrechtliche Probleme und versagte uns die Genehmigung. Seitdem existiert in Dortmund nach § 27 GO NW weiter ein Ausländerbeirat in dieser Stadt. (SPD-Ratsfraktion Dortmund 2007)

Diese Konflikte tragen in der Bilanz zu einer Festschreibung des Status Quo bei und belasten die Beziehungen zwischen dem Rat der Stadt und dem Ausländerbeirat. Ende 2002 legt die Verantwortliche ihre Ämter als Rechtsdezernentin sowie als Migrationsbeauftragte Dortmunds nieder, um neue Aufgaben wahrzunehmen. Bis zur Neubesetzung des Amtes im Frühjahr 2005 bleibt die Position in der Folge unbesetzt, wenn auch einige Funktionen stellvertretend durch Referenten des Sozialdezernenten ausgeübt werden.

Folgenreicher für die lokale Integrationspolitik, gerade auch in Hinblick auf den untersuchten Moschee-Konflikt, erweisen sich Impulse zur Etablierung eines interreligiösen Dialogs, welche sowohl von den beiden christlichen Kirchen als auch von einigen Dortmunder Moscheevereinen getragen werden. Gleich zwei bedeutendere interreligiöse Initiativen beginnen ihre Arbeit in den 1990er Jahren. Zum einen das Dortmunder Islam-Seminar, welches sich in Reaktion auf die rechtsextremistischen Morde in Solingen gründet. Zum anderen die Dortmunder Kontaktgruppe der Kirchen mit Moscheevereinen, deren Gründungsimpuls unmittelbar mit einem Mitte der 1990er Jahre einsetzenden Konflikt über den öffentlichen Gebetsruf einiger muslimischer Gemeinden in Dortmund verbunden ist. [76] Im Kern setzt sich die Kontaktgruppe aus zwei Vertretern der christlichen Kirchen sowie drei Vertretern der Dortmunder Moscheevereine zusammen. Letztere sind in erster Linie integrationspolitisch ausgerichtet. In einer Erklärung anlässlich der Gründung der Dortmunder Kontaktgruppe wird dieses Motiv deutlich formuliert:

---

[76] Parallel zu dem wachsenden Interesse der Hörder Muslime an einer Verbesserung der räumlichen Gegebenheiten entsteht in Dortmund in den 1990er Jahren, auch dies kein auf Dortmund beschränktes Phänomen, ein intensiver Konflikt um den öffentlichen Gebetsruf (türkisch: Ezan). Die *Westdeutsche Allgemeinen Zeitung* berichtet über den Gebetsruf im April 1993 beispielsweise unter der Schlagzeile: „Muezzin ruft per Lautsprecher zum Gebet… Anwohner alarmierten die Polizei" *Westdeutsche Allgemeine Zeitung* (1993). In Verbindung mit den Ezan-Konflikten kommt es gleichfalls zu Protesten, die sich gegen die Standorte von existierenden Moscheen richten. Ein Beispiel hierfür ist der nördlich gelegene, von Migration geprägte, Stadtteil Dortmund-Eving bzw. die dortige Selimiye-Moschee. Die Lokalausgabe der *Ruhr Nachrichten* titelt im Januar 1997 in diesem Zusammenhang: „Anwohner halten den Standort der Moschee für ungeeignet" *Ruhr Nachrichten* (1997). Angetrieben wird diese Auseinandersetzung u.a. durch einen katholischen Pfarrer der im gleichen Stadtteil beheimateten Sankt Barbara Gemeinde. Der Pfarrer wird in der Dortmunder Ausgabe des *Nord-Anzeigers* mit den Worten zitiert: „Von den fremden Lauten und der Anrufung Allahs fühlen wir uns als deutsche Christen besudelt." (Nord-Anzeiger 1997)

Gemeinsam wollen wir uns einsetzen für ein friedliches Zusammenleben der Religionen in Dortmund (…) Grundsätzlich müssen alle lernen, die Religionsausübung des Nachbarn zu tolerieren, nach jenen Dingen zu fragen, die man selber nicht kennt und Auskunft zu geben über die eigene Religion. (Dortmunder Kontaktgruppe der Kirchen mit Moscheevereinen 2002, S. 5)

Das eingangs erwähnte Dortmunder Islam-Seminar folgt hingegen einer Agenda, in der sich „interreligiöse Motive und Hoffnungen durch integrationspolitische Erwartungen und anerkennungspolitische Praktiken überlagern" (Klinkhammer et al. 2011, S. 367). Entsprechend werden neben der typischen Diskussion theologischer Grundbegriffe des Islams und des Christentums auch die lokalen Konflikte thematisiert - in Dortmund etwa die Frage des öffentlichen Gebetsrufs. Aus der Perspektive einer Mitwirkenden heißt es zur integrationspolitischen Dimension des Islam-Seminars:

Lokalpolitische und insbesondere migrationspolitische Fragen griff das Islam-Seminar durchgängig seit seinem Bestehen auf: der Vorsitzende und der Geschäftsführer des Dortmunder Ausländerbeirates sowie VertreterInnen von Wohlfahrtsverbänden, Migrationsinitiativen und der Kommunalpolitik stellten ihre Positionen dar und stellten sich der Diskussion aktueller Fragen. (Dortmunder Kontaktgruppe der Kirchen mit Moscheevereinen 2002, S. 10)

Klinkhammer et al (2011) betrachten im Fazit einer umfangreichen empirischen Studie interreligiöse Dialoginitiativen in der Bundesrepublik als „wichtige zivilgesellschaftliche Bausteine für die gesellschaftliche Anerkennung religiöser und kultureller Pluralität." (Klinkhammer et al. 2011, S. 374) Dieses Ergebnis erweist sich auch für die Stadt Dortmund als zutreffend: Die integrationspolitische Relevanz dieser Initiativen ist in Dortmund (wie auch Klinkhammer et al. zeigen) nicht in der hohen Akzeptanz und Reichweite ihrer Aktivitäten zu suchen. Die Veranstaltungen des Dortmunder Islam-Seminars erreichen monatlich durchschnittlich 30-45 Teilnehmer, die sich in etwa zu einem Drittel jeweils aus Angehörigen der beiden christlichen Kirchen sowie Muslimen zusammensetzen. Der Leiter des Referats für gesellschaftliche Verantwortung der Evangelischen Kirche in Dortmund und Lünen, Stiller[77], bilanziert dies 2009 in einem Thesenpapier zum interreligiösen Dialog in Dortmund entsprechend:

Der Dialog wird von den Aktiven mit überaus großem Engagement geführt, insgesamt erreicht er aber zu wenig Menschen und Normalbürger. Die Frage, sie einzubeziehen, ist ein ungelöstes Problem und erfordert nach wie vor große Anstrengungen. (Stiller 2009, S. 4)

Erkennbar ist jedoch, dass sich in diesen Initiativen eine Gruppe von Akteuren zusammenfindet, die in Dortmund eine Zuständigkeit für das Feld des integrations-

---

[77] In dieser Funktion ist Friedrich Stiller zugleich Islam- und Integrationsbeauftragte der Evangelischen Kirche in Dortmund und Lünen.

politischen Policy-Making insbesondere in Bezug auf Aspekte kulturell-religiöser Fragestellungen gewinnt. Retrospektiv zeigt sich dies auf plakative Weise daran, dass Schlüsselakteure aus dem Kontext der interkulturellen Dialoginitiativen zugleich auch Schlüsselakteure im Kontext des untersuchten Moschee-Konfliktes sind. Dass dies nicht nur eine zufällige Konstellation ist, erweist sich insbesondere durch die besondere Bedeutung der Dortmunder Kontaktgruppe der Kirchen mit Moscheevereinen für einen neuerlichen und gleichfalls von Schwierigkeiten durchzogenen Modernisierungsschub der lokalen Integrationspolitik, welcher 2003 einsetzt. Der Impuls hierzu geht von der Dortmunder Kontaktgruppe aus, die 2003 die Gelegenheit ergreift, in Dortmund einen Dialogprozess über Integrationsfragen unter dem Dach der Landespolitischen Initiative Integration mit aufrechtem Gang (IMAG; Programmzeitraum: 2002 bis 2004) zu beginnen. Der politische Gestaltungsanspruch der Kontaktgruppe wird bereits durch den Verlauf der Anbahnung der Dortmunder Teilnahme am IMAG-Programm erkennbar: Im Sommer 2003 fragt die Kontaktgruppe zunächst die Stadt an, ob die „zweitgrößte Stadt NRWs sich beteiligt". Als eine positive Reaktion ausbleibt, entscheidet sich die ‚Kontaktgruppe' im Herbst 2003, „selbst die Verantwortung zu übernehmen – die Stadt und andere werden zur Mitarbeit eingeladen". (IMAG in Dortmund 2008, S. 37)

Bemerkenswerter Weise wird dieser von der Kontaktgruppe angestoßene Dialogprozess auch nach der Beendigung der Förderphase unter dem Namen Integration mit aufrechtem Gang in Dortmund fortgesetzt. Allerdings tritt ab diesem Zeitpunkt die Kontaktgruppe formal nur noch als Teil eines Trägerkreises in Erscheinung, der sowohl die Wohlfahrtsverbände, die Kirchen, den DGB, die Stadt Dortmund, und einige andere lokale Institutionen umfasst. Zentrale Redebeiträge im Konferenzverlauf sowie die Redaktion der Dokumentationen liegen allerdings weiter bei den Schlüsselakteuren der Kontaktgruppe, was auf die Zentralität dieses Akteurs schließen lässt. Große Resonanz finden in diesem Kontext mehrere Integrationskonferenzen (in den Jahren 2004, 2005 & 2008), aber auch zahlreiche Einzelveranstaltungen des IMAG-Trägerkreises. Die Resonanz und die spezifische Bedeutung dieser Konferenzen ist unmittelbar mit der Entscheidung des im September 2004 neu gewählten Rates der Stadt Dortmund verbunden, der die Entwicklung eines integrationspolitischen Gesamtkonzeptes, eines kommunalen Masterplans Integration beschließt.

Die neue Dynamik ist unmittelbar mit Verschiebungen in den politischen Konstellationen auf Stadtebene verbunden: Nach der Kommunalwahl wird der Rat der Stadt Dortmund durch eine rot-grüne Koalition regiert. Diese beschließt in den Koalitionsverhandlungen nicht nur die erneute Berufung eines Migrationsbeauftragten (jetzt unter dem Titel Integrationsbeauftragter der Stadt Dortmund), sondern auch die Ausarbeitung eines Masterplans Integration. In der „Vereinbarung zur Zusammenarbeit im Rat der Stadt Dortmund" vom 7. Oktober 2004 heißt es hierzu:

SPD und GRÜNE vereinbaren darüber hinaus einen Masterplan[78] Integration, der einen Beitrag zum friedlichen Zusammenleben von Menschen unterschiedlicher Herkunft und kulturellem Hintergrund leisten soll. Parallel dazu wird ein begleitendes Beratungs- und Entscheidungsgremium installiert. (SPD-Ratsfraktion Dortmund & Ratsfraktion BÜNDNIS 90/DIE GRÜNEN 2004)

Der in der Folge einsetzende Entwicklungsprozess bringt am Ende nur ein karges integrationspolitisches Gesamtkonzept hervor und ist durch einen chaotischen Verlauf geprägt. Das Attribut chaotisch erscheint gerechtfertigt, insofern der Masterplan Integration zunächst im Rahmen eines offenen, bürgernahen Beteiligungsverfahrens entwickelt wird, an dem insbesondere die Wohlfahrtsverbände und die Kirchen mitwirken. Der Verwaltungsvorstand der Stadt verweigert diesem Vorgehen jedoch im Jahr 2008 also nach mehrjährigen Arbeitsprozessen in Expertenarbeitskreisen die Zustimmung, was zu deutlichen Protesten der beteiligten Akteure, vor allem aber zu einem Stillstand des Projekts führt (Interviews Neuhaus, Nov. 2008 & Güntürk, März 2009).

Wie langwierig und zugleich wenig ertragreich der Masterplan Integration sich im Jahr 2009 darstellt, verdeutlicht bereits die Beschlussvorlage zum Masterplan, die dem Rat der Stadt im Februar desselben Jahres zur Entscheidung vorliegt. Dort heißt es zum Beschlussvorschlag: „Der Rat der Stadt Dortmund nimmt die ersten Elemente des ‚Masterplan Integration' zur Kenntnis." Inhaltlich bleibt das Papier hinsichtlich der Ziele bei einer Auflistung vager Absichten stehen. Als „zukünftige Maßnahmen" werden eine „detaillierte Betrachtung der bisher laufenden Integrationsmaßnahmen" sowie deren Evaluation angekündigt, die allerdings zunächst nur im Handlungsfeld „Schule/Ausbildung/Übergang" und unter Einbeziehung eines externen Experten realisiert werden sollen (Drucksache Nr. 13270-08/Anlage 1 2008, S. 12f). Als zweiter und letzter Unterpunkt in der Liste der angekündigten Maßnahmen wird in einem Absatz von nicht mehr als sieben Zeilen die Absicht einer weitergehenden Vernetzung von bestehenden Prozessen dargestellt, um die „Qualität der Integrationsarbeit" zu steigern und „Parallelstrukturen innerhalb der Verwaltung" zu vermeiden (Drucksache Nr. 13270-08/Anlage 1 2008, S. 13).

In der Folge nimmt der Masterplan Integration keinen unmittelbaren Einfluss auf den Moschee-Konflikt. Auf markante Weise sind allerdings die im Verlauf des Jahres 2005 definierten Ziele des Masterplans Integration ein Beleg dafür, wie grundlegend sich zu diesem Zeitpunkt der Bedarf einer nachholenden und kommunal koordinierten Integrationspolitik darstellt. Folgende sechs Rahmenziele werden im Laufe des Jahres 2005 bestimmt:

---

[78] Der Einsatz von Masterplänen folgt in Dortmund einer ‚Tradition' und Anwendungen finden sich für zahlreiche Bereiche, darunter Einzelhandel, Wohnen, Umwelt und Mobilität. Masterpläne beschreiben einen Orientierungsrahmen für den politischen Prozess, in dem Handlungsschritte, Verantwortlichkeiten, Terminabläufe sowie Statusfeststellungen systematisch erzeugt werden (Interview Kleinsimlinghaus, 26. Nov. 2009).

„[1] ‚Integration' in Dortmund zu definieren – [2] ein integrationspolitisches Leitbild für die Stadt Dortmund zu formulieren – [3] integrationspolitische Handlungsfelder zu benennen und Ziele und Prioritäten der Integrationspolitik in Dortmund festzulegen – [4] Bezüge der kommunalen Integrationspolitik zu übergeordneten Ebenen Land/Bund/EU im Rahmen des Grundgesetzes herzustellen – [5] das Prinzip ‚Fördern und Fordern' in der Integrationspolitik in Dortmund praktisch umzusetzen – [6] integrationspolitische Handlungsansätze in der Verwaltung und darüber hinaus zu vernetzen." (Rat der Stadt Dortmund 2005b, S. 2)

Zusammenfassend ist angesichts dieser Entwicklungslinien der Dortmunder Integrationspolitik festzustellen, dass im Jahr 2002, als sich die Moscheebaupläne des TIKV Hörde in Dortmund-Hörde konkretisieren, eine kleine Gruppe lokaler Institutionen und Akteure besteht, die Migration- bzw. Integrationsfragen als erstrangiges Policy-Thema betrachtet. Einige dieser Akteure arbeiten zudem bereits seit Jahren auf dem fraglichen Gebiet in Netzwerkstrukturen zusammen.

Diese Akteure verfügen weder auf dem Gesamtfeld der lokalen Integrationspolitik noch im spezifischen Bereich kulturell-religiöser Fragestellungen über formalrechtliche Entscheidungskompetenzen, sondern können aufgrund ihrer Einbindung in konsultative Strukturen und die damit gegebene Nähe zu den Entscheidungsträgern im Rat der Stadt und in den Bezirksvertretungen Einfluss entwickeln. Insgesamt erscheint dieser Einfluss jedoch gering und dies gilt nicht allein für die randständigen Initiativen und MSO in Dortmund oder die vergleichsweise zentralen Wohlfahrtsverbände (wie sowohl die geführten Interviews, die Presseberichterstattung, aber auch der Verlauf des Masterplan-Prozesses verdeutlichen), sondern auch und gerade für kommunale Institutionen: Weder das Erscheinungsbild des „Wachkomapatienten" Ausländerbeirat (Sönmez 2007, S. 15), noch die scheiternden Initiativen der ersten Migrationsbeauftragten oder die Existenz eines pädagogischen Aushängefeigenblatts in Gestalt der RAA Dortmund lassen einen anderen Schluss zu. Die in der zweiten Hälfte der 2000er Jahre einsetzenden und in Teilen chaotisch anmutenden Modernisierungsbemühungen schreiben diese Tradition fort.

Bemerkenswert erscheint demgegenüber, dass aus den interreligiösen Dialoginitiativen eine Akteursgruppe hervorgeht, die sich – zumindest zeitweilig – in Bezug auf das kulturell-religiöse Feld erstaunlich (im Vergleich zu anderen Feldern und Akteursgruppen) erfolgreich positioniert. In der Sprache des ACF kann argumentiert werden, dass diese Akteure zur Bildung eines eigenständigen Policy-Subsystems beitragen, indem sie Ziele definieren, Verfahren und Programme etablieren bzw. eine Zuständigkeit für das Feld kulturell-religiöser Fragestellungen ausbilden, die über niederschwellige Informationsveranstaltungen hinausgeht. Ablesbar sind diese Entwicklungen exemplarisch anhand der Integrationskonferenzen, die auf Anstoß der Dortmunder Kontaktgruppe der Kirchen mit Moscheevereinen bzw. später durch den Trägerkreis Integration mit aufrechtem Gang in Dortmund initiiert werden. Ein anderes Beispiel ist der wichtige Beitrag, den Mitglieder der Kontaktgruppe zur Etablierung des Runden Tisches Grimmelsiepen geleistet haben. Dieser dient den Unterstützern des Moschee-Projektes als Diskussionsforum und als Koordinationsstelle. Um ein reifes Policy-Subsystem, wie das ACF es auffasst, handelt es sich allerdings dennoch nicht. Leicht erkennbar arbeiten die Dortmunder Akteure des interreligiösen Dialogs zwar bereits über einen „ausgedehnten Zeitraum" zusammen. Allerdings gelingt es diesen Akteuren nicht, ihre Arbeit dauerhaft, etwa durch Landes- oder Bundesmittel, finanziell abzusichern oder bspw. eine Geschäftsstelle zu etablieren (Interview Stiller, Okt. 2012). Trotz der intensiven Bemühungen, das Thema im Diskurs der lokalen Politik zu verankern, zeigt sich, dass der kulturell-religiöse Aspekt der Integration lokal ein Nischenthema darstellt und nur am Rande auf den Ebenen von Politik und Verwaltung wahrgenommen wird.

4.7 Chronologie des Moschee-Konfliktes in Dortmund-Hörde

Im Oktober 2012, rund zehn Jahre nachdem der Verein zum ersten Mal sein Interesse an dem Grundstück bekundet hat, vollzieht der Moscheeverein aus Dortmund-Hörde die offizielle Grundsteinlegung für die lange umstrittene, repräsentative Moschee. Im weiteren Verlauf wird dieses Moscheebau-Projekt häufig als Grimmelsiepen-Projekt bezeichnet, darin dem Sprachgebrauch der beteiligten Akteure folgend, der sich auf die etablierte Flurbezeichnung des Baugeländes Am Grimmelsiepen bezieht, auf dem die Moschee entsteht. Welche Stationen das Projekt auf dem Weg bis zu diesem Beschluss durchlaufen hat, schildert die nachfolgende Chronologie der Ereignisse.

06. März 2003 – Der TIKV Hörde setzt sich im Winter 2002/2003 im Ausschreibungsverfahren des Stadtplanungsamtes überraschend (nicht zuletzt für den Verein selbst) gegen den einzigen Mitbewerber, die beta Eigenheim- und Grundstücksverwertungsgesellschaft mbH, durch. Auf Beschluss des Rates der Stadt Dortmund vom 6. März 2003 wird dem Verein eine auf sechs Monate begrenzte Option eingeräumt, um in Abstimmung mit dem Stadtplanungsamt die notwendigen Änderungen des Bebauungsplans zu entwickeln. Die Verwaltung wird in diesem Zusammenhang aufgefordert, über den Ankauf der Fläche (dem Votum des Ratsbeschlusses entsprechend) vorrangig mit dem TIKV Hörde zu verhandeln. Während die CDU-Fraktion auf Bezirksebene in Hörde im Vorfeld einheitlich für das Projekt stimmt, stellt sich die CDU-Ratsfraktion gegen diesen Beschluss.

10. März 2003 – Das Projekt wird zum ersten Mal in der Presse der Öffentlichkeit vorgestellt. Parteiübergreifend wird auf der Bezirksebene dem Projekt Unterstützung zugesagt. In den folgenden Tagen und Wochen macht das Moscheebau-Projekt Schlagzeilen in der Dortmunder Presse: Der CDU-Fraktionsvorsitzende, Dr. Fritz Hofmann, wird mit den Worten zitiert: „Die Hörder Muslime sind integrationswillig"; der Hörder Bezirksvorsteher Manfred Renno (SPD) mit der Aussage: „Sie beteiligen sich am sozialen und kulturellen Leben vor Ort" (Korfmann 2003a). An anderer Stelle sagt Renno gegenüber der Presse: „Der Anspruch auf ein solches

Zentrum sei gleich zu setzen mit dem einer evangelischen oder katholischen Gemeinde." (Korfmann 2003b)

19. März 2003 – Ein offener, in den Medien, zwischen den Parteien, aber auch in der Öffentlichkeit ausgetragener Konflikt über das Grimmelsiepen-Projekt beginnt: Der Vorsitzende der CDU Ratsfraktion, Frank Hengstenberg, erhebt gegenüber der Presse schwerwiegende Vorwürfe gegen das Projekt und die SPD. Der Ausgang des Ausschreibungsverfahrens sei ideologisch bestimmt gewesen und verstoße zudem gegen geltendes Recht. Die *taz* berichtet hierüber: Hengstenberg „wittert Filz, der teuer werden könne." (Jansen 2003) Eine juristische Prüfung des Verfahrens wird angekündigt.

In den folgenden Wochen und Monaten erscheinen zahlreiche Artikel in der Dortmunder Presse, die sich mit dem Projekt und der Kontroverse auseinandersetzen. Sie sind der Auftakt zu einer Auseinandersetzung in deren Verlauf mehr als 500 Zeitungsberichte, vorwiegend redaktionelle Artikel der lokalen Presse, aber auch zahlreiche Leserbriefe erscheinen werden. Überregionale Tageszeitungen berichten ebenfalls über den Moschee-Konflikt, allerdings vergleichsweise selten.

15. Juni 2003 – Im Rahmen einer Bürger-Info Veranstaltung wenden sich der TIKV Hörde und die SPD an die Bürger des Stadtteils, um für das Projekt zu werben und Bedenken auszuräumen. Die Presse berichtet, dass „die Entstehung eines neuen Ghettos" sowie die „mangelnde Integration" von vielen der 50 Besucher kritisiert wurden (Ruhr Nachrichten v. 15.06.2003). Der Fraktionsvorsitzende der SPD-Bezirksvertretung Hörde verspricht in diesem Zusammenhang den Besuchern der Veranstaltung, dass „Ihre Einwände und Bedenken auf jeden Fall ernst genommen [werden], auch wenn ich manche Äußerungen für bedenklich halte." (Ruhr Nachrichten v. 15.06.2003) Der Vorsitzende des TIKV Hörde bittet angesichts der massiven Kritik die Teilnehmer eindringlich: „Drängt uns nicht an den Rand, wir gehören schon lange dazu." (Korfmann 2003c)

4. Juli 2003 – Weniger als drei Wochen nach der Informationsveranstaltung gründet sich in Dortmund-Hörde die Bürgerinitiative gegen den Moschee- und Siedlungsbau Bürgerinitiative Grimmelsiepen (Bürgerinitiative), deren Ziel die Verhinderung des Moscheebaus ist. Es gelingt ihr zwar, bis zum November 2003 insgesamt 3.000 Unterschriften gegen das Projekt zu sammeln. Diese werden dem Vorsitzenden der CDU-Ratsfraktion, Frank Hengstenberg, überreicht. Der RAXEN National Report[79] berichtete zu den Aktivitäten dieser Bürgerinitiative:

> In Dortmund-Hörde, the local initiative Bürgerinitiative Grimmelsiepen was founded with the explicit aim of preventing the construction of an Islamic community centre (...) a representative of

---

[79] Der RAXEN Report wird durch ein internationales Forschungsnetzwerk erstellt und berichtet über Diskriminierung und Fremdenfeindlichkeit in verschiedenen sozialen Bereichen. In Deutschland ist das renommierte efms (europäisches forum für migrationsstudien) für diese Berichterstattung zuständig.

the initiative made clear Islamophobic statements and even called it ‚our duty to counter the Islamic belief' and to ‚protect democracy'. Muslims were blamed for misusing democratic principles
as well as for practicing deception and telling lies only for their own purpose; the ‚Islamic faith' is
described as extremely aggressive and resistant to any form of development. (Bosch & Peucker
2006, S. 112)

Im Verlauf des Konfliktes gewinnt die Bürgerinitiative trotz der erfolgreichen
Sammlung von Unterschriften keine mobilisierbare Basis in der Hörder Bevölkerung. So folgen einem Demonstrationsaufruf der Initiative zur Verhinderung des
Projektes im Oktober 2003 lediglich rund 50 Teilnehmer (vgl. Ruhr Nachrichten v.
01.10.2003).

In Reaktion auf den sichtbar werdenden Konflikt geben sowohl die evangelische
als auch die katholische Kirche Unterstützungsbekundungen für das Grimmelsiepen-Projekt ab. Die Evangelische Kirche entschließt sich zur Wiederbelebung des
Runden Tisches zur Zusammenarbeit mit ausländischen Bürgern unter der Bezeichnung Runder Tisch Grimmelsiepen.[80] Die Moderation des Runden Tisches
Grimmelsiepen liegt anfänglich in der Verantwortung des evangelischen Pfarrers
Ubbo de Boer, der diese Funktion sehr bald an seinen Nachfolger, Pfarrer Niels
Back, übergibt. Back ist zugleich der neue Beauftragte des Kirchenkreises Dort-
mund-Süd für christlich-islamische Begegnung. Die Aufgabe des Forums wird von
Niels Back in einem kircheninternen Papier als eine zweifache definiert: „Die Öf-
fentlichkeit zu informieren und intern das Projekt kritisch-konstruktiv zu begleiten."
(Back 2004)

09. Oktober 2003 – Nachdem der TIKV Hörde Ende August sein Moscheebau-
Konzept entsprechend den Anforderungen des Ratsbeschlusses vom März 2003
überarbeitet und bei der Stadt eingereicht hat, wird im Rahmen einer nichtöffentli-
chen Sitzung beschlossen, das Gelände Am Grimmelsiepen für den TIKV Hörde
vertraglich zu reservieren. Dieser Reservierungsvertrag wird am 25. November
unterzeichnet. Kernbestandteile des Vertrags sind: (1) der Kaufpreis für das Roh-
grundstück in Höhe von 1.910.000 Euro; (2) eine Anzahlung von 100.000 Euro
durch den Verein im Voraus und die Verantwortlichkeit des Vereins für die Erstellung der Pläne zur Bebauungsplanänderung; (3) die Änderung des Bebauungsplans
in der Laufzeit des Reservierungsvertrages.

Stadtverwaltung und der Kulturverein vereinbaren ferner, gemeinsam eine Beschlussvorlage für den Rat zu erarbeiten, in welcher die notwendigen Bebauungsplanänderungen konzeptionell dargestellt werden (Interview Karataş, Aug. 2009).

November 2003 bis Februar 2004 – Der Verein entwickelt die notwendigen Unterlagen zur Bebauungsplanänderung und die damit in Verbindung stehende Beschlussvorlage innerhalb weniger Wochen. Beschlossen wird die Einleitung des

---

[80] Der Runde Tisch Grimmelsiepen wurde ursprünglich von der Evangelischen Kirche 1992 in Reaktion
auf die massive Zunahme der Ausländerfeindlichkeit in Deutschland initiiert (Interview Back, Juli 2009)

Bebauungsplanänderungsverfahrens jedoch erst am 3. Februar 2005. Der Architekt des Projektes, Isa Karataş, erklärt die Verzögerung von nicht weniger als einem Jahr durch die Bedenken der Entscheidungsträger in der SPD, der Grimmelsiepen könne Gegenstand des Kommunalwahlkampfes werden (Interview Karataş, Aug. 2009). Einen Hinweis auf die Sensibilität der SPD für die Frage, inwieweit der Grimmelsiepen die Wahlchancen der Partei berühren könnte, drückt sich in der Bemühung des damals amtierenden Oberbürgermeisters Dr. Gerhard Langemeyer aus, das Moscheebau-Projekt aus dem Wahlkampf herauszuhalten. Zeitweilig soll eine informelle Vereinbarung zwischen den beiden Spitzenkandidaten bestanden haben, von der die CDU aber kurz vor der Wahl einen Rückzieher machte (vgl. Kampmann 2004). Insgesamt ist in der Rückschau deutlich, dass zwar das Planänderungsverfahren in 2004 keine Fortschritte machte, der geplante Bau der türkisch-sunnitischen Nachbarschafts-Moschee aber ungemindert Gegenstand öffentlicher Auseinandersetzungen bleibt.

Wichtige Wegmarken sind in dieser Phase:
- ein Flugblatt des CDU-Fraktionsvorsitzenden, in dem erneut die Legitimität des Ausschreibungsverfahrens bestritten und „der gewählte Standort für das islamische Gemeindezentrum [als] gänzlich ungeeignet" dargestellt wird. In der Argumentation wird zudem auf zwei in der Nähe befindliche „christliche Friedhöfe" verwiesen bzw. der Topos der vermeintlichen Unvereinbarkeit von Islam und Christentum bemüht (Hengstenberg 2003).
- der Beginn der Öffentlichkeitsarbeit des Runden Tisches. Als erste größere und öffentlichkeitswirksame Aktivität veranstaltet der Runde Tisch Grimmelsiepen eine Diskussionsveranstaltung (Mai 2004), an der 250 Bürger teilnehmen und ein konstruktiver Austausch von kontroversen „Sachargumenten, Sorgen und Ängsten" möglich wird (Bandermann 2004a).

Sommer und Herbst 2004 – Die NPD-nahen Dortmunder Kameradschaften organisieren mit Hilfe von bundesweit verbreiteten Aufrufen zwei Protestzüge gegen das Grimmelsiepen-Projekt, an denen nach bundesweiten Aufrufen jeweils im Juni 2004 ca. 300, im September 2004 ca. 200 Personen teilnehmen. Der Runde Tisch Grimmelsiepen veranstaltet in Reaktion auf diese Proteste am 19. Juni und am 18. September zwei Gegendemonstrationen unter dem Motto „Dortmund ist eine weltoffene Stadt. Für ein friedliches Zusammenleben der Menschen unterschiedlicher Herkunft und Religion" mit ca. 1.000 Teilnehmern. „Machtsignal der Demokraten. Bündnis aus 1000 Menschen kehrte symbolisch ‚braunen' Dreck von den Straßen" titeln die *Ruhr Nachrichten* in Dortmund hierzu (Bandermann 2004b).

Die CDU trägt ihre ablehnende Haltung gegenüber dem Grimmelsiepen-Projekt in den Wahlkampf, ohne damit jedoch sichtbare Erfolge zu erringen - mit 32,7% wird sie zweitstärkste Kraft im Stadtparlament. Die SPD geht erneut als stärkste Kraft (41,3%) aus der Wahl hervor, kann zusammen mit den Grünen (11,5%) im Rat der Stadt regieren. Die Bürgerinitiative gegen den Moschee- und Siedlungsbau

hat zwischenzeitlich eine Kooperation mit dem Dortmunder Kreisverband der
Offensive D entwickelt, sodass der Mitbegründer der Bürgerinitiative, Hartmut
Halberstadt, im Stadtbezirk Dortmund-Hörde als Kandidat der Offensive D für die
Kommunalwahl nominiert wird. Auf die Partei entfallen auf dem gesamten Stadtgebiet allerdings lediglich 1.669 Stimmen bzw. 0,7% aller gültigen Stimmen. Im Stadtbezirk Hörde erhält die Offensive D nur 192 Stimmen. Betrachtet man diese Zahl
zusammen mit den im Stadtteil insgesamt gültig abgegebenen 26.800 Wählerstimmen, liegt der Schluss nahe, dass der Protest gegen die Moschee keine bemerkens-
werten Veränderungen im Wahlverhalten der Hörder Bürger hervorgerufen hat
(Stadt Dortmund 2004).[81]
    Die SPD interpretiert das Wahlergebnis im Umkehrschluss als Ausdruck der ge-
scheiterten Wahlkampfausrichtung der CDU und der Offensive D. Der Bezirksvorsteher von Hörde, Manfred Renno, deutet im Interview mit den *Ruhr Nachrichten* das
Wahlergebnis zudem als Zustimmung der Wähler zum Grimmelsiepen-Projekt:

> In der Politik hat eine Festlegung auf das Projekt stattgefunden, das ist richtig. Richtig ist auch,
> dass die Bürgerinnen und Bürger bei der Kommunalwahl im September im direkten Umfeld ‚Am
> Grimmelsiepen' weder der CDU noch der Offensive D zu einem positiven Stimmergebnis verhol-
> fen haben. (Ruhr Nachrichten v. 20.01.2005)

Nach der Kommunalwahl reduziert sich das öffentliche Interesse am Grimmelsiepen-Projekt deutlich. Es kommt zu keinen weiteren Demonstrationen der NPD
oder der Bürgerinitiative gegen das Projekt. Der Runde Tisch Grimmelsiepen führt
für einen längeren Zeitraum keine öffentlichkeitswirksamen Veranstaltungen durch.
Erst im Mai und Juni erfolgen zwei kleinere Veranstaltungen („Glauben im Alltag"
und „Leben als Nachbarn in Hörde"), die auf die Entwicklung des interreligiösen
Dialogs bzw. auf die Überwindung von Fremdheit angelegt sind (Interview Back,
Juli 2009).
    Neue Aktivität entsteht nach der Kommunalwahl auf der Seite der Stadtverwal-
tung. Mit einer Vorlage vom 21. Dezember 2004 bringt das Stadtplanungsamt zeitnah zum Beginn der neuen Wahlperiode eine Beschlussvorlage zur Einleitung des
Planänderungsverfahrens für das fragliche Baugebiet in den Gremiendurchlauf. Der
Ratsbeschluss zur Änderung des Bebauungsplans erfolgt ca. sechs Wochen später,
am 3. Februar 2005. Im Rahmen der entsprechenden Ratssitzung wird zudem entsprechend den Vorgaben des Baurechtes eine „frühzeitige Bürgerbeteiligung" beschlossen, deren Kern die Veranstaltung einer Bürgeranhörung sein wird.
    24. Februar 2005 – Das Stadtplanungsamt veranstaltet eine Bürgeranhörung bzw.
„frühzeitige Bürgerbeteiligung" nach § 4 Abs. 2 BauGB, an der 250 interessierte

---

[81] Dieser Gesamteindruck bestätigt sich zudem im Ergebnis der DVU, die zwar im Rat der Stadt einen
Sitz hinzugewinnen kann, in Hörde jedoch ohne Sitz in der Bezirksvertretung bleibt. In absoluten Zahlen
gewinnt die DVU in Hörde 444 Stimmen, das sind 129 mehr als 1999 (Stadt Dortmund 2004).

Bürger teilnehmen. Diskutiert werden im Zuge dieser Bürgeranhörung vorrangig die Standardthemen der Moschee-Gegner. Im Mittelpunkt der Kritik steht die angegliederte Wohnsiedlung, welche die Entstehung eines „Ghettos" bedeute, aber auch das geplante Minarett und der Muezzin-Ruf sind Bestandteil einer höchst kontroversen Debatte zwischen den Unterstützern und Gegnern des Projektes (Bandermann 2005a). Unter anderem werden die Hörder Muslime während der Veranstaltung in Wortbeiträgen „in die Nähe von Terroristen gerückt" (Bandermann 2005b). Die Mehrheit der Mitglieder des Runden Tisches fordert daraufhin die Bürgerinitiative auf, sich von dieser Äußerung zu distanzieren. Die Zurückweisung dieser Forderung durch den Sprecher der Initiative („Man kann mich für solche Äußerungen nicht verantwortlich machen (...) denn nicht alle Projektgegner sind automatisch in der Bürgerinitiative" (Bandermann 2005c) führt zum Ausschluss der Bürgerinitiative von der weiteren Arbeit des Runden Tisches Grimmelsiepen.[82]

Die spätere schriftliche Stellungnahme der Verwaltung dokumentiert darüber hinaus auch die Relevanz gestaltungsbezogener Detailfragen. Dazu zählt sowohl die Sorge um den Wegfall einer Hundewiese als auch die Frage der Verkehrserschließung oder die angemessene Dimensionierung der Moschee. Im Unterschied zu früheren Veranstaltungen bedingt der Rahmen der Bürgeranhörung, dass die Kommune dezidiert zu den „Anregungen" der Bürger Stellung beziehen muss. In dieser Stellungnahme bekennt sich die Kommune grundsätzlich zur „Religionsvielfalt als Kennzeichen moderner Gesellschaften" (Drucksache Nr.: 04536-06 2006, S. 16) und setzt den Kritikern des Projektes neben gesellschaftspolitischen Standards auch ihr Verwaltungswissen oder das Erfahrungswissen des Vereins entgegen. So heißt es zu einer Kritik am Minarettbau, welche das geplante Minarett als nicht notwendiges Symbol darstellt: „Ähnlich der Glocke in Türmen der christlichen Kirche, die die Gläubigen zum Gebet und zur Andacht ruft" ist das „Minarett Bestandteil einer Moschee geworden" (Drucksache Nr.: 04536-06 2006, S. 16). Verwaltungswissen und Erfahrungswissen fließen an anderer Stelle in die Stellungnahme gegenüber der Kritik ein, der Gebetsruf des Muezzin könne religiöse Gefühle bei den Besuchern der benachbarten christlichen Friedhöfe verletzen.

Die Verwaltung verweist in diesem Zusammenhang darauf, dass die jetzige Moschee (und damit der Ruf des Muezzin) sogar näher an diesen Friedhöfen liegt, beim Kulturverein in den vergangenen 23 Jahren jedoch nie eine Beschwerde hierüber eingegangen sei. Der Abschluss des Beteiligungsverfahrens erfolgt mit der Behandlung der „Anregungen" im Juli 2005.

Durch den langen Stillstand des Projektes bis zur Einleitung des Planänderungsverfahrens ist der im August 2003 vereinbarte Abschlusstermin für das Planände-

---

[82] Zu diesem Zeitpunkt ist die Sprecherfunktion der Initiative bereits von Stefan Hein, einem jungen CDU-Mitglied übernommen worden (vgl. Bandermann 2005b).

rungsverfahren (vertraglich festgelegt war der 30. September 2005) nicht haltbar. Damit einhergehend ist auch die Laufzeit des zwischen Stadt und Kulturverein geschlossenen Reservierungsvertrages nicht ausreichend – eine Verlängerung dieses Vertrages sowie ein neuerlicher Ratsbeschluss werden benötigt.

Bis es zu diesem neuen Vertrag kommt, vergehen mehrere Monate, in denen das Projekt zeitweilig ganz auf der Kippe steht (Interview Karataş, Aug. 2009). Die Verhandlungen über den Verlängerungsvertrag verlaufen äußerst kompliziert. Der erste Reservierungsvertrag enthielt, wie oben dargestellt, nur wenige Punkte und setzte neben finanziellen Eckpunkten sowie einer wenig differenzierten Klärung von Verantwortlichkeiten dem Projekt nur einen allgemein gehaltenen zeitlichen Rahmen. Zwei Jahre später wünschen sowohl die Akteure der Verwaltung und der Politik als auch der Verein mehr Sicherheiten, insbesondere ein klares finanzielles Konzept.

30. März 2006 – Erst sechs Monate nachdem das Beteiligungsverfahren abgeschlossen ist, kommt es im Rat der Stadt Dortmund zu einem Beschluss über die Fortsetzung des Projektes. Damit sind aber die offenen Fragen für die Neuauflage des Reservierungsvertrages noch nicht ausgeräumt, es dauert vielmehr weitere 10 Wochen, bis es Mitte Juni zur Vertragserneuerung kommt. In diesem sind sowohl die Termine für Verfahrensabschnitte als auch die Pflichten der Parteien im Einzelnen geklärt. Der Abschluss des Bebauungsplanverfahrens soll im Herbst 2008 erfolgen (Interview Karataş, Aug. 2009).

Juli 2006 – Auf Grundlage des neuen Reservierungsvertrages beginnt der Verein mit der Erstellung der Planungsunterlagen: Vermessung, Umweltbericht, Boden- und Baugrundgutachten, Schallschutzgutachten usw. bis hin zur Artenschutzanalyse. Dieser Arbeitsabschnitt dauert bis in das Frühjahr 2008. Als tiefgreifende Änderungen werden in dieser Phase der Wohnpark völlig neu konzipiert und die Verkehrsanbindung modifiziert. Abgeschlossen werden die erforderlichen Planungsarbeiten im April 2008 (Interview Karataş, Aug. 2009).

August 2006 – Die CDU-Hörde veranstaltet am 25. August einen Sommerempfang. Der prominente Gastredner Joachim Merz spricht u.a. über den Islam. Die *Ruhr Nachrichten* zitieren aus der Rede: „Unseren Vätern und Großvätern ist vorgeworfen worden, dass sie Hitlers ‚Mein Kampf' nicht gelesen haben. Unserer Generation wird man vorwerfen, dass sie den Koran nicht gelesen hat." (Bandermann 2006a) In Reaktion auf diese und vergleichbare Äußerungen kritisieren FDP, Grüne sowie die Vereinigten Kirchenkreise Dortmund und Lünen die Hörder CDU. Eine Serie von Stellungnahmen erscheint in der lokalen Presse. Die *Ruhr Nachrichten* berichten am 31. August unter der Überschrift „Ein unglaublicher Vorgang" und zitieren u.a. den FDP-Bundestagsabgeordneten und –Kreisvorsitzenden Michael Kauch mit den Worten: „Wir Liberale differenzieren (…) zwischen gewalttätigen islamischen Fundamentalisten und der großen Mehrheit der Muslime." (Bandermann 2006b) Der Dortmunder CDU-Fraktionsvorsitzende Hengstenberg, aber auch der Hörder CDU-Fraktionsvorsitzende Weber lehnen eine Distanzierung von den Positionen des Gastredners ab. Weber wird mit den Worten zitiert: „Alles, was er gesagt hat, hat er belegen können. Sein Beitrag hat mir viele neue Aspekte gebracht." (Bandermann 2006c)

Juli 2007 – Ende Juli berichten die *Ruhr Nachrichten* über den Stand der Aushandlungsprozesse. Unter der Schlagzeile „Grimmelsiepen – ,Jetzt geht es um das Wie'" wird dem Architekten Raum gegeben, das Projekt erneut zu erläutern und Veränderungen in den Planungen darzustellen (Schulte 2007). Isa Karataş rechnet demnach mit einem zeitnahen Beginn des Bebauungsplanverfahrens im September. In Leserbriefen wird die positive Darstellung des Projektes in diesem Artikel durch Hartmut Halberstadt sowie den neuen Sprecher der Bürgerinitiative, Stefan Hein, kritisch kommentiert. Hein schreibt:

> Der türkische Architekt irrt vollkommen mit seiner Aussage: ,Jetzt geht es nicht mehr um das Ob, jetzt geht es nur noch um das Wie.' Ohne die Akzeptanz in der Bevölkerung ist dieses Bauvorhaben nie realisierbar. (Hein 2007)

Juni 2008 – Nachdem bereits die Bezirksvertretung Hörde den Plänen des Vereins bzw. des beauftragten Architekten zugestimmt hat und das Papier den vorgeordneten Gremiendurchlauf absolviert hat, stimmt auch der Rat der Stadt Dortmund am 19. Juni 2008 der Planung für die Nachbarschafts-Moschee zu (vgl. Rat der Stadt Dortmund 2008). Erneut verbindet sich mit dem Planänderungsverfahren eine Öffentlichkeitsbeteiligung, welche sich mit einer Auslegung der Pläne (14. Juli 2008 bis 22. August 2008) verbindet. Eine Bürgeranhörung wird in diesem Kontext nicht veranstaltet, aber die interessierten Bürger können schriftliche Stellungnahmen einreichen. Es erfolgen insgesamt 20 Stellungnahmen (welche, da es sich zum Teil um Sammel-Stellungnahmen handelt, auf rund 100 Bürger zurückgehen), die von der Stadtverwaltung ausführlich beantwortet werden. Im Kern wiederholen die Eingaben die früheren Kritikpunkte, jedoch dominieren jetzt noch stärker islamkritische bis islamophobe Argumente, wie sie bspw. der folgende Auszug mit Blick auf die im Rat der Staat regierenden Parteien zur Darstellung bringt:

> Die beiden deutschen Parteien: Bündnis 90/Die Grünen und die SPD setzen den Willen der Muslime über die Interessen der Christen und Deutschen und machen sich damit schuldig an der schleichenden Islamisierung Dortmunds. (Drucksache 13758-09 Anlage 2008)

Auch rechtsextreme Sichtweisen treten hervor. So geht es zum Beispiel in einer Stellungnahme um nicht weniger als darum, „Gefahren vom deutschen Volke abzuwenden", in einer anderen wird der Verkauf des Grundstücks mit den Gebietsverlusten des Deutschen Reiches durch die verlorenen Weltkriege in Verbindung gebracht (Drucksache 13758-09 2009, S. 39f).

Auf die Realisierung des Projektes nehmen die eingereichten Stellungnahmen im weiteren Verfahren keinen Einfluss. Pointiert und ausführlich vertritt die Stadtverwaltung im Zuge der sogenannten „Offenlegung" die bereits im ersten Beteiligungsverfahren vertretenen Positionen und empfiehlt dem Rat, keiner der eingereichten Stellungnahmen zu folgen.[83] Beispielhaft für eines der vielen Details, die in der Stellungnahme behandelt werden, sei hier die Behandlung eines Einspruchs gegen den geplanten Aufbahrungsraum für Verstorbene zitiert:

> Die Aufbahrung von Leichen in Moscheen nach dem Glauben des Islam entspricht der Aufbahrung von Verstorbenen in Leichen- und Trauerhallen beim Christentum. Die Leichenwaschung ist eine besondere rituelle Form des Islams, die durch die Religionsfreiheit geschützt ist. (Drucksache 13758-09 2009, S. 39f)

Herbst und Winter 2008/2009 – Die Vorbereitung des endgültigen Ratsbeschlusses über die Genehmigung des Bebauungsplans erfordert neuerlich Aufschübe. Unerwartet nimmt der notwendige Nachweis über sogenannten Ausgleichsflächen (im Rahmen der auf den Naturschutz bezogenen Eingriff-Ausgleich-Regelung, insbesondere §§ 1 und 135 BauGB) weitere Zeit in Anspruch. Die für die letzte Ratssitzung in 2008 vorgesehene Beschlussvorlage wird daher auf den Februar 2009 verschoben. Verwaltung und Kulturverein verhandeln während dieser Zeit intensiv über Gestaltung, Finanzierung und Projektrealisierung. Im gleichen Zeitraum verhandeln der Moscheeverein und die Stadt darüber, die Vermarktung der Wohnsiedlung neu zu organisieren. Der Moscheeverein sieht sich nicht länger in der Lage, diese Aufgabe zu übernehmen, obwohl aus dem Verkauf der Wohneinheiten ein wesentlicher Beitrag zur Finanzierung des Gesamtprojektes erwirtschaftet werden sollte (Interview Karataş, Aug. 2009). „Die Erschließungskosten seien für den Kulturverein zu hoch geworden. Da springe die Stadt jetzt ein", zitieren die *Ruhr Nachrichten* den stellvertretenden Leiter des Liegenschaftsamtes der Stadt Dortmund (Bandermann 2009a). Die CDU kritisiert diese Entscheidung – die *Ruhr Nachrichten* berichten zur Position des Unions-Fraktionssprechers in der Hörder Bezirksvertretung: „Es könne nicht sein, dass die Stadt Dortmund dem Kulturverein das Vermarktungsrisiko abnehme." (Bandermann 2009b)

26. Februar 2009 – Der Bebauungsplan für den Grimmelsiepen wird endgültig beschlossen. Nahezu sieben Jahre nach der Teilnahme am Ausschreibungsverfahren der Stadt beschließt der Rat der Stadt Dortmund den Bebauungsplan Hö 257 – Am Grimmelsiepen, womit der Weg für den Bauantrag und die Realisierung des Projektes formal geebnet ist. Vorausgegangen waren zwei letzte hochemotionale Debatten, zunächst Ende Januar in der Bezirksvertretung Hörde und abschließend im Rat

---

[83] Die Beteiligung der Öffentlichkeit an der Bauleitplanung bzw. an dem in Dortmund notwendigen Bebauungsplanänderungsverfahren regelt § 3 Abs. 2 BauGB. Die sogenannte Offenlegung des Bebauungsplans bedeutet, dass die Entwurfsunterlagen für die Dauer eines Monats der Öffentlichkeit zugänglich gemacht werden. Im Rahmen der Offenlegung haben Bürger die Gelegenheit schriftlich Anregungen oder Kritik an die zuständige Verwaltung zu richten.

der Stadt. In der öffentlichen Sitzung des Stadtrates wurden Ratsvertreter vom Publikum u.a. als „Vaterlandsverräter" beschimpft. In Hörde waren zuvor bereits Rot-Grüne Politiker von aufgebrachten Gegnern noch beim Verlassen des Sitzungssaals lautstark und „weit unter der Gürtellinie" beschimpft worden, wie die *Ruhr Nachrichten* berichten (Bandermann 2009d).

Polarisierend wirkt im Umgang zwischen den Ratsfraktionen, dass die CDU im Vorfeld über die Presse die Debatte erneut emotional aufgeladen hat. Gegenüber der Presse hat Frank Hengstenberg in den Tagen vor den Abstimmungen schwere Vorwürfe erhoben: SPD und Grüne hätten unter dem „Deckmäntelchen der Integration" 3.5 Millionen Euro „verbrannt" – womit Hengstenberg in Anspielung auf den Ausgang des Ausschreibungsverfahrens die Legitimität des Gesamtprojektes erneut in Frage stellte (Bandermann 2009c). Zugleich bekräftigte der Fraktionsvorsitzende im Verbund mit CDU-Repräsentanten des Stadtbezirks im Vorfeld der Sitzungen die Kritik, dass mit dem Projekt „Vorschub für die Errichtung einer Parallelgesellschaft" geleistet würde, bzw. dass die falschen integrationspolitischen Signale ausgesendet würden (Bandermann 2009c).

In diesen Zusammenhang passt das Pressezitat aus der Ratssitzung, in dem Hengstenberg mit den Worten zitiert wird: „Wir von der CDU lassen uns von niemandem in dieser Stadt einen Standort für eine Moschee aufdrücken." (Westfälische Rundschau v. 26.02.2009)

Dieser Linie folgend, stimmt die CDU-Ratsfraktion am 26. Februar gegen die Beschlussvorlage von Rot-Grün. Diese Sichtweise war während der abschießenden Ratssitzung zuvor bereits durch DVU vertreten worden. Differenzierter gegenüber der Vorlage und in Kontinuität gegenüber der eigenen politischen Linie, begründet die FDP ihre ablehnende Haltung. In der Niederschrift über die 39. Sitzung des Rates der Stadt Dortmund am 26.02.2009 wird dies dokumentiert:

> Anschließend erklärte für die Fraktion FDP/Bürgerliste Rm Dingerdissen, dass seine Fraktion nach wie vor der Errichtung des Gemeindezentrums Grimmelsiepen mit dem Bau einer Moschee als Zeichen der freien Religionsausübung zustimme. Ablehnen dagegen werde man den geplanten Bau der 56 Eigenheime ‚Am Grimmelsiepen', da man ernsthaft befürchte, dass dort eher ein Gegeneinander, statt ein Miteinander entstehen werde. So könne seiner Meinung nach Integration nicht funktionieren. (Rat der Stadt Dortmund 2009)

Die Fraktionen der SPD und der Grünen verweisen in Abgrenzung zur massiven Kritik der anderen Fraktionen erneut auf die integrative Bedeutung des Projektes und erneuern ihre Anerkennung für die Bedürfnisse der muslimisch orientierten Migranten: „Die Menschen sind hier angekommen, sie wollen auch bleiben und ihre Symbole wie Moschee und Minarett zeigen" (Westfälische Rundschau v. 26.02.2009). In diese Richtung zeigt das gleichfalls in der Lokalpresse wiedergegebene Statement einer Hörder SPD-Ratsvertreterin: „Das ist ein Tag zum Feiern" (Westfälische Rundschau v. 26.02.2009).

Wie erwartet, endet daher die entscheidende Abstimmung mit dem eingangs angeführten Beschluss des Bebauungsplans für den Grimmelsiepen: „Mit Mehrheit gegen die Stimmen der CDU-Fraktion, der Fraktion FDP/Bürgerliste, der DVU-Fraktion" sowie gegen die Stimme eines unabhängigen Ratsmitgliedes." (Rat der Stadt Dortmund 2009)

Auf der Website des Runden Tisches ist zu dieser Zeit die Ankündigung zu lesen, dass die Errichtung der Nachbarschafts-Moschee im Sommer 2009 beginnen wird (vgl. Kampmann 2009). Ähnlich, aber ohne zeitliche Festlegung formuliert es der Architekt des Grimmelsiepen-Projektes am Vortag zum positiven Ratsbeschluss über den Bebauungsplan:

> Der Baubeginn ist abhängig von der Rechtskraft des Bebauungsplanes. Wenn morgen die endgültige politische Entscheidung fällt, werden die Verträge unterzeichnet und wir werden unsere Pläne zur Ausführung bringen. (Westfälische Rundschau v. 24.02.2009)

Zur Frage, ob ein Scheitern des Projektes zu diesem Zeitpunkt noch möglich sei, betont Isa Karataş gegenüber der Zeitung:

> Nur wenn der Stadt Verfahrensfehler nachgewiesen werden können oder gegen Gesetze verstoßen wurde [ist ein Scheitern vorstellbar]. Dann besteht die Möglichkeit, den Klageweg zu beschreiten. (Westfälische Rundschau v. 24.02.2009)

Frühjahr und Sommer 2009 – An den Ratsbeschluss über den Bebauungsplan schließen jedoch erneut zähe Verhandlungen über finanzielle Regelungen und die Projektrealisierung an. Der TIKV Hörde hat im Zuge der Planungen zur Bebauungsplanänderung 160.000 Euro investiert, insbesondere für die Erstellung externer Gutachten, aber auch für die Leistungen des Architekten. Nachdem die Vermarktung des Wohnparks mit seinen 56 Wohneinheiten jetzt durch die Stadt erfolgt, profitiert diese unmittelbar von diesen Planungsarbeiten. Die Stadt bietet zunächst an, 25% dieser Kosten zu übernehmen. Erst Ende Juli bewilligt diese eine deutlich höhere Beteiligung, sodass die Stadt letztendlich bereit ist, 60% der Planungskosten zu tragen (Interview Karataş, Aug. 2009).

Aus Sicht des Moscheevereins ist darüber hinaus problematisch, dass die Stadtverwaltung dem Verein enge zeitliche Grenzen für die Realisierung des Bauwerks vorgeben möchte. Unter anderem möchte die Stadt in einem gesonderten Vertrag die Klausel aufnehmen, dass der Verein das Gebäude innerhalb von zwei Jahren nach Erteilung der Baugenehmigung fertig stellen muss. Im Falle eines Verstoßes gegen diese Auflage soll das Grundstück wieder in den Besitz der Stadt übergehen. Der Verein erhielte in diesem Fall den Kaufpreis ohne Zinsen und abzüglich der Abrisskosten für den unfertigen Gebäudekomplex. Der TIKV Hörde debattierte intern diese Forderung intensiv und weist diese als untragbar zurück. Der Verein begründet dies in Auseinandersetzung mit den Folgen der globalen Wirtschaftskrise und dem Verweis auf die damit verbundenen Risiken für die Finanzierung des Projektes. Insbesondere kann der Verein nicht ausschließen, dass zugesagte Finanzierungsbeiträge durch die Mitglieder des TIKV Hörde – in Reaktion auf die Finanzkrise im Jahr 2008 - nicht oder nur in verringertem Umfang fließen werden (Interview Karataş, Aug. 2009). Die Verhandlungen über den Kaufvertrag verlaufen in der Folge über Monate ergebnislos.

Februar und März 2010 – Der Pressesprecher der Stadt Dortmund kündigt im Februar gegenüber der Presse an, dass der Moscheeverein noch in diesem Monat den Kaufvertrag unterzeichnen kann (Meyer 2010). Am 12. März 2010 erfolgt die Unterzeichnung des Kaufvertrags nach langwierigen Verhandlungen über die Beteiligung der Stadt an den Kosten, die der Verein im Zuge des Bebauungsplanänderungsverfahrens getragen hat. Für etwas mehr als 320.000 Euro erwirbt der Verein das Baugrundstück für die geplante Nachbarschafts-Moschee. Aufgrund fehlender Rechtssicherheit – gegen das Bebauungsplanänderungsverfahren ist vor dem Oberverwaltungsgericht in Münster eine Klage anhängig – entscheidet sich der Moscheeverein gegen die Möglichkeit zeitnah einen Bauantrag zu stellen bzw. die Planungsarbeiten in Vorbereitung dieses Antrags zu forcieren. Im weiteren Verlauf des Jahres 2010 bzw. bis zum Frühjahr 2011 herrscht daher Projektstillstand.

Juli 2010 – Pro-NRW kündigt unter dem Motto "Kein islamistisches Ghetto in Dortmund-Hörde" für den 17. Juli eine Demonstration in Dortmund-Hörde an, um gegen den Bau der Moschee zu protestieren. Der Runde Tisch Grimmelsiepen und der Dortmunder Arbeitskreis gegen Rechtsextremismus rufen zu Gegendemonstrationen auf. Die *Ruhr Nachrichten* berichten zum Verlauf der Demonstrationen, dass Pro-NRW ca. 100 Teilnehmer mit Bussen aus dem Rheinland nach Dortmund gebracht hat, „um in Dortmund mit ihren antimuslimischen Parolen Stimmung zu machen." (Winkelsträter 2010) Diesen stehen ca. 300 bis 400 Gegendemonstranten gegenüber, die dem Aufruf des Runden Tisches gefolgt sind. Die *Ruhr Nachrichten* berichten von einem „ruhigen" Verlauf der Kundgebungen (Ruhr Nachrichten v. 17.07.2010).

März 2011 – Das gegen den geänderten Bebauungsplan anhängige Normenkontrollverfahren wird am 18. März eingestellt, nachdem der private Kläger seinen Antrag aufgrund geringer Erfolgschancen zurückzieht. „Das Oberverwaltungsgericht Münster gab grünes Licht für das Vorhaben" heißt es hierzu in der *Westfälischen Rundschau* vom 21.03.2011. Zu den Klagegründen heißt es im selben Artikel: „Geklagt hatte ein Anlieger, der südlich außerhalb des Plangebietes wohnt und unter anderem eine Wertminderung seiner Immobilie, veränderte Blickbeziehungen und zunehmenden Verkehr geltend gemacht hatte." Im gleichen Monat bestätigt das Tiefbauamt, dass es auf dem Baugrundstück bislang nicht bekannte Kohleflöze gibt, diese müssen zunächst verfüllt werden, um einen Baubeginn zu ermöglichen. Die aus diesem Grund notwendig werdenden Verfüllungsarbeiten setzen zunächst eine Rodung von Bäumen auf dem Grundstück voraus. Diese können unter Berücksichtigung des Bundesnaturschutzgesetzes, welches Rodungsmaßnahmen vom 1. März bis zum 30. September generell untersagt, frühestens im Winter 2011/2012 erfolgen (§ 39 BNatSchG),

Juli 2011 – Die Presse berichtet, dass das Baugrundstück Am Grimmelsiepen jetzt auch formal dem Moscheeverein gehört, die „Eintragungsbekanntmachung" liegt dem TIKV Hörde vor (Mosebach 2011).

Abbildung 9: Zeremonie mit Imam auf dem Baugrundstück

11. November 2011 – Der Moscheeverein feiert in einer ersten kleinen Zeremonie (ohne Presse) den symbolischen Baubeginn der Moschee auf dem Baugrundstück (Abbildung 9).[84] Anwesend sind etwa 70 Mitglieder des Moscheevereins sowie viele Akteure, die mit den Runden Tisch verbunden sind, u.a. der Bezirksbürgermeister Manfred Renno, ebenso der Moderator des Runden Tisches, Niels Back sowie Dr. Fritz Hofmann[85], bis 2004 stellvertretender Bezirksvorsteher Dortmund-Hördes. Das Foto zeigt den Imam der muslimischen Gemeinde während eines gemeinsamen Gebets auf dem Baugrundstück. Der TIKV Hörde geht zu diesem Zeitpunkt davon aus, dass mit dem Bau Moschee im April/Mai 2012 begonnen werden kann.

Frühjahr bis Herbst 2012 – Erneut verzögern Schwierigkeiten, die mit der Verfüllung unterirdischer Hohlräume verbunden sind, den Fortschritt des Grimmelsiepen-Projektes. In der Folge stellt der TIKV Hörde erst im August endgültig einen Bau-

---

[84] Fotograf: Hans Steinkamp, Dortmund
[85] † 21. Mai 2013

antrag, welcher nach einem Prozess der Feinabstimmung im Oktober 2012, wenige Tage vor der offiziellen Grundsteinlegung, eine Teilgenehmigung erhält.

26. Oktober 2012 – Mit der feierlichen Grundsteinlegung für die Nachbarschafts-Moschee, am 26. Oktober 2012 endet der in diesem Kapitel entwickelte Überblick zu den Ereignissen, welche die Entstehung einer ersten repräsentativen Moschee in Dortmund begleiten. Insgesamt nehmen mehrere hundert Menschen an der Veranstaltung auf dem Baugelände teil. Neben den Mitgliedern der türkischen Gemeinde in Hörde sind unter ihnen Vertreter der Stadt, der Kirchen, des DITIB-Dachverbandes sowie die Generalkonsulin der Türkischen Republik. „Der Islam gehört zur Stadt, der Islam gehört zu Dortmund" zitieren die *Ruhr Nachrichten* aus der Rede des Oberbürgermeisters. Ogün Arpaci, der Vorsitzende des TIKV Hörde, wird mit einem Bekenntnis zur Heimat Dortmund wiedergegeben: „Hier im schönen Hörde, hier ist unsere Heimat. Das Gemeindezentrum soll ein Zeichen dafür sein." (Schmitz 2012) Bereits wenige Monate nach der Grundsteinlegung ist der Rohbau der Moschee in Hörde weitgehend fertiggestellt (Abbildung 10). Mit der Fertigstellung des Gebäudes wird für das Jahr 2014 gerechnet.

Abbildung 10: Die Moschee im Bauprozess

4.8 Merkmale des Moschee-Konfliktes in Dortmund

Auf Basis der in Kapitel 4.7 eingeführten Chronologie der Ereignisse sind als offen-
sichtlichsten Merkmale des Dortmunder Moschee-Konfliktes zusammenfassend
folgende Aspekt erkennbar: (1) eine äußerst lange Dauer des Verhandlungsprozesses – mehr als 10 Jahre beschäftigt das Projekt bereits die lokale Politik. Hierin ist
der Fall Dortmund beispielsweise mit den gut dokumentierten Moschee-Projekten
in Köln (S. 40 u. 52) und München (S. 53), aber auch Marseille (S. 55) und Tilburg
(S. 42) vergleichbar. (2) Die heiße Phase des nicht zuletzt medial und auf der Straße
im Rahmen von Demonstrationen oder anderen öffentlichkeitswirksamen Aktionen
ausgetragenen Konfliktes erstreckt sich auf einen vergleichsweise kurzen Zeitraum
von ca. 18 Monaten – vom Frühjahr 2003 bis zum Herbst 2004. Nach dieser Phase
tritt der Konflikt geradezu erratisch, aber mit eruptiver Kraft zurück auf die Vor-
derbühne der Stadt. Ein markantes, obwohl vergleichsweise erwartbares Ereignis ist
in dieser Hinsicht der Ratsbeschluss zur Bebauungsplanänderung im Frühjahr 2009,
in dessen Umfeld es sowohl in den kommunalpolitischen Gremien, der Rat der
Stadt Dortmund sowie die Hörder Bezirksvertretung, als auch der Medienberichterstattung zu einem intensiven Schlagabtausch zwischen den Befürwortern und Gegnern des Moscheebau-Projektes kommt.

Auf der Hinterbühne, und von der Öffentlichkeit kaum wahrgenommen, wirken
zudem (3) konfliktbelastete Verhandlungen zwischen der Dortmunder Stadtverwaltung und dem TIKV Hörde auf den Verlauf der Projektrealisierung ein. Sie tragen
trotz des erklärten politischen Willens hochrangiger kommunaler Politiker dazu bei,
dass die Entscheidungsprozesse über längere Phasen kaum Fortschritte zeigen.
Finanzielle Probleme auf der Seite des Moscheevereins und wahltaktische Erwä-
gungen der regierenden SPD sind in diesem Zusammenhang von Bedeutung.

Einflussreich erscheint (4) zumindest in der Anfangsphase die fragile Machtbalance zwischen den politischen Parteien auf Stadtrats- und Bezirksebene, welche
dazu beiträgt, dass das Projekt trotz der rot-grünen Regierungskoalition längere
Phasen des Stillstands durchläuft und die Sorge der regierenden SPD bestärkt,
durch die Unterstützung des Baus einer repräsentativen Moschee in Dortmund
politischen Schaden zu erleiden. Markant ist ferner (5) die Existenz eines Unterstüt-
zerkreises, der sich koordiniert und ausdauernd im Kontext des Runden Tisches für
den Erfolg des Projektes engagiert. (6) Komplementär zu diesem Set von Unterstützern nimmt eine heterogene Ansammlung von Projektgegnern Einfluss auf das
lokale Policy-Making. Hierzu zählen u.a. eine Bürgerinitiative, gegründet von Anwohnern, die CDU, die FDP (als bürgerliche Parteien) sowie rechtsextreme Parteien
wie die im Rat der Stadt bis 2009 vertretene DVU, die NPD und Pro-NRW, letztere
allerdings allein im Zeitraum nach Abschluss der Baubauungsplanänderung bzw.
erst ab dem Jahr 2010). Insbesondere von Seiten der rechtsextremen Akteure und
der Bürgerinitiative werden islamophobe Haltungen zur Darstellung gebracht.

Deutlich ist (7) zudem, dass die Öffentlichkeit dem Projekt politisch mehrheitlich gelassen oder gleichgültig gegenübersteht, was sich (a) in den Wahlergebnissen widerspiegelt, die keine Mandatsgewinne für die politisch organisierten Moschee-Gegner hervorbringen und (b) darüber hinaus an den tendenziell gescheiterten Mobilisierungsversuchen der Gegner im Rahmen von Demonstrationen deutlich wird. Schließlich (8) ist vor dem Hintergrund der Studie von Hüttermann (2006) anzumerken, dass der TIKV Hörde als Moscheeverein der ersten Generation türkischer Arbeitsmigranten nach Außen durch Personen vertreten wird, die über hohe berufliche Qualifikationen verfügen.

In den nachfolgenden Kapiteln wird mit Hilfe der Schlüsselkategorien des ACF das lokale Policy-Making im Kontext des Dortmunder Moscheebau-Projektes bzw. der hiermit verbundenen Konflikte, Verhandlungen und Entscheidungen untersucht. Als zentrale Innovation des ACF gilt das namensgebende Konzept der Advocacy-Koalitionen, welche in der Lesart des Ansatzes im Rahmen von mehr oder weniger ausgebildeten Policy-Subsystemen agieren und die Richtung des Policy-Making bestimmen. Die Analyse der Tragfähigkeit dieser These für das Verstehen des Verlaufs des Grimmelsiepen-Projektes steht im Mittelpunkt des anschließenden 5. Kapitels.

5. Moschee-Konflikt: ACF-Perspektiven

> *„Die lokale Ebene ist der Schauplatz der Umwandlung eines zurückgezogenen Islam, der als Islam der Keller und Hinterhöfe (Hinterhofmoschee) im Verborgenen blieb, in einen öffentlichen Islam, für den die Forderung nach Moscheen zugleich Ziel und Instrument ist."*
>
> Claire de Galembert in „Die öffentliche Islampolitik in Frankreich und Deutschland: Divergenzen und Konvergenzen" (2003, S. 50)

5.1 Einleitung

Die komplexeren Studien zu Moschee-Konflikten in Deutschland und Europa stellen – wie im Kapitel zum Stand der Forschung herausgearbeitet – produktive analytische Bausteine zur Verfügung, wie etwa die Arbeiten von Maussen (2009) und Fetzer und Sopers (2005, 2007) deutlich zeigen. Diesen Untersuchungen gelingt es, den diskursiven und institutionellen Möglichkeitsraum, in welchem lokale Policy-Prozesse hergestellt bzw. ausgestaltet werden, zu beleuchten. Schematisch und lückenhaft wirkt das Feld der vorliegenden Untersuchungen zur politischen Bearbeitung von Moschee-Konflikten, wenn es um die Schnittstelle zwischen Diskursen und den Akteuren bzw. Netzwerken geht. An dieser Stelle setzt im Folgenden die Untersuchung des Dortmunder Moschee-Konfliktes an, indem sie die Konzepte des ACF nutzt, um die Bedeutung von Einstellungen bzw. Überzeugungen für das Policy-Making zu verdeutlichen.

Das ACF bietet in dieser Hinsicht eine empirisch-analytische Perspektive, welche (1) die Heterogenität der Akteure im Setting des Policy-Makings anerkennt und (2) die Überzeugungssysteme an zentrale Stelle rückt, zugleich aber (3) den Fokus auf die Bedeutung von Netzwerken bzw. in der Terminologie des Frameworks, die Bedeutung von Advocacy-Koalitionen richtet. Damit geht diese Studie deutlich über Ansätze hinaus, die Überzeugungen lediglich normativ zur Kategorisierung der Motive oder Strategien von Akteuren nutzt, wie dies in der konzeptionellen Bezugnahme auf die Islamophobie unter Gegnern des Moscheebaus häufig der Fall ist (siehe Kap. 1.3, S. 37ff).

Die im theoretischen Teil entwickelte kritische Auseinandersetzung mit dem ACF wirft allerdings die Frage auf, inwiefern der Ansatz die Bedeutung geteilter Überzeugungen für die Bildung von Koalitionen und die Ausrichtung des Policy-Makings nicht überschätzt. Zudem ist es eine offene Frage, ob das ACF den Aspekt der Koordination derartiger Koalitionen angemessen bearbeitet. Offenkundig ist das Framework zumindest nicht geeignet, Policy-Prozesse innerhalb der kommunalen Verwaltung angemessen zu analysieren, da die „nicht-artikulierten Interessen" (Scharpf 1973, S. 23) dieser Akteure ohne Koalitionsbildung und ohne programmatische Sichtbarkeit im Rahmen von Spielräumen gegebener Gesetze und Verwaltungsvorschriften agieren können. Dieser blinde Fleck des ACF kann in dieser Studie bzw. im Rahmen des realisierten methodischen Designs bezeichnet, jedoch nicht weiterführend untersucht werden (siehe Kap. 3.6.1, S. 124ff).

Die Auseinandersetzung mit der Bedeutung von Akteurskonstellationen auf den Politikprozess ist keineswegs neu. Lang und Leifeld heben diesbezüglich hervor, dass „bereits in den 1940er Jahren (…) sowohl die Wettbewerbsbeziehungen zwischen organisierten Interessen betont als auch die horizontale Verflechtung von Regierung, Administration und organisierten Interessen hervorgehoben" werden (Lang & Leifeld 2008, S. 223). Spezifisch ist allein die Lösung, die das ACF für die Problematik anbietet: eine Engführung bei der Identifizierung von einflussreichen Institutionen oder Akteuren wird vermieden und zugleich die Komplexität der Positionen und Interessen, welche sich zwangsläufig hierbei ergibt, konstruktiv bewältigt – so zumindest lautet der Anspruch des Frameworks, wie in Kapitel 3.6 (S. 123ff) diskutiert.

Die Grundidee des ACF, die sich in dem Konzept der Advocacy-Koalitionen ausdrückt, erinnert in ihrer Radikalität und Orientierung an das Konzept des britischen Historikers E.P. Thompson und seinen Begriff der „Moral Economy" (1971). Thompsons einflussreiche und kontrovers diskutierte These besagt im Kern, dass die Hungerunruhen der englischen Unterschichten nicht als Reaktion auf Hunger und Not, sondern als Ausdruck eines moralisch fundierten Protests gegen eine liberale Ökonomie zu verstehen seien (Gailus 1994). In den Worten Thompsons:

> It is of course true that riots were triggered off by soaring prices, by malpractices among dealers, or by hunger. But these grievances operated within a popular consensus as to what were legitimate and what were illegitimate practices in marketing, milling, baking, etc. This in its turn was grounded upon a consistent traditional view of social norms and obligations, of the proper economic functions of several parties within the community, which, taken together, can be said to constitute the moral economy of the poor. (Thompson 1971, S. 78f)

Während Thompson als Sozialhistoriker die Motive des Protestes unterprivilegierter Bauern des 18. Jahrhunderts gegen eine Reduzierung auf Hunger verteidigt und stattdessen die Relevanz tradierter, normativer Grundüberzeugungen in den Mittelpunkt stellt, sind es für die Autoren des ACF die politischen Akteure, die gegen eine

Reduzierung ihrer Motive im Sinne einer Logik der Nutzenmaximierung und des Machterhalts verteidigt werden.

Bereits bei Max Weber findet sich dieses Kernthema des ACF als Schlüsselfrage angelegt, wenn er in „Politik als Beruf" herausarbeitet, welche zentrale Bedeutung Überzeugungen für das politische Handeln zukommt:

> Wer Politik treibt, erstrebt Macht, – Macht entweder als Mittel im Dienst anderer Ziele – idealer oder egoistischer – oder Macht ‚um ihrer selbst willen': um das Prestigegefühl, das sie gibt, zu genießen. (Weber 1926, S. 2)

Bemerkenswert an diesem Zitat ist die Betonung und Unterscheidung „idealer" und „egoistischer" Ziele. Schärfer noch, und erneut mit Blick auf die Wechselwirkung von Macht und Überzeugung, formuliert Weber im gleichen Aufsatz:

> Wie die Sache auszusehen hat, in deren Dienst der Politiker Macht erstrebt und Macht verwendet, ist Glaubenssache. Es kann nationalen oder menschheitlichen, sozialen und ethischen oder kulturlichen, innerweltlichen oder religiösen Zielen dienen, er kann getragen sein von starkem Glauben an den ‚Fortschritt' – gleichviel in welchem Sinn – oder aber diese Art von Glauben kühl ablehnen, kann im Dienst einer ‚Idee' zu stehen beanspruchen oder unter prinzipieller Ablehnung dieses Anspruchs äußeren Zielen des Alltagslebens dienen wollen, – immer muss irgendein Glaube da sein. (Weber 1926, S. 6)

Weber verwendet zwar das Wort „Glaube", meint aber, wie sich aus dem Kontext des Zitats erschließt, nicht vorrangig einen Glauben im theologischen Wortsinn. Stattdessen scheinen eher grundlegende Überzeugungen gemeint zu sein, was sich in dem Verweis auf den Fortschrittsglauben verdeutlicht. Für Weber begründet sich diese starke Bindung von Überzeugungen und politischem Handeln aus dem Kriterium des langfristigen Erfolgs von Politik. Letzterer ist in Webers Lesart als Resultat nicht möglich, wenn die Dimension der Überzeugungen sich nicht mit der Bearbeitung von politischen Fragen verbindet (Weber 1926, S. 6).

Das Spannende an Webers Ausführungen ist hier allerdings weniger in den spekulativ bleibenden Begründungen als in der Beleuchtung eines Zusammenhangs zu erkennen, den das ACF mehr als 60 Jahre später in den Mittelpunkt seiner theoretischen und empirischen Anstrengungen stellt. Wie die Bedeutung von Überzeugungssystemen für die Gestaltung von Politik durch die Linse des ACF betrachtet wird und welche Wechselwirkungen hierbei eine Rolle spielen, ist in der Auseinandersetzung mit den Schlüsselkonzepten des ACF herausgearbeitet worden.

Der erste Schritt der Anwendung des Koalitionen-Konzeptes auf den Moschee-Konflikt in Dortmund-Hörde führt zur Betrachtung des Netzwerkes der beteiligten Akteure (Kap. 5.2) und speziell der Darstellung und Kartierung der Unterstützer und Gegner des Moscheebau-Projektes in Dortmund (Kap. 5.2.1 & 5.2.2). Im zweiten Schritt (Kap. 5.3) wird betrachtet, inwiefern sich am Beispiel des Moschee-Konfliktes in Dortmund-Hörde überzeugend für die Relevanz von Advocacy-Koalitionen argumentieren lässt. Diskutiert wird in diesem Zusammenhang, welche

Rolle konsensuelle Überzeugungssysteme für die Bildung von Koalitionen und deren Einfluss auf die Politikgestaltung haben. Es wird diskutiert, in welchen Aspekten die Analyse von Moschee-Konflikten durch die Linsen des ACF einen Erkenntnisgewinn gegenüber oder auch im Zusammenspiel mit bislang angewendeten Forschungsperspektiven zeigt.

5.2 Grundzüge der Akteurskonstellation

Eine Identifizierung sowohl der Akteure, die auf das Policy-Making Einfluss genommen haben, als auch ihre gegebenenfalls vorhandene Koordinationsbeziehung ist Ausgangspunkt und zentrale Voraussetzung für die weitere Auseinandersetzung mit der Relevanz von Advocacy-Koalitionen im untersuchten Moschee-Konflikt. Insofern ist es das Ziel dieses Kapitel 5.2 (und seiner Unterkapitel), eine Kartierung der Akteure in diesen beiden Dimensionen vorzunehmen. In der vorliegenden Studie wird diese Kartierung der Akteure insbesondere unter Einsatz von Netzwerkkarten in Experteninterviews entwickelt (vgl. Kahn & Antonucci 1980; Hollstein & Pfeffer 2010). Deren konkrete Ausgestaltung lehnt sich (siehe vertiefend Kapitel 2.6, S. 88) an Modelle zur Untersuchung von Egozentrierten Netzwerken an (vgl. Straus 2002).[86]

Die Kartierung der Akteure verbindet sich zugleich mit der Frage nach den Ressourcen, welche die Akteure zur Beeinflussung der Aushandlungs- und Entscheidungsprozesse einsetzen (oder um deren Verfügbarkeit sich die beteiligten Akteure bemühen). Gemeint sind hier primär formal-rechtliche Einflussmöglichkeiten, die aus politischen Mehrheitsverhältnissen resultieren, aber auch Aktivitäten zur Beeinflussung der öffentlichen Meinung oder zur Mobilisierung der interessierten Öffentlichkeit. Dieses Interesse an der Verfügbarkeit von Ressourcen begründet sich in der ACF-Annahme, dass die Belief Systems zwar die Richtung des Policy-Makings bestimmen, die Ressourcen der Akteure jedoch wesentlich darüber entscheiden, welche Sichtweise das Policy-Making dominiert.

In Orientierung an dieser komplexen Zielsetzung zeigt Abbildung 11 (S. 185) die erstellte Netzwerkkarte mit (1) dem Set der Akteure, welches auf den untersuchten Policy-Prozess eingewirkt hat. Mithilfe der Segmente wird (2) die grundsätzliche Positionierung gegenüber dem Moschee-Projekt markiert. Über die Verbindungslinien wird (3) der Grad der Abstimmungs- bzw. Koordinationsbemühungen repräsentiert (vgl. Straus 2006, S. 484ff). Anhand der relativen Nähe zum Mittelpunkt der Netzwerkkarte wird zudem (4) eine qualitative Gewichtung der Einflussnahme eines Akteurs auf den Verlauf der konfliktreichen Aushandlungsprozesse abgebildet.

---

[86] Die grafische Umsetzung erfolgte unter Verwendung der Software VennMaker.

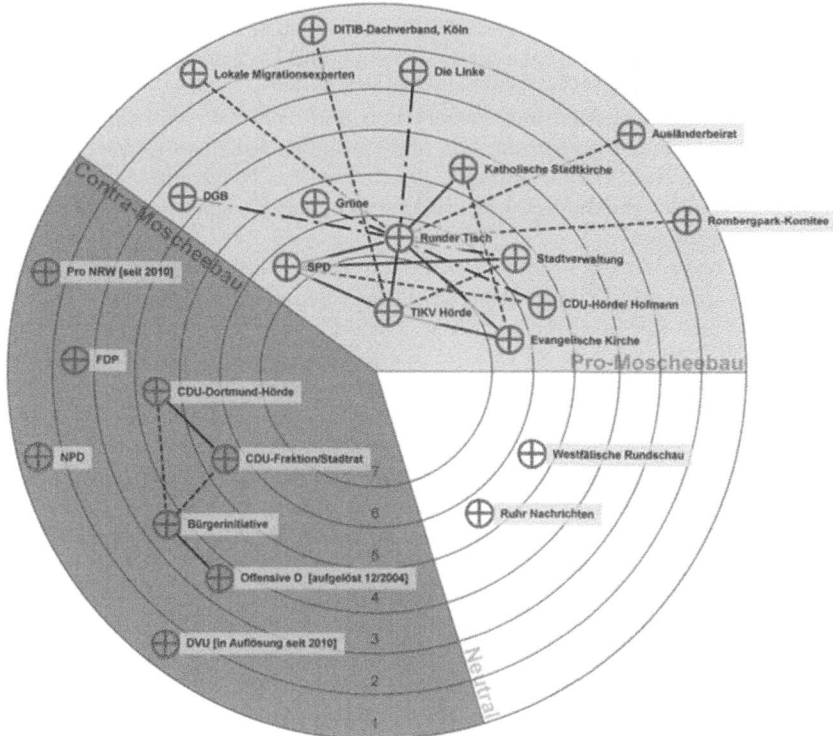

Abbildung 11: Netzwerkkarte

Zum Verständnis der gewählten Darstellungsform einige Hinweise: Im hellgrauen Sektor sind die Moscheebau-Unterstützer dargestellt; der weiße Sektor zeigt einflussreiche, aber neutrale Akteure im Geschehen; der dunkelgraue Sektor zeigt die Gegner des Projektes. Ferner signalisieren die durchgezogenen Linien eine hohe Intensität der Koordinationsbeziehung. Linien im lang-kurz Wechselmuster repräsentieren eine vergleichsweise abgeschwächte wechselseitige Abstimmung. Beziehungen, die lediglich eine punktuelle Abstimmung des Verhaltens aufweisen, sind hingegen als eng gestrichelte Linien auf der Netzwerkkarte eingetragen. Nähe oder Distanz der eingezeichneten Akteure zu den Grenzlinien der drei Sektoren sind ohne Relevanz bzw. allein Ausdruck der Bemühung um Übersichtlichkeit.

Die in der Grafik visualisierten Positionierungen der Akteure basieren in erster Linie auf den Aussagen der Interviewpartner bzw. auf den Netzwerkkarten, die im Zuge dieser Interviews entstanden sind. Zugleich ist die gezeigte Grafik auch das Ergebnis eines kritisch-interpretativen Deutungsprozesses, der diese Aussagen

gewichtet und in Beziehung zu anderen Darstellungen (Medienberichten, Niederschriften zu kommunalpolitischen Sitzungen, etc.) und Ereignissen setzt. Die Netzwerkkarte zeigt also nicht die Sichtweise eines befragten Akteurs, sondern ist ein
begründungsbedürftiges Interpretationsergebnis und nicht das unmittelbare Abbild
der Aussagen der Interviewpartner. Die nachstehenden Erläuterungen haben insofern die doppelte Aufgabe, die grafische Darstellung des Netzwerkes sowohl näher
zu erläutern als auch durch Verweise auf Aussagen, und Ereignisse und Interdependenzen zu begründen.

Wie die Netzwerkkarte zeigt, teilt sich das lokale Tableau der politischen Partei-
en in SPD, Grüne und Linke, welche das Projekt befürworten, während CDU und
FDP als Parteien der bürgerlichen Mitte, sowie Parteien aus dem rechtsextremen
Spektrum, die DVU und die NPD, über ihre kommunalpolitischen Repräsentanten
Kritik am Projekt formulieren und sich teilweise massiv für die Einstellung oder
Modifikation des Vorhabens einsetzen. Anzumerken ist in diesem Kontext, dass die
NPD erst seit der Kommunalwahl im Herbst 2009 mit einem Sitz im Rat der Stadt
vertreten ist. Die rechtspopulistische Kleinpartei Pro-NRW durch den Übertritt
eines DVU-Ratsmitglieds zu Pro-NRW ab dem Frühjahr 2011 und bis zur Wieder-
holung der Kommunalwahl in Dortmund im Sommer 2012 mit einem Sitz im
Stadtrat vertreten.

Zwischen 2002 und 2004 war zudem die Offensive D mit einem Kreisverband
in Dortmund vertreten, die ihren ersten und einzigen Vertreter im Rat der Stadt
Dortmund jedoch bereits kurz nach der Kommunalwahl durch Parteiaustritt wieder
einbüßte. Im Zusammenhang mit dem Grimmelsiepen-Projekt ist die Offensive D
daher nahezu ausschließlich im Vorfeld der Landtags- und Kommunalwahl des
Jahres 2004 aktiv gewesen, um sich (letztlich vergeblich) als politische Interessensvertretung der Moschee-Gegner zu etablieren.

Zu den Unterstützern des Moscheebau-Projektes gehören neben den politischen
Parteien die evangelische und katholische Kirche sowie der DGB. Peripher gehören
zu den Unterstützern ferner der Ausländerbeirat (ab 2010: Integrationsrat) der Stadt
Dortmund, der DITIB Dachverband (Köln) und örtliche Migrationsexperten.

Der deutlichste Unterschied zwischen den Unterstützern und Gegnern im
Dortmunder Moschee-Konflikt, die grafische Darstellung lässt diesen unmittelbar
erkennen, ist die fragmentierte Disposition der Grimmelsiepen-Gegner. Ihr Verhältnis zueinander ist durch Konkurrenz, zum Teil durch eine antagonistische Beziehung bestimmt, sodass in diesem Feld die Akteure weitgehend isoliert agieren.
Innerhalb dieser Situation nimmt zudem die FDP in der Frage des Moscheebaus
eine differenzierte Haltung gegenüber dem Projekt ein, was daran deutlich wird,
dass sich die Kritik der Partei gegen die Wohnsiedlung richtet (FDP-Ratsherr Heinz
Dingerdissen spricht diesbezüglich gegenüber der Presse von einem „fahrlässigen
Umgang mit Integration" Volmerich 2009), nicht aber gegen die Nachbarschafts-
Moschee. Diese wird von der FDP als „Zeichen der freien Religionsausübung"

interpretiert (Rat der Stadt Dortmund 2009). Aus der Perspektive des damaligen SPD-Fraktionsvorsitzenden in Hörde (einem aktiven Unterstützer des Moschee-Projektes) wird die Haltung der FDP entsprechend kritisch kommentiert: „Ja die waren so ein bisschen indifferent da, also die waren nicht Fisch, nicht Fleisch irgendwie." (Interview Pfeiffer, Juli 2011)

Demgegenüber ist das Verhalten der CDU, insbesondere im Rat der Stadt und in der Person des damaligen CDU-Fraktionschefs, durch intensiven Protest und Initiativen zur Mobilisierung der Bürger gegen das Moschee-Projekt bestimmt. Regelmäßig wird zu diesem Zweck beispielsweise das Medium der lokalen Presse genutzt und gegen den Moscheebau in einer emotional aufgeladenen, kompromisslosen Sprache Stellung bezogen. Beispielhaft kann hierfür auf einen Presseartikel aus der *Westdeutschen Allgemeinen Zeitung* zurückgegriffen werden, die Hengstenberg mit den Worten zitiert: „Die Gesamtkonzeption ist und bleibt integrationsfeindlich und führt zur Errichtung einer Parallelgesellschaft." Hieran schließt der Fraktionsvorsitzende einen Appell an die Bürger Hördes an, „Einspruch einzulegen und sich weiter mutig gegen die Errichtung dieses integrationsfeindlichen Experiments zu stemmen." (Westdeutsche Allgemeine Zeitung v. 23.12.2004) Bereits zuvor, im Winter 2003, wird zudem über eine Postsendeaktion an zahlreiche Haushalte im Stadtteil Hörde für die ablehnende Position der CDU geworben. Das Schreiben unterstreicht die obige Kritik, hebt aber zudem hervor, dass die CDU-Fraktion im Rat den Bau einer Moschee am Grimmelsiepen prinzipiell ausschließt (Hengstenberg 2003).[87]

Innerhalb der Grafik wird die CDU einerseits wegen dieser hohen Bedeutung für die Mobilisierung gegen den Moscheebau in Hörde als zentrale Kraft im Feld der Moscheegegner dargestellt. Andererseits ergibt sich diese Positionierung aus dem politischen Gewicht der CDU in der Stadt, die als größte Oppositionskraft mehr als ein Drittel der Wählerstimmen auf sich vereinigt. Pro-NRW tritt erst im Jahr 2010 auf die kommunale Bühne und kann lediglich marginal Einfluss entwickeln. Jenseits der konkreten Zielvorstellung, die Realisierung der Nachbarschafts-Moschee Am Grimmelsiepen zu verhindern, sind in diesem Segment daher politische Differenzen von entscheidender Bedeutung.

---

[87] Zur Begründung der Ablehnung des Standorts wird, wie in der Chronologie (Kap. 4.7) erwähnt, zum einen benachbarte christliche Friedhöfe verwiesen, zum anderen wird hervorgehoben, dass mit dem Standort Nachbarschaftskonflikte vorprogrammiert sind. Ergänzend wird in diesem Zusammenhang auf die ebenfalls angrenzende Hörder Großwohnsiedlung Clarenberg verwiesen. Letztere galt lange als sozialer Brennpunkt, konnte jedoch im Zuge umfangreicher Maßnahmen der Stadtteilerneuerung aufgewertet werden; der Clarenberg gilt heute als international beachtetes Vorzeigeprojekt der Stadtteilerneuerung.

Ein weiterer markanter Aspekt der Netzwerkarte ist, dass sie im Sektor der neutralen Akteure lediglich die beiden wichtigsten lokalen Tageszeitungen[88], die *Ruhr Nachrichten* und die *Westfälische Rundschau*, zeigt – für alle anderen Akteure oder Institutionen wird eine klare Zuordnung in das Feld der Gegner oder Unterstützer des Projektes vorgenommen. Für die Zeitungen gilt, dass sie von den interviewten Akteuren als einflussreiche Mitspieler im Konfliktsetting wahrgenommen werden, deren Macht die Durchsetzungschancen ihrer Positionen beeinträchtigen kann. So kritisiert der frühere Sprecher der Bürgerinitiative gegen den Moschee- und Siedlungsbau im Interview rückblickend bspw., dass die Positionen der Bürgerinitiative in der Lokalpresse nie Gegenstand eines umfangreicheren redaktionellen Artikels waren, während die Positionen der Unterstützer des Moscheebaus wiederholt umfangreicher portraitiert wurden. In der Folge sei das (vergleichsweise limitierte) Medium des Leserbriefs der zentrale Ort gewesen, um als Bürgerinitiative medial in Erscheinung treten zu können (Interview Halberstadt, Okt. 2012). Angehörige des Unterstützer-Netzwerkes kritisieren demgegenüber aus ihrer Wahrnehmung, dass die zahlenmäßig kleine Gruppe der protestierenden Anwohner aus dem Umkreis der Bürgerinitiative zu häufig die Chance erhält, ihren Standpunkt in den Zeitungen, etwa im Format des Leserbriefs, zu vertreten (Interview Back, Mai 2011).

Bilanzierend ordnen weder die Unterstützer noch die Gegner des Moscheebaus die lokale Presse eindeutig dem eigenen oder dem Lager der Konfliktgegner zu, wenn auch die Kritik an der Presse auf der Seite der Bürgerinitiative mehr Gewicht erhält als im Feld der Unterstützer. Der früherer Fraktionsvorsitzende der SPD, Peter Pfeiffer, formuliert im Gespräch zur Presseberichterstattung beispielsweise: „grundsätzlich (…) war das immer eine recht neutrale und leicht positiv ausgerichtete Berichterstattung." (Interview Pfeiffer, Juli 2011)

Diskussionswürdig erscheint in diesem Zusammenhang, inwiefern die (frühere) Nähe des *WAZ*-Konzerns und speziell der *Westfälischen Rundschau* zur SPD nicht sogar eine Einordnung in das Feld der Unterstützer rechtfertigen könnte (vgl. Feser 2003; Rudzio 2011, S. 448; Hauser 2012). So war beispielsweise von 2002 bis 2012 mit Bodo Hombach der Geschäftsführer der *WAZ*-Mediengruppe ein einflussreicher ‚Spin-Doctor' und Sozialdemokrat (vgl. Esser et al. 2001, S. 24; Munzinger Online/Personen - Internationales Biographisches Archiv 2012). Lokal wird diese Verflechtung anhand der Person von Thomas Kampmann deutlich. Der aktuell als Pressereferent der Stadt Dortmund tätige Journalist war bis zur Landtagswahl 2009 als Redakteur der (mehrheitlich zur *WAZ*-Mediengruppe gehörigen) *Westfälischen*

---

[88] Nicht gesondert berücksichtig wird die in Dortmund erscheinende *Westdeutsche Allgemeine Zeitung* (*WAZ*), da der Dortmunder Lokalteil der *WAZ* von der *Westfälischen Rundschau* produziert wird, die mehrheitlich ebenfalls zur *WAZ*-Mediengruppe gehört (vgl. Geißler & Pöttker 2010; Rudzio 2011, S. 448).

Rundschau tätig. In dieser Funktion hat er wiederholt über den Grimmelsiepen berichtet (siehe Kampmann 2004, 2008, 2009). Angesichts der Verflechtung der Unternehmensgeschichte der Westfälischen Rundschau (mit Sitz in Dortmund) und der SPD, sowie mit Blick auf die Person von Thomas Kampmann, liegt es zumindest nahe, eine ausgeprägte Affinität der Berichterstattung zu den Positionen der SPD anzunehmen (vgl. Feser 2003).

Auffällig an der Anordnung der Akteure auf der Netzwerkkarte ist ebenfalls, dass kein einziger Gesprächspartner die kommunale Verwaltung oder die politischen Mandatsträger in den Sektor „Neutral" (oder „Contra-Moscheebau") eingeordnet hat. Vielmehr erfolgte in dieser Hinsicht stets eine klare Zuordnung in das Netzwerk der Unterstützer. Dies kann als Ausdruck der zum Teil hoch emotionalen Konfliktaustragung gedeutet werden, die wenig Raum für neutrale oder differenzierte Positionen lässt.

Für die Wirksamkeit von Emotionen als polarisierende Kraft in der Dynamik des Geschehens sprechen nicht allein die bis hin zum Tumult aufgeladenen Rats- bzw. Bezirksvertretungssitzungen, über die in der Presse berichtet wird. Auch von den beteiligten Akteuren wird dieser Punkt hervorgehoben. So beschreibt Niels Back im Gespräch, dass negative Zuschreibungen, Rassismus und Fremdenfeindlichkeit auf der einen, „Gutenmenschentum", wie beispielsweise von Hengstenberg über Back geäußert, auf der anderen Seite, Verletzungen erzeugt haben. Diese haben aus der Sicht Backs die Kommunikation gestört und die Aushandlung von Kompromissen behindert, insofern sich in der Folge „alle in eine Ecke gestellt" sehen und auf Positionen zugespitzt betrachtet werden, mit denen sie sich eigentlich nicht identifizieren würden (Protokoll: Telefonat Back, 11. März 2011). Als Minimalaussage bietet sich zumindest der Schluss an, dass die Selbstdarstellungen der gewählten Mandatsträger und der Verwaltungsspitzen als Unterstützer des Moscheebau-Projekts von anderen Befürwortern des Projektes im Policy-Subsystem nicht offen in Frage gestellt werden.

Aufbauend auf diesem ersten Überblick folgt in den nachstehenden Unterkapiteln eine vertiefende Betrachtung der Unterstützer und Gegner des Grimmelsiepen-Projektes. Insbesondere erfolgt eine Auseinandersetzung mit der Positionierung auf den konzentrischen Kreisen der Netzwerkkarte. Diese repräsentiert eine Interpretation des Einflusses, den Akteure auf den Verlauf des Policy-Konfliktes auf Basis ihrer Ressourcen ausgeübt haben.

5.2.1 Das Set der Moscheebau-Unterstützer

Ein etwas differenzierterer Blick auf den Sektor der Moscheebau-Unterstützer zeigt, dass das Bündel der Akteure und Institutionen eine kleine Gruppe von besonders einflussreichen ‚Mitspielern' ausweist: den TIKV Hörde als Initiator des Moscheebau-Projektes), die SPD (sowohl im Stadtbezirk wie auch im Stadtrat) und den Runden Tisch als institutionalisierte Vertretung der Unterstützer des Grimmelsiepen-Projektes.

Der TIKV Hörde ist als Impulsgeber, Projektträger und verhandlungsführende Partei gegenüber den politischen Gremien und den diversen Stadtämtern (Liegenschaftsamt, Bauamt, Umweltamt, etc.), die als Verwaltungseinheiten an der Umsetzung der Bebauungsplanänderung, des Grundstückskaufs und der Prüfung des Bauantrags mitgewirkt haben, zentral gesetzt. Charakteristisch für die maßgeblichen Akteure des TIKV Hörde ist, dass diese in einem hohen Maß über kulturelles Kapital verfügen und sich durch überdurchschnittlich hohe berufliche Statuspositionen auszeichnen. Erwähnt wurde dies bereits in Bezug auf den Architekten des geplanten Moscheebaus, Isa Karataş, der das Projekt seit 2002 mitverantwortet. Diese Beschreibung trifft jedoch auch auf den heutigen Vereinsvorsitzenden, Ogün Arpaci, zu, dessen Bildungskarriere durch den Besuch eines deutschen Gymnasiums in Istanbul mitgeprägt wird und der heute als Ingenieur und Softwareentwickler tätig ist. Arpaci übernimmt zwar erst 2005 das Amt des Vorsitzenden, gehört aber bereits seit 2002 dem Vereinsvorstand an (Interview Arpaci, Sept. 2012). Zuvor, d.h. zwischen 1999 und 2005 liegt die Leitung des Vorstands in den Händen von Mustafa Aydin, dessen Selbstdarstellung zwar durch eine unvollständige Sprachbeherrschung mitbestimmt wird, der aber als Facharbeiter und insbesondere als Betriebsrat in einem größeren Industrieunternehmen gleichfalls über organisatorisch-strategische Fähigkeiten verfügt (Interview Stiller, Okt. 2012).

Die Bedeutung der SPD ergibt sich nicht nur aus der lokalen Position als dominante Partei, die seit Jahrzehnten Dortmund, die „Herzkammer der Sozialdemokratie", politisch regiert.[89] Zahlreiche Aktivitäten zur Befriedung des Konfliktes in Dortmund-Hörde wurden von einflussreichen Funktionsträgern der Partei, insbesondere durch den von der SPD gestellten Bezirksbürgermeister Manfred Renno, aber auch durch den damaligen Hörder SPD-Fraktionsvorsitzenden Peter Pfeiffer verantwortet. Neben einer entsprechenden Öffentlichkeitsarbeit im Kontext von Veranstaltungen ist in dieser Hinsicht die Überzeugungsarbeit an der Parteibasis ein bedeutsamer Aspekt. Pfeiffer schildert im Gespräch beispielsweise, dass er mit Isa Karataş in Ortsvereine der SPD gegangen ist:

> um ihnen das vorzustellen, das ganze Projekt, um ihnen deutlich zu machen, was dahinter ist. Denn überall entstehen ja auch immer Ängste, dass da etwas Übermächtiges und Großes entsteht (…) Mittlerweile sind die [der Moscheeverein] bei einem Gebetsraum von zweihundertfünfzig bis

---

[89] Bis heute gehört dieses Wort von der „Herzkammer" zum Standardrepertoire sowohl der Selbstdarstellung der SPD in Dortmund, aber auch der Außenwahrnehmung der Stadt in den Medien, wenn auch die Durchsetzungschancen der Partei fragiler geworden sind (Walter 2004, S. 10). Letzteres wurde spätestens an der im Jahr 2004 erstmals notwendigen Bildung einer Regierungskoalition mit den Grünen im Rat der Stadt sichtbar.

zweihundertfünfundsiebzig Quadratmetern, das muss man sich mal vorstellen, nur und da dachten die [Mitglieder des Ortsvereins], da reisen am Wochenende dann fünftausend zu irgendwelchen Hochzeiten oder zu Veranstaltungen an. (Interview Pfeiffer, Juli 2011)

Auf der Ebene der städtischen Politik und den höchsten Verwaltungsebenen ist einerseits der im Hörder Ortsverein verwurzelte SPD-Oberbürgermeister Langemeyer (Amtszeit: 1999 bis 2009) zu benennen, der das Projekt befürwortet, aber die Auseinandersetzung mit dem Moscheeverein und den Gegnern des Projektes weitgehend an die zuständigen Verwaltungsämter, insbesondere das Planungsamt, delegiert (Interview Karataş, März 2012). Der damalige Planungsdezernent der Stadt Dortmund, Ulrich Sierau, gleichfalls SPD, übernimmt die Vertretung der gesamtstädtischen Position im Kontext der Bürgeranhörungen während der heißen Konfliktphase 2003-2004. Durch seinen Aufstieg zunächst zum Stadtdirektor (2007) und später zum Oberbürgermeister Dortmunds (2009) ist er durchgängig eine Schlüsselfigur für die Durchsetzung des Moscheebau-Projektes in der Dortmunder Politik und Verwaltung.

Die herausgehobene Stellung des Runden Tisches im Sektor der Moscheebau-Unterstützer resultiert aus dem Umstand, dass sich der Runde Tisch Grimmelsiepen im Verlauf des Aushandlungsprozesses als die zentrale Koordinierungsstelle des Netzwerkes der Unterstützer etabliert hat. Deutlich wird dies an der Schlüsselfunktion, die der Runde Tisch Grimmelsiepen für die Organisation öffentlicher Informationsveranstaltungen zum Projekt, den Austausch über aktuelle Problemstellen im Entscheidungs- bzw. Verhandlungsprozess, die Abstimmung von übergreifenden Strategien, schließlich auch die Organisation von Demonstrationen gegen Protestaktionen rechtsextremer Parteien spielt. Gleiches gilt für wesentliche Teile der Öffentlichkeitsarbeit zur Unterstützung des geplanten Moscheebaus, die ebenfalls in diesem Rahmen erfolgte.

Ebenfalls dicht zum Zentrum der Netzwerkkarte ist die Evangelische Kirche dargestellt. Bemerkenswert ist mit Blick auf die Evangelische Kirche die Doppelfunktion des Pfarrers Niels Back, der zum einen in der Rolle als Koordinator des Runden Tisches steht und zudem Ressourcen für dessen Arbeit zur Verfügung stellt (Räumlichkeiten sowie in sehr begrenztem Rahmen auch finanzielle Mittel) und zugleich als Gemeindepfarrer das Moscheebau-Projekt gegenüber seiner Gemeinde sowie innerhalb der kirchlichen Organisationsstrukturen vertritt.

Weitere Impulse der Evangelischen Kirche manifestieren sich insbesondere in Form von öffentlichen Stellungnahmen führender Kirchenvertreter des zuständigen Kirchenkreises Dortmund-Süd. So veröffentlicht der Kirchenkreis im März 2004 bspw. einen Synodalbeschluss, der explizit auf den Konflikt in Dortmund-Hörde Bezug nimmt. An zentraler Stelle heißt es in diesem Beschluss:

Muslime haben nicht weniger als Christen einen im Grundrecht der Religionsfreiheit begründeten Anspruch auf den Bau von Gotteshäusern, die ihren Bedürfnissen angemessen sind. Die Kreissynode unterstützt darum das Vorhaben des Türkisch-Islamischen Kulturvereins Hörde e.V., in Hörde ‚Am Grimmelsiepen' ein Gemeindezentrum mit Moschee zu bauen. (Evangelischer Kirchenkreis Dortmund-Süd 2004, S. 14f)

Gestärkt wird die Rolle der Evangelischen Kirche personell durch zwei weitere Akteure. Zum einen durch die Einbindung eines Mitarbeiters des Evangelischen Bildungswerks Dortmund, Hans Steinkamp, der zur Vernetzung, Strategieentwicklung und Öffentlichkeitsarbeit der Unterstützer beiträgt. Zum anderen wird Pfarrer Friedrich Stiller, Leiter des Referats für gesellschaftliche Verantwortung der Evangelischen Kirche in Dortmund und Lünen, eingebunden. Letzterer vertritt bspw. im Jahr 2004 die Evangelische Kirche im Vorbereitungskreis gegen den Neonaziaufmarsch. Er ist als etablierter Netzwerker (er gehört insbesondere zu den Mitbegründern der 1997 initiierten Dortmunder Kontaktgruppe der Kirchen mit Moscheevereinen, siehe vertiefend Kap. 4.6.2, S. 159ff) auf dem Feld der integrationspolitischen Szene in Dortmund eine wichtige Schnittstelle des Runden Tisches zu anderen Akteuren und Institutionen (Interview Stiller, Okt. 2012).

Leicht abgestuft im Vergleich zu den obigen Akteuren ist auf den konzentrischen Kreisen der Netzwerkkarte die Einflussposition der Grünen eingetragen. Diese basiert zum Teil auf der sehr aktiven Unterstützung des Moscheebau-Projektes durch einen Vertreter von Bündnis 90/DIE GRÜNEN mit Sitz in der Hörder Bezirksvertretung, Michael Severin. Dieser verstirbt jedoch im Frühjahr 2006, ohne dass im Stadtteil jemand die sehr aktive Beteiligung Severins weiterführt (Interview Haarmann, Mai 2011). Bedeutender für die Einflussentwicklung erweist sich die Aufwertung der Grünen auf stadtpolitischer Ebene, auf welcher die Partei nach der Kommunalwahl 2004 als Koalitionspartner der SPD mitregiert. Mit dem Ordnungsdezernenten Wilhelm Steitz stellen die Grünen bis zum Jahr 2010 auch den Integrationsbeauftragten der Stadt, womit die Grünen (für eine Wahlperiode) ins Zentrum der kommunalen Bearbeitung lokaler Integrationspolitik rücken.

Die Position der Stadtverwaltung im Sektor „Pro-Moscheebau" ist eng an die Person des Leiters der Hörder Bezirksverwaltungsstelle, Ulrich Spangenberg, gebunden, der sich selbst als Unterstützer des Projektes beschreibt und gleichfalls als solcher von den befragten Akteuren wahrgenommen wird. Spangenberg begleitet die Arbeit des Runden Tisches seit Beginn der Auseinandersetzungen um das Projekt und gilt als einflussreicher, unterstützender Kommunikator für das Projekt (Interviews Back, Mai 2011 & Haarmann, Mai 2011).

Neben den Grünen und der Stadtverwaltung ist auf diesem Kreis zudem die Hörder CDU eingetragen, welche in der Anfangsphase das Grimmelsiepen-Projekt nicht ablehnt und die Aufnahme von Verhandlungen mit dem TIKV Hörde unterstützt. Die Hörder CDU nimmt in der Folge eine Sonderstellung ein, da sie als einziger Akteur im Verlauf des Policy-Prozesses die Position gegenüber dem Projekt entscheidend verändert (und zu einer Positionierung sowohl im Sektor der Unterstützer als auch Gegner der geplanten Nachbarschafts-Moschee führt).

Wie entscheidend für den Gesamtverlauf diese anfängliche Unterstützung war, wird anhand der sehr knappen Mehrheitsverhältnisse in der Hörder Bezirksvertretung deutlich. Seit der Wahl im Jahr 1999 stellt die CDU mit neun Mitgliedern (erstmalig) die Mehrheit in der Bezirksvertretung, während die SPD nur sieben Mandate erhält. Allein durch die Stimmen der Grünen (zwei Mandate) und mit der Unterstützung der mit einem Mitglied vertretenen Bürgerliste, gelingt es der SPD in Hörde überhaupt, ihren Kandidaten für das Amt des Bezirksvorstehers (heutige Bezeichnung: Bezirksbürgermeister) durchzusetzen. In der Folge ist es bemerkenswert für den weiteren Verlauf des Verhandlungs- und Entscheidungsprozesses, dass zwei maßgebliche Abstimmungen über das Moscheebau-Projekt in der Hörder Bezirksvertretung mit Stimmen der CDU getroffen wurden.

Inhaltlich befassen sich die beiden fraglichen Abstimmungen mit folgenden elementaren Aspekten des Verhandlungsprozesses über den geplanten Moscheebau in Dortmund-Hörde: Im Februar 2003 befürwortet die CDU-Fraktion in der Hörder Bezirksvertretung zunächst „mehrheitlich den Beschluss (…), dass die Verwaltung hinsichtlich des Grundstückes ‚Am Grimmelsiepen‘ mit dem Türkisch-Islamischen Kulturverein vorrangig verhandeln möge." (Rat der Stadt Dortmund 2004) Mit dieser Abstimmung bahnt die Hörder Bezirksvertretung parteiübergreifend (bei nur einer Enthaltung; Interview Weber, Nov. 2012) der Stadtverwaltung den Weg zur Aufnahme von Verhandlungen mit dem Moscheeverein.

Einige Monate später, im Herbst 2003, wird in Hörde über die Erteilung einer Kaufoption auf das Baugrundstück Am Grimmelsiepen an den TIKV Hörde entschieden – also eine gleichfalls für die Fortsetzung des gesamten Verhandlungsprozesses fundamentale Abstimmung. Auch hier stimmt zumindest ein CDU-Fraktionsmitglied, der damalige stellvertretende CDU-Bezirksvorsteher, für den Moscheeverein. Letzterer beugt sich nicht dem Druck aus dem eigenen politischen Lager – ihm wird vom Dortmunder CDU-Spitzenkandidaten für das Amt des Oberbürgermeisters, Frank Hengstenberg, öffentlich der Parteiaustritt nahegelegt – und setzt die Unterstützung des Moscheebau-Projekts aktiv fort (vgl. Bandermann 2004c). Der promovierte Historiker und frühere Schulleiter verzichtet allerdings 2004 auf eine neuerliche Kandidatur für die Bezirksvertretung.

Laut der bereits oben zitierten Niederschrift über die 77. Sitzung der Bezirksvertretung Hörde am 14. Sept. 2004 interpretiert der Fraktionsvorsitzende der CDU-Hörde diesen Verlauf der Ereignisse wie folgt:

Die CDU – Fraktion habe dann die Vorlage der Verwaltung im September 2003 (Erteilung einer Option auf das Grundstück mit dem Auftrag einen Plan für ein Gemeindezentrum mit Moschee und 58 Wohnhäusern zu erstellen) mehrheitlich abgelehnt, weil sie zwar den Bau des Gemeindezentrums mit Moschee befürworten, jedoch die damit verbundene Wohnbebauung für integrationsschädlich halten. Eine grundsätzliche Änderung der Einstellung zu dem geplanten Projekt sei daher von der CDU – Fraktion nicht erfolgt. (Rat der Stadt Dortmund 2004)

Da jedoch im Februar 2003, zum Zeitpunkt der ersten Abstimmung über die Empfehlung, vorrangig mit dem Moscheeverein zu verhandeln, bereits das Konzept einer Verbindung von Nachbarschafts-Moschee und Wohnbebauung bekannt war, wirkt diese Darstellung des Fraktionssprechers nicht überzeugend. In einem Ende 2012 geführten Telefoninterview stellt der damalige Fraktionsvorsitzende heraus, dass dem Abstimmungsverhalten der Hörder CDU im Frühjahr 2003 ein sehr forderndes und überzeugendes Plädoyer des Bezirksvorstehers zur Aufnahme von Verhandlungen mit dem TIKV Hörde vorausgegangen sei. Die CDU-Fraktion habe unter dem Eindruck dieses Plädoyers der Aufnahme von Gesprächen mit dem Moscheeverein zugestimmt, obwohl die Informationen zur Planung einer Kombination von Moschee und Wohnsiedlung der Fraktion vorlagen. Allerdings sei mit dieser Abstimmung keine abschließende Festlegung auf das Grimmelsiepen-Projekt beabsichtigt gewesen (Interview Weber, Nov. 2012). Das fragliche Abstimmungsverhalten im Herbst 2003 erscheint somit als Ausdruck eines fortschreitenden Meinungsbildungsprozesses innerhalb der Hörder CDU-Fraktion. Insofern sowohl der Standort als auch die fragliche Wohnbebauung jetzt explizit abgelehnt werden, bedeutet das Abstimmungsverhalten der Mehrheit der CDU-Fraktionsmitglieder im Herbst 2003 de facto ein klares Abrücken von der anfänglichen Offenheit gegenüber der Realisierung des Moscheebau-Projektes (vgl. Westfälische Rundschau v. 15.09.2004).

Die hohe Bedeutung des Abstimmungsverhaltens auf Stadtbezirksebene erschließt sich aus der rechtlichen Definition der Aufgaben bzw. der Zuständigkeiten der Bezirksvertretungen, wie sie in NRW Grundlage der Gemeindeordnung NRW (GO NRW), insbesondere in § 37, zugesprochen wird. Dort heißt es zu den „Aufgaben der Bezirksvertretungen in den kreisfreien Städten", dass die „Betreuung und Unterstützung örtlicher Vereine", wie auch „kulturelle Angelegenheiten des Stadtbezirks" in den Aufgabenbereich der Bezirke fällt.[90] Da muslimische Gemeinden in Deutschland generell als Vereine organisiert sind und dieser Organisationsrahmen auch auf die Gemeinde in Hörde zutrifft, kann aus dieser Konstellation eine Zuständigkeit der Bezirksvertretung abgeleitet werden. Dass die Bezirksvertretung selbst ihre Rolle in dieser Weise ausgelegt hat, zeigt insbesondere das Verhalten des Bezirksbürgermeisters, der wiederholt als Vermittler zwischen dem Moscheeverein und der Stadtverwaltung agiert hat und in der Öffentlichkeit intensiv für das Projekt geworben hat (vgl. Stadt Dortmund 2006, S. 8; Interview Back, Mai 2011).

Es gibt im empirischen Material zur vorliegenden Studie keinen Hinweis darauf, dass es Auseinandersetzungen über die Zuständigkeitsverteilung zwischen dem Rat der Stadt Dortmund und der Bezirksvertretung in Dortmund gegeben hat. Dies

---

[90] Einschränkend heißt es allerdings, dass diese Zuständigkeit davon abhängig ist, ob die „Bedeutung [der jeweiligen Gestaltungsaufgabe] nicht wesentlich über den Stadtbezirk hinausgeht" (GO NRW § 37).

erscheint vor dem Hintergrund der GO NRW auch zumindest für die grundsätzliche Aufgabenverteilung nicht wahrscheinlich, da die Gemeindeordnung Bebauungsplanänderungen, wie im Fall des Flurstücks Am Grimmelsiepen, grundsätzlich von der Beschlussfassung des Stadtrates abhängig macht.[91]

Für die Relevanz des Abstimmungsverhaltens auf Bezirksebene heißt dies, dass das Votum des Bezirks den Rat der Stadt zwar nicht verbindlich auf eine Linie festlegt, ein Ignorieren des Bezirks jedoch das Konsensgefüge zwischen Rat und Bezirksvertretung belastet hätte. Auf solche etablierten Konsensbeziehungen weist im Interview auch Manfred Renno hin, wenn er herausstellt, dass der Rat der Stadt in Fragen, die den Stadtbezirk betreffen, üblicherweise den Beschlüssen auf Bezirksebene folgt (Interview Renno, Juli 2011).

In den beiden nachfolgenden Kreisen der Netzwerkkarte schließen im Segment der Moscheebau-Unterstützer die Katholische Stadtkirche und der DGB Dortmund Hellweg (zuvor DGB Östliches Ruhrgebiet) an.

Die Rolle der Katholischen Stadtkirche ist auf das Engste mit der Person der langjährigen Islambeauftragten Marlies Haarmann[92] verbunden. Ihre Bedeutung als Netzwerkerin im Feld der lokalen Dortmunder Integrationspolitik ist äußerst komplex. Erkennbar wird dies anhand der Verleihung des „Ehrenpreis Integration für das Lebenswerk" an Frau Haarmann im Jahr 2009. Die Stadt würdigte damit nicht allein „beispielhafte und außergewöhnliche Integrationsarbeit", die sie seit Mitte der 1970er Jahre in Dortmund im Kontext der Caritas geleistet hat, sondern auch das ehrenamtliche Engagement der Preisträgerin, wie es in der Begründung zur Preisverleihung heißt (Stadt Dortmund - Nachrichtenportal 2009).

Zum Profil von Frau Haarmann gehören zahlreiche Kontakte in die Leitungsgremien der städtischen Politik und Verwaltung und die Vertrautheit mit den korporativen Spielregeln der Mobilisierung von Zustimmung für integrationsorientierte und interreligiöse Projekte. Im Zusammenhang des Grimmelsiepen-Projektes war sie die zentrale Mittlerin innerhalb der verschiedenen lokalen Organisationsstrukturen der Katholischen Kirche in Dortmund. Dennoch ist die Bedeutung der katholischen im Vergleich zur evangelischen Kirche für den Aushandlungsprozess geringer anzusetzen, wie sowohl die Islambeauftragte der Katholischen Stadtkirche in Dortmund, als auch der Leiter des Referats für gesellschaftliche Verantwortung der Evangelischen Kirche in Dortmund und Lünen feststellen (Interviews Haarmann, Mai 2011 & Stiller, Okt. 2012).

Diese Differenz liegt zum einen in der eindeutigeren Unterstützung, was sich nicht zuletzt darin zeigt, dass die Evangelische Kirche deutlich mehr Ressourcen in die Förderung des Projektes investiert. Sichtbarster Ausdruck hierfür ist die Initia-

---

[91] § 41 Abs. 1 GO NRW
[92] † 16. April 2012

tive zur Einrichtung und Koordinierung des Runden Tisches, welche durch den evangelischen Pfarrer Niels Back im Stadtbezirk Hörde koordiniert wird. Dass Back über diese Ressourcen verfügt, ist wiederum die unmittelbare Folge seiner Position als Repräsentant der verfassten Kirche, was impliziert, dass sein Handeln als Pfarrer und Islambeauftragter des Kirchenkreises Dortmund-Süd durch institutionelle Beschlüsse (Synodalbeschlüsse) abgesichert und getragen wird. Die Position der katholischen Islambeauftragten ist im Vergleich hierzu deutlich schwächer, insofern sie als pensionierte Leitungskraft der Caritas zwar Islambeauftragte, nicht aber Teil der katholischen Kirchenhierarchie ist.

Die Bedeutung, welcher der DGB im Netzwerk der Unterstützer wahrnimmt, liegt zum einen in der öffentlichen Unterstützung des Moscheebaus (der DGB erscheint u.a. als mitwirkende Organisation auf den Flyern des Runden Tisches, zudem nimmt der Vorsitzende des DGB Östliches Ruhrgebiet an den Demonstrationszügen gegen rechtsextreme Moscheebau-Gegner teil). Andererseits unterstützt der DGB das Netzwerk der Unterstützer durch die Bereitstellung von Veranstaltungsequipment (Lautsprecherwagen, Bühnentechnik, etc.), wie es im Rahmen von größeren öffentlichen Veranstaltungen benötigt wird. Im Vergleich zum Dramatisierungspotenzial, welches im Positionswechsel der Hörder CDU liegt, erscheint die Rolle des DGB eher unspektakulär, aber dennoch wesentlich für die Organisation zahlreicher Aktivitäten des Unterstützer-Netzwerkes.

In der Peripherie der Netzwerkarte sind folgende Akteure eingetragen: der DITIB-Dachverband/Köln, aber auch der Ausländerbeirat der Stadt Dortmund, die Partei Die Linke, das Rombergpark-Komitee sowie Migrationsexperten. Die Positionierung des DITIB-Dachverbandes in der Peripherie des Policy-Makings ergibt sich aus der geringen Relevanz, welche die Interviewpartner dem Dachverband zuschreiben. Der Koordinator des Runden Tisches, Back, erklärt hierzu im Interview, dass der Dachverband vom örtlichen Moscheeverein gelegentlich eingeladen wurde, „im Grunde genommen bloß noch mehr als ein Zeichen der Etikette (...) man hat eher nie den Eindruck, das ist auch ein Projekt des Dachverbandes" (Interview Back, Mai 2011). Anders als in München-Sendling (vgl. Lauterbach & Lottermoser 2009) besteht in Dortmund zudem keine Abhängigkeit des Hörder Moscheevereins von der Kooperationsbereitschaft des Dachverbandes, insofern die bis dato genutzte Altimmobilie in Hörde dem TIKV Hörde gehört.

Die erwähnte randständige Position des Ausländerbeirates wird von den Akteuren des Runden Tisches zum Teil auf einen Mangel an Ressourcen zurückgeführt, der ohne hauptamtliche Funktionsträger mit entsprechenden Freiheiten der Interessensvertretung agiert. Der Ausländerbeirat „wurde immer so am Rande mitvertreten, der kam nicht so oft" (Interview Haarmann, Mai 2011). Ob Vorbehalte gegen das Projekt für die gezeigte Zurückhaltung mitverantwortlich sind, ließ sich in den durchgeführten Gesprächen nicht klären. Die Niederschrift zur Sondersitzung des Ausländerbeirates am 03.06.2004 anlässlich der „Beteiligung ausländischer Vereine und des Ausländerbeirates an einer Gegendemonstration am 19.06.2004 wegen Neonazi-Aufmarsch", also im Vorfeld der ersten Demonstration rechtsextremer Moscheebau-Gegner in Dortmund, zeigt, dass das Projekt im Ausländerbeirat zumindest kontrovers diskutiert wurde. In der Niederschrift zur Sitzung heißt es u.a. sachlich-protokollierend zum Beitrag eines Gremienmitglieds: „Herr Magsoudi erklärte, dass er gegen das Bauprojekt Grimmelsiepen ist, wobei er der geplanten Gegendemonstration zustimmt." (Rat der Stadt Dortmund 2004)

Ebenfalls in der Peripherie der Netzwerkkarte ist die Partei Die Linke (früher PDS/Offene Liste) verortet. Die Partei wird seit 2005 auf den Flyern des Runden Tisches als Mitglied ausgewiesen, gehört jedoch nicht zur Kerngruppe dieses Zusammenschlusses (Interview Back, Mai 2011). Zudem waren die kommunalpolitischen Optionen, an Entscheidungen mitzuwirken während des gesamten Projektverlaufs limitiert: Einen Sitz in der Bezirksvertretung gewinnt die Partei Die Linke erstmalig nach der Kommunalwahl im Herbst 2004, zu einem Zeitpunkt, als auf der Bezirksebene die richtungsweisenden politischen Entscheidungen über den Moscheebau weitgehend abgeschlossen sind. Ein ähnliches Bild zeigt sich auf der gesamtstädtischen Ebene, auf der die Linke seit der Kommunalwahl 2009 mit 5 Mandaten vertreten ist – drei mehr als in der vorhergehenden Wahlperiode. Aus dieser Konstellation heraus hat die Partei Die Linke über den gesamten Zeitraum der Konfliktaustragung weder im Zusammenhang des Runden Tisches noch auf der politischen Ebene der Ausschüsse und Gremien nur geringfügig auf das moscheebaubezogene Policy-Making einwirken können.

Das erwähnte Rombergpark-Komitee[93] ist eine 1960 in Dortmund gegründete Initiative, die sich die Aufdeckung von Kriegsendphasenverbrechen zum Ziel gesetzt hat. Namensgebend ist ein Dortmunder Park, der kurz vor Kriegsende 1945 zum Ort einer Massenhinrichtung an Widerstandskämpfern, Zwangsdeportierten und Kriegsgefangenen wurde. Am Runden Tisch arbeitete das Rombergpark-Komitee in der Anfangsphase regelmäßig mit, danach reduzierte sich die Mitwirkung auf die öffentliche Nennung als Unterstützer des Projektes. Als Grund für das abnehmende Engagement vermutet der Koordinator des Runden Tisches, Niels Back, Altersgründe (Interview Back, Mai 2011).

Der Eintrag Migrationsexperten bezieht sich auf in der Region agierende Experten, die ihre Expertise in den Konflikt eingebracht haben und auf diese Weise die positive Wahrnehmung der Ziele der Unterstützer gestärkt haben. Zu diesem Akteurskreis zählen in Dortmund u.a. Dr. Victoria Waltz und Prof. Dr. Reiner Staubach. Beide nehmen thematisch in Presseartikeln, Vorträgen oder Publikationen auf das Hörder Moscheebau-Projekt Bezug oder setzen sich unmittelbar für die Mobilisierung von Unterstützung ein (vgl. Waltz 2004; Staubach 2006; Korfmann 2003).

---

[93] Mit vollem Namen „Internationales Rombergpark-Komitee".

Neben den hier vorgestellten Akteuren, die sich für die Unterstützung des Moscheebaus eingesetzt haben und auch aktuell noch einsetzen, gibt es weitere periphere ‚Mitspieler‘, die sich in die Arbeit des Runden Tisches eingebracht haben.
Hierzu zählen einzelne Gemeindemitglieder aus evangelischen Pfarrgemeinden im
Dortmunder Süden und engagierte Bürger, die ehrenamtlich an Arbeitsgruppen
(bspw. Flyergestaltung) mitgewirkt haben oder Kontakte zu Institutionen einbringen, wie den Wohnungsbaugesellschaften, die im Umfeld der Nachbarschafts-
Moschee Wohngebäude verwalten (siehe Der Runde Tisch Grimmelsiepen 2004,
2010).

5.2.2 Das Set der Moscheebau-Gegner

Der Netzwerkkartensektor Contra-Moscheebau zeigt, neben der CDU-Ratsfraktion,
die Fraktion der Hörder CDU auf Bezirksebene als zentrale Akteure im Konflikt
um die geplante Grimmelsiepen-Moschee. Die Abstufung gegenüber der CDU-
Ratsfraktion beruht zum einen darauf, dass die Hörder CDU, wie weiter oben dargestellt, das Projekt anfänglich und an maßgeblichen Entscheidungspunkten unterstützt hat. Bedeutsamer ist, dass die Mobilisierungsaktivität gegen den Moscheebau
weniger durch die CDU-Fraktion in der Bezirksvertretung betrieben wurde als
durch die Rats-Fraktion der CDU.

Abgestuft gegenüber der CDU ist die Bürgerinitiative auf der Netzwerkkarte
positioniert. Diese Zuschreibung basiert auf der fehlenden Möglichkeit der Bürgerinitiative, anfängliche Mobilisierungserfolge in politischen Einfluss umzusetzen. So
gelingt es der Bürgerinitiative zwar innerhalb von zwei Monaten 3.000 Unterschriften gegen das Moscheebau-Projekt im Stadtbezirk zu sammeln. Diese Stimmen
werden aber lediglich dem Dortmunder CDU-Fraktionsvorsitzenden überreicht,
nach dem der Dortmunder Oberbürgermeister die Annahme verweigert (Interview
Halberstadt, Okt. 2012). Die Möglichkeit, einen Bürgerentscheid über das Moschee-
Projekt anzustreben, wie Pro-KÖLN dies (wenn auch vergeblich) 2006/2007 un-
ternimmt, wird nicht genutzt (vgl. Leggewie 2009, S. 150).

Als Führungsfigur und Sprecher der Bürgerinitiative tritt bis zur Kommunalwahl 2004 Hartmut Halberstadt, ein pensionierter Lehrer und früheres SPD-
Mitglied, hervor. Im Kommunalwahlkampf 2004 tritt er für die Offensive D an (die
aus diesem Grund auf dem gleichen konzentrischen Kreis positioniert ist, wie die
Bürgerinitiative). Der Versuch, ein politisches Mandat zu gewinnen, scheitert allerdings und Halberstadt zieht sich in der Folge aus der Leitung der Bürgerinitiative
zurück. Die Nachfolge tritt ein junges CDU-Mitglied an, Stefan Hein, welcher nach
der Kommunalwahl 2004 auch als Beisitzer für die Hörder CDU in der Bezirksver-

tretung aktiv ist. Dort findet er allerdings in der Person des Hörder Fraktionsvorsitzenden keinen Kooperationspartner und bleibt ohne erkennbaren Einfluss.[94] Im Interview beschreibt der frühere Fraktionsvorsitzende Weber sein Verhältnis zu Hein als schwierig, da er dessen extreme Positionen nicht teilt (Interview Weber, Nov. 2012).

Schlagzeilen macht die Bürgerinitiative u.a. im Umfeld der zentralen Bürgeranhörung im Kontext des Bebauungsplanänderungsverfahrens im Februar 2005. Sie lädt im Vorfeld der Anhörung zum Vortrag des umstrittenen katholischen Pfarrers Winfried Pietrek ein, der für enge Verbindungen mit der als „rechtskatholisch" (Hüttermann 2006a, S. 38) geltenden Partei Christliche Mitte bekannt ist.[95] Die mediale Resonanz der Veranstaltung stärkt jedoch nicht die Position der Bürgerinitiative: eine kritische Vorberichterstattung in der *Westfälischen Rundschau* und den *Ruhr Nachrichten* ergänzt sich am Tag nach der Veranstaltung mit dem umstrittenen Islamkritiker Pietrek durch eine öffentliche Pro-Moscheebau-Stellungnahme des katholischen Dechanten Wolfgang Dembski, der sich alle anderen Dortmunder Dekanate anschließen. Die Positionierung erfolgt einhergehend mit einer „Handreichung für die Gemeinden", welche sich im Kern als „Bitte um Toleranz" gemäß des, wie es im Presseartikel heißt, „biblischen Auftrags", und als Ausdruck der Anerkennung der Religionsfreiheit versteht (Korfmann 2005).

Sichtbar wurde die Bürgerinitiative vor allem im Verlauf der öffentlichen Veranstaltungen auf Stadtteilebene, bei denen das Moscheebau-Projekt vorgestellt und diskutiert wurde. Anders jedoch als beispielsweise in dem von Hüttermann in den Mittelpunkt gestellten Minarett-Konflikt in Halle in Westfalen, werden die Positionen der Bürgerinitiative von den anwesenden maßgeblichen politischen Entscheidungsträgern der SPD lediglich rhetorisch gewürdigt, aber zugleich als Ausdruck fehlender Information und Orientierung gewichtet. Idealtypisch zeigt sich diese Grundhaltung der SPD-Schlüsselakteure in einem Leserbrief des damaligen Hörder SPD-Fraktionsvorsitzenden Peter Pfeiffer, der im Medium des Leserbriefs eine politische Nachlese der zentralen Bürgeranhörung im Zuge der angestrebten Baubauungsplanänderung vornimmt. Am 1. März, also nur wenige Tage nach der Veranstaltung am 24. Februar 2005, liest sich die Position Pfeiffers unter der Überschrift „Kritikern fehlen Informationen" wie folgt:

---

[94] In dieser Phase entwickeln die Mitglieder der Bürgerinitiative gegen den Moschee- und Siedlungsbau einen neuen formalen Rahmen für ihre Aktivitäten. Gegründet wird der Verein für Bürgerrechte Dortmund e.V. Im weiteren Verlauf der Studie wird allerdings auf eine Differenzierung zwischen Bürgerinitiative und dem Verein für Bürgerrechte verzichtet, da der Verein die Aktivitäten der Bürgerinitiative fortschreibt, ohne dabei allerdings größere Mobilisierungserfolge vorweisen zu können, wie die Auswertung der Medienberichte zeigt.

[95] Zu diesem Zeitpunkt ist die Sprecherfunktion der Initiative bereits durch ein junges CDU-Mitglied übernommen worden (vgl. Bandermann 2005b).

Politik und Verwaltung sind gut beraten, die Ängste der Bürger ernst zu nehmen. Die mehr als dreistündige Diskussion hat jedoch deutlich gezeigt, dass viele Befürchtungen und Ängste einfach darauf beruhen, dass es offensichtlich an sachlichen Informationen fehlt. Dem ‚normalen' Bürger ist dabei sicher kein Vorwurf zu machen. Hier müssen Mittel und Wege gefunden werden, breiter aufzuklären. (Pfeiffer 2005)[96]

Eine formale Anerkennung der von den Anwohnern vorgetragenen Kritik ist erkennbar, nicht jedoch eine Solidarisierung im Sinne einer Inszenierung von Partizipation zum Zwecke der Inkorporation, wie Hüttermann am Beispiel der Stadt Halle in Westfalen argumentiert. Für die Bürgerinitiative bzw. deren Einfluss auf die Politikgestaltung bedeutet dies, dass sie ihr soziales und kulturelles Kapital nicht wirksam zur Durchsetzung von Interessen nutzen kann. Weder die Vertrautheit mit den bürokratischen Prozeduren, den Institutionen und ihren Repräsentanten noch die von Hüttermann für den Konflikt in Halle sehr plausibel dargestellte Bedeutung einer Rhetorik des korporativen Habitus (siehe Kap. 1.5, S. 63) ermöglichen es den Vertretern der Bürgerinitiative, die Moscheebaupläne zu stoppen.

Zur Position der FDP wurde bereits weiter oben ausgeführt, dass sie zwar dem Sektor der Grimmelsiepen-Gegner zuzuordnen ist, ohne allerdings die Moschee und den möglichen Standort prinzipiell in Frage zu stellen. Die Kritik der FDP richtet sich vielmehr gegen die Kombination von Moschee und Wohnsiedlung. Beispielhaft zeigt sich diese Haltung im Zusammenhang mit dem endgültigen Beschluss zur umstrittenen Bebauungsplanänderung durch den Rat der Stadt Dortmund. Im Nachgang dieser zum Teil tumultartigen Ratssitzung zitieren die *Ruhr Nachrichten* den FDP Ratsherrn und stellvertretenden Kreisvorsitzenden Heinz Dingerdissen mit den Worten: „Wir haben die ernsthafte Befürchtung, dass dort eher ein Gegeneinander statt Miteinander entsteht." Dingerdissen bezieht sich hiermit allein auf die geplante Wohnsiedlung - der Moscheebau sowie der Standort werden hingegen nicht in Frage gestellt (Volmerich 2009). In der Frühphase der Vorbereitung des Bebauungsplanänderungsverfahrens beteiligt sich die FDP zudem an der Konzeption von konfliktschlichtenden Vorschlägen (so fragwürdig diese integrationspolitisch und verfassungsrechtlich auch erscheinen mögen). Um in der Frage der kritisierten Wohnsiedlung einen Kompromiss zu erzielen, beantragt die FDP im Januar 2005 einen 10-prozentigen Preisnachlass für Interessenten nicht-islamischen Glaubens (vgl. Rat der Stadt Dortmund 2005a). Der Antrag unterscheidet sich nur marginal von der Formulierung im Antrag der SPD, welche Nicht-Muslimen „Preisnachlässe bis 10%" in Aussicht stellt (Drucksache Nr. 00608-04 2004, S. 9). Der FDP-Antrag wird jedoch mehrheitlich mit den Stimmen der SPD, der CDU und der Fraktion Bündnis 90/DIE GRÜNEN abgelehnt.

---

[96] Der Brief enthält keinen Hinweis auf die Funktion des Autors innerhalb der SPD bzw. der Bezirksvertretung, auch wenn dies verblüffend erscheinen mag, scheint es plausibel, den Brief als Ausdruck der Haltung der Hörder SPD zu interpretieren.

Für alle weiteren Akteure im Feld der Moscheebau-Gegner gilt, dass ein Einfluss auf der Ebene der Ausschüsse und Gremien im Sinne einer direkten Einflussnahme aufgrund der gegebenen Mehrheitsverhältnisse nicht erkennbar ist. Ganz offensichtlich ist dies mit Blick auf die NPD, die erstmalig seit 2009 im Stadtrat Dortmunds mit einem Sitz vertreten ist. Demgegenüber verfügt die DVU seit 1999 über zwei Mandate im Rat der Stadt und kann 2004 einen dritten Sitz hinzugewinnen. Dieser erlaubt es der DVU (auf Grundlage einer Änderung der GO NRW im Oktober 2007) als Fraktion zu agieren und damit verbundene Privilegien zu gewinnen, wie jährliche finanzielle Zuwendungen, eine ständige Geschäftsstelle im Rathaus, erweiterte Mitsprache bei der Festlegung der Tagesordnung der Ratssitzungen (vgl. Lindler 2009; Winkelsträter 2009).[97]

Aufgrund ihrer rechtsextremen Orientierung ist die DVU-Fraktion im Stadtrat jedoch isoliert. Gleiches gilt für die Offensive D, welche ausschließlich nach der Kommunalwahl 2004, und bis zur Selbstauflösung des Kreisverbandes zum Jahresende 2004, mit einem Sitz im Rat vertreten ist (Interview Münch, Sept. 2012).[98] Außerhalb der politischen Gremien gelingt es vor allem dem NPD-nahen Kameradschaften (lokal bis zum Verbot durch das NRW-Innenministerium im August 2012 in Dortmund unter dem Namen Nationaler Widerstand Dortmund bzw. NWDO aktiv) gegen den Moscheebau zu mobilisieren und in diesem Zusammenhang mediale Aufmerksamkeit zu gewinnen, wenn auch die Zahl der Demonstranten aus dem Lager der Gegner des Grimmelsiepen-Projektes trotz bundesweiter Aufrufe eher gering ausfällt: an der ersten Demonstration im Juni 2004 nehmen ca. 300, an der zweiten Demonstration ca. 200 Personen teil (vgl. Bandermann 2004b, 2009a).[99]

Ein maßgeblicher Gewinn politischen Einflusses – gemessen am Ergebnis der Landtags- und Kommunalwahl 2004 – resultiert jedoch, wie eingangs bereits konstatiert, aus diesen Aktivitäten nur begrenzt, auch wenn die DVU, wie oben dargestellt, im Rat der Stadt Fraktionsstatus gewinnt. In der Bezirksvertretung Hörde bleiben die Rechtsextremen sowie der Ableger der Schill-Partei, Offensive D, weiter ohne Mandat (vgl. Stadt Dortmund 2004, S. 8ff).

---

[97] Nach der Kommunalwahl im Jahr 2009 verfügt die DVU, bis zu ihrer Fusion mit der NPD im Jahr 2011, lediglich über ein Mandat im Rat der Stadt Dortmund (vgl. Stadt Dortmund 2009, S. 6).
[98] Ihr Repräsentant im Rat der Stadt, Detlev Münch, ist auch nach der Kommunalwahl 2009 im Stadtrat vertreten, jetzt allerdings als Mandatsträger für die 2008 gegründete kommunale Wählergemeinschaft Freie Bürger Initiative (FBI).
[99] Zu der im Juli 2010 von Pro-NRW organisierten Demonstration erscheinen lediglich rund 100 Teilnehmer und ca. 150 Gegendemonstranten (vgl. Westdeutsche Allgemeine Zeitung v. 18.07.2010). Auf der Website von Pro-NRW heißt es zur fraglichen Demonstration: „Am Grimmelsiepen soll eine gefährliche islamische Parallelwelt… geschaffen werden. (…) Der Bau einer großen orientalischen Prunkmoschee mit Gemeindezentrum [ist] vorgesehen." (Pro-NRW 2010)

Als markanter Unterschied zum Set der Moscheebau-Unterstützer ist im Feld der Gegner kein übergreifendes, institutionalisiertes Forum zur Koordination gemeinsamer Aktivitäten identifizierbar. Vielmehr dominieren parteipolitische Konkurrenz und Abgrenzung die Beziehungen zwischen diesen Akteuren. Zwar sind zwischen der 2003 in Hörde gegründeten Bürgerinitiative gegen den Moschee- und Siedlungsbau und dem Dortmunder Kreisverband der Offensive D temporär Formen der Koordination feststellbar, oder, wie im Fall der CDU-Parteigliederungen, intraorganisationale Koordinationsbeziehungen, evident. Diese betreffen aber, wie die Netzwerkkarte verdeutlicht, im Vergleich zum Feld der Moscheebau-Unterstützer nur einen vergleichsweisen kleinen Kreis der Akteure.[100]

Ob bzw. inwieweit die rechtspopulistische Offensive D und die Parteien des rechtsextremen Spektrums[101] koordiniert gehandelt haben, wird in dieser Arbeit primär auf Basis der Medienberichterstattung und Publikationen zur Parteienforschung erörtert. Diese zeigt für das generelle Verhältnis zwischen der DVU und der NPD, dass seit Jahrzehnten mit Unterbrechungen Kooperationsbeziehungen bestehen, welche 2005 zu einem formalen „Deutschlandpakt" zur Vermeidung konkurrierender Kandidaturen führen (Pfahl-Traughber 2007, S. 251). Zum Ende der 2000er Jahre nähern sich die beiden Parteien einander soweit an, dass es 2010 zur - in Teilen der DVU heftig umstrittenen - Fusion der Parteien („NPD – Die Volksunion") kommt (vgl. Erb 2012). Insbesondere der Dortmunder DVU-Vorsitzende und Stadtrat Max Branghofer, zu diesem Zeitpunkt gleichfalls Vorsitzender der DVU in Nordrhein-Westfalen, gehört zu den maßgeblichen Gegnern der Parteien-Fusion. Diese erwirken vor dem Landgericht München zunächst erfolgreich eine einstweilige Verfügung gegen die Fusion (vgl. Jansen 2011; Speit 2011). Diese Positionierung Branghofers kann zumindest als Hinweis für ein durch Konkurrenz und Abgrenzung bestimmtes Verhältnis zwischen den politischen Schlüsselakteuren der DVU und NPD auf kommunaler Ebene gedeutet werden. In die gleiche Richtung weist, dass Branghofer unmittelbar nach der umstrittenen Fusion von DVU und NPD zu Beginn des Jahres 2011 von der DVU zu Pro-NRW wechselt (vgl. Rat der Stadt Dortmund 2011).

---

[100] Ergänzend kann hier auf eine rein punktuelle Abstimmung bzw. triviale Beziehungen hingewiesen werden, die zwischen der CDU in Dortmund und der Bürgerinitiative bestehen. So schildert Hartmut Halberstadt, Mitbegründer und frühere Sprecher der Bürgerinitiative, dass die Bürgerinitiative sich dafür eingesetzt hat, ihre Sichtweise mit den CDU-Politikern der Bezirksvertretung und der Ratsfraktion, zu diskutieren bzw. letztere mit islamkritischen Hintergrundinformationen zu versorgen (Interview Halberstadt, Okt. 2012). Markant ist in dieser Hinsicht als Ereignis lediglich, dass sich die Akteure anlässlich der Übergabe der 3.000 durch die Bürgerinitiative gesammelten Unterschriften gegen das Moschee-Projekt wechselseitig ein Forum zur Darstellung ihrer Positionen geben.

[101] Hierzu zählt die im Rat der Stadt seit 1999 vertretene DVU sowie die seit 2009 gleichfalls dem Rat angehörige NPD und durch Parteiübertritt eines DVU-Vertreters im Jahr 2010 auch Pro-NRW.

Dass gleichfalls das Verhältnis von DVU und Offensive D von Konkurrenz und Distanz bestimmt wird, zeigt sich in den dokumentierten juristischen Auseinandersetzungen zwischen deren (ehemaligen) Spitzvertretern bzw. zwischen Max Branghofer (DVU) und dem für diese Arbeit interviewten Stadtrat Detlef Münch (heute Freie Bürger Initiative, zwischen 2002 und 2004 Offensive D). Medial und juristisch dokumentiert ist u.a., dass Münch Branghofer aufgrund einer im Dezember 2005 im Rat der Stadt erfolgten Beleidigung als „Dummschwätzer" (Hipp 2008) verklagt hat. Diese Klage wird in den Folgejahren durch alle Instanzen bis vor das Bundesverfassungsgericht getragen, um anschließend erneut vor dem Dortmunder Amtsgericht verhandelt zu werden (Bundesverfassungsgericht/Pressestelle 2008).

Angesichts dieser juristischen Auseinandersetzung erscheint eine Koordination des politischen Handelns zwischen diesen Akteure als unwahrscheinlich. Unterstrichen wird diese Sichtweise durch die Darstellungen Münchs im Kontext des für diese Studie geführten Interviews. In diesem distanziert sich der Stadtrat der FBI ausdrücklich vom rechtsextremen Parteispektrum in Dortmund, dessen Erstarken er als problematische Folge der Vernachlässigung von Bürgerinteressen durch die Kommunalpolitik deutet (Interview Münch, Sept. 2012).[102]

In der Konsequenz erscheint es angemessen, von einer stark fragmentierten Situation der Akteure im Feld der Moschee-Gegner auszugehen, denn über entweder triviale oder temporär eng begrenzte Abstimmungen hinaus sind (jenseits der intraorganisationalen Koordination innerhalb der CDU) keine koordinierenden Aktivitäten zwischen den Akteuren erkennbar. Vor diesem Hintergrund kann zudem ausgeschlossen werden, dass die Gegner eine Advocacy-Koalition im Sinne des ACF sind, auch wenn diese ein gemeinsames politisches Ziel, die Verhinderung des Moschee-Projektes in Dortmund Hörde, anstreben. Die Frage, welche Bedeutung dies für Anwendbarkeit und Überzeugungskraft des ACF hat, wird im Schlusskapitel diskutiert.

5.3 Politik mit Überzeugung? Do Advocacy Coalitions Matter?

Ausgehend von der entwickelten Netzwerkkarte zur Akteurskonstellation kann nun diskutiert werden, ob bzw. in welchem Maße die Moscheebau-Unterstützer als Advocacy-Koalition auf die Verhandlungs- und Entscheidungsprozesse Einfluss genommen haben. Erstrangiger Bezugspunkt für diese Diskussion ist die zentrale Annahme des ACF, dass die Verbindung der Akteure in einer Advocacy-Koalition

---

[102] Als Motor dieser Entwicklung sieht Münch insbesondere die lokale Bearbeitung von Moschee-Konflikten, wenn bspw. Minarette oder der öffentliche Gebetsruf als Ausdruck der Religionsfreiheit gegen den Willen der Anwohner gebilligt werden (Interview Münch, Sept. 2012).

durch gemeinsame und relativ dauerhafte Überzeugungen getragen wird, d.h. durch gemeinsame Werte, Problemwahrnehmungen und durch geteilte Perspektiven auf gesellschaftliche Verhältnisse (siehe insbesondere Kap. 3.4.3). Zu berücksichtigen ist an dieser Stelle, dass dem Policy Core in dieser Hinsicht die zentrale Rolle zugesprochen wird (vgl. Sabatier & Jenkins-Smith 1999, S. 121f). Mit den Worten Sabatiers: „Most members of a coalition will presumably show substantial agreement on the Policy Core issues" (Sabatier & Jenkins-Smith 1988, S. 146).

Zentral ist folglich, ob und wie die Kategorie des Policy Core in dieser Studie empirisch überzeugend als relevante Dimension erkennbar wird oder nicht. Bezogen auf den untersuchten Fall führt dies zu der Frage, ob oder inwiefern die Akteure in Bezug auf den Moschee-Konflikt in Dortmund-Hörde durch geteilte Policy Core Überzeugungen, welche das ACF als „Fundamentale Policy-Positionen in Bezug auf grundlegende Strategien zur Verwirklichung von Kern-Wertvorstellungen" begreift, miteinander verbunden sind (Sabatier 1993; siehe auch Tabelle 1, S. 109 in dieser Studie).

Entsprechend steht für die Frage der empirischen Relevanz von Policy Core Beliefs im Mittelpunkt, inwiefern die Überzeugungen der Akteure, welche zur Begründung einer ablehnenden oder unterstützenden Position in Bezug auf den umstrittenen Moscheebau dargestellt werden, übereinstimmen oder divergieren. Wenn die Koalitionen-These des ACF für die Analyse des Moschee-Konfliktes bzw. für das Policy-Making in diesem Kontext einen Mehrwert liefern kann, so müsste sich zeigen lassen, dass (1) die Unterstützer oder die Gegner des Projektes eine Advocacy-Koalition auf Basis gemeinsamer Werte, Problemwahrnehmungen und durch geteilte Perspektiven auf gesellschaftliche Verhältnisse bilden, und (2) wie sich diese Koalition(en) auf die Gestaltung der lokalen Politik bzw. auf den Moschee-Konflikt ausgewirkt haben. Anders formuliert: welcher Erkenntnisgewinn lässt sich dem Koalitionen-Konzept am Beispiel des Moschee-Konfliktes in Dortmund-Hörde zusprechen?

Als zweite Bedingung des ACF für die Identifizierung einer Advocacy-Koalition gilt ferner, dass diese Koalitionen sich zumindest durch einen nicht-trivialen Grad koordinierten Handelns über einen längeren Zeitraum auszeichnen (Sabatier & Jenkins-Smith 1988, S. 139). Andernfalls könnte zwar von dem Einfluss geteilter Überzeugungen gesprochen werden, nicht aber von Advocacy-Koalitionen im Sinne des ACF. Zur genaueren Definition des Kriteriums der nicht-trivialen Koordination (siehe Kap. 3.4.3; vgl. Zafonte & Sabatier 1998). Aus der Kartierung der Akteure und Institutionen sowie der hiermit verbundenen Darstellung der Positionen und Netzwerkverbindungen in den obigen Kapiteln ist bereits deutlich geworden, dass zwischen zahlreichen Unterstützern des Moscheebaus eine koordinierte Zusammenarbeit bestanden hat und bis heute fortbesteht, während es auf die Gegner des Moscheebau-Projektes nicht zutrifft. Das Kriterium der Koordination kann daher im Segment der Unterstützer eindeutig als erfüllt gelten, und wird im Folgenden daher sowohl vorausgesetzt, als auch weiterführend diskutiert.

5.3.1 Zur Relevanz gemeinsamer Werte für das Policy-Making

Zur Klärung der Frage, inwieweit das Netzwerk der Unterstützer sich durch gemeinsame Werte und Überzeugungen auszeichnet, wurden die Unterstützer des Moscheebaus im Zuge von halbstrukturierten Experteninterviews befragt. Als Hilfsmittel wurden auch in diesem Teilaspekt der Studie häufig Netzwerkkarten zur Unterstützung der Gesprächsführung eingesetzt. Ferner wurden erneut die Medienberichterstattung, zahlreiche Internetdokumente sowie Publikationen der Akteure, wie Flyer und Presseerklärungen in die Analyse einbezogen. Die Auswertung der Presseberichterstattung und der Flyer des Runden Tisches Grimmelsiepen verweisen nicht ganz unerwartet auf die folgenden gemeinsamen Werte der Unterstützer: zum einen auf die Anerkennung des Grundrechts auf Religionsfreiheit, und zum anderen auf die Anerkennung einer gesellschaftlichen Multikulturalität im Sinne einer gesellschaftlichen Herausforderung, Einwanderung konstruktiv auf der Basis von Toleranz für Differenz in Zusammenarbeit mit den Migranten zu gestalten. Als ergänzendes Element zur Orientierung an der Religionsfreiheit und einer positiv konnotierten Multikulturalität kommt als drittem Aspekt geteilter normativer Orientierungen die Ablehnung des Rechtsextremismus Bedeutung zu (Interview Back, Mai 2011).

Nachfolgend wird zunächst anhand der Flyer des Runden Tisches untersucht, welche Policy Core Überzeugungen das Netzwerk prägen. Die hohe Relevanz dieser Flyer im Zusammenhang dieses Kapitels begründet sich durch den programmatischen Charakter dieser Quelle: sie wurden bzw. werden bis heute von allen mitwirkenden Akteuren und Institutionen gemeinsam verantwortet und erst nach der Abstimmung der Inhalte in einer Auflage von ca. 1.000 Exemplaren gedruckt und von allen Beteiligten verteilt. Im ersten Flyer des Runden Tisches, insgesamt sind im Verlauf der Auseinandersetzung fünf Flyer produziert worden, heißt es entsprechend unter der Überschrift „Aus Fremden sind Nachbarn und Freunde geworden":

> Die Menschen haben ihre Kultur und Religion mitgebracht und in unserer Gesellschaft ein Recht darauf, ihr Leben nach eigenen Wünschen, Vorstellungen und Ideen zu gestalten und mit ihrer Religion in Freiheit zu leben. (Der Runde Tisch Grimmelsiepen 2004)

Während dieses Zitat die Realität und das Recht auf kulturell-religiöse Differenz hervorhebt, tritt die Betonung des Dialog- und Gestaltungsgedankens stärker in der folgenden Textpassage zur Selbstdarstellung der Ziele des Runden Tisches in den Mittelpunkt:

> Der Runde Tisch Grimmelsiepen besteht aus Organisationen und Einzelpersonen, die sich zum Ziel gesetzt haben, das nachbarschaftliche Zusammenleben der Religionen und Kulturen in Dortmund-Hörde zu fördern und weiterzuentwickeln. (Der Runde Tisch Grimmelsiepen 2004)

Der zitierte Auszug aus dem Flyer des Runden Tisches verweist zudem auf eine Schlüsselstrategie der Unterstützer – auf den Ansatz, Ängste und Vorbehalte gegenüber dem Moscheebau-Projekt und den Muslimen durch eine bewusste Strategie der Normalisierung zu bearbeiten. Diese Strategie der Normalisierung transportiert der Runde Tisch Grimmelsiepen insbesondere über zwei Begriffe, welche in den Publikationen des Runden Tisches häufig Verwendung finden: zum einen den Begriff des „Nachbarn" bzw. der „Nachbarschaft", zum anderen durch die Verwendung des Wortes „Gemeindezentrum" zur Beschreibung der Nachbarschafts-Moschee mit den für sie typischen sozio-kulturellen Funktionen. Der Gebrauch dieser Sprache bestärkt eine normalisierende und damit entschärfende Deutung des Geschehens, setzt sie doch Vertrautes und Bewährtes an die Stelle negativ aufgeladener Vorstellungsbilder. Dass diese Ausrichtung, zumindest gilt dies für den Topos der „Nachbarschaft", eine bewusst gewählte Strategie ist, zeigen auch die Gespräche mit den beteiligten Akteuren. Marlies Haarmann unterstreicht diesbezüglich im Interview:

> Wir haben uns bemüht, die Nachbarschaft in Vordergrund zu stellen (…). Das war eine bewusste Strategie, das war 'ne sehr bewusste Strategie. (…) Mit einem Nachbarschaftsprojekt ist man allemal auf 'ner relativ sicheren Seite. Dagegen ist ja nichts einzuwenden. (Interview Haarmann, Mai 2011)

In der Folge wird aus einem kulturell-religiös konnotierten Deutungsmuster des Konfliktes in der Darstellung der Unterstützer ein Nachbarschaftskonflikt bzw. eine Verantwortung zur Herstellung „guter Nachbarschaft". Entsprechend heißt es im Flyer geradezu emphatisch an anderer Stelle: „Alle sind sich einig: Die Förderung der guten Nachbarschaft in Dortmund-Hörde ist wichtiger als die Unterschiede in den Bewertungen des Projektes Grimmelsiepen." Unterstützt wird diese Lesart der Ereignisse durch eine Gruppe weiterer Darstellungselemente, die die Integrität des TIKV Hörde hervorheben. In diesem Sinne heißt es im Flyer beispielsweise:

> Seit mehr als 20 Jahren gibt es den Türkisch-Islamischen Kulturverein in Hörde (D.I.T.I.B.)[sic]. Er ist seit langem ein verlässlicher und vertrauenswürdiger Gesprächspartner für die christlichen Kirchen und die Politik. (Der Runde Tisch Grimmelsiepen 2004)

Mit Blick auf die geplante, an die Moschee angegliederte Wohnsiedlung wird formuliert: „Dort sollen Menschen leben, die jetzt bereits Bürgerinnen und Bürger von Dortmund-Hörde sind." Die zentralen Überzeugungen, die sich in diesem Text nach außen darstellen, heißen vor diesem Hintergrund Religionsfreiheit und Multikulturalität; die Strategie der Normalisierung verdichtet sich insbesondere im Begriff der „guten Nachbarschaft". Dass sich diese Ausrichtung des Netzwerkes in den Folgejahren nicht ändert, zeigen u.a. die in den Jahren 2005 und 2008 erfolgenden Flyer-Publikationen des Runden Tisches, die im Vergleich zum programmatischen Auftakt-Flyer ihren Schwerpunkt auf Informationen zu Veranstaltungen legen, aber das Thema der „guten Nachbarschaft" weiterführen. So trägt beispielsweise eine der Veranstaltungen den Titel „Leben als Nachbarn in Dortmund-Hörde". In der Darstellung des Angebots heißt es:

> Wie leben wir zusammen im Kindergarten, in der Schule, am Arbeitsplatz und in der Nachbarschaft? Was trennt uns? Was verbindet uns? (...) Alle, die weiter an der guten Nachbarschaft in Dortmund-Hörde arbeiten wollen, sind herzlich eingeladen. (Der Runde Tisch Grimmelsiepen 2005)

Die Realität der Einwanderungsgesellschaft als positive, multikulturelle Realität der Stadtgesellschaft wird gleichfalls fortgesetzt betont. So heißt es im Flyer aus dem Jahr 2008, noch getragen von der Annahme einer zügigen Realisierung des Bauprojektes nach Abschluss des Bebauungsplanänderungsverfahrens, in einer Überschrift: „Das muslimische Gemeindezentrum wird gebaut – ein Ort der Begegnung für alle Hörder Bürgerinnen und Bürger." (Der Runde Tisch Grimmelsiepen 2008) Im anschließenden Textabschnitt heißt es zudem:

> Das Gemeindezentrum wird allen Hörder Bürgerinnen und Bürgern offen stehen. Es wird ein Ort sein, an dem Muslime und Christen, Menschen mit unterschiedlichen kulturellen und religiösen Hintergründen sich begegnen. (Der Runde Tisch Grimmelsiepen 2008)

Der Aspekt der Gestaltungsverantwortung gegenüber der Heterogenität der Stadtgesellschaft wird in diesem Flyer allerdings weniger als noch einzulösende Gestaltungsaufgabe, sondern viel eher als gelöste Herausforderung beschrieben. Die folgende Passage illustriert diese Darstellung des Runden Tisches:

> Durch den intensiven Dialog der vergangenen Jahre ist Vertrauen gewachsen. Viele Menschen haben persönlich erfahren, wie bereichernd das Zusammenleben mit Menschen anderer kultureller Hintergründe ist. In Dortmund-Hörde ist die Vertrauensgrundlage dafür geschaffen worden, dass Bürgerinnen und Bürger auch in Zukunft friedlich und freundschaftlich zusammenleben. (Der Runde Tisch Grimmelsiepen 2008)

Die normative Orientierung an der Religionsfreiheit wird in diesem Flyer nicht explizit thematisiert, ist vielmehr implizit eine Grundlage für die Selbstverständlichkeit mit der die Moschee, „das muslimische Gemeindezentrum", in den oben zitierten Auszügen als Teil der Stadtgesellschaft zur Sprache gebracht wird. Die hier herausgestellten Haltungen tragen sich bis in die Gegenwart in den Darstellungen des Runden Tisches fort, wenn auch die Problematisierung des Zusammenlebens in

einer heterogenen Stadtgesellschaft ab dem Jahr 2010[103] wieder mehr Gewicht erhält. Konkret wird der appellative Grundzug, die Aufforderung zur Übernahme von
Verantwortung zur Bewältigung von Konflikten, wieder mehr in den Mittelpunkt
gestellt. Entsprechend heißt es einleitend unter der Überschrift „Zusammenleben
als Herausforderung":

> Pauschalurteile über ‚die' Muslime und ‚die' Türken oder umgekehrt ‚die' Christen und ‚die' Deut-
> schen sind weit verbreitet. Statt miteinander zu reden, reden wir häufig nur übereinander. (Der
> Runde Tisch Grimmelsiepen 2010)

Zum Aspekt der Verantwortungsübernahme heißt es an anderer Stelle: „Beteiligen
Sie sich daran, Brücken zu bauen zwischen den Kulturen!" (Der Runde Tisch
Grimmelsiepen 2010) Die sich in diesen Auszügen darstellenden Verschiebungen in
der Bewertung der Situation und der Zielsetzung des Runden Tisches sind in erster
Linie als Reaktion auf die zum damaligen Zeitpunkt sichtbaren Schwierigkeiten des
TIKV Hörde zu verstehen, einen konkreten Plan zur Finanzierung und Realisierung
der Moschee vorzulegen (Interviews Back, Mai 2011 & Arpaci, September 2012).
Vor dem Hintergrund der erheblichen Unsicherheit bezüglich der Realisierung des
Projektes entschließt sich der Runde Tisch Grimmelsiepen auf Initiative von Niels
Back vorläufig dazu, seine Arbeit verstärkt auf die allgemeine Unterstützung des
lokalen Integrationsprozesses im Sinne des zitierten „Brücken bauen zwischen den
Kulturen" auszurichten. Der Flyer in seiner aktuellsten Fassung spricht daher von
der Moschee auch nur als Bezugspunkt für die Situationsanalyse, nicht jedoch von
der weiterhin ausstehenden Realisierung:

> Die Auseinandersetzung über den Neubau des Gemeindezentrums des Türkisch-Islamischen Kul-
> turvereins Dortmund-Hörde e. V. am Grimmelsiepen hat gezeigt, dass manche Einstellung nicht
> durch persönliche Begegnungen mit den Mitgliedern der Hörder Moscheegemeinde, sondern
> durch Bilder aus den Medien über ‚den' Islam geprägt ist. (Der Runde Tisch Grimmelsiepen 2010)

Als Zwischenbilanz wird deutlich, dass die jüngeren Flyer-Versionen zwar durch
eine neue Gewichtung der Herausforderungen zur Gestaltung von Integration im
Allgemeinen geprägt sind. Trotz veränderter Rahmenbedingungen – die Bebauungsplanänderung ist seit 2009 beschlossen und die ausstehende Realisierung wird
offenkundig durch fehlende Ressourcen auf der Seite des TIKV Hörde mitverantwortet – zeigt sich aber eine hohe Kontinuität in den Policy Core Überzeugungen,
die herausgestellt werden. Dieser Gesamteindruck bestätigt sich auf der Ebene der
individuellen Einschätzungen, welche die interviewten Unterstützer des Runden
Tisches zum Ausdruck bringen.

---

[103] Die Flyer-Version aus dem Jahr 2011 ist bis auf die Hinweise auf aktuelle Veranstaltungen textiden-
tisch zur Fassung aus dem Jahr 2010.

Eine auf den ersten Blick ambivalente Stellungnahme findet sich im Interview mit Peter Pfeiffer, Fraktionsvorsitzender der Hörder SPD (1999 bis 2009). Dieser antwortet beispielsweise auf die Frage, wie hoch er auf einer Skala von eins bis zehn die Übereinstimmung bezüglich der politischen Werte und Ziele der Akteure im Unterstützer-Netzwerk einschätzen würde: „Ich würde das bei sechs oder sieben ansiedeln" (Interview Pfeiffer, Juli 2011).

Bemerkenswerter Weise führen die anschließenden Darstellungen Pfeiffers jedoch nicht zu einer Beschreibung dieser Gemeinsamkeiten, vielmehr betonen die Aussagen in den anknüpfenden Dialogsequenzen, dass die Interessen im Allgemeinen sehr unterschiedlich sein können, ohne dass dies die Zusammenarbeit beeinträchtigt. Zur Illustration verweist er auf das Rombergpark-Komitee, dessen Vorsitzender früher der DKP-Vorsitzende war. Dieses „hat da ganz andere Interessen als die SPD möglicherweise (…). Aber man hat das Ziel, das gemeinsame Ziel in den Augen" (Interview Pfeiffer, Juli 2011) Die Zusammenarbeit sei pragmatisch organisiert, und nicht durch den Austausch über die Beweggründe bestimmt worden. Pfeiffer unterstreicht dies mit den Worten: „Wir haben nur immer an der Situation gearbeitet" (Interview Pfeiffer, Juli 2011).

In der Bilanz wird in dem Interview mit dem Fraktionsvorsitzenden deutlich, dass die bewusste Auseinandersetzung mit den Motiven bzw. mit den Überzeugungen der kooperierenden Unterstützer für ihn eine nachrangige Rolle gespielt hat. Den wahrgenommenen Differenzen wird keine weiterreichende Bedeutung zugeschrieben. Im Gegenteil, der Grundkonsens bezüglich des konkreten Ziels, die Realisierung des Grimmelsiepen-Projektes zu unterstützen, wird als tragfähiges Medium der Zusammenarbeit skizziert. Welche Motivation Peter Pfeiffer zur Unterstützung des Moscheebau-Projektes antreibt und dass diese mit der programmatischen Selbstdarstellung des Runden Tisches übereinstimmt, spricht sich plakativ in dem folgenden Satz aus einer späteren Interviewsequenz aus: „Also so wie jeder Stadtbezirk ein Bezirkshallenbad haben sollte, sollte er auch eine vernünftige Moschee haben oder so." Der Satz beinhaltet die Anerkennung religiöser Heterogenität bzw. des Islams als Teil der deutschen Gesellschaft, zugleich verweist er auf die alltagsweltliche Gültigkeit der Religionsfreiheit – ein Schlüsselmotiv Pfeiffers, dass er an anderer Stelle explizit betont:

> Ich bin kein gläubiger Mensch, also wirklich nicht (…). Da geh ich eher mit gemischten Gefühlen ran. Aber wichtig ist für mich eigentlich, dass Menschen die Möglichkeit haben, dass an was sie glauben, auch so zu leben, dass das Ganze in einem würdigen Rahmen stattfindet. (Interview Pfeiffer, Juli 2011)

An diesem Zitat aus dem Interview mit Peter Pfeiffer wird zugleich als Differenzlinie zwischen den Mitgliedern des Runden Tisches die Nähe bzw. Distanz zur Religion bzw. zum Islam erkennbar. Bei Marlies Haarmann heißt es hierzu:

Das ist ja auch so, gerade bei den nicht kirchlich Gebundenen, da gab es manchmal etwas Schwierigkeiten mit der Religion, also mit dem Islam. Also es ist was anderes, wenn ich sage ‚Ich will 'n guten Nachbarn haben und die haben ein richtiges Gotteshaus zu bauen' - aber ich kann trotzdem dieser Religion sehr fremd gegenüberstehen. (Interview Haarmann, Mai 2011)

Diese Differenzen haben jedoch in der Darstellung von Marlies Haarmann keinen bedeutenden Einfluss auf die Zusammenarbeit gewonnen. Angesprochen auf Differenzen im Netzwerk der Unterstützer hebt sie heraus:

Die Gruppe war eigentlich immer ziemlich positiv auch untereinander (…) Es gibt ein gutes Miteinander - eigentlich schon! Und einige sind schon vor fünf Jahren, also 2006 zusammen in die Türkei geflogen. (Interview Haarmann, Mai 2011)

Insgesamt legen die Interviews mit den Unterstützern die Interpretation nahe, dass bestehende Differenzen zwischen den Unterstützern des Moscheebau-Projektes nicht den Kernbestand geteilter Überzeugungen berührt haben. Vielmehr scheinen – in der Sprache des ACF formuliert – Sekundäre Aspekte der Projektrealisierung Anlass für Dissens gegeben zu haben. Marlies Haarmann verweist in dieser Hinsicht explizit und erstrangig auf die geplante Wohnsiedlung hin. Sie nutzt die Skalierungsfrage zur Übereinstimmung von Überzeugungen von Unterstützern, um zunächst auf Folgendes hinzuweisen:

Ich war von Anfang an nicht immer so'n großer Fan von diesem, von dieser Wohnbebauung. Nicht, weil ich geglaubt habe, dass das ein Ghetto ist, sondern weil ich geglaubt habe, um den Moscheebau voranzutreiben war das ein richtiger Klotz am Bein. (…) Wenn man das Ding nicht so groß gemacht hätte, wär das auch gerade für den Moscheeverein sehr viel einfacher gewesen. (…) Ich glaube wie gesagt, dass dieses Wohnprojekt den Unterschied ausgemacht hätte. (Interview Haarmann, Mai 2011)

Zwar scheitert hier die Interviewführung in dem Versuch, durch die zuvor gestellte Skalierungsfrage das Gespräch auf die Ebene der Policy Core Überzeugungen zu lenken. Dennoch verweisen die Ausführungen auf einen wichtigen Aspekt der Dynamik im Netzwerk der Unterstützer. Die unten abgebildete Interviewsequenz belegt dies eindrücklich (Interview Haarmann, Mai 2011). Zum besseren Verständnis des Interviewausschnitts ist anzumerken, dass im Verlauf des abgebildeten Dialogs die Skalierungsfrage, die Frau Haarmann zuvor bereits einmal beantwortet hat, erneut ‚verhandelt' wird. Die Eröffnung der Sequenz mit der Frage „Also soll ich? Ich könnte jetzt festhalten, sie würden sagen ne 5" – ist der Versuch durch eine kurze Paraphrasierung eine Differenzierung oder zumindest Klärung einer Position durch die Gesprächspartnerin anzustoßen. Die Zeilen 4, 6 und 10 zeigen, wohin sich das Gespräch daraufhin entwickelt:

1	I:	Mh, mhm. Also soll ich? Ich könnte jetzt festhalten, sie würden sagen ne 5 ist 'n
2	H:	Ja, fünf, sechs. Also
3	I:	Fünf, sechs!

4	H:	Weil, verschiedene von uns sehen das völlig unterschiedlich
5	I:	Mh, mhm.
6	H:	Ich weiß das auch aus Gesprächen!
7	I:	Mh, mhm. Und etwas konstruiert jetzt, wenn also: Was hätte, was hätte passieren müssen
8		oder woran würden Sie es, wenn es jetzt tatsächlich ein höherer Wert gewesen wäre, bei
9		acht oder neun, was hätte wohl den Unterschied ausgemacht?
10	H:	Ich glaub wie gesagt, dass dieses Wohnprojekt den Unterschied ausgemacht hätte!

Dass die Policy Core Überzeugungen von Frau Haarmann sich erwartungsgemäß mit den Positionen des Runden Tisches decken, daran lässt aber auch dieses Interview keinen Zweifel, wie sich anhand der folgenden, markanten Interviewpassage darstellen lässt:

> Ich hab gesagt: die Kirchen sind dafür. Das ist eine Sache der Integration, wir können doch nicht unsre ausländischen Mitbürgerinnen und Mitbürger in Hinterhof-Moscheen verschwinden lassen. Was soll das denn! (Interview Haarmann, Mai 2011)

Die Anerkennung der Präsenz des Islams, das Recht der Muslime auf eine freie Entfaltung der Religion und die Deutung des Moscheebaus als Akt der Integration – diese Kernpunkte sind in dieser Aussage komprimiert enthalten.

Eine differenzierte Darstellung der Gemeinsamkeiten in den Policy Core Überzeugungen findet sich in dem Interview mit Niels Back, dem evangelischen Pfarrer und Koordinator des Runden Tisches. Er sieht eine „hohe Übereinstimmung"[104] in den zentralen Aspekten, die auch in den Flyern des Netzwerkes transportiert werden (Religionsfreiheit, Multikulturalität). Folgende Passage zeigt dies exemplarisch für das Integrationsthema:

> Aber Integration (...) bedeutet auch, dass die Mehrheitsgesellschaft Schritte macht, eben sich verändert, eben in Blick auf ein gemeinsames Zusammenleben- und da eine Bereitschaft und Offenheit mitzubringen (Interview Back, Mai 2011).

Dass sich auch bei Back diese oben genannten Positionen finden, ist vor dem Hintergrund, dass er die Erstellung der Flyer koordiniert hat bzw. an den Arbeitsgruppen des Runden Tisches zur Erstellung der Flyer mitgearbeitet hat, nicht überraschend. Im Gespräch mit Back wird jedoch darüber hinausgehend auch der dritte Aspekt des Überzeugungssystems der Moscheebau-Unterstützer, das „Engagement gegen Rechts" bzw. gegen „Rechtsextremismus", klar benannt (Interview Back, Mai 2011). In den Flyern des Runden Tisches erfolgt dies nicht, was vor dem Hintergrund der beschriebenen Normalisierungsstrategie plausibel und strategisch motiviert erscheint. Aufgrund der Rolle, die, wie in der Chronologie des Konfliktverlaufs gezeigt, rechtsextreme Parteien und die erfolgreiche Mobilisierung gegen diese Ak-

---

[104] Wörtlich heißt es in der Aufzeichnung des Gesprächs: „vielleicht acht, also schon hohe Übereinstimmung" (Interview Back, Mai 2011)

teure in den Jahren 2004 und 2010 gespielt haben, ist die Relevanz dieser normativen Orientierung jedoch deutlich zu erkennen.

Abbildung 12: Demonstrationszug im Juni 2004

Positionierungen gegen den Rechtsextremismus finden sich sowohl in der Presse als auch in den Interviews mit den Akteuren sowie in den konkreten Aktivitäten der Akteure. Abbildung 12 illustriert diese Beobachtung bzw. zeigt eine Gruppe von Unterstützern des Moscheebau-Projektes, welche im Juni 2004 gegen den Aufzug rechtsextremer Kameradschaften und Grimmelsiepen-Gegner in Dortmund-Hörde demonstrieren. Die *Ruhr Nachrichten* berichten über dieses Ereignis unter dem Titel „Machtsignal der Demokraten" (Bandermann 2004b) ausführlich und lassen im Wesentlichen die Akteure des Runden Tisches zu Wort kommen. Bemerkenswert ist, dass auch in diesen Statements die Topoi der Integration, des Dialogs und der guten Nachbarschaft dominieren. Beispielhaft steht hierfür die Rede des katholischen Pfarrers und damaligen Dechanten Wolfgang Dembski, aus der die *Ruhr Nachrichten* zitieren: „Die Menschen in unseren Gemeinden suchen in einer kalten Ellbogengesellschaft eine gute Nachbarschaft. Wir sagen allen, die diese Nachbarschaft kaputt machen wollen: ihr macht euch selbst kaputt!" (Bandermann 2004b)

Nicht eindeutig zu beantworten ist die Frage, ob diese Orientierung für das Unterstützer-Netzwerk den gleichen Stellenwert hat, wie die anderen aufgezeigten Werte. Es lässt sich argumentieren, dass Religionsfreiheit und Multikulturalität vergleichsweise dominant sind und die Mobilisierung gegen den Rechtsextremismus als Mittel zum Schutz dieser Werte und Ziele im Setting des fraglichen Moscheebau-Projektes dienen. Zwar kann anhand des empirischen Materials gezeigt werden, dass die erfolgreiche Mobilisierung gegen rechtsextreme Parteien ein wichtiges Ereignis für den inneren Zusammenhalt der Moscheebau-Unterstützer darstellt (Interviews Arpaci, Aug. 2009 & Back, Mai 2011), welches zudem die Gegner des Moscheebaus schwächt, insofern anschließend der Protest gegen die Moschee kaum vom Makel rechtsextremer Überzeugungen zu trennen war. Dennoch war es das primäre Ziel des Runden Tisches, einen Moschee-Konflikt zu befrieden bzw. gute Nachbarschaft zu ermöglichen.

Die lokalen Akteure oder Institutionen, die am Runden Tisch mitwirken, sind jedoch zugleich auch in den Netzwerken gegen den Rechtsextremismus aktiv, dies gilt beispielsweise für Marlies Haarmann und Friedrich Stiller, aber auch für die örtliche SPD und den DGB. Angesichts dieser Überschneidungen und des schwachen Entwicklungsgrades des Policy-Subsystems auf dem Feld kulturell-religiöser Konflikte (siehe Kap. 4.6.2), spricht vieles dafür, die drei herausgestellten Policy Core Überzeugungen der Akteure als gleichwertig zu betrachten.

Mit Blick auf die oben aufgezeigten Gemeinsamkeiten in den Überzeugungen der Akteure, gilt es abschließend zu diskutieren, wie sich die Koordinierung des Runden Tisches Grimmelsiepen darstellt. Als erstes, zentrales Merkmal ist bemerkenswert, dass die Koordinierung der Zusammenarbeit im Netzwerk der Unterstützer von allen Befragten als wenig problematisch dargestellt wird, obwohl der Umfang der Aktivitäten bzw. der Grad der Koordination im Zusammenhang einzelner Teilaktivitäten als intensiv bewertet werden kann. Letzteres gilt beispielsweise für die Vorbereitung der Beteiligung an Demonstrationszügen, aber auch für die Umsetzung von öffentlichen Veranstaltungen oder die Entwicklung, Abstimmung und Herstellung von Materialien wie einer Webpräsenz oder Flyern für die Öffentlichkeitsarbeit, welche in der Regel von freiwilligen und für alle Interessierten offenen Arbeitsgruppen geleistet wurden.

Bilanzierend konstatiert der Koordinator des Runden Tisches, Niels Back, zur Frage der Abstimmung der Aktivitäten des Netzwerkes: „Insofern war das nie etwas, was zu Konflikten geführt hat." (Interview Back, Mai 2011) Backs Formulierung „insofern" bezieht sich auf die von seiner Seite zuvor erbrachte Schilderung von Abstimmungsprozessen bzw. Zugriffsmöglichkeiten auf Ressourcen. Insgesamt zeigen die Interviews mit den Unterstützern des Moscheebaus, dass die institutionellen Akteure auf einen Pool ‚hauseigener' Ressourcen zugreifen konnten. Zu diesen zählt u.a. die Nutzung von Räumlichkeiten, die Einbeziehung von Mitarbeitern aus den Sekretariaten, auch die Übernahme von Portokosten oder die Bereitstellung von Veranstaltungsequipment. Niels Back führt hierzu aus:

> Ich war nicht Einzelakteur, sondern ich hatte immer die Unterstützung meiner Institution auf der ganzen Linie- und äh, so dass klar war die Ressource Gemeindehaus wird zur Verfügung gestellt. (…) Und dann war's so: Wenn wir größere Dinge hatten (…) haben auch alle Institutionen, waren alle bereit aus ihren Institutionen jeweils Gelder zu besorgen. (…) Also das war immer klar, dass Parteien gesagt haben, wir können so und so viel einbringen. Wir kümmern uns darum und das eigentlich sehr problemlos. (Interview Back, Mai 2011)

Als Spezifikum des Unterstützer-Netzwerkes ist darüber hinaus bemerkenswert, dass ein Teil der Mitglieder zudem private Finanzmittel in die Arbeit des Runden Tisches Grimmelsiepen eingebracht hat: „In Einzelfällen haben zudem Mitglieder des Runden Tisches auch privates Geld eingebracht, damit wir das machen können!" (Interview Back, Mai 2011) Gerade dieser Hinweis zur Verteilung von finanziellen Lasten ist ein Indiz für ein weiteres wichtiges Merkmal der Abstimmungsprozesse: Die Wirksamkeit wechselseitigen Vertrauens auf eine faire Verteilung der Kosten auf alle Unterstützer. Das Attribut ,fair' bezeichnet an dieser Stelle, dass die jeweiligen Akteure im Vertrauen darauf handeln, dass alle Unterstützer im Rahmen ihrer Möglichkeiten agieren. Für diese Deutung der Koordinationsprozesse spricht auch die folgende Charakterisierung der Zusammenarbeit im Kontext des Runden Tisches, die Marlies Haarmann, die Islambeauftragte der Katholischen Stadtkirche, im Gespräch äußert:

> Wie gesagt, also ich seh' das als einen Gruppenprozess, und im Gruppenprozess läuft das eigentlich ganz positiv! (…) Und jeder Mensch kann sich ja beteiligen, wenn er will, er kann sich mehr oder weniger einbringen. Und wenn was bezahlt werden muss, dann wird das ja umgelegt! Also das ist auch klar! (Interview Haarmann, Mai 2011)

Wie wenig der Aspekt der Finanzierung und Aufteilung von Kosten im Netzwerk der Unterstützer als problematisch erfahren wird, zeigt noch drastischer das Interview mit Peter Pfeiffer, dem Hörder SPD-Fraktionsvorsitzenden. Ausdrücklich betont dieser: „Jedenfalls Geld spielte für den Runden Tisch da überhaupt keine Rolle." (Interview Pfeiffer, Juli 2011) Von keinem Mitglied des Runden Tisches wurden in den geführten Gesprächen gegenteilige Einschätzungen abgegeben. Auffällig sind vielmehr die zahlreichen positiven Beschreibungen der Zusammenarbeit, die „gemeinschaftliches Erleben" der Mitglieder betonen und somit implizit weiter illustrieren, wie konfliktfrei die Zusammenarbeit bewertet wird. Im Vergleich zur Verteilung der Kosten hat eher die Dauer des Aushandlungsprozesses als Belastung für die Motivation bzw. die Arbeit des Netzwerkes gewirkt. Beide Aspekte finden sich exemplarisch im Gespräch mit Ulrich Spangenberg wieder. Zum Aspekt des „Erleben[s]" von Zusammenhalt führt er aus:

> Also der Runde Tisch ist auch beispielsweise einmal in die Türkei gefahren. Wir haben zusammen auch Ausflüge gemacht, sind nach Marxloh gefahren und so weiter. (…) Wir gucken uns gemeinsam etwas an - also gemeinschaftliches Erleben, um sich noch mal gegenseitig zu bestärken (…) so läuft das auch heute noch. (Interview Spangenberg, Juli 2011)

Mit Blick auf die lange Dauer des Aushandlungsprozesses führt Spangenberg aus:

> Ich will, ich will es mal beschreiben: Ich habe so manchmal das Gefühl gehabt, dass die Akteure auch ein Stück weit müde wurden. Das hab ich auch bei mir festgestellt. Wenn man über sieben Jahre immer so das Gleiche hört. Dann irgendwann, das sagt keiner, aber irgendwann verliert man so innerlich so ein bisschen die Überzeugung, den Glauben ,Das wird noch mal umgesetzt'. (Interview Spangenberg, Juli 2011)

Der Verlauf der Ereignisse zeigt auf der äußeren Ebene, dass der Runde Tisch Grimmelsiepen die von Spangenberg wahrgenommene und auch von anderen Akteuren geäußerte Enttäuschung überwinden konnte, denn ein Abbruch der Koordination und der regelmäßigen Treffen der Unterstützer ist bis heute nicht erfolgt. Einen Ansatz zur Erklärung der hohen Kontinuität der mitwirkenden Akteure des Runden Tisches Grimmelsiepen bietet Niels Back. Zwar äußert auch der evangelische Pfarrer Enttäuschung über den zeitweiligen Projektstillstand, zugleich betont Back hinsichtlich der Beweggründe für das ausdauernde Engagement vieler Mitwirkender des Runden Tisches jedoch:

> Es ging nicht nur abstrakt um die Moschee, sondern es geht darum zu sagen, dass wir mehr voneinander wissen, intensiver zusammenleben und uns wechselseitig als Bereicherung erleben (…) Der Kontakt. Das glaube ich, der macht es auch aus, warum wir so lange zusammen arbeiten und viele ja letztlich ihre private Zeit letztlich einbringen (…) Da ist ja niemand zu verpflichtet. Das ist ja alles freies Engagement in der Freizeit- wir haben ja Abendtermine, die wir da wahrnehmen, wo man auch was anderes machen könnte! (…) Sondern zu merken, da entstehen Beziehungen, die für mein eigenes Leben eine Rolle spielen. Das glaube ich, das ist ein unglaublich, das ist ein wichtiger Wert. (Interview Back, Mai 2011)

Besonderes Gewicht erhält dieser Aspekt der zwischenmenschlichen Begegnung, des Lernens und der inneren „Bereicherung" durch den Umstand, dass der Pfarrer diesen Aspekt im informellen Teil des Gesprächs, nachdem das Aufzeichnungsgerät ausgeschaltet war, erneut explizit aufgreift. Er betont, dass die Kontinuität des Runden Tisches bezüglich der Teilnehmer und des Engagements aus seiner Sicht nicht ohne dieses Element des persönlichen Wachstums, des Lernens in der interkulturellen Situation der Zusammenarbeit zu verstehen sei (Interview Back, Mai 2011).

6. Diskussion der Ergebnisse

„Das Problem ist nicht mehr, zu entscheiden (wie die Politiker dies zu glauben vorgeben), ob in Paris Schülerinnen mit dem Tschador herumlaufen dürfen oder wie viele Moscheen man in Rom errichten soll. Das Problem ist, dass Europa im nächsten Jahrtausend – da ich kein Prophet bin, kann ich das Datum nicht präziser angeben – ein vielrassischer oder, wenn man lieber will, ein ‚farbiger' Kontinent sein wird. Ob uns das passt oder nicht, spielt dabei keine Rolle: Wenn es uns gefällt, umso besser; wenn nicht, wird es trotzdem so kommen."

Umberto Eco in „Vier moralische Schriften" (1999, S. 99)

6.1 Rekurs auf die Ausgangspunkte

Im Fokus dieser Studie stehen die in ganz Europa verbreiteten Konflikte über die repräsentativen Moscheen der muslimischen Migranten. Die Politik scheint, wenn man Ecos Perspektive aufgreift, herausgefordert, mit der unausweichlich zunehmenden Heterogenität des Kontinents umzugehen. In Deutschland, dies zeigt die Einführung zu dieser Studie nachdrücklich, sind in dieser Hinsicht die Erwartungen an das Potenzial lokaler Integrationspolitik bzw. an die „Integrationsmaschine" Stadt (Stienen 2006) außerordentlich hoch. Zugleich kann konstatiert werden, dass die bisherige Bilanz zur Integration von Zuwanderern, insbesondere muslimischer Migranten, stark umstritten ist. Nachdrücklich belegt dies der Verlauf der Debatte über die islamophoben und rassistischen Thesen Sarrazins, insbesondere die hohen Zustimmungswerte die das Buch „Deutschland schafft sich ab. Wie wir unser Land aufs Spiel setzen" (2010) quer durch das ganze Parteienspektrum erhält (vgl. Mannheimer Forschungsgruppe Wahlen 2010; Foroutan 2011).

In der erhitzten und polarisierten Debatte zur Frage der Integration von Zuwanderern, die mitunter Züge einer „moralischen Panik" (Mak 2005) trägt, stehen sich in Deutschland zugespitzt und vereinfacht dargestellt Positionen gegenüber, die Integration entweder als Assimilationsprozess definieren, und von Migranten eine weitgehende Übernahme kultureller Werte und Praxen der Einwanderungsgesellschaft einfordern, oder aber in Orientierung an Pluralismus oder Multikulturalismus, Integration als wechselseitigen Prozess interpretieren, welcher Teilhabe und das Recht auf Differenz voraussetzt.[105]

Mit Blick auf die hohe Bedeutung, die den Städten für die erfolgreiche Gestaltung von Integration zugeschrieben wird, wirft dies die Frage auf, wovon integrationspolitische Richtungsentscheidungen auf lokaler Ebene abhängig sind.

6.2 Diskussion der Forschungsergebnisse

Wie in der Auseinandersetzung mit dem Stand der Forschung dargestellt, ist im Bereich der integrationspolitisch relevanten Untersuchungsfelder seit den 2000er Jahren eine hohe Dynamik erkennbar. Ausgestaltung sowie Differenzen zwischen nationalen, aber auch zwischen kommunalen Politiken der Integration sind in diesem Kontext ein wichtiger Gegenstand der Forschung. Dennoch sind nicht zuletzt auf dem Feld kulturell-religiöser Konflikte als Teildimension lokaler Integrationspolitik wesentliche Aspekte noch ungeklärt (vgl. Alexander 2007, S. 49ff; Bommes 2007, S. 104).

Die Fallstudie zum Moschee-Konflikt im Dortmunder Stadtbezirk Hörde verdeutlicht, inwiefern diese Auseinandersetzungen, die in Deutschland und ganz Europa seit den 1990er Jahren gehäuft auftreten, ein originäres Feld zur Beobachtung eben dieser kulturell-religiösen Konflikte sowie des lokalen Policy-Makings darstellen. Dabei operiert die Fallstudie ausdrücklich entlang der Schnittstelle von übergeordneten, institutionalisierten, politischen Reaktionsmustern (Regimes of Incorporation) und lokalen Policy-Netzwerken, welche vor Ort die Richtung der Integrationspolitik bestimmen oder zu bestimmen versuchen (Maussen 2009, S. 34). Ihr zentraler Fokus liegt allerdings in der Auseinandersetzung mit den lokalen Akteuren und deren Einbindung in Netzwerke des Policy-Makings.

Die Relevanz historisch gewachsener, institutionell verankerter Regimes of Incorporation ist durch entsprechende Studien sehr gut belegt, insofern diese Deutungsmuster im Rechtssystem, in den Programmen der Parteien, in den normativen Haltungen und Erwartungen sowohl der Öffentlichkeit als auch der Policy-Maker sowie der muslimischen Akteure vor Ort von Bedeutung sind. Dies zeigen sowohl die Studien zu Moschee-Konflikten in deutschen Städten wie bspw. Halle in Westfalen (Hüttermann 2006), Lauingen, Bobingen, Duisburg, Lünen und Gladbeck (Schmitt 2006) als auch Analysen zu Konflikten in europäischen Nachbarländern, die in vergleichender Perspektive Städte wie Marseille und Rotterdam (Maussen

---

[105] Zur hochkomplexen Binnendifferenzierung dieser Leitbegriffe siehe Bizeul (2004, S. 139ff) und Aumüller (2009).

2009), Rotterdam und Utrecht (Rath et al. 2001) sowie Mulhouse und Strasbourg (Frégosi 2001 zit. nach Maussen 2005: 22) untersuchen.

Warum allerdings unter scheinbar vergleichbaren politischen und sozialen Rahmenbedingungen lokale Policy-Maker sich für unterschiedliche Deutungsrahmen entscheiden, erklärt sich aus diesen Studien nur unzureichend. Ein markantes Beispiel aus Deutschland liefern die von Schmitt (2003) untersuchten Moschee-Konflikte in Bobingen und Lauingen, zwei in benachbarten bayrischen Landkreisen gelegene Kleinstädte mit vergleichbaren sozio-strukturellen Rahmenbedingungen. Während im CSU-regierten Lauingen in einem Zeitraum von vier Jahren (1992-1996) eine repräsentative Moschee mit Unterstützung durch die Kommune geplant und realisiert wird (siehe Kap. 1.5), widersetzt sich das SPD-regierte Bobingen (zunächst unter Bezugnahme auf das BauGB, später mit Hilfe eines Bebauungsplanänderungsverfahrens) über Jahre (1991-1997) vehement der Errichtung eines Minaretts (vgl. Schmitt 2003, S. 162ff u. 185ff). Vor diesem Hintergrund erweist es sich als eine Schlüsselfrage dieser Studie, wie lokale Aushandlungs- und Entscheidungsprozesse zur Durchsetzung integrationspolitischer Policies hergestellt werden.

6.2.1 Interpretationspotenzial des ACF

Im Kern zeigen die Ergebnisse der Fallstudie zum Dortmunder Moschee-Konflikt, dass integrationspolitische Richtungsentscheidungen zur Unterstützung eines Moschee-Projektes in hohem Maß mit Hilfe des ACF analysiert werden können. Nachdrücklich verdeutlicht die entwickelte Lesart des komplexen Akteurssettings im Dortmunder Moschee-Konflikt, grafisch dargestellt als Netzwerkkarte mit Akteuren, Koordinationsbeziehungen und Sektoren, dass es nicht allein die politischen Mandatsträger sind, die auf Basis der gegebenen politischen Mehrheitsverhältnisse das Grimmelsiepen-Projekt durchsetzen. Stattdessen erscheinen die politischen Mandatsträger als Teil einer koordiniert handelnden Pro-Moscheebau-Koalition.

Die Überzeugungen der Akteure, in der Lesart des ACF die Policy Core Beliefs, treten im Kontext des Dortmunder Moschee-Konfliktes als „Glue", als Klebstoff, in Erscheinung, der das Netzwerk der Moscheebau-Unterstützer verbindet und dem Policy-Prozess seine Richtung gibt (Sabatier & Jenkins-Smith 1988, S. 141). In der Bilanz der analytischen Auseinandersetzung mit dem Moschee-Konflikt in Dortmund-Hörde erfüllt die Pro-Moscheebau-Koalition, wie in Kapitel 5 gezeigt, die Kriterien einer Advocacy-Koalition.

Allerdings muss an dieser Stelle einschränkend angemerkt werden, dass das vom ACF entwickelte Modell der Überzeugungssysteme dreistufig gegliedert ist, am empirischen Material, auch in Folge der thematischen Ausrichtung der Interviews, aber fast ausschließlich die Policy Core Überzeugungen hervortreten bzw. eine Priorisierung in Policy Core Überzeugungen und Sekundäre Aspekte möglich wird.

Spekulativ bleibt demgegenüber die Auseinandersetzung mit der Differenzierung des ACF zwischen Kernüberzeugungen einerseits und Policy Core Überzeugungen andererseits. Diese Unterscheidung ist am Beispiel des untersuchten Dortmunder Moschee-Konfliktes bzw. des zugänglichen empirischen Materials nicht möglich.[106]

In einer überzeugungsbasierten Koalition ist die Verfügung über formale Autorität eine zentrale Ressource zur Verbesserung der Durchsetzungschancen einer Position. Die Ausrichtung der Entscheidung erfolgt hingegen im Sinne des ACF auf Grundlage geteilter Überzeugungen. Mit Blick auf den Dortmunder Moschee-Konflikt ist zwar offenkundig, (1) dass die Beschlüsse auf der Ebene der Hörder Bezirksvertretung und des Rates der Stadt im Jahr 2003 den Weg zur Aufnahme von Verhandlungen eröffnen. Ebenso ist evident, (2) dass erst die positiven Entscheidungen der politischen Gremien zur Bebauungsplanänderung (2009) den späteren Erwerb des Grundstücks durch den Hörder Moscheeverein sowie die Grundsteinlegung im Oktober 2012 ermöglichen. Eine Durchsetzung des Projektes gegen alle Stillstände, Proteste und Differenzen erscheint jedoch ohne die vielfältig vernetzte Pro-Moscheebau-Koalition nicht realistisch.

Diese Sichtweise wird zum einen unmittelbar von den (im Kontext der Aushandlungsprozesse) wichtigsten Repräsentanten des Hörder Moscheevereins, dem Vereinsvorsitzenden Ogün Arpaci und dem Architekten der Moschee, Isa Karataş, gestützt (Interviews Arpaci, Sept. 2012 & Karataş, März 2012). Zum anderen lässt sich analytisch dafür argumentieren, dass die Darstellung eines positiven Deutungsrahmens (Gemeindehaus; Gemeindezentrum; gute Nachbarschaft) in der Öffentlichkeit ohne das Unterstützernetzwerk nicht in dem erkennbaren Umfang möglich gewesen wäre, denn ein zentrales Moment der Koordinationsarbeit des Runden Tisches Grimmelsiepen ist gerade diese strategische Ausrichtung der Kommunikation der Pro-Moscheebau-Koalition. Sie wurde von den Schlüsselakteuren des Runden Tisches bewusst gewählt und im Kontext von Demonstrationen (2004 &2010), zahlreichen öffentlichen Veranstaltungen sowie gegenüber den lokalen Medien durch ein breites Spektrum von Unterstützern vertreten. Als ein Ausdruck des Erfolgs dieser Normalisierungsstrategie erscheint bspw., dass der Begriff Gemeindezentrum in der Berichterstattung der lokalen Zeitungen regelmäßig Verwendung findet. Darüber hinaus finden sich Belege, dass dieser Begriff selbst in die Darstel-

---

[106] Zwar deutet sich in den Aussagen der Befragten (Kapitel 5) an, dass Differenzen unter den Akteuren im Bereich der religiösen bzw. weltanschaulichen Orientierungen bestehen. Auch erscheint es plausibel, dass es zwischen den Unterstützern in Bezug auf die relative Priorität verschiedener höchster Werte Differenzen gibt. Die Aussagen der Akteure bleiben in diesem Punkt jedoch sehr vage. Unabhängig von dieser Situation erscheint es dennoch naheliegend, dass Schlüsselakteure wie Niels Back als evangelischer Pfarrer, Peter Pfeiffer (zu Beginn des Konfliktes SPD-Fraktionsvorsitzender) und Ogün Arpaci als Vorsitzender der islamischen Gemeinde die Werte Freiheit, Sicherheit und Glaube unterschiedlich priorisieren.

lungen der rechtsextremen Parteien eingeflossen ist[107] sowie in den Redebeiträgen der Gegner des Moschee-Projektes im Rat der Stadt Dortmund Verwendung findet, wie die Niederschriften zu den Dortmunder Ratssitzungen mit Bezug auf die Hörder Nachbarschafts-Moschee dokumentieren (siehe bspw. Rat der Stadt Dortmund 2006).

Diese Leistung kann als Überzeugungsarbeit im öffentlichen Raum begriffen werden, insofern es darum geht, Zustimmung und Vertrauen für das Projekt der Muslime zu gewinnen. Die positiven Konsequenzen dieses Vorgehens sind insofern spekulativ, als dass keine Laborsituation denkbar ist, in welcher der gleiche Konflikt ohne die Anwendung dieser Strategie herstellbar ist. Allerdings verweisen die im ersten Teil vorgestellten Studien (siehe Kapitel 1.5.1) von Rath und Penninx et al. (2001) und Frégosi (2001) deutlich darauf, wie zentral die Setzung eines positiven und unterstützenden Deutungsrahmens für die Realisierung eines Moscheebau-Projektes ist. Während diese Studien jedoch zeigen, welche primären Deutungsrahmen die Mandatsträger der kommunalen Politik adaptieren und wie folgenreich dies für die jeweiligen Moscheebau-Projekte ist, ist der Konflikt in Dortmund anders gelagert. Hier richtet sich die Aktivität der Unterstützer-Koalition insbesondere auf die Öffentlichkeit, und damit zugleich auf die potenziellen Wähler sowie insbesondere auf die Anwohner im Stadtteil.

6.2.2 Hörder Muslime als avancierte Fremde

Bemerkenswert ist in diesem Zusammenhang ferner, dass der TIKV Hörde in diesem Zusammenhang nicht als ‚Schutzbefohlener' einer Gruppe von Unterstützern in Erscheinung tritt, sondern als engagierter Akteur und geschickter Rhetoriker in eigener Sache mit den anderen Mitgliedern der Pro-Moscheebau-Koalition kooperiert. Hierfür spricht die intensive Öffentlichkeitsarbeit, die der Verein betreibt, die sozialintegrative Rhetorik des Architekten, der die Nachbarschafts-Moschee stets als Gemeindezentrum definiert, aber auch zahlreiche Statements von Interviewpartnern wie den evangelischen Pfarrern Stiller und Back (Interviews Stiller, Okt. 2012 & Back, Mai 2011). Auf markanteste Weise wird diese Interpretation durch die großflächige Bautafel des TIKV Hörde illustriert, die in Vorbereitung der offiziellen Grundsteinlegung im Oktober 2012 aufgestellt wurde. Diese trägt neben den Informationen zum Bauträger und den beteiligten Firmen folgende zentrale Aufschrift: „Wir bauen Brücken zwischen Menschen". Ein wenig Unterhalb wird diese

---

[107] Ein Beispiel hierzu liefert der Demonstrationsaufruf von Pro-NRW zur Demonstration am 17. Juli 2010 in Dortmund-Hörde. Im Aufruf heißt es, dass „der Bau einer großen orientalischen Prunkmoschee mit Gemeindezentrum geplant" ist (Pro-NRW 2010). Für einen Überblick über die rechtsextremen Strukturen in Dortmund siehe Grau & Heitmeyer (2013).

affirmative Rahmung des Projektes durch die Zeile: „das Türkische Gemeindehaus für Hörde" ergänzt.[108] In diesem Aspekt des Dortmunder Moschee-Konfliktes bestätigt sich Hüttmanns Beobachtung, dass mit dem Generationswechsel und der „Machtübernahme durch junge muslimische Akteure mit hohen kulturellen und auch sozialen Kapitalressourcen" die Wahrscheinlichkeit steigt, dass solche Kompetenzen in Konflikten zur Darstellung kommen (Hüttermann 2006a, S. 214). Hüttermann folgert in seiner Studie, dass mit der Verfügung über derartige Ressourcen, Moschee-Konflikte eine Neupositionierung muslimischer Akteure im sozialen Gefüge der Stadt hervorbringen können. Der randständige Fremde avanciert zum anerkannten, respektierten Fremden (Hüttermann 2006a, S. 214).

In Dortmund ist erkennbar, dass im Zuge des Moschee-Konfliktes ein solcher Prozess stattfindet. So bilden sich im Zuge der langwierigen, konfliktbelasteten Aushandlungsprozesse vertrauensvolle Beziehungen zwischen den Schlüsselakteuren des TIKV Hörde und einzelnen Schlüsselpersonen aus der lokalen Politik sowie den Kirchen. Diese finden sowohl in persönlichen Freundschaften Ausdruck, aber auch in der Einbeziehung des türkischen Moscheevereins in öffentliche Veranstaltungen und Festivitäten auf Stadtteilebene, bei denen sich Repräsentanten des Moscheevereins, der kommunalen Politik und Verwaltung, Vertreter der Kirchen und interessierte Bürger auf Augenhöhe begegnen (Interviews Back, Mai 2011 & Arpaci, Sept. 2012).

Es erscheint zusammenfassend betrachtet plausibel, dass die Verhinderung einer weiteren Eskalation des Konfliktes auf Stadtteilebene auch ein Verdienst der zahlreichen Aktivitäten der Pro-Moscheebau-Koalition zur Durchsetzung ihres normalisierenden Deutungsrahmens ist. Diese Aktivitäten haben insbesondere ermöglicht, dass die Deutungsrahmen der politischen Gegner des Moscheebau-Projektes durch ein breites Bündnis Widerspruch erfahren bzw. ein alternativer Rahmen zur Interpretation des kulturell-religiösen Konfliktes angeboten wird. Markant lässt sich dies an der Gegendemonstration zum Aufzug der NPD-nahen Kameradschaften im Sommer und Herbst 2004 festmachen, aber auch an öffentlichen Stellungnahmen der evangelischen und katholischen Kirchen, die von der Kerngruppe des Runden Tisches Grimmelsiepen angestoßen bzw. vorbereitet wurden (Interviews Back, Mai 2012 & Haarmann, März 2009).

---

[108] Die Bautafel wurde im Vorfeld der Grundsteinlegung zur Errichtung der Hörder Nachbarschafts-Moschee aufgestellt. Dokumentiert wird die Aufschrift durch Anhang E in dieser Studie (S. 266).

6.2.3 Islamophobe Haltungen als Motor der Polarisierung

Allievi (2009) schließt vor dem Hintergrund seiner international vergleichenden Studie zu Moschee-Konflikten, dass die Präsenz islamophober Akteure stets zu einer Steigerung des Konfliktniveaus führt (Allievi 2009, S. 90). Die vorliegende Studie widerspricht dieser Sichtweise nicht, zeigt aber auf, wie die Präsenz rechtspopulistischer und rechtsextremer Akteure den Diskurs über die Muslime und die geplante Nachbarschafts-Moschee in einen politischen Konflikt zwischen Demokraten einerseits und Rassisten andererseits transformiert. Diese Dynamik beschränkt in Dortmund die Handlungsmöglichkeiten der Moscheebau-Gegner. Motor hierfür waren die rechtsextremen Parteien bzw. die NPD-nahen Kameradschaften, aber auch ein Teil der Aktivitäten der Bürgerinitiative.[109] Dass eine solche Lagerpolarisierung nicht nur nachteilig für die Realisierung einer Moschee sein muss, zeigt bereits die Studie Galemberts (2005), die einen frühen Moschee-Konflikt in Frankreich untersucht. Die erfolgreiche Strategie des Bürgermeisters von Mantes-de-Jolie beruht, wie bereits in Teil 1 (Kapitel 1.5.2) dargestellt, auf der Durchsetzung eines Deutungsrahmens, der die religiöse Identität der Muslime in den Hintergrund schiebt bzw. die religiöse Konfliktinterpretation in eine politische bzw. rechts-links polarisierte Rahmung versetzt. In Mantes-de-Jolie führt diese Strategie erfolgreich zur Bildung eindeutiger politischer Lager, von denen der damalige Bürgermeister profitiert, da er in der Folge parteiintern nun weniger Widerstand erfährt.

In Dortmund hingegen schwächen die Rechtsextremen den bürgerlich-konservativen Protest. Deutlich wird dies mit Blick auf die Berichterstattung zur Demonstration gegen die Protestzüge der rechtsextremen Moscheebaugegner. Während die Positionen der Hauptakteure der Pro-Moscheebau-Koalition in der Presse umfangreich (ganzseitig) dargestellt und gewürdigt werden, nehmen weder CDU noch FDP an den Demonstrationen teil, noch kommen ihre Schlüsselakteure und ihre Deutungsrahmen an dieser Stelle in den Lokalzeitungen zu Wort (siehe bspw. Bandermann 2004b; Winkelsträter 2010).

6.2.4 Zur Relevanz des Policy-Subsystem Konzeptes

Mit dem Konzept des Policy-Subsystems bietet das ACF darüber hinaus eine diachrone Perspektive an, die Kriterien zur Diskussion des untersuchten Politikfeldes bzw. des untersuchten Policy-Prozesses bereitstellt. Diese tragen dazu bei, die Be-

---

[109] So bleibt insbesondere eine Distanzierung von Terrorverdächtigungen gegenüber dem Hörder Moscheeverein aus. Zudem ist die Bürgerinitiative für die Einladung eines Referenten aus dem Spektrum der Christlichen Mitte verantwortlich und gibt diesem ein Forum zur Verbreitung islamfeindlicher Positionen (siehe Kap. 4.7).

schaffenheit bzw. die Reife des Politikfeldes und die Konstellation der relevanten Akteure weiterführend in den Blick zu nehmen. So zeigt die Auseinandersetzung mit dem allgemeinen Entwicklungspfad lokaler Integrationspolitik in Deutschland sowie mit der Genese der Integrationspolitik in Dortmund, dass die Entwicklung eines eigenständigen, mit formaler Autorität, finanziellen und infrastrukturellen Ressourcen ausgestatten Policy-Subsystems mit anerkannter Zuständigkeit für Fragen und Problemstellungen der Integration weitgehend ausgeblieben ist. Improvisierende „Notlagenarbeit" (Filsinger 2009, S. 282), später dann teilweise chaotisch anmutende Modernisierungsanstrengungen, gehen in Dortmund eine Verbindung ein mit der (1) bundesweit typischen Delegation der Zuständigkeit an sozialwirtschaftliche Akteure sowie mit (2) der ebenfalls verbreiteten Pädagogisierung der integrationspolitischen Aufgaben. Dieses Amalgam dominiert über Jahrzehnte die politische Auseinandersetzung mit den lokalen Herausforderungen, die im Zuge der Migrationsbewegungen in der 2. Hälfte des 20. Jahrhunderts entstehen.

Die in diesem Kontext für Dortmund bemerkenswerte Herausbildung einer kleinen Gruppe von Akteuren, die sich in den 1990er Jahren bildet, um auf die politische Bearbeitung kulturell-religiöser Konflikte einzuwirken, ist zudem für den Verlauf des Moschee-Konfliktes von hoher Bedeutung. So gehören die zwei zentralen Akteure der Dortmunder Kontaktgruppe der Kirchen mit Moscheevereinen, der evangelische Pfarrer Stiller und die Islambeauftragte der Katholischen Stadtkirche Haarmann, von Beginn an zum Netzwerk der Pro-Moscheebau-Koalition. Sie vernetzen den Runden Tisch sowie den TIKV Hörde mit der Initiative Integration mit aufrechtem Gang und bringen ihr Wissen als erfahrene Netzwerker in die Aktivitäten und Aushandlungsprozesse ein (Interviews Haarmann, März 2009, Mai 2011 & Stiller, Okt. 2012). Transparent wurde dieser Aspekt des Policy-Prozesses erst durch die Untersuchung der Genese bzw. der Beschaffenheit des Politikfeldes, in welchem der Moschee-Konflikt in Dortmund angesiedelt ist. Das Konzept des Policy-Subsystems ermöglicht in dieser Studie auf diese Weise eine produktive Reflexion der politischen Einflussmöglichkeiten der Akteure, die sich im Policy-Prozess als Befürworter oder Gegner des Moscheebau-Projektes positionieren.

6.2.5 Zur Frage der zeitlichen Dauer des Moschee-Konfliktes

Ein weiteres Merkmal des Dortmunder Moschee-Konfliktes, das interpretationsbedürftig erscheint, ist die lange Dauer der Aushandlungsprozesse. Auch zu diesem Aspekt bietet das ACF-Konzept des Policy-Subsystems eine Deutung an, diese ist allerdings nicht ausreichend in den empirischen Daten verankert. So erscheint es plausibel, dass die vergleichsweise schwache Ausbildung des Policy-Subsystems zur Bearbeitung integrationspolitischer Fragestellungen in Dortmund dazu führt, dass es jenseits der Leitungsebene in den beteiligten Dezernaten an Akteuren mangelt, die dem Projekt auf der Seite der kommunalen Verwaltung eine hohe Priorität zuschreiben und Verhandlungsfortschritte und Entscheidungen mit Nachdruck einfordern. Da die verwaltungsseitigen Prozesse jedoch in den Interviews kaum bzw. zu randständig thematisiert werden, bleibt diese Sichtweise spekulativ. Im Vergleich hierzu bleiben für das Verstehen der langen Zeiträume, die dem Baubeginn vorausgingen, andere Verzögerungsgründe bestehen. Hierzu zählen neben der Komplexität des Planverfahrens und der generellen Langsamkeit bürokratischer Entscheidungsprozesse, auf die bspw. der Bezirksbürgermeister Renno im Interview hinweist (Interview Renno, Juli 2011): (1) das Aussetzen von Entscheidungen im Vorfeld der NRW-Kommunal- und Landtagswahl im Herbst 2004; (2) Schwierigkeiten des Moscheevereins, ein tragfähiges Finanzierungskonzept darzustellen bzw. eine Vermarktung der ursprünglich geplanten Wohnsiedlung zu gewährleisten; (3) ein angestrebtes Normenkontrollverfahren, welches die dauerhafte Rechtsgültigkeit des Ratsbeschlusses zur Bebauungsplanänderung in Frage stellt; (4) Bergbauschäden, die umfangreiche Maßnahmen zur Sicherung des Geländes noch vor der Stellung eines Bauantrags erforderlich werden lassen.

6.2.6 Zur Relevanz von Advocacy-Netzwerkstrukturen

Deutlich ist durch die Analyse des Akteurs-Settings ebenfalls geworden, dass der Verlauf der Aushandlungsprozesse in Dortmund aus den Wechselwirkungen zwischen einer einflussreichen, mit vielseitigen Ressourcen ausgestatteten Koalition von Unterstützern einerseits und andererseits einem im Vergleich hierzu fragmentierten, von Konkurrenz und Opposition geprägten Set von Moscheebau-Gegnern bestimmt wird.

Auf der Seite der Unterstützer ist anhand der untersuchten Flyer, Presseartikel und mit Hilfe der Auswertung der Interviews mit ausgewählten Schlüsselakteuren darstellbar, wie geteilte Überzeugungen zur Frage des Moscheebau-Projektes einen starken Zusammenhalt stiften. Es existiert ein Set von Überzeugungen, welches die Akteure miteinander verbindet – stichwortartig darstellbar durch die Begriffe Religionsfreiheit, Multikulturalität, Engagement gegen Rechtsextremismus in Verbindung mit einer zentralen Handlungsstrategie, die auf die Normalisierung von Differenz ausgerichtet ist. In Orientierung an der Definition der Policy Core Beliefs können diese als geteilte bzw. verbindende Wertvorstellungen und Kausalannahmen der Pro-Moscheebau-Koalition betrachtet werden.

Als vergleichsweise flexible Aspekte der Projektrealisierung bzw. als Secondary Aspects können hingegen konzeptionelle Bausteine des Projektes interpretiert werden. Bedeutsam ist in dieser Hinsicht die (vorläufige) Aufgabe der ursprünglich geplanten Wohnbebauung. Letztere war zunächst in Reaktion auf die Kriterien der

Ausschreibung des fraglichen Flurstücks durch das Dortmunder Liegenschaftsamt konzipiert worden und erhielt im Konflikt um das Projekt höchste Beachtung. Als im Zuge der Verhandlungen über die Bebauungsplanänderung und die Optionen der Realisierung deutlich wurde, dass der Verein mit dem Vermarktungsrisiko überfordert ist, modifizierten die Verhandlungspartner zunächst die Zuständigkeit, indem die Stadt sich im ersten Schritt für die Umsetzung dieses Projektbausteins verantwortlich erklärte und im zweiten Schritt diesen Aspekt des Grimmelsiepen-Projektes auf unbestimmte Zeit zu den Akten legte.

Die Gründung des Runden Tisches Grimmelsiepen im Herbst 2003 ist in diesem Zusammenhang eine entscheidende Grundlage für den Erfolg der Pro-Moscheebau-Koalition. Er versteht sich als überparteiliches und bürgernahes Forum zur Bearbeitung des Moschee-Konfliktes. Bedingt durch die konflikthaften Aushandlungsprozesse zwischen Gegnern und Befürwortern, die im Frühjahr 2005 zum Ausschluss der Bürgerinitiative gegen den Moschee- und Siedlungsbau in Dortmund-Hörde führen, entwickelt sich der Runde Tisch Grimmelsiepen in erster Linie zu einem Forum der Moscheebauunterstützer, welches die Kooperation der Unterstützer koordiniert und stabilisiert.

Fragen der Verteilung von Kosten und der Übernahme von Verantwortung in Bezug auf die Realisierung der Koalitionsziele haben in diesem Kontext keine Bedeutung. Vielmehr erscheint die Koordination der Interessen im Netzwerk der Unterstützer im Kontext eines offenen Forums, dem Runden Tisch Grimmelsiepen, als höchst unproblematisch. Als Erfolgsfaktor für die effiziente Bewältigung dieser Aufgabe kann im Sinne des ACF auf das wechselseitige Vertrauen der beteiligten Akteure in eine faire Verteilung der Kosten verwiesen werden.

Mit Blick auf die Seite der Gegner verdeutlicht die Fallstudie, dass zwar Einigkeit hinsichtlich des gewünschten Ergebnisses sowie Ähnlichkeiten in den Argumentationsmustern bestehen, dass aber sowohl die Konkurrenz der Akteure als auch die zum Teil erheblich divergierenden Überzeugungen in Grundfragen der Politik einer Zusammenarbeit entgegenstehen. Eine Koordination der Aktivitäten erfolgt innerhalb des Sets der Gegner damit einhergehend nicht bzw. nur sehr punktuell zwischen der Bürgerinitiative gegen den Moschee- und Siedlungsbau und der CDU sowie intraorganisational zwischen den Dortmunder CDU-Parteigliederungen. Hierin bestätigt sich das schematische Modell Fenger und Kloks (2001), welches für diese Konstellationen die Bildung einer Advocacy-Koalition ausschließt. Für den Verlauf des Konfliktes leitet sich aus dieser Konstellation eine Schwächung der Einflussnahme durch die Gegner des Moschee-Projektes ab. Weder können Ressourcen ausgetauscht oder verbunden werden, noch ist eine gemeinsame Mobilisierung der Öffentlichkeit vorstellbar. Die Konstellation wird insbesondere davon mitbestimmt und gefestigt, dass die bürgerlichen Parteien aus historischen Gründen bzw. vor dem Hintergrund ihres Demokratieverständnisses die Zusammenarbeit mit rechtsextremen Parteien verweigern. Der umstrittene Sommerempfang der Hörder CDU im Jahr 2006, in dessen Rahmen der Koran bzw. die Muslime als massive Bedrohung der Demokratie, vergleichbar dem Nationalsozialismus, dargestellt werden, lässt sich vor diesem Hintergrund als Abgrenzungsversuch verstehen (siehe Kap. 4.7).

6.2.7 Policy-Akteure ohne koordinierte Mitwirkung

Ein Kritikpunkt, der unmittelbar die Konstruktion des Frameworks betrifft, bezieht sich auf die fehlende Sensibilität des Frameworks für die Bedeutung von Verwaltungsmitarbeitern. Wie bereits in Kapitel 3.6.2 herausgestellt, sind diese Akteure oftmals nicht in koordinierte Policy-Netzwerke eingebunden. Dies kann zum einen als Folge der „neutralitätssichernden Distanz" der Beamten interpretiert werden (Fehling 2001, S. 13), die sich in dem Kernprinzip der „Unparteilichkeit der Verwaltung" im Rechtsstaat begründet (Fehling 2001, S. 1). Zum anderen bestehen die Verwaltungs- und Rechtsvorschriften sowie die mit diesen verbundenen Ermessensspielräume unabhängig von den lokalen Verwaltungsmitarbeitern. Dem ACF fehlt, bedingt durch die Konzentration auf koordiniert agierende Akteure, das analytische Instrumentarium, um in den Blick nehmen zu können, wie Akteure der Verwaltung, die keine sichtbare Einbindung in Policy-Netzwerke aufweisen, institutionelle Verfahrenswege und Ermessensspielräume nutzen können, um auf den Prozess des Policy-Makings Einfluss zu nehmen. Aufgrund des fehlenden Zugangs zu diesem Bereich der lokalen Aushandlungsprozesse kann dieser Aspekt nur hervorgehoben, jedoch nicht weiterführend bearbeitet werden.

6.2.8 Windows of Opportunity als Erweiterung des ACF

Ein kritischer bzw. noch zu wenig entwickelter Bereich des Frameworks zeigt sich ferner mit Blick auf die erkennbare Bedeutung zufälliger oder zumindest nicht intendierter Gelegenheitskonstellationen für den Verlauf des Policy-Konfliktes, die die Richtung und Chancen des Policy-Makings der Akteure beeinflussen. Von tiefgreifender Bedeutung für den Dortmunder Moschee-Konflikt ist in dieser Hinsicht die Entscheidung des Bezirksbürgermeisters Renno, den Hörder Moscheeverein im Herbst 2002 aufzufordern, sich an der Ausschreibung des Grimmelsiepen-Areals, welche durch das städtische Liegenschaftsamt durchgeführt wurde, als Bieter zu beteiligen.

Erst die Anforderung dieses Ausschreibungsverfahrens, dass der potenzielle Käufer die Gesamtfläche des Areals von mehr als 3 Hektar planerisch entwickelt, führt dazu, dass der TIKV Hörde die Absicht, eine repräsentative Nachbarschafts-Moschee zu erbauen mit dem Konzept einer Wohnsiedlung verbindet. Weder der

Hörder Moscheeverein, noch der Hörder Bezirksbürgermeister oder andere Akteure, die später auf die Aushandlungsprozesse eingewirkt haben, hatten im Vorfeld dieser Ausschreibung eine vergleichbare Gesamtkonzeption angestrebt. Zugleich ist deutlich erkennbar, dass gerade diese Entscheidungen auf den Konflikt maßgeblich Einfluss genommen und seinen Verlauf entscheidend mitbestimmt haben. Die von den Gegnern vertretene Deutung des Grimmelsiepen-Projektes als integrationsfeindlich, als „Ghetto" (siehe Ruhr Nachrichten v. 15.06.2003), als Beitrag zur Entstehung einer „Parallelgesellschaft" (siehe Bandermann 2009c), bezog sich vornehmlich auf die der Öffentlichkeit im Jahr 2003 vorgestellte Verbindung aus Nachbarschafts-Moschee und Wohnsiedlung. Dass die Wohnsiedlung im Verlauf des Konfliktes einen wesentlichen Unterschied gemacht hat, unterstreichen auch einige der Unterstützer, die Islambeauftragte der Katholischen Stadtkirche, Marlies Haarmann (Interview Haarmann, Mai 2011), aber auch der Hörder Verwaltungsstellenleiter, Ulrich Spangenberg (Interview Spangenberg, Juli 2011).

Aus dem Kontext des ACF bietet es sich an, Ereignisse als Ausdruck und Folge von Entscheidungen in einem anderen Policy-Subsystem zu interpretieren, welche die Handlungsoptionen des Bezirksbürgermeisters und (in der Folge auch des Moscheevereins) kurzfristig und einschränkend mitbestimmen (siehe ACF Flussdiagramm, S.99 und Kap. 3.4.5, S. 113). Überzeugender erscheint es, an dieser Stelle insbesondere den Bezirksbürgermeister aus Dortmund-Hörde als Policy-Entrepreneur zu betrachten, der ein Zeitfenster für politische Entscheidungen, ein „Window of Opportunity"[110] (Kingdon 1984) nutzt, um ein Problem (die bestehende Moschee entspricht nicht länger den Anforderungen) mit einer Lösungsoption (dem Kauf des Grimmelsiepen-Areals) zu verbinden, die sich als politische Gelegenheit im Zuge der Ausschreibung des Liegenschaftsamtes ergibt (Groenemeyer et al. 2012, S. 161ff).

Ausschlaggebend ist in diesem Aspekt die Beobachtung, dass im Herbst 2002 die Pro-Moscheebau-Koalition noch nicht existiert bzw. ihre Bildung erst mit dem sich anbahnenden Konflikt einsetzt. Dies hat die Auseinandersetzung mit den Entwicklungspfaden lokaler Integrationspolitik in Deutschland und Dortmund deutlich werden lassen. Weder der „Wachkomapatient" Ausländerbeirat (Sönmez 2005, S. 15), noch andere lokale Institutionen verfügen zu diesem Zeitpunkt über entsprechende Ressourcen oder zeigen im Verbund mit anderen Akteuren die Merkmale eines reifen Policy-Subsystems (siehe Kap. 3.4.1) Als „spezialisierte Arbeitsgruppe"

---

[110] Die Konzeption solcher „Windows of Opportunity" geht auf Kingdon bzw. dessen Multiple-Stream-Ansatz zurück. Politisches Handeln ist demnach ein andauernder Vorgang der Prioritätensetzung in Entscheidungsprozessen. Letztere werden aufgrund der „Vielzahl von unzusammenhängenden und konflikthaften Zuständigkeiten, Regeln und Abläufen" innerhalb von Organisationen weniger durch rationale Abwägungsprozesse bestimmt, als durch Adhoc geschaffene Verbindungen zwischen Problemen einerseits und Lösungen andererseits (Groenemeyer et al. 2012, S. 161ff).

(Sabatier & Jenkins-Smith 1999, S. 136) kann zwar die Dortmunder Kontaktgruppe der Kirchen mit Moscheevereinen interpretiert werden, doch deren Institutionalisierung ist wenig fortgeschritten bzw. verläuft nach positiven Anfängen in den späten 2000er Jahren ohne Erfolg.

In der Konsequenz liegt es nahe für Untersuchungszusammenhänge, in denen die fraglichen Policy-Subsysteme noch wenig etabliert sind, das ACF durch Kingdons Multiple-Streams-Ansatz zu ergänzen. Auf diese Weise können dynamisch-amorphe Konfliktkonstellationen, für die der Dortmunder Moschee-Konflikt ein Beispiel gibt, analytisch angemessener erfasst werden, ohne einen Widerspruch zu den Annahmen des Advocacy-Koalitionen-Konzeptes hervorzurufen.

Für eine Synthese des ACF mit Kingdons Multiple-Streams-Ansatz argumentiert bereits die „After Disaster"-Studie Birklands (1997). Diese untersucht Policy-Lernprozesse im Zusammenhang mit „focusing events" (Birkland 1997, S. 21), d.h. mit Blick auf Ereignisse, die zumindest potenziell schwerwiegende Schäden auslösen können oder die Möglichkeit derartiger Ereignisse sowohl Policy-Makern als auch der Öffentlichkeit bewusst machen.[111] Beispiele derartiger „focusing events", die Birkland diskutiert, sind Sturmkatastrophen oder technische Großunfälle. Während Birkland jedoch Prozesse des Agenda-Settings in den Mittelpunkt stellt und systematisch diskutiert, wie das Policy-Making durch unterschiedliche Typen von „focusing events" beeinflusst wird, zeigt die Diskussion der Fallstudie, dass Kingdons Ansatz produktiv in das ACF integriert werden kann, um Policy-Prozesse in schwach konturierten Politikfeldern zu untersuchen.

6.3 Schlussbetrachtung

Die vorliegende Untersuchung eines Moschee-Konfliktes in Dortmund ist mit der Absicht geschrieben, zentrale und im Fachdiskurs bislang vernachlässigte Aspekte lokaler Integrationspolitik so zu erschließen, dass es möglich wird, sich mit zunehmender Sicherheit auf diesem Politik-Feld bewegen zu können. Im Kern verdeutlicht die Analyse, wie die politikfeldbezogenen Überzeugungen der Akteure, ihre Policy Core Beliefs, auf den Verlauf des Moschee-Konfliktes strukturierend einwirken, indem sie sowohl die Richtung des Policy-Makings, aber auch die Ausbildung der Handlungsoptionen überzeugungsbasierter Koalitionen mitbestimmen. Die Fallstudie zu den konfliktreichen Aushandlungsprozessen um die Planung und Errichtung der ersten repräsentativen Moschee in Dortmund antwortet damit auf ein Defizit der (in vieler Hinsicht wegbereitenden) Studien zu vergleichbaren Konflikten über Moscheen.

---

[111] Für eine umfassende Definition des „focusing event"-Konzepts siehe Birkland (1997: 22).

Als Erweiterung des analytischen Frames des Advocacy Coalitions Frameworks wird zudem für wenig etablierte Policy Subsystems vorgeschlagen, das ACF mit Kingdons Multiple-Streams-Ansatz zu verbinden. Auf diese Weise können die dynamisch-amorphen Konfliktkonstellationen, wie sie für den Dortmunder Moschee-Konflikt konstitutiv sind, analytisch überzeugender erfasst werden. Bilanzierend zusammengefasst verdeutlicht die Diskussion, wie insbesondere das Konzept der Advocacy-Koalitionen als heuristischer Schlüssel dienen kann, um die strukturierende Relevanz von Überzeugungssystemen für den Verlauf von Policy-Prozessen angemessen zu verstehen. Die markanten Möglichkeitsräume, in welchen die konkreten Entscheidungsprozesse lokaler Politik vorrangig ablaufen und sich diskursiven sowie institutionellen Logiken übergeordneter Systeme entziehen, können auf diese Weise analytisch weiterführend aufgeschlüsselt werden.

Literaturverzeichnis

Abelshauser, Werner/Köllmann, Wolfgang (Hrsg.) (1990): Das Ruhrgebiet im Industriezeitalter. Geschichte und Entwicklung. Düsseldorf: Schwann im Patmos Verlag.

Ajzen, Icek/Fishbein, Martin (1980): Understanding Attitudes and Predicting Social Behavior. Englewood Cliffs, New Jersey: Prentice-Hall.

Alexander, Michael (2007): Cities and Labour Immigration. Comparing Policy Responses in Amsterdam, Paris, Rome and Tel Aviv. [*Research in Migration and Ethnic Relations Series*]. Aldershot: Ashgate.

Allievi, Stefano (2009): Conflicts over Mosques in Europe. Policy Issues and Trends. London: Alliance Publishing Trust.

Allievi, Stefano (2010): Mosques in Europe: Real Problems and False Solutions. In: Allievi, Stefano (Hrsg.): Mosques in Europe. Why a Solution has become a Problem (13–51). London: Alliance Publishing Trust.

Articus, Stephan (2008): Vortrag. In: Deutscher Städtetag (Hrsg.): Städte schaffen Integration – Stadtpolitik in Zeiten der Globalisierung. Dokumentation der 34. Hauptversammlung des Deutschen Städtetages vom 22. bis 24. Mai 2007 in München. [Neue Schriften des Deutschen Städtetages] (35–48). Berlin; Köln: Deutscher Städtetag.

Ashford, Douglas Elliott (1982): British Dogmatism and French Pragmatism. Central-Local Policymaking in the Welfare State. [*The New Local Government Series*]. London: Allen and Unwin.

Auernheimer, Georg (2007): Einführung in die interkulturelle Pädagogik. (5., ergänzte Auflage). Darmstadt: Wissenschaftliche Buchgesellschaft.

Aumüller, Jutta (2009): Assimilation. Kontroversen um ein migrationspolitisches Konzept. Bielefeld: Transcript.

Axelrod, Robert (1976): Structure of Decision. The Cognitive Maps of Political Elites. Princeton, New Jersey: Princeton University Press.

Bachrach, Peter/Baratz, Morton Sachs (1970): Power and Poverty. Theory and Practice. New York: Oxford University Press.

Back, Niels (2004): Jahresbericht 2003/2004 zur Kreissynode am 16. Juni 2004. Unveröffentliches Dokument. Zu Forschungszwecken zur Verfügung gestellt von Niels Back, Dortmund.

Bade, Klaus Jürgen (2002): Europa in Bewegung. Migration vom späten 18. Jahrhundert bis zur Gegenwart. [*Europa bauen*]. München: Beck.

Bade, Klaus Jürgen (2007): Versäumte Integrationschancen und nachholende Integrationspolitik. In: Bade, Klaus Jürgen/Hiesserich, Hans-Georg (Hrsg.): Nachholende Integrationspolitik und Gestaltungsperspektiven der Integrationspraxis. [*Beiträge der Akademie für Migration und Integration*] (21–97). Göttingen: V & R Unipress.

Bade, Klaus Jürgen/Oltmer, Jochen (2004): Normalfall Migration. [*ZeitBilder*]. Bonn: Bundeszentrale für Politische Bildung.

Bandermann, Peter (2004a): Argumente und Emotionen. *Ruhr Nachrichten*, Ausgabe f. Dortmund vom 28.5.2004.[112]

Bandermann, Peter (2004b): Machtsignal der Demokraten. Bündnis aus 1000 Menschen kehrte symbolisch 'braunen' Dreck von den Straßen. *Ruhr Nachrichten*, Ausgabe f. Dortmund vom 21.6.2004.

---

[112] Ein großer Teil der ausgewerteten Zeitungsartikel entstammt dem Archiv des Ausländerbeirates der Stadt Dortmund. Die dortige Archivierungspraxis dokumentiert in der Regel keine Seitenangaben. Gleiches gilt für weitere Zeitungsartikel, die aus dem Archiv von Niels Back und anderen Interviewpartnern stammen. Ebenfalls ohne Seitenangaben sind die Artikel aus Online-Portalen. Aus diesem Grund entfällt für diesen Dokumenttyp in der Regel eine Seitenangabe.

Bandermann, Peter (2004c): Flugblatt spaltet die Politik. Hofmann kritisiert Position seiner Partei, Hengstenberg legt ihm indirekt Parteiaustritt nahe. *Ruhr Nachrichten*, Ausgabe f. Dortmund vom 11.9.2004.

Bandermann, Peter (2005a): "Dialog ohne Fortschritt". Bürgerinitiative befürchtet ein "Ghetto". Sierau: Nach Recht und Gesetz entschieden. *Ruhr Nachrichten*, Ausgabe f. Dortmund vom 26.2.2005.

Bandermann, Peter (2005b): "Klare Ansage" an die Bürgerinitiative. Runder Tisch verlangt von Stefan Hein eine Distanzierung zu Terror-Verdachtsäußerungen. *Ruhr Nachrichten*, Ausgabe f. Dortmund vom 05.03.05.

Bandermann, Peter (2005c): "Monolog statt Dialog". Stefan Hein kritisiert den Runden Tisch. *Ruhr Nachrichten*, Ausgabe f. Dortmund vom 9.3.2005.

Bandermann, Peter (2006a): Gastredner warnt vor einem gewalttätigen Islam. Moschee Thema beim CDU-Sommerempfang. *Ruhr Nachrichten*, Ausgabe f. Dortmund vom 28.8.2006.

Bandermann, Peter (2006b): "Ein unglaublicher Vorgang". Kritik von der FDP und den Grünen über Äußerungen auf dem CDU-Sommerempfang. *Ruhr Nachrichten*, Ausgabe f. Dortmund vom 31.8.2006.

Bandermann, Peter (2006c): "Merz-Vortrag stört den sozialen Frieden in Hörde". Reaktion des Evangelischen Kirchenkreises, *Ruhr Nachrichten*, Ausgabe f. Dortmund vom 1.9.2006.

Bandermann, Peter (2009a): Stadt vermarktet Grimmelsiepen jetzt selbst. *Ruhr Nachrichten*, Ausgabe f. Dortmund vom 16.1.2009.

Bandermann, Peter (2009b): Grimmelsiepen: CDU kritisiert Vermarktung durch die Stadt. *Ruhr Nachrichten*, Ausgabe f. Dortmund vom 20.1.2009.

Bandermann, Peter (2009c): CDU: Rot-Grün hat am Grimmelsiepen Geld verbrannt. *Ruhr Nachrichten*, Ausgabe f. Dortmund vom 22.1.2009.

Bandermann, Peter (2009d): Hörder Grimmelsiepen-Beschluss sorgt für Eklat. *Ruhr Nachrichten*, Ausgabe f. Dortmund vom 28.1.2009.

Bandermann, Peter (2011): Neue Pläne: Baubeginn für Moschee im Frühjahr 2012. *Ruhr Nachrichten*, Ausgabe f. Dortmund vom 16.12.2011. http://www.ruhrnachrichten.de/lokales/dortmund/sueden/Baubeginn-fuer-Moschee-im-Fruehjahr-2012;art2575,1500498 (zuletzt geprüft am: 10. Sept. 2012).

Bähr, Holger (2003): Probleme der Implementation von Umweltpolitik in der Europäischen Union. Eine vergleichende Policy-Analyse am Beispiel der IVU-Richtlinie. Diplomarbeit. Universität Konstanz.

Bainski, Christine (2007): Das Beispiel RAA - Vom Projekt zur Regeleinrichtung. In: Bade, Klaus Jürgen/Hiesserich, Hans-Georg (Hrsg.): Nachholende Integrationspolitik und Gestaltungsperspektiven der Integrationspraxis. [*Beiträge der Akademie für Migration und Integration*] (130–132). Göttingen: V & R Unipress.

Bandelow, Nils Christoph (1999): Lernende Politik. Advocacy-Koalitionen und politischer Wandel am Beispiel der Gentechnologiepolitik. Berlin/Bochum: Ed. Sigma.

Bandelow, Nils Christoph (2003a): Lerntheoretische Ansätze in der Policy-Forschung. In: Maier, Matthias Leonhard (Hrsg.): Politik als Lernprozess. Wissenszentrierte Ansätze der Politikanalyse (98–121). Opladen: Leske + Budrich.

Bandelow, Nils Christoph (2003b): Policy Lernen und politische Veränderungen. In: Schubert, Klaus (Hrsg.): Lehrbuch der Politikfeldanalyse (289–331). München: Oldenbourg.

Baumgarten, Britta/Lahusen, Christian (2006): Politiknetzwerke - Vorteile und Grundzüge einer qualitativen Analysestrategie. In: Hollstein, Betina/Straus, Florian (Hrsg.): Qualitative Netzwerkanalyse. Konzepte, Methoden, Anwendungen (177–197). Wiesbaden: VS Verlag.

Becker, Jens/Joost, Angela/Hyna, Barbara/Dusse, Birgita (2007): Lernende Metropolen. Arbeitsmarkt- und Integrationspolitik in Berlin, Budapest, Warschau und Wien im Vergleich. [*Schriftenreihe Socialia*]. Hamburg: Kovac.

Beck, Hermann (2002): A Hidden Agenda or Hidden Prejudices? Building a Turkish Mosque in Tilburg. In: Shadid, Wasef Abdelrahman/van Koningsveld, Pieter Sjoerd (Hrsg.): Intercultural Relations and Religious Authorities. Muslims in the European Union (49–66). Leuven/Dudley, Massachusetts: Peeters.

Behnke, Nathalie (2009): Responsivität und Verantwortlichkeit der öffentlichen Verwaltung. In: Czerwick, Edwin/Treutner, Erhard/Lorig, Wolfgang H. (Hrsg.): Die öffentliche Verwaltung in der Demokratie der Bundesrepublik Deutschland (45–64). Wiesbaden: VS Verlag.

Beinhauer-Köhler, Bärbel (2010): Von der unsichtbaren zur sichtbaren Religion. Räume muslimischer Glaubenspraxis in der Bundesrepublik. *Studies in Contemporary History, 7* (3).

Beinhauer-Köhler, Bärbel/Leggewie, Claus/Jasarevic, Alen/Krizanovic, Mirko (Hrsg.) (2009): Moscheen in Deutschland. Religiöse Heimat und gesellschaftliche Herausforderung. *[Beck'sche Reihe]*. München: Beck.

Bender-Szymanski, Dorothea (2005): Ein islamisches Kulturzentrum in unserer Stadt? Eine Lehr-Lernsequenz zu einem religiös-weltanschaulichen Konflikt, der auch unsere Schule herausfordert. *Forum der unesco-projekt-schulen* (2), 34–64.

Beucker, Pascal (2011a): Nur bautechnische Fragen zugelassen. *die tageszeitung, Ausgabe* vom 28.10.2011.

Beucker, Pascal (2011b): Vier Kuppeln bilden ein Kreuz. *die tageszeitung* vom 9.11.2011.

Beucker, Pascal (2012): Ein "zartes Pflänzchen" Einigkeit. Streit um Kölner Moschee-Bau beendet. *die tageszeitung*, Ausgabe vom 2.2.2012. http://www.taz.de/Streit-um-Koelner-Moschee-Bau-beendet/!88883/ (zuletzt geprüft am: 6. Dez. 2012).

Bielefeldt, Heiner (2007): Menschenrechte in der Einwanderungsgesellschaft. Plädoyer für einen aufgeklärten Multikulturalismus. *[X-Texte zu Kultur und Gesellschaft]*. Bielefeld: Transcript.

Bielefeldt, Heiner/Heitmeyer, Wilhelm (2000): Konflikte um religiöse Symbole: Moscheebau und Muezzinruf in deutschen Städten. *Journal für Konflikt und Gewaltforschung, 2* (2), 250–265.

Birkland, Thomas (1997): After Disaster. Agenda Setting, Public Policy, and Focusing Events. Washington, DC: Georgetown University Press.

Birkland, Thomas (1998): Focusing Events, Mobilization, and Agenda Setting. *Journal of Public Policy, 18* (1), 53–74.

Birkland, Thomas (2004): Learning and Policy Improvement After Disaster. The Case of Aviation Security. *American Behavioral Scientist, 48* (3), 341–364.

Birsl, Ursula (2004): Deutschland. In: Gieler, Wolfgang/Fricke, Dietmar (Hrsg.): Handbuch Europäischer Migrationspolitiken. Die EU-Länder und die Beitrittskandidaten. *[Politik]* (31–50). Münster: Lit Verlag.

Bizeul, Yves (Hrsg.) (2004): Integration von Migranten. Französische und deutsche Konzepte im Vergleich. Wiesbaden: Deutscher Universitätsverlag.

Bjick, Kersten (1999): Theorien, Funktionen und "Advocacy-Koalitionen" wirtschaftswissenschaftlicher Politikberatung - ein verhaltens- und systemtheoretischer Ansatz. Rostock: Universität.

Blase, Dieter (1997): Stadtentwicklung im Ruhrgebiet. Von den 60er Jahren bis zur IBA Emscher Park. In: Barbian, Jan-Pieter/Heid, Ludger (Hrsg.): Die Entdeckung des Ruhrgebiets. Das Ruhrgebiet in Nordrhein-Westfalen 1946 - 1996 (221–245). Essen: Klartext.

Blumer, Herbert (1954): What is Wrong with Social Theory? *American Sociological Review, 19* (1), 3–10.

Bogner, Alexander/Littig, Beate/Menz, Wolfgang (Hrsg.) (2005): Das Experteninterview. Theorie, Methode, Anwendung (2. Auflage). Wiesbaden: VS Verlag.

Bogner, Alexander/Menz, Wolfgang (2005): Das theoriegenerierende Experteninterview. Erkenntnisinteresse, Wissensformen, Interaktion. In: Bogner, Alexander/Littig, Beate/Menz, Wolfgang (Hrsg.): Das Experteninterview. Theorie, Methode, Anwendung (2. Auflage, 33–70). Wiesbaden: VS Verlag.

Bommes, Michael (2003): Die politische 'Verwaltung' von Migranten in Gemeinden. In: Oltmer, Jochen (Hrsg.): Migration steuern und verwalten. Deutschland vom späten 19. Jahrhundert bis zur Gegenwart. *[IMIS-Schriften]* (459–480). Göttingen: V & R Unipress.

Bommes, Michael (2006): Migrations- und Integrationspolitik in Deutschland zwischen institutioneller Anpassung und Abwehr. In: Bommes, Michael/Schiffauer, Werner (Hrsg.): Migrationsreport 2006. Fakten, Analysen, Perspektiven (9–29). Frankfurt am Main/New York: Campus.

Bommes, Michael (2007): Kommunen und nachholende Integrationspolitik - Handlungsperspektiven und Handlungsspielräume. In: Bade, Klaus Jürgen/Hiesserich, Hans-Georg (Hrsg.): Nachholende Integrationspolitik und Gestaltungsperspektiven der Integrationspraxis. [Beiträge der Akademie für Migration und Integration] (97–117). Göttingen: V & R Unipress.

Bommes, Michael (2009): Die Rolle der Kommunen in der bundesdeutschen Migrations- und Integrationspolitik. In: Gesemann, Frank/Roth, Roland (Hrsg.): Lokale Integrationspolitik in der Einwanderungsgesellschaft. Migration und Integration als Herausforderung von Kommunen (89–109). Wiesbaden: VS Verlag.

Bosch, Nicole/Peucker, Mario (2006): Raxen National Report: Data Collection Report 2005. European Racism and Xenophobia Information Network. National Focal Point for Germany. Bamberg: europäisches forum für migrationsstudien (efms). http://www.efms.uni-bamberg.de/pdf/DE_2005_NDCR.pdf (zuletzt geprüft am: 12. Nov. 2012).

Bosswick, Wolfgang/Bronnenmeyer, Veit/Heckmann, Friedrich (2001): Integrationsmaßnahmen der Wohlfahrtsverbände. Gutachten für die Unabhängige Kommission „Zuwanderung". Bamberg: europäisches forum für migrationsstudien (efms).

Bothfeld, Silke (2005): Vom Erziehungsurlaub zur Elternzeit. Politisches Lernen im Reformprozess. Frankfurt am Main: Campus.

Bozay, Kemal (2008): Kulturkampf von Rechts – Das Dilemma der Kölner Moscheedebatte. In: Häusler, Alexander (Hrsg.): Rechtspopulismus als "Bürgerbewegung". Kampagnen gegen Islam und Moscheebau und kommunale Gegenstrategien (198–212). Wiesbaden: VS Verlag.

Brettfeld, Katrin/Wetzels, Peter (2007): Muslime in Deutschland. Integration, Integrationsbarrieren, Religion und Einstellungen zu Demokratie, Rechtsstaat und politisch-religiös motivierter Gewalt. Ergebnisse von Befragungen im Rahmen einer multizentrischen Studie in städtischen Lebensräumen. Berlin: Bundesministerium des Inneren.

Breuer, Franz/Dieris, Barbara/Lettau, Antje (2009): Reflexive Grounded Theory. Eine Einführung für die Forschungspraxis. Wiesbaden: VS Verlag.

Brunn, Christine (2006): Moscheebau-Konflikte in Deutschland. Eine räumlich-semantische Analyse auf der Grundlage der Theorie der Produktion des Raumes von Henri Lefebvre. Berlin: wvb Verlag.

Bryant, Antony/Charmaz, Kathy (2007a): Grounded Theory in Historical Perspective: An Epistemological Account. In: Bryant, Antony/Charmaz, Kathy (Hrsg.): The SAGE Handbook of Grounded Theory (33–57). London: Sage.

Bryant, Antony/Charmaz, Kathy (Hrsg.) (2007b): The SAGE Handbook of Grounded Theory. London: Sage.

Buijs, Frank (1998): Een moskee in de wijk. De vestiging van de Kocatepe moskee in Rotterdam-Zuid. Amsterdam: Het Spinhuis.

Bukow, Wolf-Dietrich (2009): Verständigung über ein religiös-pluralistisches Zusammenleben am Beispiel des Moscheebaus an Rhein und Ruhr. In: Tanner, Mathias (Hrsg.): Streit um das Minarett. Zusammenleben in der religiös pluralistischen Gesellschaft. [Beiträge zu einer Theologie der Religionen] (189–223). Zürich: TVZ.

Bulletin des Presse- und Informationsamtes der Bundesregierung (1973): Pressemitteilung der Bundesregierung zum Anwerbestopp vom 27. Nov. 1973: "Maßnahmen zur Eindämmung der Ausländerbeschäftigung". Bonn.

Bundesamt für Verfassungsschutz (2011): Verfassungsschutzbericht 2010. Berlin: Bundesministerium des Innern.

Bundesregierung (2007): Der Nationale Integrationsplan. Neue Wege – Neue Chancen. Berlin. http://www.bundesregierung.de/Content/DE/Publikation/IB/nationaler-integrationsplan.pdf?__blob=publicationFile&v=3 (zuletzt geprüft am: 12. Nov. 2012).

235

Bundesverfassungsgericht/Pressestelle (2008): Bezeichnung als "Dummschwätzer" nicht zwingend eine Beleidigung. Pressemitteilung Nr. 110/2008 vom 30. Dezember 2008. Beschluss vom 5. Dez. 2008 – 1 BvR 1318/07. http://www.bverfg.de/pressemitteilungen/bvg08-110.html (zuletzt geprüft am: 29. Dez. 2012).

Burger, Reiner (2011): Der beschädigte Neubau. *Frankfurter Allgemeine Zeitung*, Ausgabe vom 2.11.2011.

Burton, Paul (2006): Modernising the Policy Process. Making Policy Research More Significant? *Policy Studies, 27* (3), 173–195.

Butterwegge, Christoph (1999): Fundamentalismus und Gewalt als Grundmuster der Weltpolitik? Zur Kritik an Samuel P. Huntingtons These vom "Kampf der Kulturen". In: Bukow, Wolf-Dietrich/Ottersbach, Markus (Hrsg.): Fundamentalismusverdacht. Plädoyer für eine Neuorientierung der Forschung im Umgang mit allochthonen Jugendlichen (36–49). Opladen: Leske + Budrich.

Butterwegge, Christoph (2008): Politische Kommunikation und rechtsextreme Einstellungen am Beispiel medialer Diskurse über Zuwanderung und die demografische Entwicklung. Vortrag bei der Tagung "Der Ton macht Musik - Die Rolle politischer Kommunikation im Kontext rechtsextremer Einstellungen" am. 5. März 2008 i. d. Friedrich-Ebert Stiftung. Berlin. http://www.fes-gegen-rechtsextremismus.de/pdf_08/080305_butterwegge.pdf (zuletzt geprüft am: 12. Nov. 2012).

Buttle, Frederick/Flinn, William (1978): The Politics of Environmental Concern. *Environmental Behavior, 10* (1), 17–36.

Cesari, Jocelyne (2005a): Mosque Conflicts in European Cities: Introduction. *Journal of Ethnic and Migration Studies, 31* (6), 1015–1024.

Cesari, Jocelyne (2005b): Mosques in French Cities: Towards the End of a Conflict? *Journal of Ethnic and Migration Studies, 31* (6), 1025–1043.

Ceylan, Rauf (2006): Ethnische Kolonien. Entstehung, Funktion und Wandel am Beispiel türkischer Moscheen und Cafés. Wiesbaden: VS Verlag.

Charmaz, Kathy (1990): Discovering Chronic Illness. Using Grounded Theory. *Social Science and Medicine, 30* (11), 1161–1172.

Charmaz, Kathy (2000): Grounded Theory: Objectivist and Constructivist Methods. In: Denzin, Norman K./Lincoln, Yvonna (Hrsg.): Handbook of Qualitative Research (509–535). Thousand Oaks, California: Sage.

Charmaz, Kathy (2003): Grounded Theory: Objectivist and Constructivist Methods. In: Denzin, Norman K./Lincoln, Yvonna (Hrsg.): Strategies of Qualitative Inquiry (249–291). Thousand Oaks, California: Sage.

Charmaz, Kathy (2006): Constructing Grounded Theory. A Practical Guide through Qualitative Analysis. Los Angeles, California: Sage.

Charmaz, Kathy (2008a): Grounded Theory as an Emergent Method. In: Hesse-Biber, Sharlene Nagy/Leavy Patricia (Hrsg.): Handbook of Emergent Methods (155–170). New York: Guilford Press.

Charmaz, Kathy (2008b): The Legacy of Anselm Strauss in Constructivist Grounded Theory. *Studies in Symbolic Interaction, 32* (Part II), 127–141.

Charmaz, Kathy (2009): Constructing Grounded Theory. A Practical Guide through Qualitative Analysis. Los Angeles, California: Sage.

Club Helvétique (2009): Bieler Erklärung vom 19.12.2009. http://www.clubhelvetique.ch/pdf-dokumente/CH_09-12-20_Bieler_Erklaerung.pdf (zuletzt geprüft am: 1. Dez. 2011). Archived by WebCit® at: http://www.webcitation.org/6AZRjmJHe.

Cobb, Roger (1973): The Belief Systems Perspective. An Assessment of a Framework. *Journal of Politics, 35* (1), 121–153.

Collin, Finn (2008): Konstruktivismus für Einsteiger. [*UTB Philosophie, Soziologie*]. Paderborn: Fink.

Corbin, Juliet/Strauss, Anselm (2008): Basics of Qualitative Research. Techniques and Procedures for Developing Grounded Theory. (3). Los Angeles, California: Sage.

Crandall, Robert/Lave, Lester (Hrsg.) (1981): The Scientific Basis of Health and Safety Regulation. [*Studies in the Regulation of Economic Activity*]. Washington, DC: Brookings Institution Press.

Cronholm, Stefan (2005): Multi-Grounded Theory in Practice – a Review of Experiences from Use. Presented at Qualitative Research in IT (QUALIT 2005, 23.-25. Nov.). Brisbane, Australia.

Der Runde Tisch Grimmelsiepen (2004): Der Runde Tisch Grimmelsiepen. Für einen offenen Dialog zur Förderung der guten Nachbarschaft in Hörde. [1. Flyer]. http://www.nachbarschaft-dortmund.de/pdf/flyer%20grimmelsiepen%2004.pdf (zuletzt geprüft am: 29. Aug. 2012). Archived by WebCit® at: http://www.webcitation.org/6AZRrKFJI.

Der Runde Tisch Grimmelsiepen (2005): Der Runde Tisch Grimmelsiepen. Für einen offenen Dialog zur Förderung der guten Nachbarschaft in Hörde. [2. Flyer]. http://www.nachbarschaft-dortmund.de/pdf/flyer%20grimmelsiepen%20405.pdf (zuletzt geprüft am: 29. Aug. 2012). Archived by WebCit® at: http://www.webcitation.org/6AZRwcWS9.

Der Runde Tisch Grimmelsiepen (2008): Runder Tisch Grimmelsiepen für Vielfalt und gute Nachbarschaft in Hörde. [3. Flyer]. http://www.nachbarschaft-dortmund.de/pdf/10_Flyer_RT_ohne_Rand.pdf (zuletzt geprüft am: 29. Aug. 2012). Archived by WebCit® at: http://www.webcitation.org/6AZS0sD0J.

Der Runde Tisch Grimmelsiepen (2010): Brücken bauen zwischen den Kulturen. Runder Tisch Grimmelsiepen. [4. Flyer]. http://www.nachbarschaft-dortmund.de/pdf/GrimmelsiepenFlyer2010.pdf (zuletzt geprüft am: 29. Aug. 2012). Archived by WebCit® at: http://www.webcitation.org/6AZSCySi6.

Dey, Ian (2007): Grounding Categories. In: Bryant, Antony/Charmaz, Kathy (Hrsg.): The SAGE Handbook of Grounded Theory (167–190). London: Sage.

Dortmunder Kontaktgruppe der Kirchen mit Moscheevereinen (2002): Moscheen in Dortmund. Dortmund: Stadt Dortmund.

Drucksache Nr. 00608-04 (2004): Tagesordnungspunkt "Aufstellung des vorhabenbezogenen Bebauungsplanes Hö 257 - Am Grimmelsiepen", *Vorlage zur Sitzung des Dortmunder Stadtrats am 03.02.2005*.

Drucksache Nr.: 04536-06 (2006): Tagesordnungspunkt "Bauleitplanung Hö 257 - Am Grimmelsiepen", *Vorlage zur Sitzung des Dortmunder Stadtrats am 30.03.2006*.

Drucksache Nr. 04672-06 (2006): Tagesordnungspunkt "Abschluss eines Optionsvertrages zwischen der Stadt Dortmund und dem Türkisch-Islamischen Kulturverein Dortmund-Hörde zum Baugebiet 'Grimmelsiepen'", *Vorlage zur Sitzung des Dortmunder Stadtrats am 30.03.2006*.

Drucksache Nr.: 06129-06 (2006): Tagesordnungspunkt "Masterplan Integration - Ergebnisse der Auftaktveranstaltung am 02. Juni 2006 und weiteres Vorgehen", *Vorlage zur Sitzung des Dortmunder Stadtrats am 24.07.2006*.

Drucksache Nr. 13270-08/Anlage 1 (2008): Elemente des Masterplan Integration der Stadt Dortmund, *Vorlage zur Sitzung des Dortmunder Stadtrats am 26.02.2009*.

Drucksache 13758-09 Anlage (2008): Einspruch gegen "Aufstellung des Bebauungsplanes Hö 257 - Grimmelsiepen -". Schriftliche Stellungname eines Dortmunder Bürgers. Veröffentlicht als Anlage zur Drucksache 13758-09.

Drucksache Nr. 13758-09 (2009): Tagesordnungspunkt "Aufstellung des Bebauungsplans Hö 257 - Grimmelsiepen -", *Vorlage zur Sitzung des Dortmunder Stadtrats am 26.02.2009*.

Dubet, François/Lapeyronnie, Didier (1994): Im Aus der Vorstädte. Der Zerfall der demokratischen Gesellschaft. Stuttgart: Klett-Cotta.

Dunn, Kevin (2001): Representations of Islam in the Politics of Mosque Development in Sydney. *Tijdschrift voor economische en sociale geografie, 92* (3), 291–308.

Eade, John (1996): Nationalism, Community, and the Islamization of Space in London. In: Metcalf, Barbara Daly (Hrsg.): Making Muslim Space in North America and Europe (217–233). Berkeley, California: University of California Press.

Eberg, Jan (1997): Waste Policy and Learning. Policy Dynamics of Waste Management and Waste Incineration in the Netherlands and Bavaria. Delft: Eburon.

Eco, Umberto (1999): Vier moralische Schriften. München: DTV.

Ellerbrock, Karl-Peter (2006): Die Geschichte des "Phoenix" in Hörde. Mythos Kohle & Stahl. Münster: Aschendorff.

Erb, Sebastian (2012): Die Rosinen aus der Fusion gepickt. NPD muss DVU-Schulden nicht bezahlen. *die tageszeitung,* Ausgabe vom vom 16.8.2012.
http://www.taz.de/!99790/ (zuletzt geprüft am: 29. Okt. 2012).

Erlanger, Steven (2009): Swiss Ban Building of Minarets on Mosques. *New York Times,* Ausgabe vom 29.11.2009.
http://www.nytimes.com/2009/11/30/world/europe/30swiss.html (zuletzt geprüft am: 28. Juli 2013).

Esser, Frank/Reinemann, Carsten/Fan, David (2001): Spin Doctors in the United States, Great Britain, and Germany: Metacommunication about Media Manipulation. *The Harvard International Journal of Press/Politics, 6* (1), 16–45.

Evangelischer Kirchenkreis Dortmund-Süd (2004): Begegnung fördern. Für eine gute Nachbarschaft von Christen und Muslimen im Dortmunder Süden. Dortmund: Evangelische Kirche in Dortmund und Lünen.
http://www.vkk.org/groups/4/uploads/pdf-dokumente/kksued/Grimmelsiepen.pdf (zuletzt geprüft am: 26. Nov. 2012).
Archived by WebCit® at: http://www.webcitation.org/6CSm8Seub.

Fehling, Michael (2001): Verwaltung zwischen Unparteilichkeit und Gestaltungsaufgabe. Tübingen: Mohr Siebeck.

Fenger, Menno/Klok, Pieter-Jan (2001): Interdependency, Beliefs, and Coalition Behavior. A Contribution to the Advocacy Coalition Framework. *Policy Sciences, 34* (2), 157–170.

Feser, Andreas (2003): Vermögensmacht und Medieneinfluss. Parteieigene Unternehmen und die Chancengleichheit der Parteien. Norderstedt: Books on Demand.

Fetzer, Joel/Soper, Christopher (2005): Muslims and the State in Britain, France, and Germany. Cambridge, England/New York: Cambridge University Press.

Filsinger, Dieter (1992): Ausländer im kommunalen Handlungskontext. Eine empirische Fallstudie zur Bearbeitung des "Ausländerproblems". *[Beiträge zur Migrationsforschung].* Berlin: VWB.

Filsinger, Dieter (1998): Kommunale Gesamtkonzepte zur Integration ausländischer Kinder und Jugendlicher. Expertise im Rahmen des Aktionsprogrammes "Integration junger Ausländerinnen und Ausländer" des Bundesministeriums für Familie, Senioren, Frauen und Jugend. München: Deutsches Jugendinstitut.

Filsinger, Dieter (2000): Kommentierte Bibliographie. Kommunale Integration ausländischer Kinder und Jugendlicher. München: Deutsches Jugendinstitut.
http://www.dji.de/bibs/55_1019_bibliographie.pdf (zuletzt geprüft am: 3. Sept. 2012).

Filsinger, Dieter (2009): Entwicklung, Konzepte und Strategien der kommunalen Integrationspolitik. In: Gesemann, Frank/Roth, Roland (Hrsg.): Lokale Integrationspolitik in der Einwanderungsgesellschaft. Migration und Integration als Herausforderung von Kommunen (279–296). Wiesbaden: VS Verlag.

Filsinger, Dieter/Hamburger, Franz/Neubert, Dieter (1982): Kommunale Ausländerarbeit: Sozialarbeit unter staatlichen und administrativen Zwängen. *Neue Praxis, 12* (2), 136–159.

Filtzinger, Otto/Häring, Dieter (1993): Entstehung, Entwicklung und Struktur der Ausländersozialberatung. In: Filtzinger, Otto/Häring, Dieter (Hrsg.): Von der Ausländersozialberatung zu sozialen Diensten für Migranten (10–20). Freiburg im Breisgau: Lambertus.

Fischer, Frank (2003): Reframing Public Policy. Discursive Politics and Deliberative Practices. Oxford: Oxford University Press.

Fishbein, Martin/Ajzen, Icek (1975): Belief, Attitude, Intention, and Behavior: An Introduction to Theory and Research. Reading, Massachusetts: Addison-Wesley.

Fix, Michael/McHugh, Margie/Terrazas, Aaron Matteo/Laglagaron, Laureen (2008): Los Angeles on the Leading Edge. Immigrant Integration Indicators and their Policy Implications. Washington, DC: Migration Policy Institute.

Flick, Uwe (2005): Konstruktivismus. In: Flick, Uwe (Hrsg.): Qualitative Forschung. Ein Handbuch. [Rowohlts Enzyklopädie] (2. Auflage, 150–164). Reinbek bei Hamburg: Rowohlt Taschenbuch Verlag.

FOKUS - Forschungsgruppe Kommunikation und Sozialanalysen (1994): Ausländerbeiräte in Nordrhein-Westfalen: Situationsanalyse und Perspektiven für ihre zukünftige Arbeit. Im Auftrag des Ministeriums für Arbeit, Gesundheit und Soziales. Düsseldorf: Ministerium für Arbeit, Gesundheit und Soziales des Landes Nordrhein-Westfalen.

Foroutan, Naika (2011): Sarrazins Thesen auf dem Prüfstand. Eine empirische Widerlegung zentraler Thesen Thilo Sarrazins mit Bezug auf Muslime in Deutschland. Berlin: Humboldt-Universität zu Berlin.

Frangenberg, Helmut (2002): Moschee möglichst in der City. Kölnische Rundschau, Ausgabe vom 1.10.2002.

Frégosi, Franck (2001): 'Droit de cité' de l'islam et politiques municipales: analyse comparée entre Strasbourg et Mulhouse. In: Frégosi, Franck/Willaime, Jean-Paul (Hrsg.): Le religieux dans la commune. Les régulations locales du pluralisme religieux en France (92–137). Genève: Labor et Fides.

Frommeyer, Petra (1997): Ordnungsamt sind Hände gebunden. Ruhr Nachrichten, Ausgabe f. Dortmund vom 19.9.1997.

Gailus, Manfred/Lindenberger Thomas (1994): Zwanzig Jahre "moralische Ökonomie". Ein sozialhistorisches Konzept ist volljährig geworden. Geschichte und Gesellschaft: Zeitschrift für historische Sozialwissenschaft, 20 (3), 469–477.

Galembert, Claire de (2003): Die öffentliche Islampolitik in Frankreich und Deutschland: Divergenzen und Konvergenzen. In: Escudier, Alexandre (Hrsg.): Der Islam in Europa. Der Umgang mit dem Islam in Frankreich und Deutschland. [Genshagener Gespräche] (46–66). Göttingen: Wallstein.

Galembert, Claire de (2005): The City's 'Nod of Approval' for the Mantes-la-Jolie Mosque Project. Mistaken Traces of Recognition. Journal of Ethnic and Migration Studies, 31 (6), 1141–1159.

Gale, Richard (2005): Representing the City. Mosques and the Planning Process in Birmingham. Journal of Ethnic and Migration Studies, 31 (6), 1161–1179.

Gallup (2009): Gallup Coexist Index 2009: A Global Study of Interfaith Relations. With an in-depth Analysis of Muslim Integration in France, Germany and the United Kingdon. Washington, DC: Gallup.

Gaudernack, Dorothea (2011): Muslimische Kultstätten im öffentlichen Baurecht. Der Bau von Moscheen im Spannungsfeld von Religionsfreiheit und einfachem Recht. Berlin: Duncker & Humblot.

Geertz, Clifford (1973): The Interpretation of Cultures. New York: Basic Books.

Geertz, Clifford (1987): Dichte Beschreibung. Beiträge zum Verstehen kultureller Systeme. [Suhrkamp-Taschenbuch Wissenschaft]. Frankfurt am Main: Suhrkamp.

Geisser, Vincent (2003): La nouvelle islamophobie. [sur le vif]. Paris: La Découverte.

Geißler, Rainer (2006): Die Sozialstruktur Deutschlands. Zur gesellschaftlichen Entwicklung mit einer Bilanz zur Vereinigung. (4., überarbeitete und aktualisierte Auflage). Wiesbaden: VS Verlag.

Geißler, Rainer/Meyer, Thomas (2011): Struktur und Entwicklung der Bevölkerung. In: Geißler, Rainer (Hrsg.): Die Sozialstruktur Deutschlands. Zur gesellschaftlichen Entwicklung mit einer Bilanz zur Vereinigung (6., durchgesehene Auflage, 41–67). Wiesbaden: VS Verlag.

Geißler, Rainer/Pöttker, Horst (Hrsg.) (2010): Medien und Integration in Nordamerika. Erfahrungen aus den Einwanderungsländern Kanada und USA. [Medienumbrüche]. Bielefeld: Transcript.

Geißler, René (2011): Kommunale Haushaltskonsolidierung: Einflussfaktoren lokaler Konsolidierungspolitik. Wiesbaden: VS Verlag.

Gerdes, Dirk (Hrsg.) (1978): Explorative Sozialforschung. Einführende Beiträge aus "Natural Sociology" und Feldforschung in den USA. Stuttgart: Enke.

Gerholm, Tomas/Lithman, Yngve Georg (1988): Introduction. In: Gerholm, Tomas/Lithman, Yngve Georg (Hrsg.): The New Islamic Presence in Western Europe (1–6). London/New York: Mansell.

Gerling, Vera (2001): Soziale Dienste für zugewanderte Senioreninnen. Erfahrungen aus Deutschland und Großbritannien und ein Vergleich kommunaler Praxis der Partnerstädte Dortmund und Leeds. Dortmund: Books on Demand.

Gesemann, Frank (Hrsg.) (2001): Migration und Integration in Berlin. Wissenschaftliche Analysen und politische Perspektiven. Opladen: Leske + Budrich.

Gesemann, Frank (2010): Zur Integrationsforschung in Deutschland. Komparative Darstellung ausgewählter Ansätze und Methoden. [Islam und Gesellschaft]. Berlin: Friedrich-Ebert-Stiftung.

Gesemann, Frank/Roth, Roland (Hrsg.) (2009): Lokale Integrationspolitik in der Einwanderungsgesellschaft. Migration und Integration als Herausforderung von Kommunen. Wiesbaden: VS Verlag.

Gesemann, Frank/Roth, Roland/Aumüller, Jutta (2012): Stand der kommunalen Integrationspolitik in Deutschland. Studie erstellt für das Bundesministerium für Verkehr, Bau und Stadtentwicklung und die Beauftragte der Bundesregierung für Migration, Flüchtlinge und Integration. Berlin: Bundesministerium für Verkehr, Bau und Stadtentwicklung.

Glaser, Barney (1978): Theoretical Sensitivity. Advances in the Methodology of Grounded Theory. Mill Valley, California: Sociology Press.

Glaser, Barney (1992): Emergence vs. Forcing. Basics of Grounded Theory Analysis. Mill Valley, California: Sociology Press.

Glaser, Barney/Strauss, Anselm (1967): The Discovery of Grounded Theory. Strategies for Qualitative Research. New York: Aldine.

Gneiße, Harald (1986): Ausländer in Dortmund. [Dortmunder Statistik]. Dortmund: Amt für Statistik und Wahlen.

Goldkuhl, Göran/Cronholm, Stefan (2010): Adding Theoretical Grounding to Grounded Theory: Toward Multi-Grounded Theory. International Journal of Qualitative Methods, 9 (2), 188–205.

Gohsmann, Katja (2009): Erstes Minarett ragt in den Dortmunder Himmel. Westfalenpost, Ausgabe vom 7.8.2009.
http://www.derwesten.de/wp/wp-info/erstes-minarett-ragt-in-den-dortmunder-himmel-id67680.html (zuletzt geprüft am: 3. Sept. 2012).

Grau, Andreas/Heitmeyer, Wilhelm (Hrsg.) (2013): Menschenfeindlichkeit in Städten und Gemeinden. [Konflikt- und Gewaltforschung]. Weinheim: Beltz Juventa.

Grillo, Ralph (1985): Ideologies and Institutions in Urban France. The Representation of Immigrants. Cambridge: Cambridge University Press.

Groenemeyer, Axel/Hohage, Christoph/Ratzka, Melanie (2012): Die Politik sozialer Probleme. In: Albrecht, Günter/Groenemeyer, Axel (Hrsg.): Handbuch soziale Probleme (117–191). Wiesbaden: Springer VS.

Gussone, Martin (2010): Die Moschee im Wünsdorfer 'Halbmondlager' zwischen Ğihād-Propaganda und Orientalismus. In: Ritter, Markus/Korn, Lorenz (Hrsg.): Beiträge zur islamischen Kunst und Archäologie. Jahrbuch der Ernst-Herzfeld-Gesellschaft e.V. Band 2 (204–224). Wiesbaden: Reichert.

Habermas, Jürgen (1995): Theorie des kommunikativen Handelns. Frankfurt am Main: Suhrkamp.

Hafez, Farid (Hrsg.) (2010): Islamophober Populismus. Moschee- und Minarettbauverbote österreichischer Parlamentsparteien. Wiesbaden: VS Verlag.

Hagedorn, Heike (2001): Bilanz der Einwanderungspolitik in Deutschland und Frankreich. In: Hunger, Uwe (Hrsg.): Migration in erklärten und "unerklärten" Einwanderungsländern. Analyse und Vergleich (37–64). Münster: Lit Verlag.

Hajer, Maarten (1995): The Politics of Environmental Discourse. Ecological Modernization and the Policy Process. Oxford: Clarendon Press.

Haller, Michael/Niggeschmidt, Martin (2012): Der Mythos vom Niedergang der Intelligenz. Von Galton zu Sarrazin: Die Denkmuster und Denkfehler der Eugenik. Wiesbaden: VS Verlag.

Halm, Dirk/Sauer, Martina/Schmidt, Jana/Stichs, Anja (2012): Islamisches Gemeindeleben in Deutschland. Forschungsbericht 13. Nürnberg: Bundesamt für Migration und Flüchtlinge.

Hanf, Kenneth/Hjern, Benny/Porter, David (1978): Implementationsstrukturen für Fortbildungs- und Umschulungsmaßnahmen in der Bundesrepublik und Schweden. Berlin: International Institute of Management.

Han, Petrus (2000): Soziologie der Migration. Erklärungsmodelle, Fakten, politische Konsequenzen, Perspektiven. Stuttgart: Lucius & Lucius.

Hanson, Norwood Russell (1958): Patterns of Discovery. An Inquiry into the Conceptual Foundations of Science. Cambridge: Cambridge University Press.

Haselmann, Sigrid (2007): Systemische Beratung und der systemische Ansatz in der Sozialen Arbeit. In: Michel-Schwartze, Brigitta (Hrsg.): Methodenbuch Soziale Arbeit. Basiswissen für die Praxis (155–206). Wiesbaden: VS Verlag.

Haug, Sonja/Müssig, Stephanie/Stichs, Anja (2009): Muslimisches Leben in Deutschland. Nürnberg: Bundesamt für Migration und Flüchtlinge.

Häusler, Alexander (Hrsg.) (2008): Rechtspopulismus als "Bürgerbewegung". Kampagnen gegen Islam und Moscheebau und kommunale Gegenstrategien. Wiesbaden: VS Verlag.

Heclo, Hugh (1978): Issue Networks and the Executive Establishment. In: King, Anthony (Hrsg.): The New American Political System (87–124). Washington, DC: American Enterprise Institute.

Hein, Stefan (2007): Akzeptanz für Moschee fehlt. Betr. Grimmelsiepen [Leserbrief]. Westfälische Rundschau, Ausgabe f. Dortmund vom 31.7.2007.

Heitmeyer, Wilhelm (1999): Versagt die Integrationsmaschine Stadt? Zum Problem der ethnisch-kulturellen Segregation und ihrer Konfliktfolgen. In: Heitmeyer, Wilhelm/Dollase, Rainer/Backes, Otto (Hrsg.): Die Krise der Städte. Analysen zu den Folgen desintegrativer Stadtentwicklung für das ethnisch-kulturelle Zusammenleben. [*Edition Suhrkamp Kultur und Konflikt*] (443–465). Frankfurt am Main: Suhrkamp.

Heitmeyer, Wilhelm (2011): Deutsche Zustände. Folge 10. Frankfurt am Main: Suhrkamp.

Hengstenberg, Frank (2003): Bau einer Moschee in Dortmund-Hörde, Am Grimmelsiepen. Schreiben des CDU-Fraktionsvorsitzenden vom 21.11.2003. Dokument zu Forschungszwecken zur Verfügung gestellt von Marlies Haarmann, Dortmund.

Heritier, Adrienne (Hrsg.) (1993): Policy-Analyse. Kritik und Neuorientierung. Opladen: Westdeutscher Verlag.

Hipp, Dietmar (2008): "Dummschwätzer" muss nicht strafbar sein. *Spiegel Online* vom 30.12.2008. http://www.spiegel.de/panorama/justiz/verfassungsgericht-dummschwaetzer-muss-nicht-strafbar-sein-a-598905.html (zuletzt geprüft am: 10. Dez. 2012).

Hirschl, Bernd (2008): Erneuerbare Energien-Politik. Eine Multi-Level Policy-Analyse mit Fokus auf den deutschen Strommarkt. Wiesbaden: VS Verlag

Hjern, Benny/Hanf, Kenneth/Porter, David (1978): Local Networks of Manpower Training in Federal Republic of Germany and Sweden. In: Hanf, Kenneth/Scharpf, Fritz Wilhelm (Hrsg.): Interorganizational Policy Making. Limits to Coordination and Central Control (303–344). London: Sage.

Hjern, Benny/Porter, David (1981): Implementation Structures: A New Unit of Administrative Analysis. *Organization Studies, 2* (3), 211–227.

Höfert, Almut (2010): Alteritätsdiskurse: Analyseparameter historischer Antagonismusnarrative und ihre historiographischen Folgen. In: Haug-Moritz, Gabriele/Pelizaeus, Ludolf (Hrsg.): Repräsentationen der islamischen Welt im Europa der Frühen Neuzeit (21–40). Münster: Aschendorff.

Högl, Günther/Schilp, Thomas (Hrsg.) (1990): Hörde. Beiträge zur Stadtgeschichte. 650 Jahre Stadtrechte Hörde (1340 - 1990). Dortmund: Wittmaack.

Hohmann, René Peter (2007): Konflikte um Moscheen in Deutschland. Eine Fallstudie zum Moscheebauprojekt in Schlüchtern (Hessen). Saarbrücken: VDM.

Hollstein, Betina/Pfeffer, Jürgen (2010): Netzwerkkarten als Instrument zur Erhebung egozentrierter Netzwerke. In: Elsner, Margrit/Giesecke, Dana/Kursawe, Kathy/Soeffner, Hans-Georg (Hrsg.): Unsichere Zeiten. Herausforderungen gesellschaftlicher Transformationen. Verhandlungen des 34. Kongresses der Deutschen Gesellschaft für Soziologie in Jena 2008. (1–13). Wiesbaden: VS Verlag.

Holstein, James (Hrsg.) (2007): Handbook of Constructionist Research. New York: Guilford Publications.

Holtmann, Everhard (2005): Die deutsche Tradition und das politische System der Gegenwart. In: Gabriel, Oscar W./Holtmann, Everhard (Hrsg.): Handbuch Politisches System der Bundesrepublik Deutschland (3. Auflage, 3–42). München: R. Oldenbourg.

Hopf, Christel (2005): Qualitative Interviews - ein Überblick. In: Flick, Uwe (Hrsg.): Qualitative Forschung. Ein Handbuch. [Rowohlts Enzyklopädie] (2. Auflage, 349–360). Reinbek bei Hamburg: Rowohlt Taschenbuch Verlag.

Hopf, Christel/Weingarten, Elmar (Hrsg.) (1979): Qualitative Sozialforschung. Stuttgart: Klett-Cotta.

Hunger, Uwe/Candan, Menderes (2009): Politische Partizipation der Migranten in der Bundesrepublik Deutschland und über die deutschen Grenzen hinweg. Expertise im Auftrag des Bundesamts für Migration und Flüchtlinge (BAMF). Münster.
http://www.bamf.de/SharedDocs/Anlagen/DE/Publikationen/Expertisen/politische-partizipation.pdf?__blob=publicationFile (zuletzt geprüft am: 25. Sept. 2012).

Huntington, Samuel (1993): The Clash of Civilizations? Foreign Affairs, 72 (3), 22–49.

Huntington, Samuel (1996): The Clash of Civilizations and the Remaking of World Order. New York: Touchstone.

Huntington, Samuel (1998): Kampf der Kulturen. Die Neugestaltung der Weltpolitik im 21. Jahrhundert. (6). München: Siedler.

Hüttermann, Jörg (2006a): Das Minarett. Zur politischen Kultur des Konflikts um islamische Symbole. [Konflikt- und Gewaltforschung]. Weinheim: Juventa.

Hüttermann, Jörg (2006b): Islamische Symbole und 'avancierende Fremde': Konfliktkommunikation in Stadt und Gesellschaft. In: Saldern, Adelheid von (Hrsg.): Stadt und Kommunikation in bundesrepublikanischen Umbruchszeiten (285–303). Stuttgart: Steiner.

IMAG in Dortmund (2008): Entwicklung der Integration mit aufrechtem Gang in Dortmund - eine Chronologie. In: IMAG in Dortmund (Hrsg.): Perspektiven der Integration. Neue Impulse durch mehr Dialog. Dokumentation der 3. Dortmunder Integrationskonferenz (37–38). Dortmund.

Institut für interdisziplinäre Konflikt- und Gewaltforschung (2011): Islamfeindlichkeit.
http://www.uni-bielefeld.de/ikg/projekte/GMF/Islamfeindlichkeit.html (zuletzt geprüft am: 1. Dez. 2011).

International Crisis Group (2005): Understanding Islamism. Middle East/North Africa Report N°37. 02. März 2005.
http://www.crisisgroup.org/~/media/Files/Middle%20East%20North%20Africa/North%20Africa/Understanding%20Islamism.pdf (zuletzt geprüft am: 1. Dez. 2011).

Jamin, Mathilde (1999): Fremde Heimat. Zur Geschichte der Arbeitsmigration aus der Türkei. In: Motte, Jan/Ohliger, Rainer/Oswald, Anne von (Hrsg.): 50 Jahre Bundesrepublik - 50 Jahre Einwanderung. Nachkriegsgeschichte als Migrationsgeschichte (145–164). Frankfurt am Main: Campus.

Jansen, Frank (2010): Deutschland ist Anschlagsziel. Tagesspiegel, Ausgabe vom 5.9.2010.
http://www.tagesspiegel.de/politik/deutschland-ist-anschlagsziel/1919450.html (zuletzt geprüft am: 24. Juli 2013).

Jansen, Frank (2011): Fusion von DVU und NPD ist rechtlich unwirksam. Die Zeit, Ausgabe vom 27.1.2011.
http://www.zeit.de/politik/deutschland/2011-01/DVU-NPD-fusion-unwirksam (zuletzt geprüft am: 5. Nov. 2012).

Jansen, Klaus (2003): Streit um Modellprojekt. die tageszeitung, Ausgabe vom 20.3.2003.

Jenichen, Anne (2012): Politische Innovation in internationalisierten Nachkriegskontexten. Bosnische Frauenrechtspolitik in vergleichender Perspektive. Wiesbaden: VS Verlag.

Jenkins-Smith, Hank (1990): Democratic Politics and Policy Analysis. Pacific Grove: Brooks.

John, Peter (1998): Analysing Public Policy. [*Critical Political Studies*]. London/New York: Pinter.

Jong, Peter de/Berg, Insoo Kim (2008): Lösungen (er)finden. Das Werkstattbuch der lösungsorientierten Kurztherapie. (6). Dortmund: Modernes Lernen.

Jonker, Gerdien (2005): The Mevlana Mosque in Berlin-Kreuzberg: An Unsolved Conflict. *Journal of Ethnic and Migration Studies, 31* (6), 1067–1081.

Jost, Jannis/Hansen, Stefan (2011): Islamismus in der "Islamischen Gemeinschaft Milli Görüş". [*Kieler Analysen zur Sicherheitspolitik*]. Kiel: ISPK.

Kahane, Anetta (2011): Newsletter der Amadeu Antonio Stiftung. [Sonderausgabe November 2011]. http://www.amadeu-antonio-stiftung.de/newsletter/sondernewsletter-zur-rassistischen-mordserie/ (zuletzt geprüft am: 3. Sept. 2012).

Kahneman, Daniel/Slovic, Paul/Tversky, Amos (Hrsg.) (1982): Judgment Under Uncertainty. Heuristics and Biases. Cambridge: Cambridge University Press.

Kahn, Robert/Antonucci, Toni (1980): Convoys Over the Life Course. Attachment, Roles, and Social Support. In: Baltes, Paul/Brim, Orville (Hrsg.): Life-Span Development and Behavior (253–286). New York: Academic Press.

Kaminer, Wladimir (2005): Karaoke. München: Goldmann.

Kampmann, Thomas (2004): CDU erhebt "Grimmelsiepen" doch zum Wahlkampf-Thema. *Westfälische Rundschau,* Ausgabe f. Dortmund vom 9.9.2004.

Kampmann, Thomas (2008): Projekt birgt immer noch viel Zündstoff. Verwaltung stellt fest: Türkisch-Islamischer Kulturverein hat Zeitverzögerung nicht verschuldet. *Westfälische Rundschau,* Ausgabe f. Dortmund vom 21.2.2008.

Kampmann, Thomas (2009): Nur vier Minuten für den Muezzin. *Westfälische Rundschau,* Ausgabe f. Dortmund vom 24.2.2009.

Kapphan, Andreas (2004): Symbolische Repräsentation von Zuwanderergruppen im Raum: Zur Analyse von Konflikten um den Bau und die Nutzung von Moscheen. In: Siebel, Walter (Hrsg.): Die europäische Stadt (244–252). Frankfurt am Main: Suhrkamp.

Kaufmann, Franz-Xaver (Hrsg.) (1986): Guidance, Control, and Evaluation in the Public Sector. The Bielefeld Interdisciplinary Project. Berlin: de Gruyter.

Keller, Carsten/Schultheis, Franz (2008): Jugend zwischen Prekariat und Aufruhr: Zur sozialen Frage der Gegenwart. *Swiss Journal of Sociology, 34* (2), 239–260.

Kelle, Udo (1994): Empirisch begründete Theoriebildung. Zur Logik und Methodologie interpretativer Sozialforschung. [*Status Passages and the Life Course*]. Weinheim: Deutscher Studienverlag.

Kelle, Udo (2005): "Emergence" vs. "Forcing" of Empirical Data? A Crucial Problem of "Grounded Theory" Reconsidered. *Forum Qualitative Sozialforschung, 6* (2) http://www.qualitative-research.net/index.php/fqs/article/view/467 (zuletzt geprüft am: 5. Nov. 2012)

Kelle, Udo/Kluge, Susann (2010): Vom Einzelfall zum Typus. Fallvergleich und Fallkontrastierung in der qualitativen Sozialforschung. (2., überarbeitete Auflage.). Wiesbaden: VS Verlag.

Kelman, Steven (1987): Making Public Policy. A Hopeful View of American Government. New York: Basic Books.

KGSt [Kommunale Gemeinschaftsstelle für Verwaltungsvereinfachung] (Hrsg.) (2005): Management kommunaler Integrationspolitik. [*Bericht 7/2005.*]. Köln: KGSt.

KGSt [Kommunale Gemeinschaftsstelle für Verwaltungsvereinfachung] (Hrsg.) (2006): Integrationsmonitoring. [*Materialien 2/2006*]. Köln: KGSt.

Kiefer, Michael (2012): Die DiTiB in der Zuwanderungsgesellschaft - Garant oder Hindernis der Integration?. In: Schneiders, Thorsten Gerald (Hrsg.): Verhärtete Fronten. Der schwere Weg zu einer vernünftigen Islamkritik (209–216). Wiesbaden: VS Verlag.

Kießling, Andreas (2004): Zustand und Perspektiven der CSU. In: Zehetmair, Hans (Hrsg.): Das deutsche Parteiensystem. Perspektiven für das 21. Jahrhundert (87–103). Wiesbaden: VS Verlag.

Killguss, Hans-Peter/Peters, Jürgen/Häusler, Alexander (2008): PRO KÖLN - Entstehung und Aktivitäten. In: Häusler, Alexander (Hrsg.): Rechtspopulismus als "Bürgerbewegung". Kampagnen gegen Islam und Moscheebau und kommunale Gegenstrategien (55–71). Wiesbaden: VS Verlag.

Kingdon, John (1984): Agendas, Alternatives, and Public Policies. Boston: Little Brown.

Klinkhammer, Gritt/Frese, Hans-Ludwig/Satilmis, Ayla/Seibert, Tina (2011): Interreligiöse und interkulturelle Dialoge mit MuslimInnen in Deutschland. Eine quantitative und qualitative Studie. Bremen: Univ. Bremen.

Knorr-Cetina, Karin (1989): Spielarten des Konstruktivismus. Einige Notizen und Anmerkungen. *Soziale Welt, 40* (1/2), 86–96.

Knorr-Cetina, Karin (1993): Strong Constructivism - from a Sociologist's Point of View: A Personal Addendum to Sismondos's Paper. *Social Studies of Science, 23* (3), 555–563.

Knorr-Cetina, Karin (2008): Theoretischer Konstruktivismus. Über die Einnistung von Wissensstrukturen in soziale Strukturen. In: Kalthoff, Herbert/Hirschauer, Stefan/Lindemann, Gesa (Hrsg.): Theoretische Empirie. Zur Relevanz qualitativer Forschung (35–78). Frankfurt am Main: Suhrkamp.

Koller, Christian (2001): Von Wilden aller Rassen niedergemetzelt. Die Diskussion um die Verwendung von Kolonialtruppen in Europa zwischen Rassismus, Kolonial- und Militärpolitik (1914-1930). Stuttgart: Steiner.

Korfmann, Matthias (2003a): Türkisches Bauprojekt soll 14 Mio. kosten. *Westfälische Rundschau,* Ausgabe f. Dortmund vom 11.3.2003.

Korfmann, Matthias (2003b): Türkisches Zentrum: "Aufgabe lösbar". *Westfälische Rundschau,* Ausgabe f. Dortmund vom 26.3.2003.

Korfmann, Matthias (2003c): Schwieriges Werben um mehr Toleranz. *Westfälische Rundschau,* Ausgabe f. Dortmund vom 15.6.2003.

Korfmann, Matthias (2005): Orientierungshilfe für gute Nachbarschaft mit Muslimen. *Westfälische Rundschau,* Ausgabe f. Dortmund vom 19.2.2005.

Korn, Salomon (2010): Zu schwach, um Fremdes zu ertragen? In: Schneiders, Thorsten Gerald (Hrsg.): Islamfeindlichkeit. Wenn die Grenzen der Kritik verschwimmen (2. Auflage, 245–252). Wiesbaden: VS Verlag.

Kortmann, Matthias (2009): Religionsgemeinschaft versus sozial-kulturelle Organisation. Das Selbstverständnis islamischer Organisationen in Deutschland und den Niederlanden. Vortragsmanuskript. [*DVPW-Kongress 2009*]. https://www.dvpw.de/fileadmin/docs/Kongress2009/Paperroom/2009Migration-pKortmann.pdf (zuletzt geprüft am: 4. Sept. 2012).

Kortmann, Matthias (2011): Migrantenselbstorganisationen in der Integrationspolitik. Einwandererverbände als Interessenvertreter in Deutschland und den Niederlanden. Münster/New York/München/Berlin: Waxmann.

Koşan, Ümit (2008): Potenziale und Strukturen der Migrantenselbstorganisationen in Dortmund. Ergebnis einer Bestandsaufnahme. Dortmund: Regionales Bildungsbüro Dortmund. http://www.vmdo.de/Download/Potenziale%20und%20Strukturen_MSO.pdf (zuletzt geprüft am: 23. Sept. 2012).

Kreckel, Reinhard (2004): Politische Soziologie der sozialen Ungleichheit. (3., erweiterte Auflage). Frankfurt am Main/New York: Campus.

Krehbiel, Keith (1992): Information and Legislative Organization. [*Michigan Studies in Political Analysis*]. Ann Arbor: University of Michigan Press.

Kreutz, Michael/Sarhan, Aladdin (2010): Between Religious Freedom and Social Acceptance. The Construction of Mosques in Re-unified Germany. In: Allievi, Stefano (Hrsg.): Mosques in Europe. Why a Solution has become a Problem (89–109). London: Alliance Publishing Trust.

Kriesi, Hanspeter (1991): The Political Opportunity Structure of New Social Movements: Its Impact on Their Mobilization. [*Discussion Papers FS III*]. Berlin: Wissenschaftszentrum Berlin.

Krummacher, Michael/Waltz, Viktoria (1996): Einwanderer in der Kommune. Analysen, Aufgaben und Modelle für eine multikulturelle Stadtpolitik. Essen: Klartext.

Kühne, Peter/Rüßler, Harald (2000): Die Lebensverhältnisse der Flüchtlinge in Deutschland. Frankfurt am Main/New York: Campus.

Lamura, Giovanni (1998): Migration und kommunale Integrationspolitik. Vergleich der Städte Bremen und Bologna. Wiesbaden: DUV.

Landesarchiv Baden-Württemberg, Abt. Staatsarchiv Sigmaringen N 1/78 T 1 Nr. 791, Bild 1/Fotograf: Wilhelm Puder. http://www.landesarchiv-bw.de/plink/?f=6-226602-1 (zuletzt geprüft am: 10. Juli 2013).

Landler, Mark (2006): In Munich, Provocation in a Symbol of Foreign Faith. *The New York Times*, Ausgabe vom 8.12.2006. http://www.nytimes.com/2006/12/08/world/europe/08mosque.html?pagewanted=all&_r=0 (zuletzt geprüft am: 4. Sept. 2012)

Lang, Achim/Leifeld, Philip (2008): Die Netzwerkanalyse in der Policy-Forschung: Eine theoretische und methodische Bestandsaufnahme. In: Janning, Frank/Toens, Katrin (Hrsg.): Die Zukunft der Policy-Forschung. Theorien, Methoden, Anwendungen (223–241). Wiesbaden: VS Verlag.

Lauterbach, Burkhart/Lottermoser, Stephanie (2009): Fremdkörper Moschee? Zum Umgang mit islamischen Kulturimporten in westeuropäischen Großstädten. Würzburg: Königshausen & Neumann.

Lenders, Julia/Bock, Willi (2010): Keine Moschee für Sendling. *Abendzeitung München*, Ausgabe vom 23.2.2010. http://www.abendzeitung-muenchen.de/inhalt.muenchen-keine-moschee-fuer-sendling.3defe0d5-ba2a-49e5-ad83-b5dbe7a53b43.html (zuletzt geprüft am: 13. Nov. 2012).

Leggewie, Claus (2002): Auf dem Weg zum Euro-Islam? Moscheen und Muslime in der Bundesrepublik Deutschland. Vortrag anlässlich der Vorstellung des Handbuchs "Der Weg zur Moschee - eine Handreichung für die Praxis" in der Hessischen Landesvertretung am 14. Mai 2002. [*Gedanken zur Zukunft*]. Bad Homburg v.d. Höhe: Herbert-Quandt-Stiftung.

Leggewie, Claus (2008): Religion zwischen Staat und Kirche. Das Problem der muslimischen Repräsentanz in Deutschland. *Spiegel Special* (2), 28–29.

Leggewie, Claus (2009): Warum es Moscheebaukonflikte gibt und wie man sie bearbeiten kann. In: Beinhauer-Köhler, Bärbel/Leggewie, Claus/Jasarevic, Alen/Krizanovic, Mirko (Hrsg.): Moscheen in Deutschland. Religiöse Heimat und gesellschaftliche Herausforderung. [*Beck'sche Reihe*] (117–218). München: Beck.

Leggewie, Claus/Joost, Angela/Rech, Stefan (2002): Der Weg zur Moschee. Eine Handreichung für die Praxis. Ein Projekt der Herbert-Quandt-Stiftung. Bad Homburg v.d. Höhe: Herbert-Quandt-Stiftung.

Lehrer, Ute Angelika/Friedmann, John (1997): Migration, Lokalität und Zivilgesellschaft. Immigrationspolitik in Los Angeles. In: Häußermann, Hartmut/Oswald, Ingrid (Hrsg.): Zuwanderung und Stadtentwicklung. [*Leviathan Sonderheft*] (427–445). Opladen: Westdeutscher Verlag.

Leibold, Jürgen (2010): Fremdenfeindlichkeit und Islamophobie. Fakten zum gegenwärtigen Verhältnis genereller und spezifischer Vorurteile. In: Schneiders, Thorsten Gerald (Hrsg.): Islamfeindlichkeit. Wenn die Grenzen der Kritik verschwimmen (2. Auflage, 149–158). Wiesbaden: VS Verlag.

Lempert, Lora Bex (2007): Asking Questions of the Data. Memo Writing in the Grounded Theory Tradition. In: Bryant, Antony/Charmaz, Kathy (Hrsg.): The SAGE Handbook of Grounded Theory (245–264). London: Sage.

Lijphart, Arend (1999): Patterns of Democracy. Government Forms and Performance in Thirty-Six Countries. New Haven, Connecticut: Yale University Press.

Lind, Mikael/Goldkuhl, Göran (2006): How to Develop a Multi-Grounded Theory. The Evolution of a Business Process Theory. *Australasian Journal of Information Systems, 13* (2), 69–86.

Lindler, August (2009): Die extreme Rechte vor den Kommunalwahlen in NRW. Zeitschrift des Informations- und Dokumentationszentrums für Antirassismusarbeit in Nordrhein-Westfalen, 15 (1), 3–4.

Luca, Claudio de (2010): Mehrheit der Deutschen hält Muslime für Last. *Financial Times Deutschland* vom 30.9.2010.
http://www.ftd.de/politik/deutschland/:allensbach-umfrage-mehrheit-der-deutschen-haelt-muslime-fuer-last/50176348.html (zuletzt geprüft am: 3. Sept. 2012).

Lohlker, Rüdiger (2008): Islam. Eine Ideengeschichte. *[Uni-Taschenbücher M]*. Stuttgart: UTB.

Luntowski, Gustav/Högl, Günther/Schilp, Thomas/Reinmann, Norbert (1994): Geschichte der Stadt Dortmund. Hrsg. vom Stadtarchiv Dortmund. Dortmund: Harenberg Verlag.

Mak, Geert (2005): Der Mord an Theo van Gogh. Geschichte einer moralischen Panik. Frankfurt am Main: Suhrkamp.

Manço, Ural/Kanmaz, Meryem (2005): From Conflict to Co-operation between Muslims and Local Authorities in a Brussels Borough: Schaerbeek. *Journal of Ethnic and Migration Studies, 31* (6), 1105–1123.

Mandel, Ruth Ellen (2008): Cosmopolitan Anxieties. Turkish Challenges to Citizenship and Belonging in Germany. Durham: Duke University Press.

Mannheimer Forschungsgruppe Wahlen (2010): Politbarometer September I. Mehrheit gegen längere Laufzeiten von Atomkraftwerken. 57 Prozent beklagen schlechtes Miteinander von Deutschen und Ausländern.
http://www.forschungsgruppe.de/Umfragen/Politbarometer/Archiv/Politbarometer_2010/September_I/ (zuletzt geprüft am: 24. Juli 2013).

March, James/Olsen, Johan (1996): Institutional Perspectives on Political Institutions. *Governance: An International Journal of Policy and Administration, 9* (3), 247–264.

March, James/Simon, Herbert (1958): Organizations. New York: Wiley.

Maturana, Humberto/Varela, Francisco (1987): Der Baum der Erkenntnis. Die biologischen Wurzeln des menschlichen Erkennens. Bern: Scherz.

Maussen, Marcel (2005): Making Muslim Presence Meaningful. Studies on Islam and Mosques in Western Europe. *[ASSR Working Papers Series]*.
http://file.setav.org/Files/Pdf/making-muslim-presence-meaningful-assr-2005.pdf (zuletzt geprüft am: 24. Juli 2013).

Maussen, Marcel (2009): Constructing Mosques. The Governance of Islam in France and the Netherlands. Amsterdam: Amsterdam School for Social Science Research.

Mazur, Allen (1981): The Dynamics of Technical Controversy. Washington, DC: Communications Press.

McCool, Daniel (1998): The Subsystem Family of Concepts: A Critique and a Proposal. *Political Research Quarterly, 51* (2), 551–570.

Meincke, Terry Daniel (2011): Vom Politikwissenschaftler zum Meinungsmacher? Samuel P. Huntington und die amerikanische Politik. Hamburg: Universität der Bundeswehr.

Menge, Oliver/Meier, Pascal (2011): Haben die toten Schweine Moschee-Bauland entweiht? *Aargauer Zeitung*, Ausgabe vom 11.11.2011.

Metzinger, Udo (2000): Die Huntington-Debatte. Die Auseinandersetzung mit Huntingtons "Clash of civilizations" in der Publizistik. Köln: SH-Verlag.

Meuser, Michael/Nagel, Ulrike (2005): ExpertInneninterviews - vielfach erprobt, wenig bedacht. Ein Beitrag zur qualitativen Methodendiskussion. In: Bogner, Alexander/Littig, Beate/Menz, Wolfgang (Hrsg.): Das Experteninterview. Theorie, Methode, Anwendung (2. Auflage, 71–93). Wiesbaden: VS Verlag.

Meyer, Susanne (2010): Moschee soll in drei Jahren stehen. Türkisch-Islamischer Kulturverein kann noch in diesem Monat Kaufvertrag für das Gelände Am Grimmelsiepen unterschreiben. *Westfälische Rundschau*, Ausgabe f. Dortmund vom 4.2.2010.

Meyer, Thomas (2003): Sozialstruktur und Migration. Die soziale Lage der Arbeitsmigranten in Deutschland. In: Treichler, Andreas (Hrsg.): Wohlfahrtsstaat, Einwanderung und ethnische Minderheiten. Probleme, Entwicklungen, Perspektiven (69–82). Wiesbaden: Westdeutscher Verlag.

Mey, Günter/Mruck, Katja (Hrsg.) (2007): Grounded Theory Reader. Köln: Zentrum für Historische Sozialforschung.

Mey, Günter/Mruck, Katja (2009): Methodologie und Methodik der Grounded Theory. In: Kempf, Wilhelm/Kiefer, Marcus (Hrsg.): Forschungsmethoden der Psychologie. Zwischen naturwissenschaftlichem Experiment und sozialwissenschaftlicher Hermeneutik. (100–152). Berlin: Regener.

Mills, Jane/Bonner, Ann/Francis, Karen (2006): The Development of Constructivist Grounded Theory. *International Journal of Qualitative Methods, 5* (1), 1–10.

Ministerium für Arbeit, Integration und Soziales Landes Nordrhein-Westfalen (2010): Muslimisches Leben in NRW. Düsseldorf: Ministerium für Arbeit, Integration und Soziales Landes Nordrhein-Westfalen.

Ministerium für Arbeit, Integration und Soziales Landes Nordrhein-Westfalen (2012): Zuwanderungsstatistik Nordrhein-Westfalen 2011. Düsseldorf. http://www.mais.nrw.de/08_PDF/003_Integration/003_zuwanderung/zuwanderungsstatistik_nrw-2011.pdf (zuletzt geprüft am: 10. Sept. 2012).

Mintrom, Michael/Vergari, Sandra (1996): Advocacy Coalitions, Policy Entrepreneurs, and Policy Change. *Policy Studies Journal, 24* (3), 420–434.

Morse, Janice (2009): Developing Grounded Theory. The Second Generation. [*Developing Qualitative Inquiry*]. Oxford: Left Coast.

Mosebach, Antje (2011): Neuer Start für Grimmelsiepen. Ein Zentrum für den Türkisch-Islamischen Kulturverein. *Westfälische Rundschau*, Ausgabe f. Dortmund vom 27.7.2011.

Müller, Dorothee (2008): Moschee-Strategie wird für Schlüchtern teuer. *Fuldaer Zeitung*, Ausgabe vom 12.6.2008.

Müller, Felix/Tanner, Mathias (2009): Muslime, Minarette und die Minarett-Initiative in der Schweiz: Grundlagen. In: Tanner, Mathias (Hrsg.): Streit um das Minarett. Zusammenleben in der religiös pluralistischen Gesellschaft. [*Beiträge zu einer Theologie der Religionen*] (21–43). Zürich: TVZ.

Münch, Sybille (2010): Integration durch Wohnungspolitik? Zum Umgang mit ethnischer Segregation im europäischen Vergleich. Wiesbaden: VS Verlag.

Mund, Petra/Theobald, Bernhard (Hrsg.) (2009): Kommunale Integration von Menschen mit Migrationshintergrund - ein Handbuch. Freiburg: Lambertus.

Munzinger Online/Personen - Internationales Biographisches Archiv (2012): Eintrag "Hombach, Bodo". http://www.munzinger.de/document/00000022202 (zuletzt geprüft am: 20. Nov. 2012).

Münz, Rainer (2001): Geregelte Zuwanderung - eine Zukunftsfrage für Deutschland. *Aus Politik und Zeitgeschichte* (B 43), 3–6.

Musch, Elisabeth (2011): Integration durch Konsultation? Konsensbildung in der Migrations- und Integrationspolitik in Deutschland und den Niederlanden. [*Zivilgesellschaftliche Verständigungsprozesse vom 19. Jahrhundert bis zur Gegenwart*]. Münster/New York/München/Berlin: Waxmann.

Naylor, Simon/Ryan, James (2002): The Mosque in the Suburbs. Negotiating Religion and Ethnicity in South London. *Social & Cultural Geography, 3* (1), 39–59.

Nieke, Wolfgang (2008): Interkulturelle Erziehung und Bildung. Wertorientierungen im Alltag. (3. Auflage). Wiesbaden: VS Verlag.

Nisbett, Richard/Ross, Lee (1980): Human Inference. Strategies and Shortcomings of Social Judgement. Englewood Cliffs, New Jersey: Prentice-Hall.

Nohrstedt, Daniel (2007): Crisis and Policy Reformcraft. Advocacy Coalitions and Crisis-induced Change in Swedish Nuclear Energy Policy. Uppsala: Uppsala University.

Nullmeier, Frank (1997): Interpretative Ansätze in der Politikwissenschaft. In: Benz, Arthur/Seibel, Wolfgang (Hrsg.): Theorieentwicklung in der Politikwissenschaft. Eine Zwischenbilanz (101–144). Baden-Baden: Nomos.

Nullmeier, Frank/Rüb, Friedbert (1993): Die Transformation der Socialpolitik. Vom Sozialstaat zum Sicherungsstaaten. Frankfurt am Main/New York: Campus.

Öcal, Mehmet (2010): Eine Art von Islamophobie. Von Moscheen und Konflikten. In: Ucar, Bülent (Hrsg.): Die Rolle der Religion im Integrationsprozess. Die deutsche Islamdebatte. [*Reihe für Osnabrücker Islamstudien*] (185–209). Frankfurt am Main: Lang.

Oechsle, Mechtild/Knauf, Helen/Maschetzke, Christiane/Rosowski, Elke (2009): Abitur und was dann? Berufsorientierung und Lebensplanung junger Frauen und Männer und der Einfluss von Schule und Eltern. [*Geschlecht und Gesellschaft*]. Wiesbaden: VS Verlag

OECD Proceedings (Hrsg.) (1998): Immigrants, Integration and Cities. Exploring the Links. Paris: Organization for Economic Co-operation and Development.

Ostrom, Elinor (2007): An Assessment of the Institutional Analysis and Development Framework. In: Sabatier, Paul (Hrsg.): Theories of the Policy Process (21–64). Boulder, Colorado: Westview Press.

Ostrom, Vincent/Tiebout, Charles/Warren, Robert (1961): The Organization of Government in Metropolitan Areas. *American Political Science Review, 55* (December), 831–842.

Oswald, Ingrid (2007): Migrationssoziologie. [*UTB Soziologie*]. Konstanz: UVK.

Pedersen, Jens (1991): Masjid. In: Bosworth, Clifford Edmund/Bearman, Peri/Gibb, Hamilton Alexander Rosskeen (Hrsg.): The Encyclopaedia of Islam. New Edition (644–677). Leiden: Brill.

Peirce, Charles Sanders (1974-1979): Collected Papers hrsg. von. Charles Hartshore, Paul Weiss & Arthur Burks. Cambridge, Massachusetts: The Belknap Press of Harvard University Press.

Peucker, Mario (2010): Islamfeindlichkeit – die empirischen Grundlagen. In: Schneiders, Thorsten Gerald (Hrsg.): Islamfeindlichkeit. Wenn die Grenzen der Kritik verschwimmen (2. Auflage, 159–171). Wiesbaden: VS Verlag.

Pfadenhauer, Michaela (2005): Das Experteninterview - ein Gespräch zwischen Experte und Quasi-Experte. In: Bogner, Alexander/Littig, Beate/Menz, Wolfgang (Hrsg.): Das Experteninterview. Theorie, Methode, Anwendung (2. Auflage, 113–130). Wiesbaden: VS Verlag.

Pfahl-Traughber, Armin (2007): Deutsche Volkunion (DVU). In: Decker, Frank (Hrsg.): Handbuch der deutschen Parteien Wiesbaden: VS Verlag.

Pfeiffer, Peter (2005): Kritikern fehlen Informationen. [Leserbrief]. *Ruhr Nachrichten*, Ausgabe f. Dortmund vom 1.3.2005.

Phillips, Denis Charles (1995): The Good, the Bad, and the Ugly. The Many Faces of Constructivism. *Educational Researcher, 24* (7), 5–12.

Piper, Gerhard (2011): Moscheeanschläge: Schleichende Kristallnacht. *Telepolis*, Ausgabe vom 10.9.2011. http://www.heise.de/tp/artikel/35/35449/1.html (zuletzt geprüft am: 3. Sept. 2012).

Pitt-Rivers, Julian (1992): Das Gastrecht. In: Loycke, Almut (Hrsg.): Der Gast, der bleibt. Dimensionen von Georg Simmels Analyse des Fremdseins (17–41). Frankfurt am Main: Campus.

Poole, Elizabeth (2002): Reporting Islam. Media Representations of British Muslims. London: Tauris Publishers.

Prantel, Heribert (2011): Die NPD ist zu verbieten – um Opfer vor Mördern zu schützen. *Die Presse*, Ausgabe vom 19.11.2011. http://diepresse.com/home/panorama/welt/710037/Die-NPD-ist-zu-verbieten-um-Opfer-vor-Moerdern-zu-schuetzen (zuletzt geprüft am: 24. Juli 2013).

Pro-NRW (2010): Dortmund: Landesweite Mobilisierung zur Pro-NRW-Demo am 17. Juli. http://www.pro-nrw.net/?p=1439 (zuletzt geprüft am: 20. Dez. 2012).

Puskeppeleit, Jürgen/Thränhardt, Dietrich (1990): Vom betreuten Ausländer zum gleichberechtigten Bürger. Perspektiven der Beratung und Sozialarbeit, der Selbsthilfe und Artikulation und der Organisation und Integration der eingewanderten Ausländer aus den Anwerbestaaten in der Bundesrepublik Deutschland. Freiburg im Breisgau: Lambertus.

Putnam, Robert (1976): The Comparative Study of Political Elites. Englewood Cliffs, New Jersey: Prentice-Hall.

Putnam, Robert (2007): E Pluribus Unum. Diversity and Community in the Twenty-first Century. The 2006 Johan Skytte Prize Lecture. *Scandinavian Political Studies, 30* (2), 137–174.

Quattrone, George/Tversky, Amos (1988): Contrasting Rational and Psychological Analyses of Political Choice. *The American Political Science Review, 82* (3), 719–736.

RAA NRW (2008): Netzwerk „Integration durch Bildung" in Nordrhein-Westfalen. http://www.raa.de/fileadmin/dateien/netzwerk-IdB/pdf/RAA_Flyer_Netzwerk.pdf (zuletzt geprüft am: 25. Sept. 2012).

Rat der Stadt Dortmund (1971): Niederschrift über die 21. Sitzung des Rates der Stadt Dortmund am 30.08.1971. Tagesordnungspunkt 4: Antrag der SPD-Fraktion auf Bildung eines Ausländerbeirates. Stadtarchiv Dortmund.

Rat der Stadt Dortmund (2004): Niederschrift über die 77. Sitzung der Bezirksvertretung Hörde am 14.09.2004. Tagesordnungspunkt 2.3: Geplantes Gemeindezentrum 'Am Grimmelsiepen'. Virtuelles Rathaus Dortmund: Sitzungsunterlagen der politischen Gremien. https://www2.domap.de/c/portal/layout?p_l_id=PUB.1.130 (zuletzt geprüft am: 27. Aug. 2012).

Rat der Stadt Dortmund (2004): Niederschrift über die Sondersitzung des Ausländerbeirates am 20.03.2004. Antrag 2.1: Beteiligung ausländischer Vereine und des Ausländerbeirates an einer Gegendemonstration am 19.06.2004 wegen Neonazi-Aufmarsch - Antrag AK "Öffentlichkeitsarbeit". Virtuelles Rathaus Dortmund: Sitzungsunterlagen der politischen Gremien. https://www2.domap.de/c/portal/layout?p_l_id=PUB.1.130 (zuletzt geprüft am: 26. Okt. 2012).

Rat der Stadt Dortmund (2005a): Niederschrift über die 4. Sitzung des Ausschusses für Umwelt, Stadtgestaltung und Wohnen am 16.02.2005. Tagesordnungspunkt 3.11: Bauleitplanung; Bebauungsplan Hö 257 - Am Grimmelsiepen. Virtuelles Rathaus Dortmund: Sitzungsunterlagen der politischen Gremien. https://www2.domap.de/c/portal/layout?p_l_id=PUB.1.130 (zuletzt geprüft am: 27. Aug. 2012).

Rat der Stadt Dortmund (2005b): Niederschrift über die 12. Sitzung des Rates der Stadt Dortmund am 15.12.2005. Tagesordnungspunkt 2.1: Masterplan Integration. Gemeins. Vorschlag zur TO (SPD-Fraktion u. Fraktion B'90/Die Grünen). Virtuelles Rathaus Dortmund: Sitzungsunterlagen der politischen Gremien. https://www2.domap.de/c/portal/layout?p_l_id=PUB.1.130 (zuletzt geprüft am: 9. Nov. 2012).

Rat der Stadt Dortmund (2006): Niederschrift über die 14. Sitzung des Rates der Stadt Dortmund am 30.03.2006. Tagesordnungspunkt 3.7: Bauleitplanung; Bebauungsplan Hö 257 - Am Grimmelsiepen. Virtuelles Rathaus Dortmund: Sitzungsunterlagen der politischen Gremien. https://www2.domap.de/c/portal/layout?p_l_id=PUB.1.130 (zuletzt geprüft am: 27. Aug. 2012).

Rat der Stadt Dortmund (2008): Niederschrift über die 34. Sitzung des Rates der Stadt Dortmund am 19.06.2008. Tagesordnungspunkt 3.24: Aufstellung des Bebauungsplanes Hö 257 - Grimmelsiepen -. Virtuelles Rathaus Dortmund: Sitzungsunterlagen der politischen Gremien. https://www2.domap.de/c/portal/layout?p_l_id=PUB.1.130 (zuletzt geprüft am: 27. Aug. 2012).

Rat der Stadt Dortmund (2009): Niederschrift über die 39. Sitzung des Rates der Stadt Dortmund am 26.02.2009. Tagesordnungspunkt 3.11: Bauleitplanung; Bebauungsplan Hö 257 - Am Grimmelsiepen. Virtuelles Rathaus Dortmund: Sitzungsunterlagen der politischen Gremien. https://www2.domap.de/c/portal/layout?p_l_id=PUB.1.130 (zuletzt geprüft am: 27. Aug. 2012).

Rat der Stadt Dortmund (2011): Niederschrift über die 12. Sitzung des Rates der Stadt am 17.02.2011. Tagesordnungspunkt 1.3: Feststellung der Tagesordnung. Virtuelles Rathaus Dortmund: Sitzungsunterlagen der politischen Gremien. https://www2.domap.de/c/portal/layout?p_l_id=PUB.1.130 (zuletzt geprüft am: 27. Aug. 2012).

Rath, Jan/Penninx, Rinus/Groenendijk, Kees/Meyer, Astrid (2001): Western Europe and its Islam. Leiden/Boston: Brill.

Reichertz, Jo (2003): Die Abduktion in der qualitativen Sozialforschung. [Qualitative Sozialforschung]. Opladen: Leske + Budrich.

Rex, John/Samad, Yunas (1996): Multi-Culturalism and Political Integration in Birmingham and Bradford. Innovation: European Journal of Social Science, 9 (1), 11–31.

Rosenow, Kerstin/Kortmann, Matthias (2010): Alle unter einem Dach? Muslimische Vielfalt in Deutschland: Möglichkeiten und Grenzen der Kooperation. In: Heinrich-Böll-Stiftung (Hrsg.). Muslimische Gemeinschaften zwischen Recht und Politik. Dossier. [Migration Integration Diversity] Berlin.

Rosenow, Kerstin/Kortmann, Matthias (2011): Die muslimischen Dachverbände und der politische Islamdiskurs in Deutschland im 21. Jahrhundert: Selbstverständnis und Strategien. In: Meyer, Hendrik/Schubert, Klaus (Hrsg.): Politik und Islam (47–86). Wiesbaden: VS Verlag.

Rudzio, Wolfgang (2011): Das politische System der Bundesrepublik Deutschland. (8. aktualisierte und erweiterte Auflage). Wiesbaden: VS Verlag.

Rühl, Stefan (2009): Grunddaten der Zuwandererbevölkerung in Deutschland. Working Paper 27 der Forschungsgruppe des Bundesamtes. [Integrationsreport]. Nürnberg: Bundesamt für Migration und Flüchtlinge.

Sabatier, Paul (1978): The Acquisition and Utilization of Technical Information by Administrative Agencies. *Administrative Science Quaterly, 23* (3), 396–417.

Sabatier, Paul (1986a): Top-Down and Bottom-Up Models of Policy Implementation. A Critical Analysis and Suggested Synthesis. *Journal of Public Policy, 6* (January), 21–48.

Sabatier, Paul (1986b): What we can Learn from Implementation Research? In: Kaufmann, Franz-Xaver (Hrsg.): Guidance, Control, and Evaluation in the Public Sector. The Bielefeld Interdisciplinary Project (313–325). Berlin: de Gruyter.

Sabatier, Paul (1991): Toward Better Theories of the Policy Process. *Political Science and Politics, 24* (2), 147–156.

Sabatier, Paul (1993a): Advocacy-Koalitionen, Policy-Wandel und Policy-Lernen: eine Alternative zur Phasenheuristik. In: Heritier, Adrienne (Hrsg.): Policy-Analyse. Kritik und Neuorientierung (116–148). Opladen: Westdeutscher Verlag.

Sabatier, Paul (1993b): Policy Change over a Decade or More. In: Sabatier, Paul/Jenkins-Smith, Hank (Hrsg.): Policy Change and Learning. An Advocacy Coalition Approach. [*Theoretical Lenses on Public Policy*] (13–39). Boulder, Colorado: Westview Press.

Sabatier, Paul (2007a): Fostering the Development of Policy Theory. In: Sabatier, Paul (Hrsg.): Theories of the Policy Process (321–336). Boulder, Colorado: Westview Press.

Sabatier, Paul (Hrsg.) (2007b): Theories of the Policy Process. Boulder, Colorado: Westview Press.

Sabatier, Paul/Hunter, Susan/McLaughlin, Susan (1987): The Devil Shift. Perceptions and Misperceptions of Opponents. *Western Political Quarterly, 40* (3), 449–476.

Sabatier, Paul/Jenkins-Smith, Hank (1988): An Advocacy Coalition Framework of Policy Change and the Role of Policy-Oriented Learning Therein. *Policy Sciences, 21* (2-3), 129–168.

Sabatier, Paul/Jenkins-Smith, Hank (Hrsg.) (1993): Policy Change and Learning. An Advocacy Coalition Approach. [*Theoretical Lenses on Public Policy*]. Boulder, Colorado: Westview Press.

Sabatier, Paul/Jenkins-Smith, Hank (1999): The Advocacy Coalition Approach: An Assessment. In: Sabatier, Paul (Hrsg.): Theories of the Policy Process. [*Theoretical Lenses on Public Policy*] (117–166). Boulder, Colorado: Westview Press.

Sabatier, Paul/Leach, William (2005): To Trust an Adversary. Integrating Rational and Psychological Models of Collaborative Policymaking. *The American Political Science Review, 99* (4), 491–503.

Sabatier, Paul/Pelkey, Neil (1987): Incorporating Multiple Actors and Guidance Instruments into Models of Regulatory Policymaking: An Advocacy Coalition Framework. *Administration & Society, 19* (2), 236–263.

Sabatier, Paul/Weible, Christopher (2007): The Advocacy Coalition Framework. In: Sabatier, Paul (Hrsg.): Theories of the Policy Process (189–220). Boulder, Colorado: Westview Press.

Said, Edward William (2009): Orientalismus. Frankfurt am Main: S. Fischer.

Saint-Blancat, Chantal/Di Schmidt Friedberg, Ottavia (2005): Why are Mosques a Problem? Local Politics and Fear of Islam in Northern Italy. *Journal of Ethnic and Migration Studies, 31* (6), 1083–1104.

Sarrazin, Thilo (2010): Deutschland schafft sich ab. Wie wir unser Land aufs Spiel setzen. München: DVA.

Scharpf, Fritz Wilhelm (1973): Planung als politischer Prozess. Aufsätze zur Theorie der planenden Demokratie. Frankfurt am Main: Suhrkamp.

Schäuble, Wolfgang (2006): Deutsche Islam Konferenz – Perspektiven für eine gemeinsame Zukunft. Regierungserklärung des Bundesministers des Inneren zur Deutschen Islam Konferenz vor dem Deutschen Bundestag am 28.09.2006. Berlin.

Scheffer, Thomas (1998): Ausländerpolitik in der Kommune. In: Wollmann, Hellmut/Roth, Roland (Hrsg.): Kommunalpolitik. Politisches Handeln in den Gemeinden (2. völlig überarbeitete und aktualisierte Auflage, 764–779). Opladen: Leske + Budrich.

Schicha, Christian (2007): Legitimes Theater? Inszenierte Politikvermittlung für die Medienöffentlichkeit am Beispiel der "Zuwanderungsdebatte". Berlin: Lit Verlag.

Schiffauer, Werner (2006): Verwaltete Sicherheit - Präventionspolitik und Integration. In: Bommes, Michael/Schiffauer, Werner (Hrsg.): Migrationsreport 2006. Fakten, Analysen, Perspektiven (113–163). Frankfurt am Main/New York: Campus.

Schlager, Edella (1995): Policy Making and Collective Action. Defining Coalitions within the Advocacy Coalition Framework. *Policy Sciences, 28* (3), 243–270.

Schlager, Edella/Blomquist, William (1996): A Comparison of Three Emerging Theories of the Policy Process. *Political Research Quarterly, 49* (3), 651–672.

Schmitt, Thomas (2003): Moscheen in Deutschland. Konflikte um ihre Errichtung und Nutzung. [*Forschungen zur deutschen Landeskunde*]. Flensburg: Deutsche Akademie für Landeskunde.

Schmitt, Thomas (2008): "Im Schatten des Minaretts". Moscheebaukonflikte in Deutschland. *Policy. Politische Akademie* (25), 5–6. http://library.fes.de/pdf-files/akademie/berlin/05728.pdf (zuletzt geprüft am: 24. Juli 2013).

Schmitt, Thomas (2011): Städtebaulich markante Moscheen in Deutschland. In: Leibniz-Institut für Länderkunde (Hrsg.): Nationalatlas aktuell 5 (04.2011) 4. Leipzig: Leibniz-Institut für Länderkunde http://aktuell.nationalatlas.de/Moscheen.4_04-2011.0.html (zuletzt geprüft am: 24. Juli 2013).

Schmitz, Michael (2012): Grundstein für Hörder Moschee. Nach zehn Jahren Planung. *Westfälische Rundschau*, Ausgabe f. Dortmund vom 27.10.2012. http://www.derwesten.de/wr/staedte/dortmund/sued/grundstein-fuer-hoerder-moschee-id7233885.html (zuletzt geprüft am: 10. Dez. 2012).

Schneider, Volker/Janning, Frank (2006): Politikfeldanalyse. Akteure, Diskurse und Netzwerke in der öffentlichen Politik. [*Grundwissen Politik*]. Wiesbaden: VS Verlag.

Schubert, Klaus/Meyer, Hendrik (2011): Politik und Islam in Deutschland: Aktuelle Fragen und Stand der Forschung. In: Meyer, Hendrik/Schubert, Klaus (Hrsg.): Politik und Islam (11–26). Wiesbaden: VS Verlag.

Schütz, Alfred (1972): Der Fremde. In: Schütz, Alfred (Hrsg.): Gesammelte Aufsätze II (53–69). Den Haag: Nijhoff.

Schulte, Axel/Treichler, Andreas (2010): Integration und Antidiskriminierung. Eine interdisziplinäre Einführung. Weinheim: Juventa-Verlag.

Schulte, Susanne (2007): Grimmelsiepen - "Jetzt geht es um das Wie". Westfälische Rundschau, Ausgabe f. Dortmund vom 27.7.2007.

Schwank, Nicolas (2005): Der Kampf der Kulturen - das Erklärungsmuster für Konflikte im 21. Jahrhundert? In: Pfetsch, Frank (Hrsg.): Konflikt. [*Heidelberger Jahrbücher*] Berlin/Heidelberg: Springer.

Semler, Peter (2001): A Sword over Europe. *New Statesman*, Ausgabe vom 14.5.2001. http://www.newstatesman.com/node/140293 (zuletzt geprüft am: 1. Dez. 2011).

Sewell, Granville C. (2005): Actors, Coalitions, and the Framework Convention on Climate Change. Cambridge, Massachusetts: Massachusetts Institute of Technology.

Shadid, Wasef Abdelrahman/van Koningsveld, Pieter Sjoerd (1992): De Mythe van het islamistisch Gevaar: Hindernissen bij Integratie. Kampen: Kok Pharos.

Simon, Herbert (1985): Human Nature in Politics. The Dialogue of Psychology with Political Science. *The American Political Science Review, 79* (2), 293–304.

Simon, Michael (2000): Krankenhauspolitik in der Bundesrepublik Deutschland. Historische Entwicklung und Probleme der politischen Steuerung stationärer Krankenversorgung. Opladen: Westdeutscher Verlag.

Sismondo, Sergio (1993): Some Social Constructions. *Social Studies of Science, 23* (3), 515–553.

Sievert, Anca Silvia (2012): Grünes Rumänien? Der Wandel in der Erneuerbaren Energien-Politik. Eine akteursfokussierte Policy-Analyse von 1980 bis 2010. Hamburg: Kovac.

Smith, James Allen (1991): The Idea Brokers. New York: Free Press.

Sommerer, Ernst Otto (Hrsg.) (1996): Dortmunder Statistik. 100 Jahre Statistisches Amt 1896-1996. Dortmund: Amt für Statistik und Wahlen.

Sönmez, Adem (2005): "Ausländerbeiräte sind wie Wachkomapatienten". Politische Beteiligung von Migrantinnen und Migranten. In: Katholische Stadtkirche Dortmund/Vereinigte Evangelische Kirchenkreise Dortmund und Lünen (Hrsg.): Integration mit aufrechtem Gang in Dortmund. Dokumentation der Zweiten Integrationskonferenz im Dortmunder Rathaus am 11.06.2005 (15–16). Dortmund: Stadt Dortmund.

Soper, Christopher/Fetzer, Joel (2007): Religious Institutions, Church-State History and Muslim Mobilisation in Britain, France and Germany. *Journal of Ethnic and Migration Studies, 33* (6), 933–944.

Sotirov, Metodi Georgiev (2009): Waldpolitik im Wandel. Eine Politikfeldanalyse im Transformationsprozess Bulgariens. Freiburg im Breisgau.

SPD-Ratsfraktion Dortmund (2007): Redebeitrag von Frau Gerti Zupfer in der Ratssitzung vom 13.09.07 zum Tagesordnungspunkt "Intergrationsrat". http://www.spd-fraktion-dortmund.de/spd/aktuelles-presse/presse/ (zuletzt geprüft am: 25. Sept. 2012). Archived by WebCit® at: http://www.webcitation.org/6Ay5KYoTO.

SPD-Ratsfraktion Dortmund/Ratsfraktion BÜNDNIS 90/DIE GRÜNEN (2004): Vereinbarung zur Zusammenarbeit im Rat der Stadt Dortmund. Gemeinsames Arbeitsprogramm von SPD und GRÜNEN für die Wahlperiode 2004-2009. http://www.gruene-dortmund.de/archiv2004/dok_vereinbarung04.php (zuletzt geprüft am: 24. Juli 2013).

Speit, Andreas (2011): NPD und DVU-Fusion vorerst geplatzt. Durch Gerichtsentscheidung gescheitert. *die tageszeitung*, Ausgabe vom 27.1.2011. http://www.taz.de/!64977/ (zuletzt geprüft am: 29. Okt. 2012).

Stadt Dortmund (2006): Gemeinsam in Vielfalt – zu Hause in Dortmund. Auftaktveranstaltung Masterplan Integration. Veranstaltungsdokumentation. Dortmund: Stadt Dortmund.

Stadt Dortmund (2010a): Zukunftsstandort für Technologie und Lebensqualität. Phoenix Dortmund. Dortmund: Stadt Dortmund. http://www.phoenixdortmund.de/downloads/broschueren/PHOENIX_Imagebroschuere_Sept_2 010.pdf (zuletzt geprüft am: 30. Aug. 2012).

Stadt Dortmund - Nachrichtenportal (2009): Integrationspreis 2009. Preise für beispielhafte Integrationsarbeit. Dortmund: Stadt Dortmund. http://www.dortmund.de/de/leben_in_dortmund/internationales/interkulturell/integrationspreis/i p_2009/index.html (zuletzt geprüft am: 27. Aug. 2012).

Stadt Dortmund, Fachbereich Statistik (2009): Kommunalwahlen am 30.08.2009. Abschlussbericht auf Basis der Endgültigen Ergebnisse. [*Wahlkurzbericht*]. Dortmund: Stadt Dortmund. http://www.dortmund.de/media/downloads/pdf/wahlen_1/kommunal__und_ob_wahl/2009_3/ Kommunalwahl_2009_Abschlussbericht.pdf (zuletzt geprüft am: 28. Aug. 2012).

Stadt Dortmund, Fachbereich Statistik (2010b): Statistikatlas 2010. Dortmunder Stadtteile. Berichtsstand 31.12.2008. [*dortmunderstatistik*]. Dortmund: Stadt Dortmund. http://www.dortmund.de/media/downloads/pdf/statistik/veroeffentlichungen/statistikatlas_2010. pdf (zuletzt geprüft am: 20. Sept. 2012).

Stadt Dortmund, Fachbereich Statistik (2012): Jahresbericht Bevölkerung. [*dortmunderstatistik*]. Dortmund.

Stadt Dortmund, Fachbereich Statistik und Wahlen (2004): Die Kommunalwahl 2004 und die Ausländerbeiratswahl. [Dortmunder Statistik]. Dortmund: Stadt Dortmund. http://www.dortmund.de/media/downloads/pdf/wahlen_1/kommunal__und_ob_wahl/2004_1/1 72_2004_themenheft_kommunalwahl_u_auslaenderbeiratswahl.pdf (zuletzt geprüft am: 24. Juli 2013).

Staubach, Reiner/Kabis-Staubach, Tülin/Martha, Thomas (2008): Topografie des Engagements in der Dortmunder Nordstadt. Im Auftrag des Bundesverbandes für Wohneigentum und Stadtentwicklung e.V. Dortmund: Planerladen e.V. http://www.vhw.de/fileadmin/user_upload/Download-Dokumente/Forschung/Topografie%20des%20Engagements/Topografie_Dortmund.pdf (zuletzt geprüft am: 24. Juli 2013).

Stienen, Angela (2006): Integrationsmaschine Stadt? Interkulturelle Beziehungsdynamiken am Beispiel von Bern. Bern/Stuttgart/Wien: Haupt Verlag.

Stiller, Friedrich (2009): Der interkulturelle und interreligiöse Dialog in Dortmund. Eine Bestandsaufnahme in Thesen. Dortmund: Evangelische Kirche in Dortmund und Lünen. http://www.dortmund-projekte.de/index.php?option=com_docman&task=doc_view&gid=34 (zuletzt geprüft am: 15. Nov. 2012). Archived by WebCit® at: http://www.webcitation.org/6BBRya5Tk.

Stone, Deborah (2012): Policy Paradox. The Art of Political Decision Making. (3). New York: W.W. Norton & Co.

Straus, Florian (2002): Netzwerkanalysen. Gemeindepsychologische Perspektiven für Forschung und Praxis. Wiesbaden: Deutscher Universitätsverlag.

Straus, Florian (2006): Entwicklungslabor qualitative Netzwerkforschung. In: Hollstein, Betina/Straus, Florian (Hrsg.): Qualitative Netzwerkanalyse. Konzepte, Methoden, Anwendungen (481–495). Wiesbaden: VS Verlag.

Strauss, Anselm (1991): Grundlagen qualitativer Sozialforschung. Datenanalyse und Theoriebildung in der empirischen soziologischen Forschung. [Übergänge]. München: Fink.

Strauss, Anselm (2007): "Forschung ist harte Arbeit, es ist immer ein Stück Leiden damit verbunden. Deshalb muss es auf der anderen Seite Spaß machen": Anselm L. Strauss im Gespräch mit Heiner Legewie und Barbara Schervier-Legewie. In: Mey, Günter/Mruck, Katja (Hrsg.): Grounded Theory Reader (69–79). Köln: Zentrum für Historische Sozialforschung.

Strauss, Anselm/Corbin, Juliet (1994): Grounded Theory Methodology: An Overview. In: Denzin, Norman K./Lincoln, Yvonna (Hrsg.): Handbook of Qualitative Research (273–286). London: Sage.

Strauss, Anselm/Corbin, Juliet (1996): Grounded Theory. Grundlagen qualitativer Sozialforschung. Weinheim: Beltz.

Strübing, Jörg (2008): Grounded Theory. Zur sozialtheoretischen und epistemologischen Fundierung des Verfahrens der empirisch begründeten Theoriebildung. [Qualitative Sozialforschung]. (2., überarbeitete und erweiterte Auflage). Wiesbaden: VS Verlag.

Tanner, Mathias (Hrsg.) (2009): Streit um das Minarett. Zusammenleben in der religiös pluralistischen Gesellschaft. [Beiträge zu einer Theologie der Religionen]. Zürich: TVZ.

Tarrow, Sidney (1994): Power in Movement. Social Movements, Collective Action and Politics. Cambridge: Cambridge University Press.

Taylor, Shelly/Fiske, Susan (1978): Salience, Attention, and Attribution. Top of the Head Phenomena. Advances of Experimental Social Psychology, 11, 249–288.

Tezcan, Levent (2003): Das Islamische in den Studien zu Muslimen in Deutschland. Zeitschrift für Soziologie, 32 (3), 237–261.

Tezcan, Levent (2005): DITIB - ein Institution zwischen allen Stühlen. http://www.migration-boell.de/web/integration/47_385.asp (zuletzt geprüft am: 20. Nov. 2012).

Thompson, Edward Palmer (1971): The Moral Economy of the English Crowd in the Eighteenth Century. Past & Present, 50 (Feb.), 76–136.

Thränhardt, Dietrich (1997): Die eingewanderten „Ausländer" im Ruhrgebiet. In: Barbian, Jan-Pieter/Heid, Ludger (Hrsg.): Die Entdeckung des Ruhrgebiets. Das Ruhrgebiet in Nordrhein-Westfalen 1946 - 1996 (379–394). Essen: Klartext.

Tiesler, Nina Clara (2006): Muslime in Europa. Religion und Identitätspolitiken unter veränderten gesellschaftlichen Verhältnissen. Münster: Lit Verlag.

Titscher, Stefan/Meyer, Michael/Wodak, Ruth/Vetter, Eva/Jenner, Bryan (2000): Methods of Text and Discourse Analysis. London: Sage.

Treibel, Annette (1999): Migration in modernen Gesellschaften. Soziale Folgen von Einwanderung, Gastarbeit und Flucht. [*Grundlagentexte Soziologie*]. (2., völlig neubearbeitete und erweiterte Auflage). Weinheim: Juventa.

Türkisch-Islamische Union der Anstalt für Religionen e.V.: Über Uns. Wer wir sind? http://www.ditib.de/default.php?id=5&lang=de (zuletzt geprüft am: 4. Sept. 2012). Archived by WebCit® at: http://www.webcitation.org/6AuxDUmS6.

United Nations (2009): Trends in International Migrant Stock. The 2008 Revision. New York: United Nations. http://esa.un.org/migration/ (zuletzt geprüft am: 30. Aug. 2012).

Velody, Irving/Williams, Robin (Hrsg.) (1998): The Politics of Constructionism. London: Sage.

Vertovec, Steven (1996): Berlin Multikulti. Germany, "Foreigners" and "World-Openness". *New Community, 22* (3), 381–399.

Verein für Bürgerrechte (2005) Skyline Dortmund 200????? g. e. Verein für Bürgerrechte Dortmund informiert. Dortmund-Hörde: Verein für Bürgerrechte.

Volmerich, Oliver (2007): Die Stimme der Muslime. *Ruhr Nachrichten*, Ausgabe f. Dortmund vom 10.9.2007. http://www.ruhrnachrichten.de/lokales/dortmund/Die-Stimme-der-Muslime;art930,85154 (zuletzt geprüft am: 27. Sept. 2012).

Volmerich, Oliver (2009): Rat sagt ja zum Projekt Grimmelsiepen. *Ruhr Nachrichten*, Ausgabe f. Dortmund vom 27.2.2009. http://www.ruhrnachrichten.de/lokales/dortmund/sueden/Rat-sagt-Ja-zum-Projekt-rimmelsiepen;art2575,494858 (zuletzt geprüft am: 27. Aug. 2012).

Wagner, Rudolf (1983): Aus der Not geboren. In der euorpäischen Hauptstadt Brüssel grassiert die Ausländerfeindlichkeit. *Die Zeit*, Ausgabe vom 22.4.1983. http://www.zeit.de/1983/17/aus-der-not-geboren (zuletzt geprüft am: 4. Sept. 2012).

Walter, Franz (2004): Abschied von der Toskana. Die SPD in der Ära Schröder. Wiesbaden: VS Verlag.

Wassenhoven, Jens (2011): Europäisierung deutscher Migrationspolitik. Policy-Wandel durch Advocacy-Koalitionen. Hamburg: Kovac.

Watt, William Montgomery (2010): Der Einfluss des Islam auf das europäische Mittelalter. (2. Auflage der Neuausgabe). Berlin: Wagenbach.

Weber, Max (1926): Politik als Beruf. München: Duncker & Humblot.

Weible, Christopher (2007): An Advocacy Coalition Framework Approach to Stakeholder Analysis: Understanding the Political Context of California Marine Protected Area Policy. *Journal of Public Administration Research and Theory, 17* (1), 95–117.

Weible, Christopher/Sabatier, Paul/McQueen, Kelly (2009): Themes and Variations: Taking Stock of the Advocacy Coalition Framework. *The Policy Studies Journal, 37* (1), 121–140.

Weiss, Carol (1977a): Research for Policy's Sake. The Enlightment Function of Social Research. *Policy Analysis, 3* (4), 531–545.

Weiss, Carol (1977b): Using Social Research in Public Policy Making. [*Policy Studies Organization Series*]. Lexington, Massachusetts: Lexington Books.

Werbner, Pnina (2005): Islamophobia. Incitement to Religous Hatred - Legislating for a New Fear? *Anthropology Today, 21* (1), 5–9.

Whiteman, David (1995): Communication in Congress. Members, Staff, and the Search for Information. Lawrence: University Press of Kansas.

Wiedl, Nina (2008): Da'wa - der Ruf zum Islam in Europa. Berlin: Schiler.

Winkelsträter, Andreas (2010): Friedlicher Protest gegen Rechts. Westfälische Rundschau, Ausgabe f. Dortmund vom 18.7.2010.

Wilker, Harry/Milbrath, Lester (1972): Political Belief Systems and Political Behaviour. In: Nimmo, Dan/Bonjean, Charles (Hrsg.): Political Attitudes and Public Opinion (41–57). New York: David McKay.

Wittgenstein, Ludwig (1971): Philosophische Untersuchungen. Frankfurt am Main: Suhrkamp.

Yanow, Dvora (2000): Conducting Interpretive Policy Analysis. Thousand Oaks, California: Sage.

Zafonte, Matthew/Sabatier, Paul (1998): Shared Beliefs and Imposed Interdependencies as Determinants of Ally Networks in Overlapping Subsystems. *Journal of Theoretical Politics, 10* (4), 473–505.

Zemke, Reinhold (2007): Die Moschee als Aufgabe der Stadtplanung. Städtebauliche, baurechtliche und soziale Aspekte zur Integration des islamischen Gotteshauses in die Stadt und ihre Gesellschaft. Ein Handlungsleitfaden für Planer, Architekten und Bauherren. Berlin/Münster: Lit Verlag.

Zimmer-Hegmann, Ralf/Strohmeier, Klaus Peter/Meyer, Christian/Stößer, Katja/Kersting, Volker/Heidbrink, Ingo/Häußermann, Hartmut (2006): Sozialraumanalyse. Soziale, ethnische und demographische Segregation in den nordrhein-westfälischen Städten. *[ILS NRW Schriften]*. Dortmund: ILS NRW.

Zeitungsartikel ohne Autorenangabe

Die Welt (2009): Deutsche mehrheitlich gegen Minarett-Verbot. Emnid-Umfrage. Ausgabe vom 04.12.2009.
http://www.welt.de/politik/deutschland/article5431133/Deutsche-mehrheitlich-gegen-Minarett-Verbot.html (zuletzt geprüft am: 3. Sept. 2012).

Die Welt (2011): Schramma macht den Geißler und schlichtet. Ausgabe vom 14.11.2011.

Express (2011): Moschee-Zoff: Ditib bedauert schroffen Kurs. Ausgabe vom 30.10.2011.
http://www.express.de/koeln/moschee-zoff-ditib-bedauert-schroffen-kurs,2856,11081354.html (zuletzt geprüft am: 9. Nov. 2012).

Focus Online (2012) Marseille bekommt riesige Moschee. Umstrittener Bau. Ausgabe vom 19.06.2012.
http://www.focus.de/politik/ausland/umstrittener-bau-marseille-bekommt-riesige-moschee_aid_769711.html (zuletzt geprüft am: 24. Juli 2013).

Frankfurter Allgemeine Zeitung (2004): Schlüchtern will nun doch keinen Moschee-Bau erlauben. Ausgabe vom 07.09.2004.

Neue Züricher Zeitung (2011): Klage gegen die Schweiz wegen Minarettverbot unzulässig. Entscheid des europäischen Gerichtshof für Menschenrechte. Ausgabe vom 08.07.2011.
http://www.nzz.ch/nachrichten/politik/schweiz/klage_gegen_die_schweiz_wegen_minarettverbot_als_unzulaessig_erklaert_1.11258665.html (zuletzt geprüft am: 24. Juli 2013).

Nord-Anzeiger (1997): Fühlen uns als Christen besudelt. Ausgabe f. Dortmund vom 29.01.1997.

Ruhr Nachrichten (1997): Anwohner halten den Standort der Moschee für ungeeignet. Ausgabe f. Dortmund vom 15.01.1997.

Ruhr Nachrichten (2003): Bedenken werden ernst genommen - SPD sprach über Grimmelsiepen. Ausgabe f. Dortmund vom 15.06.2003.

Ruhr Nachrichten (2003): 53 Demonstranten und ein Schäferhund. Ausgabe f. Dortmund vom 01.10.2003.

Ruhr Nachrichten (2005): Wähler haben auch über den Grimmelsiepen abgestimmt. Ausgabe f. Dortmund vom 20.01.2005.

Ruhr Nachrichten (2010): Kundgebungen verliefen ruhig. Demonstrationen in Hörde. Ausgabe f. Dortmund vom 17.07.2010.
http://www.ruhrnachrichten.de/lokales/dortmund/sueden/Kundgebungen-verliefen-ruhig;art2575,972511 (zuletzt geprüft am: 10. Dez. 2012).

Süddeutsche Zeitung (2009): Moschee mit Tieraugen beworfen. Ausgabe f. Dortmund vom 24.10.2009.
http://www.sueddeutsche.de/bayern/unterfranken-moschee-mit-tieraugen-beworfen-1.27205 (zuletzt geprüft am: 3. Sept. 2012).

Süddeutsche Zeitung (2009): Schweizer stimmen gegen Minarett-Bau. Rechtspopulistische Initiative erfolgreich. Ausgabe vom 29.11.2009.
http://www.sueddeutsche.de/politik/rechtspopulistische-initiative-erfolgreich-schweizer-stimmen-gegen-minarett-bau-1.140403 (zuletzt geprüft am: 3. Sept. 2012).

Westdeutsche Allgemeine Zeitung (1993): Muezzin ruft per Lautsprecher zum Gebet... Anwohner alarmierten die Polizei. Ausgabe f. Dortmund vom 24.04.1993.

Westdeutsche Allgemeine Zeitung (1999): Ratsausschuss für Integration auf Eis gelegt. Es wird nur ein Beirat gewählt. Ausgabe f. Dortmund vom 06.08.1999.

Westdeutsche Allgemeine Zeitung (2004): Kritik am 'Grimmelsiepen' verstummt nicht. CDU-Fraktionschef Hengstenberg: Eine Siedlung mit türkischen und deutschen Eigentümern kann es nicht geben. Ausgabe f. Dortmund vom 23.12.2004.

Westdeutsche Allgemeine Zeitung (2010): Dortmund demonstriert friedlich gegen Pro-NRW. Ausgabe f. Dortmund vom 18.07.2010.
http://www.derwesten.de/staedte/dortmund/dortmund-demonstriert-friedlich-gegen-pro-nrw-id3390408.html (zuletzt geprüft am: 28. Aug. 2012).

Westfälische Rundschau (1997): Ruf des Muezzins entzündet sozialen Konflikt. Ausgabe f. Dortmund vom 24.01.1997.

Westfälische Rundschau (1997): Muezzin mal gedämpft - mal sehr laut? Selbst Toilettenspülung wurde gemessen. Ausgabe f. Dortmund vom 19.09.1997.

Westfälische Rundschau (2004): Grimmelsiepen: Kritische Fragen an die CDU. Ausgabe f. Dortmund vom 15.09.2004.

Westfälische Rundschau (2009): Isa Karatas: "Ich in den letzten fünf Jahren persönlich gereift". Ausgabe f. Dortmund vom 24.02.2009.

Westfälische Rundschau (2009): Rat beschließt Bauvorhaben. Ausgabe f. Dortmund vom 26.02.2009.

Westfälische Rundschau (2011): Moschee am Grimmelsiepen hat juristischen Segen. Ausgabe f. Dortmund vom 21.03.2011.
http://www.derwesten.de/wr/staedte/dortmund/moschee-am-grimmelsiepen-hat-juristischen-segen-id4448229.html (zuletzt geprüft am: 13. Dez. 2012).

Rechtsquellenverzeichnis

BauGB   Baugesetzbuch in der Fassung der Bekanntmachung vom 23. September 2004 (BGBl. I S. 2414), das zuletzt durch Artikel 1 des Gesetzes vom 22. Juli 2011 (BGBl. I S. 1509) geändert worden ist

BNatSchG   Bundesnaturschutzgesetz vom 29. Juli 2009 (BGBl. I S. 2542), das zuletzt durch Artikel 5 des Gesetzes vom 6. Februar 2012 (BGBl. I S. 148) geändert worden ist

GO NRW   Gemeindeordnung für das Land Nordrhein-Westfalen (GO NRW), i. d. Fassung der Bekanntmachung vom 14. Juli 1994 (GV. NRW. S. 666), zuletzt geändert durch Artikel 1 des Gesetzes zur Stärkung der Bürgerbeteiligung vom 13. Dez. 2011 (GV. NRW. S. 685)

Anhang

A) Übersicht: Interviewpartner

Einige Interviews wurden durch den Einsatz einer Netzwerkkarte unterstützt. Diese sind durch ein eingeklammertes Rautezeichen markiert.

Ogün Arpaci, seit 2005 Vorsitzender der Türkisch Islamischen Gemeinde zu Dortmund-Hörde e.V., Dortmund, 3. Nov. 2009 & 26. Sept. 2012 [#]

Pfarrer Niels Back, Islambeauftragter des Kirchenkreises Dortmund-Süd, Dortmund, 28. Juli 2009 & 19. Mai 2011 [#]

Willi Engelbertz, bis 2010 Integrationsbeauftragter der Stadt Lünen, Lünen, 19. Nov. 2008

Christoph Gehrmann, Leiter des Bernhard-März-Hauses/Caritas Dortmund, Dortmund 18. Feb. 2009

Reyhan Güntürk, Leiterin des Integrationsbüros der Stadt Dortmund, Dortmund, 3. März 2009

Marlies Haarmann, Islambeauftragte der Katholischen Stadtkirche Dortmund, Dortmund, 5. März 2009, 17. Mai 2011[#] & 23. Jan. 2012

Hartmut Halberstadt, Mitbegründer der Bürgerinitiative gegen den Moschee- und Siedlungsbau in Dortmund-Hörde, Dortmund, 2. Okt. 2012 [#]

Dr. Fritz Hofmann, bis 2004 stellvertretender CDU-Bezirksvorsteher im Stadtbezirk Hörde, Dortmund, 27. Juli 2011

Isa Karataş, Architekt des Grimmelsiepen-Projekts, Dortmund, 12. Aug. 2009, 27. März & 17. Dez. 2012

Kirsten Kleinsimlinghaus, Soziologin, beteiligt an der Evaluation des Dortmunder Masterplans Integration, Sozialforschungsstelle Dortmund, Dortmund 26. Nov. 2009

Ulrike Klingsporn, Leiterin Regionale Arbeitsstelle zur Förderung von Kindern und Jugendlichen aus Zuwandererfamilien Dortmund, Dortmund, 10. März 2009

Prof. Dr. Michael Krummacher, Professor für Politikwissenschaft/Sozialpolitik an der Evangelischen Fachhochschule RWL-Bochum, Bochum, 19. März 2009

Ingo Moldenhauer, Leiter der kommunalen Ausländerbehörde Stadt Dortmund, Dortmund, 1. April 2009

Detlef Münch, Mitglied des Dort-
munder Stadtrats; bis 2004 für die
Partei Rechtsstaatlicher Offensive
(Offensive D), seit 2008 für die
Freie Bürger Initiative (FBI),
Dortmund, 18. Sept. 2012 [#]

Stefan Neuhaus, seit 2006 Geschäftsführer der Fraktion Bündnis 90/DIE GRÜNEN im Rat der
Stadt Dortmund, Dortmund, 25.
Nov. 2008

Peter Pfeiffer, bis 2009 Fraktionsvorsitzender der SPD in Dortmund-
Hörde, Dortmund, 1. Juli 2011 [#]

Michael Plackert, Gruppenleiter
Ordnungsamt für Ausländer-&
Staatsangehörigkeitsangelegenhei-
ten - Bürgerdienste International
Stadt Dortmund, Dortmund, 1.
April 2009

Manfred Renno, Bezirksbürgermeister in Dortmund-Hörde, Dortmund, 29. Juli 2011 [#]

Ulrich Spangenberg, Leiter der
Bezirksverwaltungsstelle Dortmund-Hörde, Dortmund, 14. Juli
2011 [#]

Prof. Dr. Reiner Staubach, Professor für Stadtplanung an der Hoch-
schule Ostwestfalen-Lippe in
Höxter und Vorstand des Planer-
ladens e.V., Dortmund, 9. Jan.
2009

Hans Steinkamp, Mitarbeiter des
Evangelischen Bildungswerks
Dortmund, Dortmund, 21. Juni
2011 [#]

Wilhelm Steitz, seit 2005 Ordnungs-
dezernent und (bis 2010) Integrationsbeauftragter der Stadt Dortmund, Dortmund, 14. Jan. 2009

Friedrich Stiller, Leiter des Referats
für gesellschaftliche Verantwortung der Evangelischen Kirche in
Dortmund und Lünen. In diesem
Kontext zudem Islam- und Integrationsbeauftragter, Dortmund,
18. Okt. 2012

Adem Sönmez, Vorsitzender des
Integrationsrates der Stadt Dortmund, Dortmund, 6. Dez. 2008

Friedrich-Wilhelm Weber, bis 2009
Fraktionsvorsitzender der CDU in
Dortmund-Hörde, seit der Kommunalwahl 2009 Ratsmitglied für
die Dortmunder CDU, Dort-
mund, 13. Nov. 2012

B) Kontextorientiert und variabel eingesetzte Leitfragen

1.   Fragen zu den Unterstützern des Moscheebaus

1.1   Wen zählen Sie zu den Unterstützern des Moscheebaus?

1.2   Gab es unter den Unterstützern des Moscheebaus Gruppen, enge Verbündete, die gegenüber anderen Akteuren zu unterscheiden sind? Woran wurde dies für Sie ersichtlich?

1.3   Welchen Einfluss hatten diese Unterstützer(gruppen) auf den Konflikt (Funktionen/(informelle) Macht)?

1.4   Was denken Sie, was verbindet die Befürworter des Moscheebaus in Ihrer Zusammenarbeit?

1.5   Wann und wie haben sich die Moscheebau-Unterstützer zusammengeschlossen? Woran wurde dies ersichtlich?

2.   Fragen zu den Gegnern des Moscheebaus

2.1   Wen zählen Sie zu den Gegnern des Moscheebaus?

2.2   Gab es unter den Gegnern des Moscheebaus Gruppen, enge Verbündete, die voneinander zu unterscheiden sind? Woran wurde dies für Sie ersichtlich?

2.3   Welchen Einfluss hatten diese auf den Konflikt (Funktionen/informelle Macht)?

2.4   Was denken Sie, was verbindet die Gegner des Moscheebaus in Ihrer Zusammenarbeit?

2.5   Wann und wie haben sich die Moscheebau-Gegner zusammengeschlossen? Woran wurde dies ersichtlich?

2.6   Wie würden sie ihre eigene Rolle bzw. Ihren Einfluss auf den Konflikt beschreiben?

2.7   Wie würden Sie Ihr Verhältnis zu den Gegnern Ihrer Interessen (im Rahmen des Moschee-Konfliktes) beschreiben?

3.   Aspekte der Zusammensetzung von Netzwerken

3.1   Hat es bedeutsame Veränderungen in der Zusammensetzung der Unterstützer oder Gegner gegeben (Eintritte/Austritte)?

3.2   Gab es Akteure, die Sie als Moderatoren in dem Konflikt wahrgenommen haben (sowohl innerhalb von Koalitionen als auch zwischen Koalitionen)?

3.3   Gab es aus Ihrer Sicht bedeutsame Akteure, die Einfluss hätten ausüben können, sich aber in dem Konflikt nicht engagiert haben?

4.   Fragen zur Wahrnehmung geteilter Überzeugungen

4.1   Wie hoch sind, auf einer Skala von 1 bis 10, nach Ihrem Eindruck, unter
(a)   den Angehörigen Ihres Netzwerkes (in welchem Sie sich für den Mo-
        scheebau einsetzen), die Überschneidungen der politischen Werte und
        Ziele? Wobei 1 = keine Übereinstimmung, 10 = höchst mögliche Überein-
        stimmung bedeutet.

4.1   Wie hoch sind, auf einer Skala von 1 bis 10, nach Ihrem Eindruck, unter
(b)   den Angehörigen Ihres Netzwerkes (in welchem Sie sich gegen den Mo-
        scheebau einsetzen), die Überschneidungen der politischen Werte und
        Ziele? Wobei 1 = keine Übereinstimmung, 10 = höchst mögliche Überein-
        stimmung bedeutet.

4.2   In welchen Fragen sehen Sie unter den Angehörigen Ihres Netzwerkes, in
        welchem Sie sich für/gegen den Moscheebau einsetzen, die größten Diffe-
        renzen?

5.   Frage zur Koordinierung

5.1   Gab es zwischen Ihnen und anderen Akteuren eine Abstimmung der poli-
        tischen Ziele oder Strategien, d.h. eine Art der Koordinierung der Zusam-
        menarbeit?
        Falls ja, welche Formen der Koordinierung waren besonders wichtig?
        Falls ja, traten in der Koordinierung der Zusammenarbeit Probleme auf
        und wo lagen nach Ihrer Einschätzung die Gründe hierfür?
        Hinweis: Lenke das Gespräch, falls dies nicht durch den Gesprächspartner
        geschieht, aktiv auf die Frage der Kosten und ihrer Verteilung.

6.   Fragen nach Lernprozessen

6.1   Hat sich Ihre Haltung zum Moscheebau-Projekt in Hörde während des
        Konfliktes verändert?
        Falls ja, in welcher Weise bzw. in welchen Bereichen?
        Falls ja, welche Erfahrungen oder neuen Informationen begünstigten diese
        Veränderung?
        Falls nein, wo würden Sie die Gründe hierfür sehen?

6.2   Haben sich während des Moschee-Konfliktes Ihre Strategien zur Durch-
        setzung Ihrer Ziele verändert?
        Falls ja, in welcher Weise bzw. in welchen Bereichen?
        Falls ja, welche Erfahrungen oder neuen Informationen begünstigten diese
        Veränderung?
        Falls nein, wo würden Sie die Gründe hierfür sehen?

6.3   Hat es während des Moschee-Konfliktes eine oder mehrere Phasen einer
        konstruktiven Zusammenarbeit mit anderen (gegnerischen) Akteuren
        gegeben?
        Falls ja, hat diese ‚lagerübergreifende' Zusammenarbeit zu Veränderungen
        Ihrer Strategien oder Ziele beigetragen?
        Falls nein, wo würden Sie die Gründe hierfür sehen?

7.   Kurzfristige Zwänge und Ressourcen der Akteure

7.1   Wie stark wurde Ihre Position im Moschee-Konflikt von der öffentlichen
        Meinung geteilt? Was haben Sie unternommen, um sich die Unterstützung
        der Öffentlichkeit zu sichern oder um die Öffentlichkeit zu mobilisieren?
7.2   Haben Sie auf wissenschaftliche Expertise zurückgegriffen, um Ihre Posi-
        tion zu stärken? Wie würden Sie die Bedeutung von wissenschaftlichen
        Informationen für Ihre Arbeit einschätzen?
7.3   Hat die Ausstattung der Akteure mit finanziellen Mitteln Einfluss auf den
        Verlauf des Konfliktes genommen?
7.4   Maßgebliche Ereignisse?
7.5   Welche Ereignisse haben auf den Konflikt entscheidend Einfluss genom-
        men?

C) Transkriptionsregeln

In der vorliegenden Studie wurde ein vereinfachtes Transkriptionssystem angewendet. Die Angabe von Pausen oder die Markierung von Dehnungen und Lautstärke erfolgt nicht, da diesen für die Interpretation der Aussagen in der vorliegenden Studie keine Relevanz zugeschrieben wurde; gleiches gilt für die die Kennzeichnung von Überlappungen. Rezeptionssignale (wie bspw. ein mhm) oder Pausensignale wurden nur in engen Grenzen transkribiert. Um die Lesbarkeit zu verbessern, wurden zudem einige grammatikalische Fehler korrigiert (vgl. Oechsle et al. 2009: 348).

(...)	Kürzungen innerhalb eines Zitates
,ich will'	Zitat im Zitat
Erleben[s]	Einfügung durch die Verfasser
(weiter)	Unsicherheit bei der Transkription
Hm/mhm	Pausenfüller, Rezeptionssignal

D) Leithypothesen des ACF

Die Gesamtstruktur der Darstellung folgt der Revision des ACF im Jahr 1999 und weist daher drei Themenblöcke auf: Advocacy-Koalitionen; Policy-Wandel und Policy-Lernen. Die Nummerierung zeigt eine Anordnung der Hypothesen, die auf eine Anpassung der Zählweise verzichtet. Hinweise bezüglich des Zeitpunktes ihrer Einführung oder wichtiger Anpassungen sowie Hinweise auf die Häufigkeit, mit der die Hypothesen in Studien bislang überprüft wurden, sind in eckigen Klammern dargestellt. Die Informationen hierzu gehen auf eine von Weible, Sabatier und McQueen in 2007 vorgenommene Auswertung von 80 empirischen Studien zurück (vgl. Weible et al. 2009, S. 128f). Die von Weible et al. (2009) in diesem Zusammenhang vorgenommene Ausdifferenzierung der Leithypothesen fließt ebenfalls in die nachstehende Darstellung mit ein. Die neuen Hypothesen, sie beziehen sich auf Aspekte der Koordination und Fragen der Fortdauer bzw. Aufrechterhaltung von Koalitionen, sind als Ergänzungen 2009 dargestellt.

Tabelle 3: Hypothesenset des ACF

Themenblock I: Advocacy-Koalitionen
Hypothese 1
Im Hinblick auf tiefgreifende Auseinandersetzungen innerhalb eines reifen Policy-Subsystem, wenn Kernüberzeugungen Gegenstand des Konflikts sind, ist die Anordnung der Verbündeten und der Gegner über Perioden von rund einem Jahrzehnt stabil. [1988; 1999; 13 Studien]
Hypothese 2
Akteure in einer Advocacy-Koalition zeigen substantiellen Konsens in Fragen, die den Policy Core betreffen. Dies gilt jedoch in geringerem Maße in Hinblick auf Sekundäre Aspekte. [1988; 6 Studien]
Hypothese 3
Ein Akteur (oder eine Koalition) wird Sekundäre Aspekte seines Belief Systems aufgeben, bevor Schwächen des Policy-Kerns eingeräumt werden. [1988; 5 Studien]
Hypothese 10
Eliten von zweckorientierten Gruppen sind stärker eingeschränkt in ihren Darstellungen von Überzeugungen und Policy-Positionen als Eliten von materialistisch ausgerichteten Gruppen. [1993; 4 Studien]
Hypothese 11
Innerhalb einer Koalition werden Verwaltungsagenturen („administrative agencies") moderatere Positionen unterstützen als ihre Verbündeten aus Interessensgruppen. [1993; 4 Studien]

Themenblock II: Policy-Wandel

Hypothese 4

Die Policy Core Attribute eines politischen Programms in einem spezifischen Einflussbereich werden solange nicht signifikant verändert, als die Subsystem Advocacy-Koalition, die das Programm ins Leben gerufen hat, in diesem Feld an der Macht bleibt – es sei denn, der Wandel wird ihr durch eine hierarchisch übergeordnete Instanz aufgezwungen. [1988; 1993; 8 Studien]

Hypothese 5

Signifikante, das *Subsystem* von außen erreichende Störungen (wie bspw. Veränderungen sozioökonomischer Bedingungen, der öffentlichen Meinung, systemweit regierender Koalitionen oder Policy-Outputs aus anderen Subsystemen) sind notwendige, aber nicht hinreichende Ursache für Veränderungen der Policy Core Attribute eines staatlichen Programms. [1988; 1993; 1997; 18 Studien]

Themenblock III: Policy-Lernen

Hypothese 6

Policy-orientiertes Lernen über Belief Systems hinweg ist dann am wahrscheinlichsten, wenn eine mittlere Ebene des informierten Konfliktes zwischen den beiden Koalitionen existiert. Dies erfordert, dass:
A) jede die technischen Ressourcen hat, um sich in einer solchen Debatte zu engagieren,
B) sich der Konflikt auf Sekundäre Aspekte des einen Belief Systems und Core Elemente des anderen bezieht – oder, alternativ, sich auf wichtige Sekundäre Aspekte der beiden Belief Systems erstreckt. [1988; 11 Studien]

Hypothese 7

Probleme, für welche akzeptierte quantitative Daten und Theorien existieren, eignen sich eher für policy-orientiertes Lernen als solche, bei denen die Daten und Theorien im Allgemeinen qualitativ, eher subjektiv oder alle diese Eigenschaften gänzlich vermissen lassen. [1988; 7 Studien]

Hypothese 8

Probleme, welche natürliche Systeme involvieren, sind für Policy-orientiertes Lernen zwischen Koalition zugänglicher als solche, die sich ausschließlich auf soziale oder politische Systeme beziehen, weil bei den Ersteren viele der kritischen Variablen nicht selbst aktive Akteure („strategists") sind, und weil kontrollierte Experimente in ihrem Fall eher durchführbar sind. [1988; 5 Studien]

Hypothese 9

Policy-orientiertes Lernen über die Grenzen von Belief Systems hinweg ist am wahrscheinlichsten, wenn ein Forum existiert, dass:
A) über genügend Reputation verfügt, um professionelle Akteure aus verschiedenen Koalitionen zur Teilnahme zu drängen,
B) durch professionelle Normen dominiert wird. [1988; 9 Studien]

Hypothese 12

Selbst wenn die Ansammlung technischer Informationen die Sichtweise der opponieren-
den Koalitionen nicht verändert, kann sie, zumindest kurzfristig, bedeutsame Wirkungen
auf Policies haben, indem sie die Sichtweisen von Politikvermittlern verändert. [1993; 2
Studien]

Hypothese 13

Akteure, die Policy Core Beliefs teilen, werden sich mit höherer Wahrscheinlichkeit an
kurzfristiger Koordinierung beteiligen, wenn sie ihre Kontrahenten:

A) als sehr machtvoll betrachten, und B) davon ausgehen, dass diese ihnen im Falle
eines Sieges höchstwahrscheinlich gravierende Kosten aufbürden werden. [1999]

Ergänzungen 2009

Hypothese 14

Koalitionen werden mit höherer Wahrscheinlichkeit fortbestehen, wenn:

A) die erstrangigen Nutznießer der Vorteile, die eine Koalition produziert, eindeutig
identifiziert werden, und wenn diese Mitglieder der Koalition sind,
B) die von Mitgliedern der Koalition erhaltenen Vorteile bezogen sind auf die Verwal-
tungs- bzw. Unterhaltungskosten („maintenance costs") eines jeden Mitglieds,
C) Koalitionsmitglieder wechselseitig das Verhalten eines jeden Mitglieds beobachten
und kontrollieren, um die Befolgung sicherzustellen. [2009]

Hypothese 15

Akteure, welche (Policy Core) Beliefs teilen, werden sich mit höherer Wahrscheinlichkeit
an kurzfristiger Koordination beteiligen, wenn sie:

A) wiederholt interagieren,
B) relativ niedrige Informationskosten erfahren, und
C) Vertrauen haben, dass Policies existieren, welche zwar nicht jeden Akteur in gleicher
Weise beziehen, aber zumindest jeden fair behandeln. [2009]

E) Bildausschnitt aus der Bautafel des TIKV Hörde

Abbildung 13: Text- und Bildelemente der Bautafel

The manufacturer's authorised representative in the EU is Springer
Nature Customer Service Centre GmbH, Europaplatz 3, 69115 Heidelberg,
Germany. If you have any concerns regarding our products, please
contact ProductSafety@springernature.com

Printed and bound by CPI Group (UK) Ltd, Croydon, CR0 4YY
23/04/2026
02095592-0003